縄文時代勢力の形成

内舘 彬

MPミヤオビパブリッシング

まえがき

この本は、日本列島の自然環境を基礎とし、長い歴史の中でずっと研究されてきた「考古学的資料」に加えて、「言語」の特性を解析の主役として採用し、縄文時代人の形成の解明を主題としている。

縄文時代の草創期（一五〇〇〇年前）には、大陸の極東に形成されていた日本海湖周辺に生活していた「湖東人」が、温暖化により発生した海水準の上昇により大陸から分離して「列島人」となり、孤島となった列島の自然の大変化を克服して「縄文人」が形成されていく過程を記載している。

本書で採用した人集団の移動の解析方法は以下のとおりである。

〔**本書で採用した人集団の活動の解析方法**〕
縄文時代の歴史が「真の歴史」になるためには、「人」や「人集団」が登場しなければならない。しかし、これまでの研究者は、その課題の解決に成功していない。考古学は、出土物の時代区分、地域区分などを実施してきたが、物を通した大勢の把握に止まっていて、「人集団」は登場させることはできていない。
それではどうしたらいいのか。
「人集団」を登場させるには、何が必要なのかをまず考えた。縄文時代から残っているものは、考古学的出土物のほかに何があるのかと。

「人の歴史」を解明するのだから、人が長時間使用したものを探せばいいと気がつき、それは「言葉」であると思いついた。言葉は話し終えると、消えてしまうので、消えていないものは何か、何時作られたかは不明だが、言葉の名残の「地名」があると判断した。「地名」は、縄文時代の何時の時代かに命名され、綿々と生き残ってきたのではなかろうかと。しかも全国の津々浦々に存在している。もし、多くの地名の中から、縄文時代の地名を抜き出すことができれば、人集団の移動が解明できることに気がついて、解析を進めて見ることにした。

「地名は、縄文時代人からの贈り物である」と主張すると、ほとんどの人が疑問を投げかけ、あるいは否定するであろう。地名は、時代と共に、様々な変更を受けて改変されていることが明白だからである。しかし、列島に住み着いた人々は、言葉を話していたのは事実であり、地名も、種々の方法で記憶され、伝承されてきたと思うのである。その後、漢字の採用と共に、地名は意味をつけられて記載され、保存されてきたと考えられる。

さらに、近代では、行政区画区分が行われ、合併・消去・新設などされて、大きく変更されてきたことは明白な事実である。そんな中、地名に縄文時代人の「名残がある」と聞かされてもにわかには信じられないのも事実であろう。

しかし、以下の理由から、縄文人の思いが「地名」に残存していると考えるのである。

(1)初期の言語は、単音とその組み合わせから発生したと推定される。それが何時のことかは不明だが、人類史では、言語の発生が人類繁栄の重大要素であったことが指摘されている。列島に人類が到達した頃はともかく、土器を製作して列島に住み着いた「縄文時代草創期」には、すでに言語を有していたと推定しても、大きな間違いはないであろう。「縄文時代初期から、日本海を取り巻いた地域に、極東アジア語が存在していた」と安本美典氏は主張している。列島に住み着いた人々は、同系の人々と他系統の人々の区別や、重要な食料を確保する「テリトリー」の命名は実施していたのではなかろうか。すなわち、同系氏族（親族・姻族）名や地名は、縄文時代にはすでに発生していたと推定する。それらは、まず単音の命名から始まり、氏族の合流から命名が複音となり、地名にも拡大したと推定する。そう、地名の「音」を追求すれば、判明できる事実が存在するのだ。現在にも単音の語はメ・ハ・テなど身体語等に残っている。

（2）現代の地名を発音してみると、漢字の意味が含まれている地名のほか、いわゆる意味不明な、音のみを採用した「あて字」の地名が存在している。それは、旧来存在し音読していた地名を漢字化する時、意味を付加することができず、「音」地名となってしまったのである。今では、意味の不明な「音のみの地名」が存在するのである。無理に意味のみを優先し採用した地名も多い（大和、常陸、陸奥など）。したがって、地名の音に注目すれば、古い時代のことが判明するのである。しかも、命名主体の「音」（主語）は先頭に立つので、地名の初めの数音は、そのまま継承されていることが多いのである。

（3）しかし、「音」も一定ではなかったようで、漢字化の当時、現代では「一音」と解される「音」に数個の漢字を当てはめている。例えば、「キ」―（紀、木、喜、城、吉など）、「ア」―（阿、安など）である。当時も方言は存在したであろうから、微妙に発音が異なっていたようである。意識的に差を示した可能性もある。したがって、不勉強な筆者は、共通漢字は同音として重視するものの、他の漢字の音も同じ「一音」として採用せざるを得ない。

（4）安本美典氏によれば、邪馬台国時代に登場する国名のほとんどは、現代の発音にも通ずるとされ、実に二〇〇〇年前頃の地名は、現代とあまり変化していないのであり、地名の単音名は、さらに時代を遡りうることは疑いようのない事実である。

後述の解明結果に示すが、食物（ダイズ）栽培が開始されたのは、小畑弘己氏によると、縄文時代前期であり、その農耕用語は、（くわ、すきなど）ほとんど二音である。二音の隆盛期がこの頃とすると、縄文時代の単語は、せいぜい二音あるいは数音であり、複雑な語彙の発生は、渡来民到来の時期以降との推定も可能である。

とすると、意味不明な地名のうち、音地名の初めの数音は、縄文時代人の命名が残存・継承されている可能性が高く、また、それらは多く存在するのである。

（5）現在の日本人の姓名は、地名に由来し使用した姓名が多くなっている。大部分は後代の命名であるが、地名の使用は、アマテラスの「ツクサカキ」以来、その起源は古く、縄文時代の慣習が継承されてきたとも言える。地名は、人名としても長期にわたって継承されてきたことを示している。

〔**具体的解明方法と基準**〕

本書では、基本的に縄文時代の人集団の動きを捉えるべく、次のような事項を具体的な根拠や基準として、縄文時代の「歴史」解明（人集団の移動の解明）を行った。

①現在の地名でも、縄文時代からの「名残」を有していると考え、関連地名を抽出し参考にした。地名でも、主に「音」のみの漢字の当て字地名を採用した。

各人集団の言語の出自は、定かではないが、言語学分野の指摘から、列島の言語はアルタイ語系の部族が到来しているので「主語─述語」の語順と解釈した。大陸でもツングース系は同類で、漢民族は逆転しているとされている。地名でもこの語順を重視し、動詞のある「岩出」「安来」「富来」「鶴来」「喜入」は国内語で国内での「移動」や「到来」を示し、動詞が先行して逆転の語順の「出羽」「出水」「出雲」「入来」などは、渡来民の「進入」に関する地名と判断した。

②三母音時代が、五母音時代に先行して存在していたと考え、三母音時代の名称の方が古い時代のものと考えた。五母音語の発生は、渡来民の到来した「後期」以後と考えた。また、五母音地名を三母音で読めれば、古い時代の地名とした。例えば、「登米（とめ）」→「ツミ」となり、ヤマヅミ族の存在が浮かぶし、「土佐（とさ）」→「ツサ」となり、「ツミ族」あるいは「ツチ族」と「サ族」の合流が見え、「サツ族」の噴火による移動が見える。

③漢字が導入されると、読みが変化している。例えば「日読み（ひよみ）」が「かよみ」→「こよみ（暦）」に変化していることが指摘されている。

「ヒ」は、「日」「火」があるが、「カ」とも発音するので、地名も「ヒ」が発音しにくいためか、「カ」に変化している。「甲斐（かい）」は「ヒイ」で「ヒ族」「イ族」の合流と解せるし、「笠間（かさま）」は、「ひさ間」で「ヒ族」と「サ族」の合流と解することができる。ともに周辺は「ヒ族」の存在が濃厚な地域である（後述）。

④縄文時代初期には、一音語を部族名としていると考え、一音族が合流・合体して二音族になると考え、二音語は前期の農耕用語に多いので、「前期」の時代の指標とした。

⑤縄文時代の前半期は、人集団は自然環境に大きく規制されて、移動を繰り返していると考えた。その主な誘因は、日本海形成後の生態系変化と火山噴火である。

⑥縄文時代初期に存在した人集団は、主にC1系集団、C3系集団、D2系集団（Y染色体遺伝子分析による）と考える。D2系集団（ナイフ形石器帯同）が先行し、遅れてC3系集団（細石刃、彫器帯同）が数派に分かれて到来してきたと推定する。次に第二波のD2系集団（土器帯同）が続き、C1系集団（石斧・礫群帯同）は、南西諸島から北上したと考える。人集団は、時代とともに、メジャーフード食料の変化に対応して狩猟民→漁労民→畑作民→農耕民と変遷している。

⑦「ツミ族」は、ワダツミ族とヤマヅミ族に分かれているが、その分離の原因を狩猟民から食料を求めて漁労民と畑作民へ分離した結果と判断し、列島内で名称の判明している「最古族」と評価して「ツミ族」を基軸として、その関連で他の人集団の動きを考えている。また、「ツチ族」は、同系部族と考えた。西方から東方へ、日本海岸から太平洋岸に移動しており、単音部族と合流して「ウツチ」「アツチ」「ミ（ツ）チ」や単独の「ツチウラ」「ツチ（トチ）キ」などの「ツチ（土）」地名を作ったと推定した。

⑧具体的には、まず推論に有効な科学的、考古学データを抽出して年表を作り、自然環境の変化と対応させて人集団の対応を抽出・評価して、時代や人集団の変化や移動を読み取った。考古学の時代区分を基本にしたが、前半期は自然変化を考慮して「時代区分」を変更した。

採用した「時間軸」は、以下のとおりである。

(1)ダイズ栽培時期と移動時期（図4—3参照）
(2)火山噴火（テフラ）時期　鬼界、十和田、沼沢カルデラ、三瓶山・九州の火山噴火（図2—3など各章参照）
(3)土器の型式区分とその変化時期（図1—10参照）
(4)遺跡の時代とその出土物（イベント年表参照）
(5)大陸文化の伝承時期、大陸諸国の興亡時期（中国史より）
(6)三母音、五母音の時期、言語の渡来時期（カンボジア系ほか）（図2—4など）

本書の解明によって得られた「成果の概要」を次頁に示す。

自然環境に支配されていた人集団が、技術の獲得により、時代と共に徐々に展開していることが解明されたとしている。

縄文史の主なイベントは、自然変化や火山噴火による「人集団の移動」であり、人集団の合流による部族の形成～クニの形成への「社会的変化」である。その根拠として、考古学的な出土物などの移動変化を示している。

種々の疑問を保持して、以下の「仮説」を読み進めていただきたい。

6000年前	4000年前		3000年前
中期	後期		晩期
	前半	後半	
堆積環境　平野形成			
関東甲信越土器文化隆盛	土器西進		
大豆栽培　→　→　→	西へ拡大		
大集落形成　「マ」形成	「マ」の集合	「クニ」形成	「ヤマト」形成
	西日本へ移動開始		イザナギ・アマテル
「ア族」南下①	サ・シ族帰還	ヒタカミ・タマ	ニギハヤヒ西進
			「ア族」南下②
部族形成	部族集合 ホツマ	部族集合 ヒタカミ国	ヤマト形成　フソウ国
		（東夷族）アキ族・わ族	ムスヒ族
	ミタマ時代	「ヌシ」時代	カミ・ミコト時代

表１　本書の主張の概要

	15000 年前	11500 年前	8500 年前
	草創期	草期	前期
自然変化	日本海湖時代	日本海形成	鬼界カルデラ噴火 最高水位・瀬戸内貫流
		気候変化　植生変化 地形変化・山体崩壊	火山噴火
考古学特徴			耳飾り隆盛　土器東進
		栗、トチ、ドングリ採取（植林）	（畑作）ヒエ、シソ、
人集団の形成		円形集落 ツチ族・ツミ族　移動	環状集落 西日本勢力東進
人集団の移動		→合流	サ・シ族東進
人集団の発展	（湖東人）狩猟民 漁労民	（列島人）→畑作民	（縄文時代人）女系社会
渡来民到来			（平底土器）北方系南下
統率者			

目次

第五章 縄文文化隆盛時代・「ミタマ」の時代（中期）

第六章 ヌシの時代・縄文渡来民時代（後期）
四〇〇〇～三〇〇〇年前……191

第七章　東日本勢力の西進時代（晩期）

第一章

新しき縄文史への視点

24,000～16,000年前　白保竿根田原洞穴遺跡（石垣市）埋葬人骨出土20個
23,000年前　下触牛伏遺跡（群馬・伊勢崎市）径50m内に10数ヶ所の集中ブロック
武井遺跡（桐生市）多数の槍先尖頭器、礫群
22,000年前　鳥取・長谷遺跡で安山岩製のナイフ形石器出土
21,000～180,00年前　チョウセンゴヨウ、ヒメバラモミ、ウラジロモミ、トウヒ、亜寒帯針葉樹林帯
21,000～18,000年前　ナウマンゾウ、オオツノシカ　生息（東京都）
21,000～16,000年前　帝釈峡遺跡群　ヒョウ、ヒグマ、ゾウ、モグラネズミなど骨出土
20,000年前　富沢遺跡（仙台市）亜寒帯針葉樹林帯　トウヒ、カラマツ、ツツジ、カヤツリクサ樹根、焚き火跡、シカの糞、石器出土
20,000年前　翠島園遺跡（大阪）3,000点石器出土、製作所、大小50ヶ所のブロック
骨片、皮、木の加工具用石器出土　石材は二上山のサヌカイト
20,000～18,000年前　温暖化が始まり、生態系の大変化と海水準の上昇が始まる
20,000年前　野尻湖でナウマン象　生存を確認
20,000年前　愛宕山遺跡（北上市）ATの上に石器製作所、30cmの大型石斧
（　　）　関東・東北で尖頭器石器群　隆盛　侵入者に対抗？
20,000年前　太郎水野2遺跡（山形・金山町）東山形ナイフ形石器30、尖頭器1出土
19,000年前　静岡県で「三ヶ日人」（引佐郡三ヶ日町）や「浜北人」（浜松市根堅岩水寺）など化石人骨の出土（「静岡県の歴史」）
19,000～17,500年前　福井洞窟遺跡（旧石器～草創期）　6,000年間
「細石刃」を中心とした石器4万点出土　17,500年前炉跡4基炭化物
（18,000年前）　C3系集団　西方より九州に到達
（17,000年前）　シベリアからC3系人集団（ミ族）「彫器」などを帯同して北方より到来
17,000年前　気候変化による生態系変化で、大型動物群（マンモス・ナウマンゾウ）滅亡
（16,000年前）　大陸からD2系人集団（ツチ族）「土器」を帯同して西方より到来
「主語―述語」を有するアルタイ語・タミール語を帯同か
16,000年前　原田遺跡（島根）三瓶浮布火山灰（16,000年前）に下に石器製作所
礫群や炉も出土　石器の石材は香川のサヌカイト
16,000年前　青森・太平山元遺跡で、列島最古の土器を出土
高原山黒曜石原産地遺跡（栃木）南関東～静岡に分布　試掘で採石
富士石遺跡（静岡）愛鷹山南麓　有孔石製品　錐（キリ）使用
15,000年前　五川目6遺跡（青森）関東以西の技法で細石刃、細石刃核出土
尻労安部洞窟（青森）下北半島北端部でナイフ形石器、大型偶蹄類の歯出土
花室川河床遺跡（茨城）ナウマンゾウの歯出土
15,000年前　火山灰の上　上場遺跡（出水市）（Ⅲ～Ⅰ層）
Ⅲ層　細石刃石器、Ⅱ層　細石刃と爪形文土器、Ⅰ層　縄文土器片と石鏃
15,000年前　南西諸島より「栫ノ原石斧」を帯同して「アハ族」九州に北上
14,670±50BP　福井洞窟遺跡（長崎）細石刃文化に属する炉跡出土　骨・炭化物出土
13,000年前　荒屋遺跡（新潟）湧別技法の細石刃と荒屋削器の組合せ　シベリアに及ぶ
十余三稲荷遺跡（千葉）細石刃製作所跡

（注）年代は、資料の表示による年代。数字のほか、時代名がある。（　　）は、時代が鮮明でないもの、筆者の記入を示す。資料は、主に「発掘された日本列島」（2000～2018）、「各県の歴史」シリーズなどの記載より抽出し、転記したものである。以下の「各時代」の年表も同様に記載。

〔この期のイベント〕縄文時代以前（～ 15,000 年前）

（　　　）　列島部に、大陸・アルタイ系の D2 系人集団（ツ族）が北方と西方から進入ナウマンゾウハンターと推定
40,000 年前　野尻湖遺跡群（長野）ナタ状骨器、骨製スクレイパー、小型削片石器、ナイフ形石器
ナウマンゾウ・オオツノシカ、ニホンシカ、イノシシ、アナグマ、ノウサギなど獣骨
チョウセンゴヨウ、オニグルミ、ツノハシバミの実　など出土
35,000 年前　高尾 A 遺跡（佐久市）八ヶ岳東麓　300 点黒曜石（台形・貝殻状）石器
32,000 年前　高井戸東遺跡（東京）針葉樹林帯のトウヒの炭化物（32,000 年前）出土
32,000 年前　赤城山噴火　「鹿沼層」形成
（　　　）　ナイフ形石器時代となる
32,000 年前　地蔵平遺跡（佐賀市）AT 火山灰の上下に 47,000 点の石器
下位からナイフ形石器（32,000 年前）、角礫状石器（30,000 年前）が出土
石材は腰岳の黒曜石、多久産安山岩など
32,000 年前　沖縄本島に「サキタリ人」居住　C1 系人集団
（　　　）　中砂遺跡（所沢市）「石器集中区」「礫群」が対で 10ヶ所出土
（　　　）　赤山遺跡（川口市）石器集中部の周囲に 12 本の「住居柱穴」出土
31,000 年前　種子島Ⅳ火山灰の下　立切遺跡　磨石、敲石、礫群、貯蔵穴（土坑）
30,000 年前　鈴木遺跡（小平市）石斧使用、長野・霧ヶ峰、和田峠産の黒曜石石器
30,000 年前　地蔵田遺跡（秋田）径 30m の環状の石器製作所、中央に解体広場
30,000 年前　埼玉の立川ローム層下部より「局部磨製石斧」出土　藤久保遺跡（三芳町）末野遺跡（寄居町）、大宮台地の風早遺跡（春日部町）など
30,000 年前～ 19,000 年前　中東遺跡（埼玉・三芳町　武蔵野台地の北東部）
立川ローム層（30,000 年前～ 19,000 年前）の各層から「ナイフ形石器」出土
黒曜石（1,369 点）の 87% は伊豆・天城火山の産　他に和田峠、箱根畑宿産多くの石器を作った痕跡、狩猟後の解体・調理したキャンプ生活の痕跡
30,000 年前　大津保畑遺跡（種子島）「種Ⅳ」火山灰（30,000 年前）で蓋の落し穴 11 基
同時期の初音ヶ原遺跡（静岡）落し穴出土　落し穴は旧石器時代に始まる
（　　　）　米ヶ森遺跡（大仙市）此ノ掛沢遺跡（能代市）「米ヶ森型台形石器」出土
局部磨製石斧伴う
28,000 年前　沖縄本島に「湊川人」居住
28,000 年前　地蔵平遺跡（佐賀市）　火山の大噴火（AT）を乗り越えている遺跡
薄片尖頭器（25,000 年前）ナイフ形石器、尖頭器、掻器、狩猟具が多い
火山灰は薄く、人集団は壊滅せず、継続して活動している
26,000 年前　豊成叶林遺跡（鳥取）AT 直下から石器製作所、小型のナイフ形石器、炉
25,000 年前　AT の下　土浜ヤーヤ遺跡（奄美大島）　数 10 点の石器
25,000 年前　AT 火山灰の下　上場遺跡（Ⅵ・Ⅴ層）握槌状石器とナイフ形石器出土
25,000 年前　始良カルデラ火山（AT）噴火　入戸火砕流
AT 火山灰の上　上場遺跡（出水市）（Ⅳ層）ナイフ形石器出土
百花台遺跡（長崎）AT の頃ナイフ形石器出土　上部から「台形型石器」
（25,000 年前）　C3 系人集団（ア族・イ族など）「ナイフ形石器」を帯同して北方から到来
24,000 年前　瀬田池ノ原遺跡（熊本）AT の下にナイフ形石器、上に細石刃石器出土
24,000 ～ 18,000 年前　上白井西伊熊遺跡（群馬）ナイフ形石器　6,000 点　瀬戸内技法

1　自然史から始まる歴史

縄文時代の歴史は、自然史（地史）から歴史（人類史）への変化の過程を踏まえて、大局的に把握する必要がある。

いわゆる後代の「歴史」に先立つ人類は、自然の中から生まれ、その中で進化し、ホモサピエンスとなったのであり、遺伝子分析により、アフリカ大陸から各地に「拡散」したことが判明している。列島への拡散経路は、アフリカ―中東アジア―アルタイ―シベリア―極東アジア―列島、あるいは、中東アジア―モンゴル―中国東北部―列島、あるいはまた、アフリカ―インド―東南アジア―中国南部―列島など、様々なルートが想定されているが、それらは気候変動による植生変化に対応し、大型動物の狩猟などの食料採取経路と一致しているのである。

したがって、初期の歴史は、自然に支配されて存在し、人類は自然史とともにあり、後代の歴史への転換点すなわち旧石器時代～縄文時代には、生存環境を左右する自然状況が未だ重要な要素となっているのである。自然の生存環境を克服しつつあった、旧石器時代を経た「縄文時代」は、まだ、自然環境の影響をかなり色濃く残存しているのであり、自然環境の変化を無視して、その歴史は解明できないのである。

旧石器時代～縄文時代への変化期は、最終氷河時代の終末にあり、地球温暖化の開始期に相当している。氷河の融解は海水準を上昇させることとなるが、旧石器時代は、未だ列島化しておらず、列島は極東の大陸の一部であり、大陸の東端には、「オホーツク海湖」「日本海湖」「南シナ海湖」が南北に連なっており、旧石器時代人は、半島状となっていた、これら湖周辺で狩猟生活を展開していたのである。それらの湖は、表層は、海水が入らない「淡水湖」であり、寒冷化の中で湖氷のある「低温湖」であったと推定されている。

寒冷化の中で人々は、シベリアの大型動物の「マンモス系動物群」や中国北東部の「ナウマン象系動物群」を食料として狩猟生活を送っていたと言われている。

温暖化の進行とともに、海水準が上昇して、大陸周辺では、列島化や諸島化が進行し、動植物の生態系が変化すると、大型動物群は絶滅し、小型動物群に変化する。周辺の狩猟民は、食料確保に右往左往することとなる。これらの変化をどう乗り切ったのかは、本文中に詳述するが、人類は各種技術を開発して、これらの自然条件の変化を克服することとなる。狩猟民は、対象動物が小型化・敏捷化したため捕獲しにくくなり、一部は狩猟の比重を減じて、野山から海に進出し、漁労民が誕生する。野山では、植生等の生態系変化に「土器」を製作して「煮沸」を行うことで食材の種類やその量を拡大して対応し、また、採取民から植林栽培民へと変化して食料を確保し、やがて農耕民に発展するのである。

自然環境の変化は、人々に生きるための各種の「技術革新」を強要したのである。これらの自然環境の変化への対応の過程が、ある意味で「縄文時代」と言えるのである。

したがって、「縄文時代」は、如何にこれらの自然の変化に対応したのかを解明することが、歴史解明の必須の条件なのである。

2　縄文時代を迎える列島

2.1　自然環境の変化

この時期の大きな変化は、氷河期で続いていた寒冷化と海水面の低下が、二〇〇〇〇年前頃からの気候温暖化と海水面の反転上昇へと変化したことと、日本海形成に伴う気候変化である。

（1）気候変化

縄文時代の始まる一五〇〇〇年前頃の気候変化の状況を図1―1上図に示す。これによれば、グリーンランド氷床コアによる気候変動は二四〇〇〇年前と一五〇〇〇年前頃に変化があり、列島部の花粉分析結果では、一八〇〇〇年前と一四〇〇〇年前頃に変化が現れ、段階的に温暖化が進行していることがわかる。

また、列島部での植生変遷を図1―1下図に示す。これによれば、一一五〇〇年前と七〇〇〇年前での急激な植生変化が示されており、東日本を覆っていた「亜寒帯針葉樹林帯」が北海道まで大きく後退している。さらに七〇〇〇年前にも大きな変化が示されている。

図1―2には、二〇〇〇〇～一八〇〇〇年前（気温上昇期）、一二〇〇〇～一一五〇〇年前（対馬海流流入期）の古気候・古環境図を示す。気候変化に伴う、列島内の状況の変化が判読できる。

これらの気候変化により、多くの動物群が絶滅している。（図1―3参照）

（2）海水位の上昇

世界各地で最終氷期を終えた地球は、二〇〇〇〇年前から徐々に温暖化が進行し、低下していた海水位が一転急激に上昇してきたことが確認されている。（図1―4参照）

海水位の上昇により、極東に形成されていた「日本海湖」は「日本海」へと形を変えていくこととなる。（図1―5参照）

これらの変化により、全世界の気候温暖化による変化のあとに、列島では日本海形成による気候変化が発

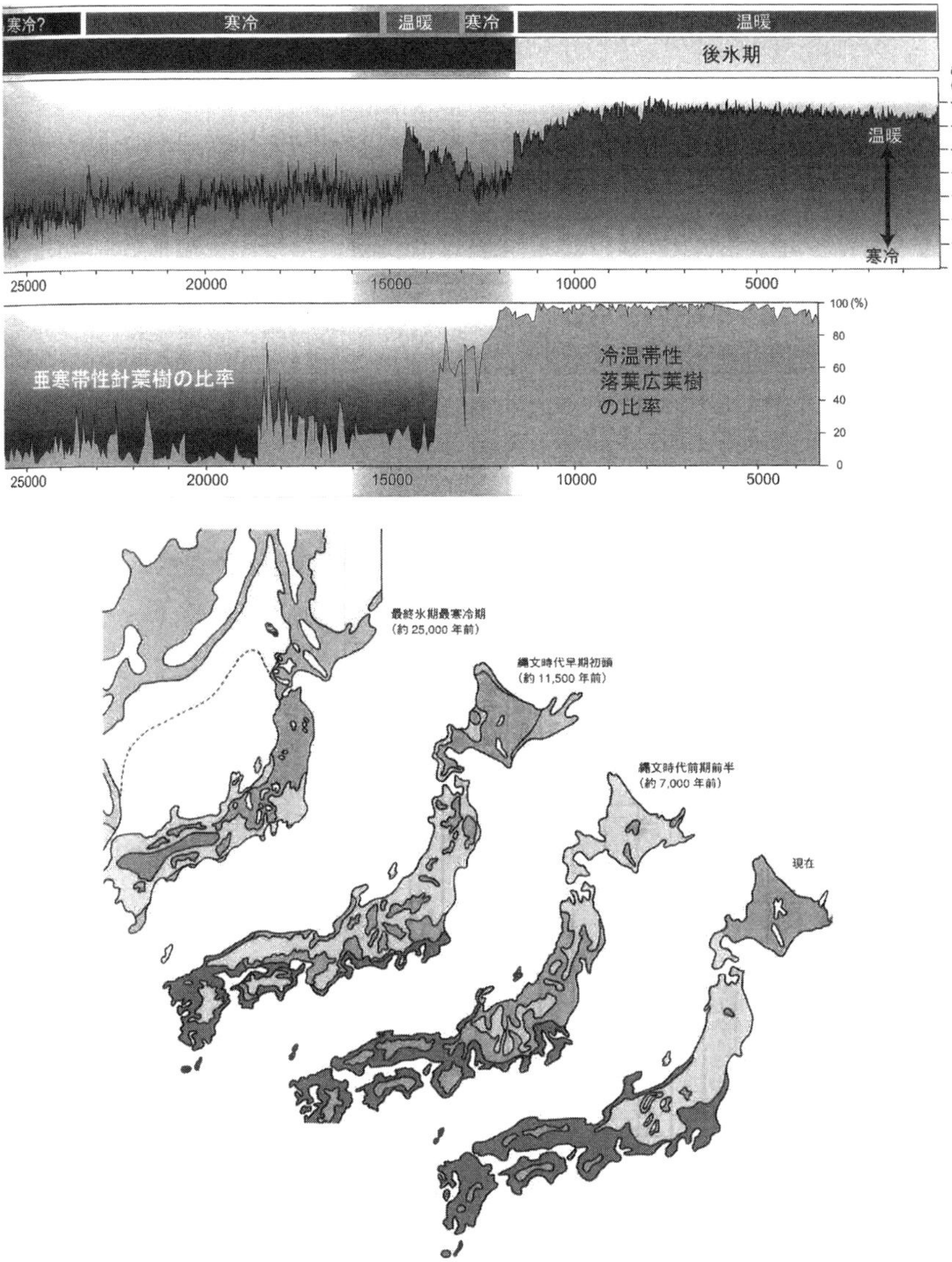

図 1–1（上）縄文時代の気候変化（出典：国立歴史民俗博物館編『縄文はいつから!?』）
後・晩期の気候の急変・寒冷化は、確認できない。上段にグリーンランド氷床コアによる気候変動記録。1万年以降、顕著な変化は見られず、後晩期の気候変化はない。下段は、野尻湖底堆積物の花粉分析結果（落葉広葉樹の比率）。列島内でも1.2万年以降、顕著な変化は見られない。
（下）縄文時代の気候変化（出典：勅使河原彰『縄文時代ガイドブック』新泉社）
25,000〜11,500年前、11,500〜7,000年前など、２度の縄文時代の急激な植生変化が示されている。

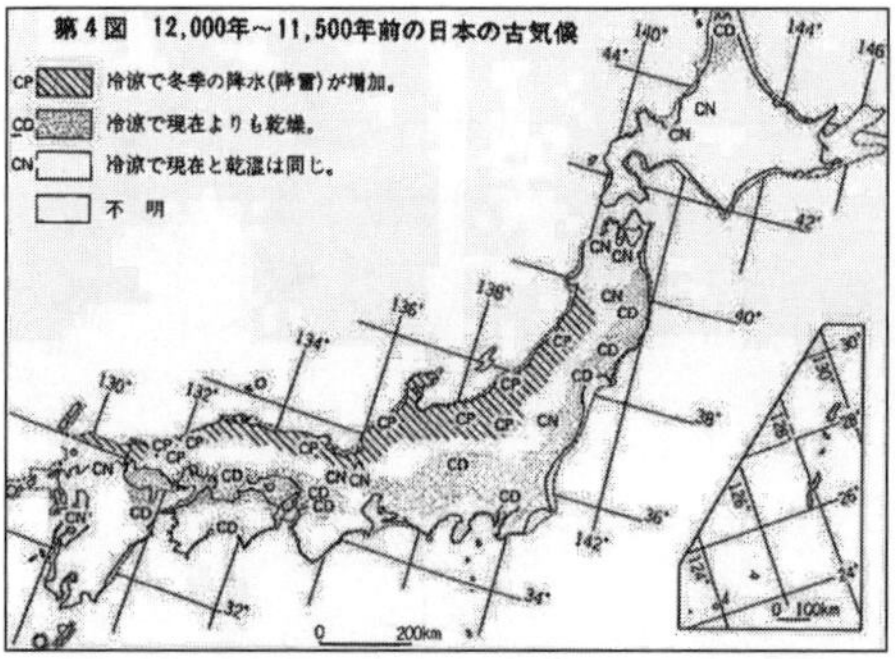

B 草創期

海岸線は貝塚・成瀬(1977)にもとづく。CCDD⁺は現在より極めて寒冷，極めて乾燥(冬の降水も極めて僅か)。CCDD⁻は現在より極めて寒冷，極めて乾燥(ただし冬にはある程度の降雪)降雪)を示す。　(小野五郎他による)

A 日本海湖時代

図1–2　縄文時代の古気候図（出典：小野五郎他）
A 日本海湖時代：日本海湖時代に相当する状況
B 草創期：縄文草創期の状況が示され、冬季の降水（降雪）の存在が推定されている。対馬海流は流入しておらず、やや早い気がする。

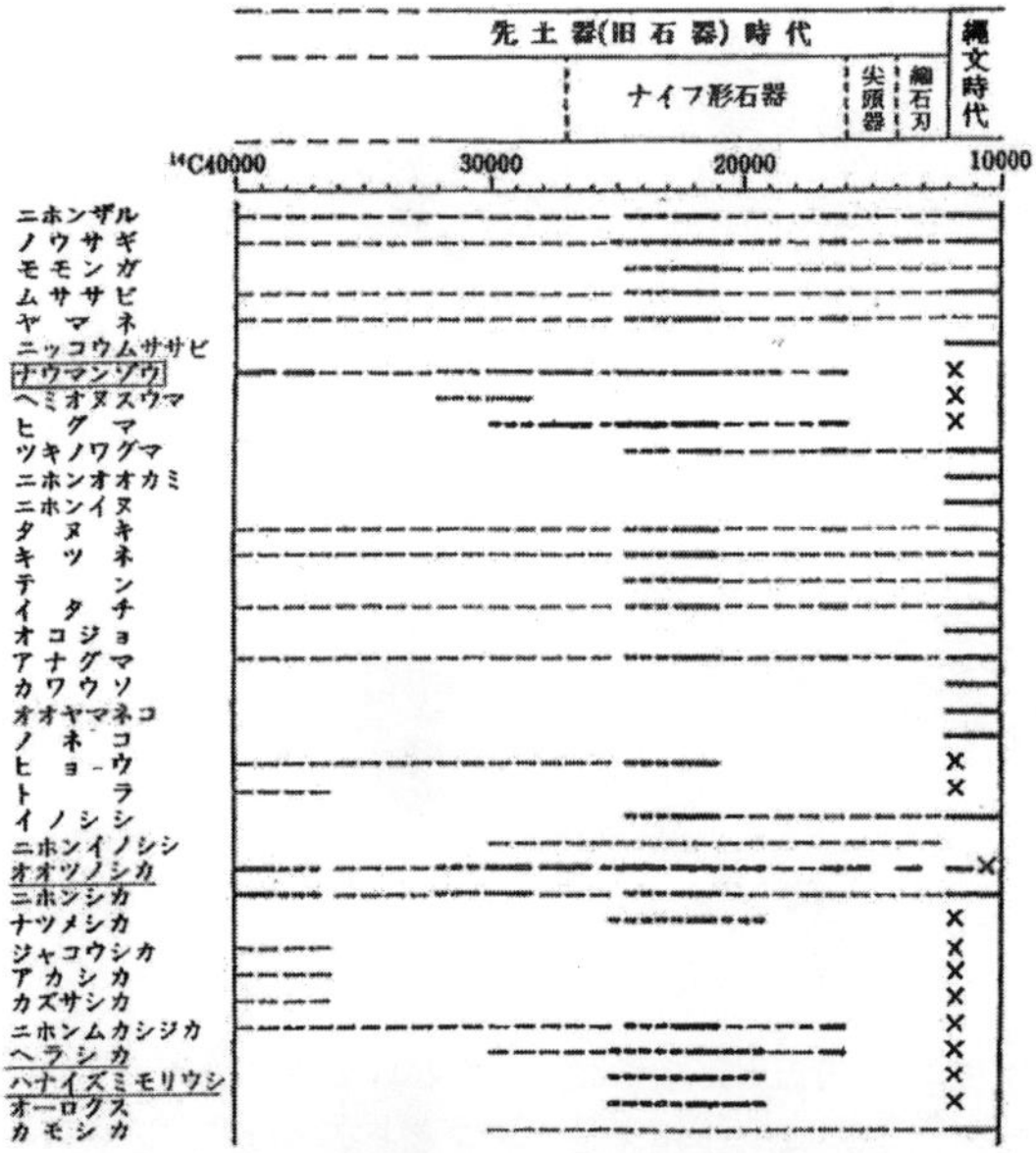

太線は化石資料がある場合、細線は前後の時期のあり方から棲息を推定しうる場合を示し、×印は絶滅を表す。樽野博幸・河村善也「日本列島におけるウルム氷期後半以降の哺乳動物相」『ウルム氷期以降の生物地理に関する総合研究昭和54年度報告書』1980年およびその他報告書類にもとづく。

図1–3　旧石器時代・縄文時代の哺乳動物
（出典：稲田孝司他『日本考古学6 変化と画期』岩波書店）
縄文時代初頭の哺乳動物の生存状況を示す。縄文時代初頭に大きくその種類が変化しているとされている。かなりの動物が絶滅している。

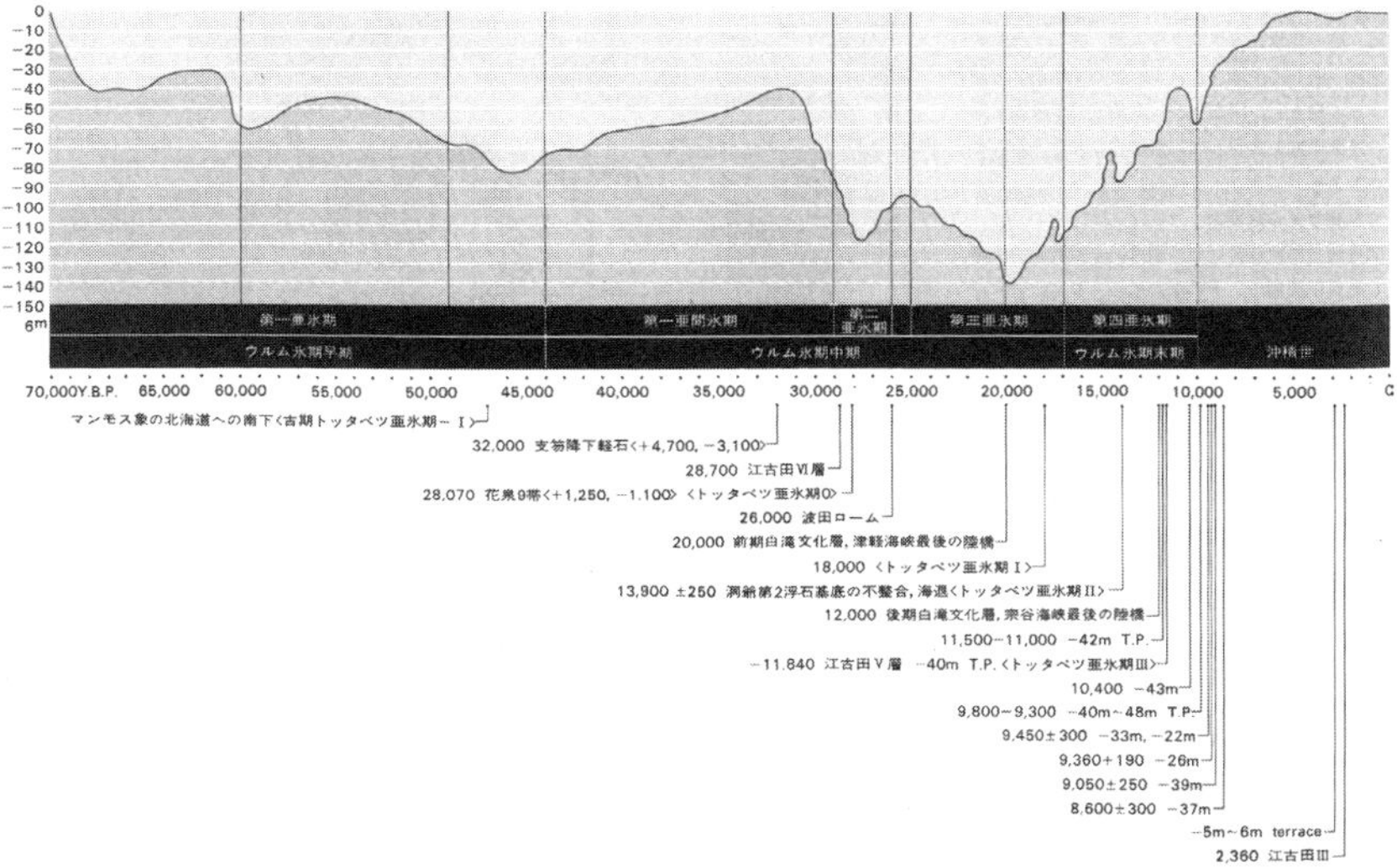

図1–4　海水面の上昇（出典：『アーバンクボタ No.11』）
約 20,000 年前より海水準が上昇している。

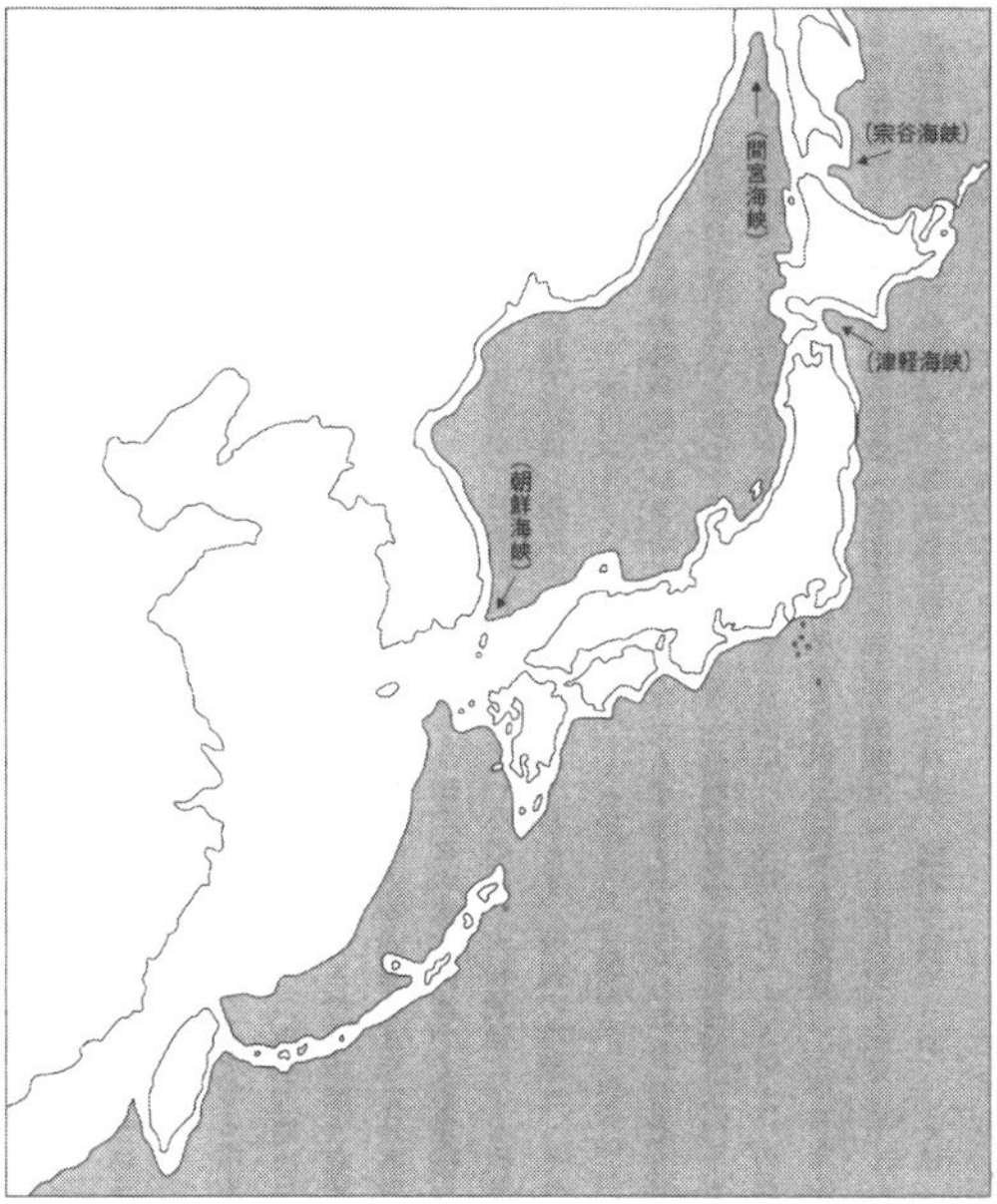

図1–5　約２万年前の推定海岸線（出典：安本美典『日本民族の誕生』勉成出版）

生したことを示している。

1．海水準の上昇により日本海が形成され、列島は孤島化し、さらに気候が変化した。

2．この気候変化で、列島の生態系が変化し、小動物や堅果植物が繁茂した。また、海水準の上昇は、列島の応力バランスを崩し、火山が活性化し、多雨で山体崩壊や地すべりが多発し、列島の自然環境は大きく変化した。

3．列島の気候が安定化すると、植生への関心が高まり、食料の栽培が始まり、種々の技術も開発されて「女系社会」が形成された。

4．七三〇〇年前の鬼界カルデラ大噴火で西日本の人集団は拡散し、東日本の人集団と融合が促進され、新しい次元の社会が形成された。

2.2　誰が列島部に到来したか

(1) DNA分析による人集団の列島部への到来

篠田謙一氏によれば、Y染色体遺伝子の分析の結果では、日本人は、八種類の遺伝子（C1系集団、C3系集団、D2系集団、Q系集団、O3系集団、O2a系集団、O2b系集団、N系集団）を有する、遺伝子の種類が多い特異な集団で、その中に大陸や他国にない遺伝子（C1系集団、D2系集団）を含んでいるとされている。

人集団の状況と流れなどを図1－6に示す。（C1系集団、C3系集団、D2系集団、Q系集団）の人集団が先行して列島部に到来し、縄文時代後半には（O3系集団、O2a系集団、O2b系集団）が渡来してきた。

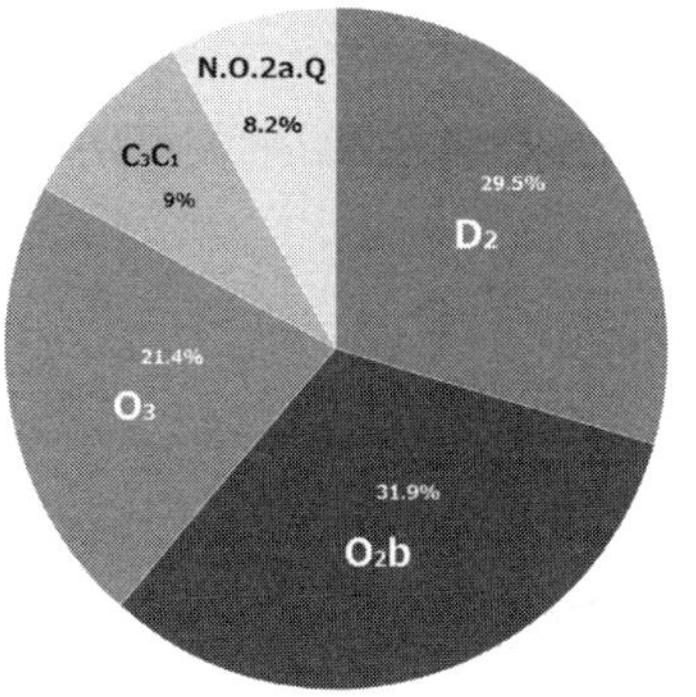

Y染色体ハプログループの本州の構成比率
（出典:崎谷満『新・日本列島史』勉誠出版より著者作成）

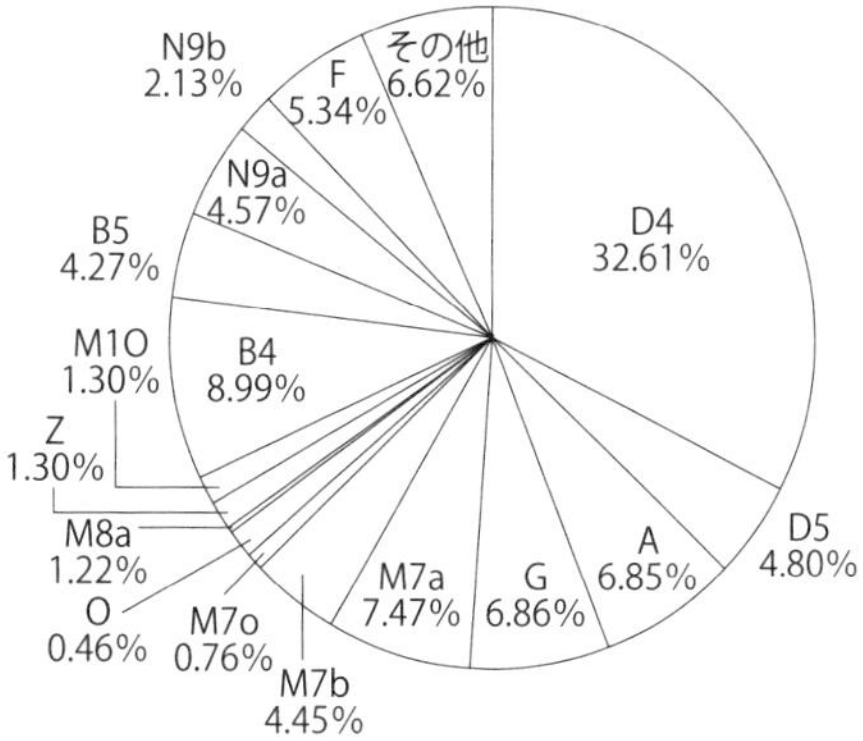

日本人のミトコンドリア遺伝子分析比率
（出典：篠田謙一『日本人になった祖先たち』NHK出版）

Y染色体ハプログループの構成比率

（本州）
D2　29.5%
O2b　31.9%
O3　21.4%
C3、C1　9.0%

（アイヌ族）
D2　87.5%
C3　12.5%
O3、O2b　0%

（北琉球）
D2　39.4%
O2b　30.0%
C1　多少
O3、C3　なし

（南琉球）
D2　3.0%
O2b　67.0%

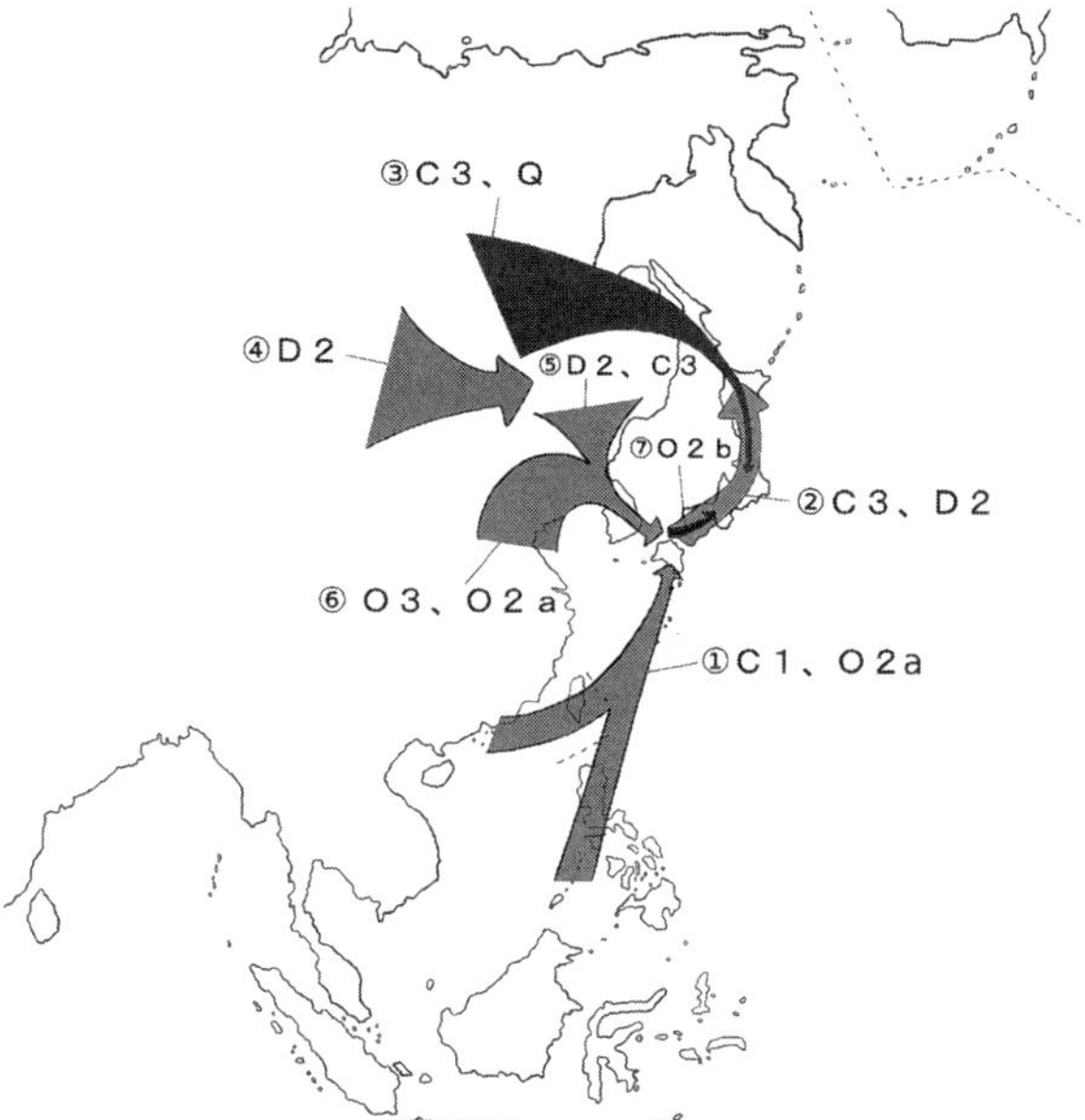

渡来ルート総合図（著者作図）

①C1　O2a　②C3　D2　③C3　Q　④D2
⑤D2　C3　⑥O3　O2a　⑦O2a

図1–6　遺伝子分析結果とその列島への到来

N系集団は、極東地域の発生とされ、逆に極東から西欧に移動している。

（2）他の情報を加味すると

考古学的な情報を加味すると、日本列島が形成される以前に到来した人集団は、南からのC1系集団、大陸からのD2系集団が存在し、やや遅れてC3系集団、Q系集団の到来が、周辺大陸での遺伝子分布から主張されている。C1系集団は、南西諸島に存在している集団で、出自は南と推定されるが、東南アジアには遺伝子は存在していない。C3系集団は、シベリアからベーリング海峡を渡って、北米大陸に移動した集団で、列島はその通過点と推定されている。D2系集団は、出自がチベットとされるが、中国には存在せず、移動経路は定かではないが、大陸からの到来であろう。

これらのことから推察すると、三〇〇〇〇～一一五〇〇年前（旧石器時代～縄文時代草創期）は（日本海湖時代）で、二〇〇〇〇前から徐々に温暖化、海面の上昇が始まる中、日本海湖周辺への大陸方面からの移動民は、次の四つの人集団が推定される。

D2系人集団　ナウマン象ハンターの後裔か　九州から北海道まで分布。チベットからモンゴルに北上していたD系の人集団の一部（D1系集団）は、この時期、生存に失敗し絶滅したと推定される。残りの一部（D2系集団）は、列島に到達して生き延びたと推定される。「東山型」「杉久保型」「国府型」の「ナイフ型石器」グループを形成。この系統は、「ツ（ミ）族」と推定する。

C3系人集団　列島部に西南から、北から「細石刃石器」や「荒屋型彫器」を帯同して進入とされている。マンモス象ハンターか、アムール川漁労民を含む。沿岸系の「ア族」「イ族」「ウ族」「ヤ族」「ミ族」「サ族」、山地系の「ホ族」などの「一音部族」が出自している。

Ｃ１系人集団　南西諸島から九州に移動　南西諸島のサキタリ人・湊川人の後裔の北上か。「アハ族」の存在を推定。

Ｑ系人集団　アリューシャン列島やカラフトから南下・移動とされている。道東から道南へ　マンモス象ハンターか　「道東族」を想定する。

2.3　どこから到来してきたのか

図１―６の右下図は、「日本人の形成に関係したと推測される古人類の移動経路」を示したものである。これによれば、大陸の西方から極東に移動した人集団は、日本海湖を南北から巡って列島部に到来し、江南と南からの人集団が南西諸島から九州に到達したと、大きく二つのルートが想定されている。しかし、ＤＮＡ遺伝子分析結果では、南方（スンダーランド方面）直接到来は否定されており、すべて大陸からの到来である。アイヌ族や琉球族の状況を考慮すれば、各ルートの移動集団は、図の下段のとおりと推定される。

図１―７に、『日本人　はるかな旅　一巻』（ＮＨＫ出版）にある、斎藤成也氏の「ルーツを明かすＤＮＡの世界」の中のミトコンドリア分析による、二つの系統図を示す。

上図は、日本人は東ユーラシア人に属しているが、東南アジア人とは別系統の、モンゴル・チベット系統に属していることを示している。

下図は、中国の山東地域の年代別人の系統図で、二五〇〇年前以前はトルコなどのヨーロッパ系の人集団であったが、二〇〇〇年前の漢代には、中央アジア系の人集団に変化していることを示している。その中で日本人は、ウイグル・キルギス・アルタイ・カザフ・モンゴルと同系統であるとされ、現代中国人と最終的

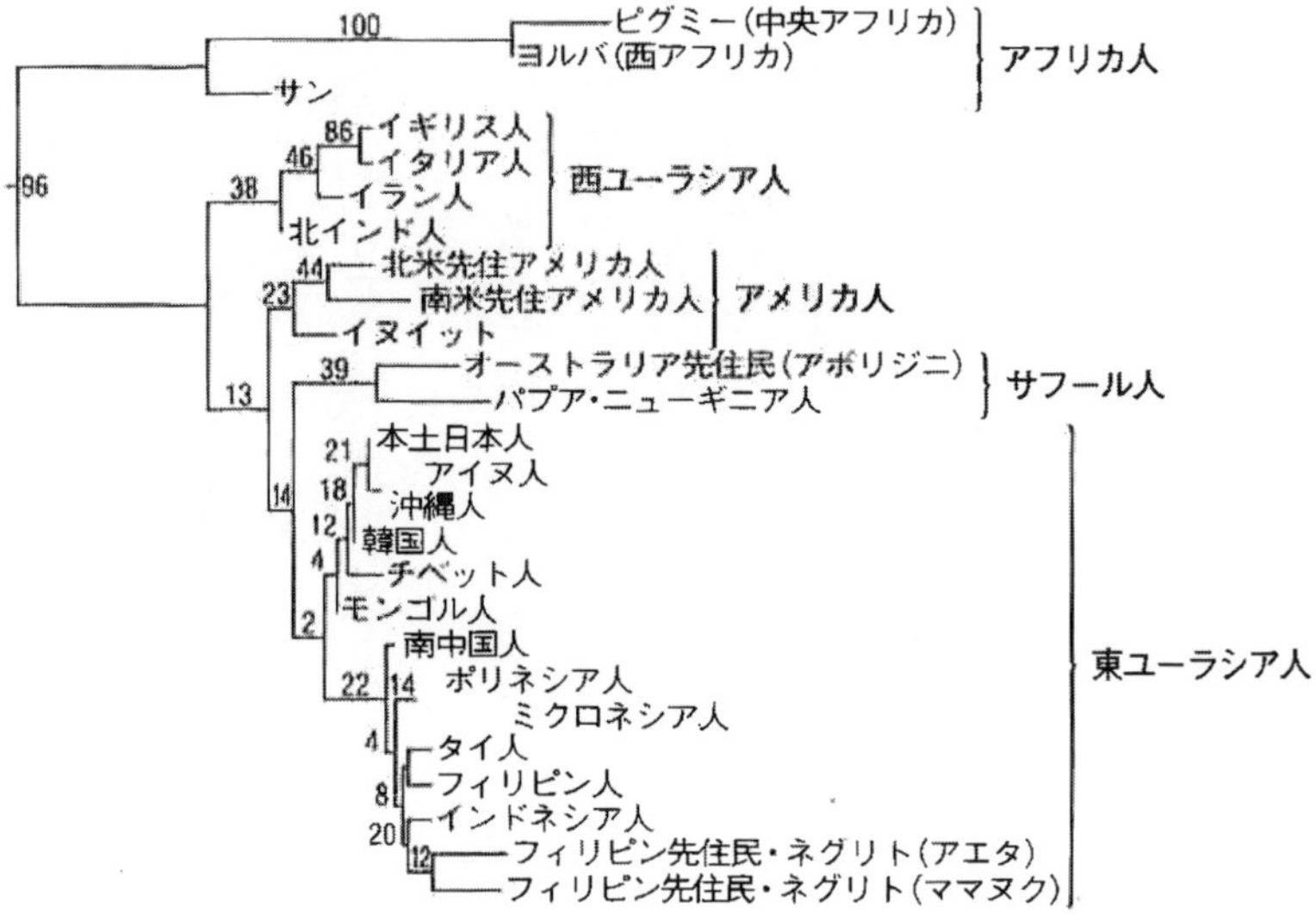

遺伝子頻度から見た遺伝的な近縁関係

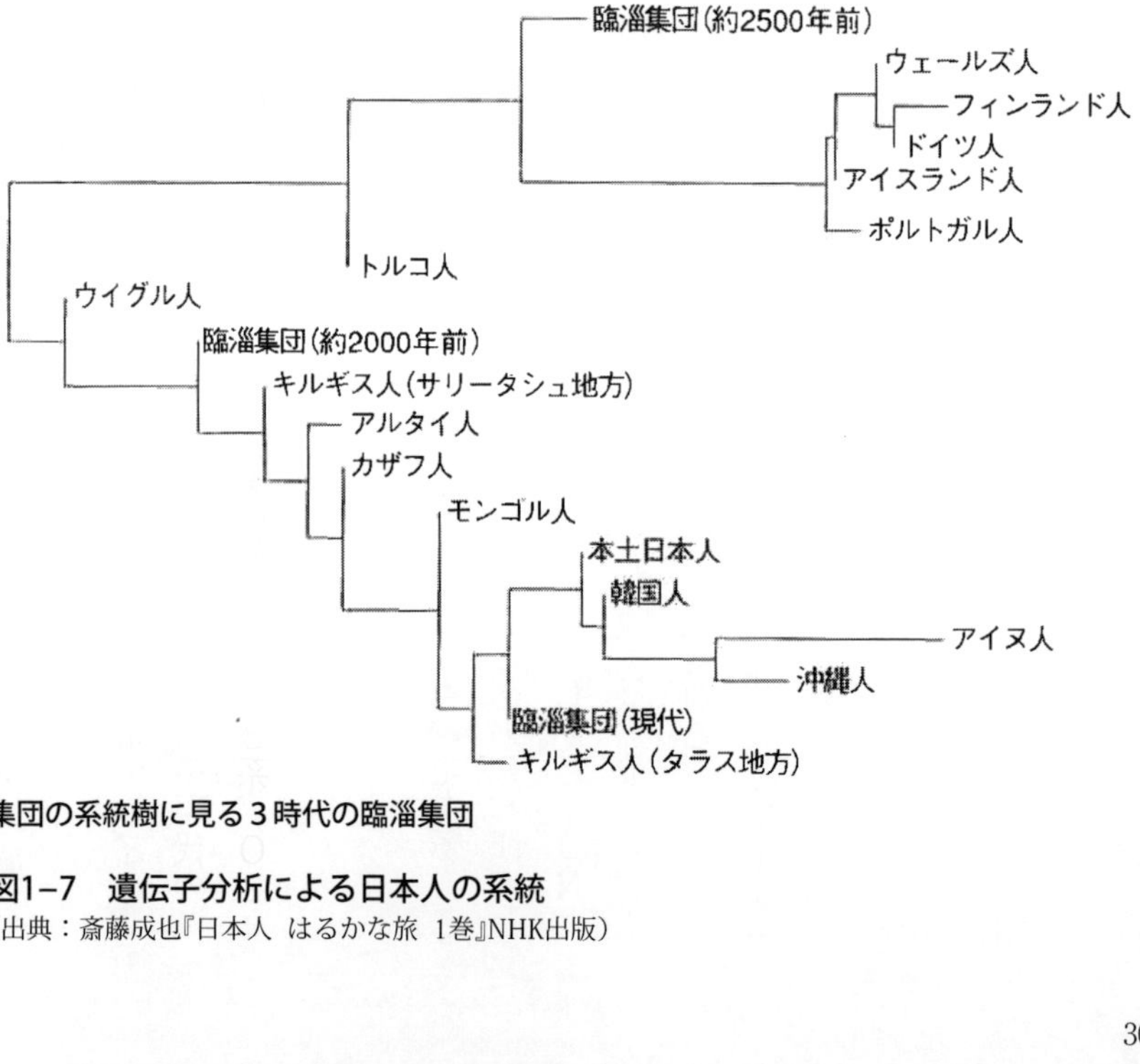

集団の系統樹に見る3時代の臨淄集団

図1–7　遺伝子分析による日本人の系統

(出典：斎藤成也『日本人 はるかな旅 1巻』NHK出版)

に分かれている存在とされている。いろいろの示唆を含む見解である。

一方、縄文時代人の出土人骨によるDNA分析結果では、

・小竹貝塚遺跡（富山市）（前期の一〇〇体遺骨）の分析結果（篠田二〇〇七、二〇一五）によれば、バイカル湖周辺や北海道の縄文人に多い北方系や中国南部に見られる南方の二系統が混在し、弥生人や現代の日本人に多い型は見られなかったとされている。この弥生人や現代の日本人に多い型は、（O3系、O2a系、O2b系の人集団）で、後代の渡来民である。

・北海道（五四体）や東北（二〇体）の縄文早期～続縄文時代のミトコンドリアDNAの遺伝子型を明らかにし（安達二〇〇七）、ウリチ、ウデヘ、ニブフなどのシベリア先住民に多い遺伝子型が六割を占め、関東以西のDNAとは大きく異なったとしている。C3系の人集団が主で、O系集団の多い関西以西との差を示している。

・岡村道雄氏は、縄文時代以前に到来した朝鮮半島経由の（旧人）と古北海道半島経由の（新人）が、重層して、後期旧石器時代後半から地域文化圏を形成した。両系統の人類が固有の文化を形成し、各地で地域文化圏・民族を形成した。その基本的枠組みが縄文文化にも継承されたと解釈できるとしている。（旧人）と（新人）の区別が不明であるが、旧人はD2系集団、新人はC3系集団か。旧石器時代には、北方からQ・C3系の人集団はマンモスハンター（狩猟民）として、一部は漁労民として到来し、西方からD2系の人集団はナウマンゾウハンター（狩猟民）として、南方からC1（C3）系の人集団は狩猟民・漁労民として、列島に到来したと考古学データ（象化石の分布、石斧など石器の分布など）からも推定されている。

2.4　列島に居住した人集団

（1）これらの人の流れを構成した部族を特定できるのであろうか

列島部に到来した人集団として、列島古族の「ツ族」と「一音語族」とを想定する。

「ツ族」は、ナウマンゾウハンターとして、列島部に到来した人集団（D2系）で、列島では最古の「部族」で、列島に「石器文化」をつくり、「ナイフ形石器時代」を創出した。

つぎに、細石刃を帯同して列島部に到来した人集団（C3系）は、第一波として一語族名の「ア族」・「イ族」・「ウ族」・「ホ族」・「ヤ族」などを想定する。遅れて第二波として、荒屋型彫器などを帯同した「ミ族」の到来を想定する。

最後には、土器や石鏃を帯同したD2系第二波の部族「ツチ族」の到来を想定する。

DNA分析結果と考古学の成果を勘案すると、南方からの勢力は、C1系の人集団、土器を有していない北海道の勢力は、Q系またはC3系の人集団、西方から土器と石鏃を帯同して主に到来したのは、D2系あるいはC3系の人集団とほぼ断定できる。

これらは、考古学の諸図の流れに対応させると、以下のような到来時期や到来方向、到来場所などを推定できる。大陸方面より波状的に列島部に到来している。

①D2系集団（ツ族）　二五〇〇〇年前以前から列島部に在住していたナウマンゾウハンター

西方から「石器文化」「ナイフ形石器」を帯同して、列島部に到来

後半に国府型石器を帯同して、日本海湖岸を北上（ツ地名連続）

瀬戸内～関東に移動（ツ地名の存在）

②Ｃ３系集団（ア・イ・ウ族・サ族など）細石刃石器を帯同　漁労民形成
　二五〇〇〇年前頃　北方より新石器を帯同して到来・太平洋岸を南下（関連地名）
　一八〇〇〇年前頃　北・西方より細石刃を帯同して到来　沿岸部を移動（関連地名）
③Ｃ３系集団（ミ族）
　第二波　荒屋型彫器を帯同して北から進入　「ツミ族」形成
　一七〇〇〇年前頃　北方より進入　日本海湖沿岸を南下（関連地名多し）
　新潟（ミオモテ）、富山（ツミヤマ）、若狭（ミカタ、ミノ、ミカワ）
　山地への遊動路に（「ミ」地名）多し（ミササ、ミトヤ、ミキ、ミネなど）
④Ｄ２系集団（ツチ族）
　第二波　土器や石鏃（弓矢）帯同　東上・北上する
　一六〇〇〇年前頃　西方から進入し移動（サツマ、ツクバ、ツガルに最古土器）
　一一五〇〇年前頃　日本海湖から太平洋岸に移動（アッチ、ウッチ、ツチウラ）
⑤Ｃ１系集団（アハ族）
　一五〇〇〇年前頃　南西諸島から栫ノ原石斧を帯同して太平洋岸を北上
　サツマ周辺や古大阪湾周辺に到来

（２）到来した人集団は、いつ海峡を渡れたのか（図１―８参照）

海水位は二〇〇〇〇年前までは下降、二〇〇〇〇年前以降は上昇とされているが、Ｄ２系・Ｃ３系の人集団は、海峡を渡れたのであろうか。

渡海の時期は、Ｄ２系集団の第一波は、二五〇〇〇年前以前で海水位の下降期、Ｃ３系集団第一・第二波とＤ２系集団の第二波は、二〇〇〇〇年前以降で海水位上昇期である。これらの時期の海水位は、湊氏によれば（図１―４図参照）、二五〇〇〇年前頃はマイナス一〇〇ｍ、二〇〇〇〇〜一六〇〇〇年前頃はマイナス一四〇～マイナス一〇〇m程度と考えられており、いずれの時期も海水位は低く、海峡は狭く冬期の凍結もあろうから渡海は不可能ではない。

しかし、D2系集団の第一波やナウマンゾウ動物群の到来は、さらに三〇〇〇〇年前以前の古い時代と推定されるので、データもなく不鮮明である。古い時代に陸化時期が存在していたのであろう。あるいは、宗谷海峡は浅いので、北方から到来した可能性も残る。

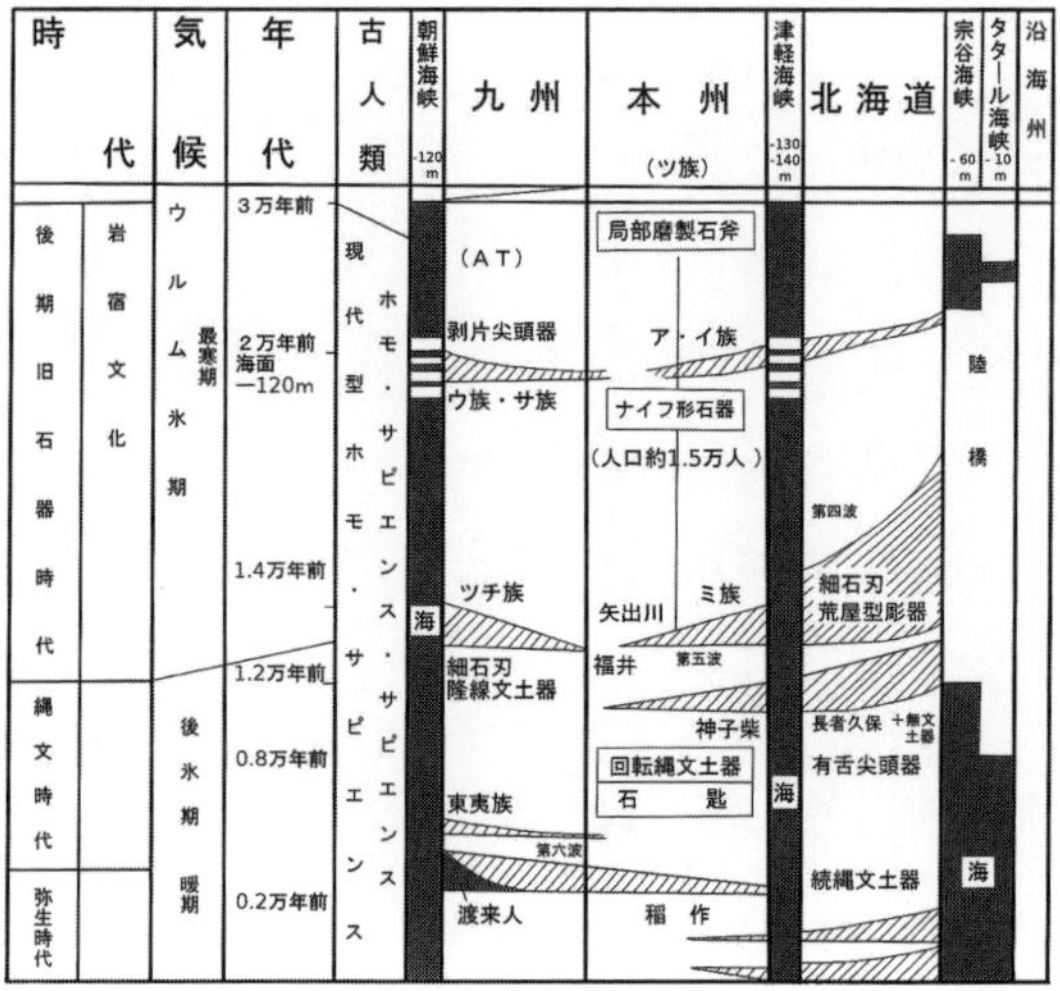

（族名加筆）

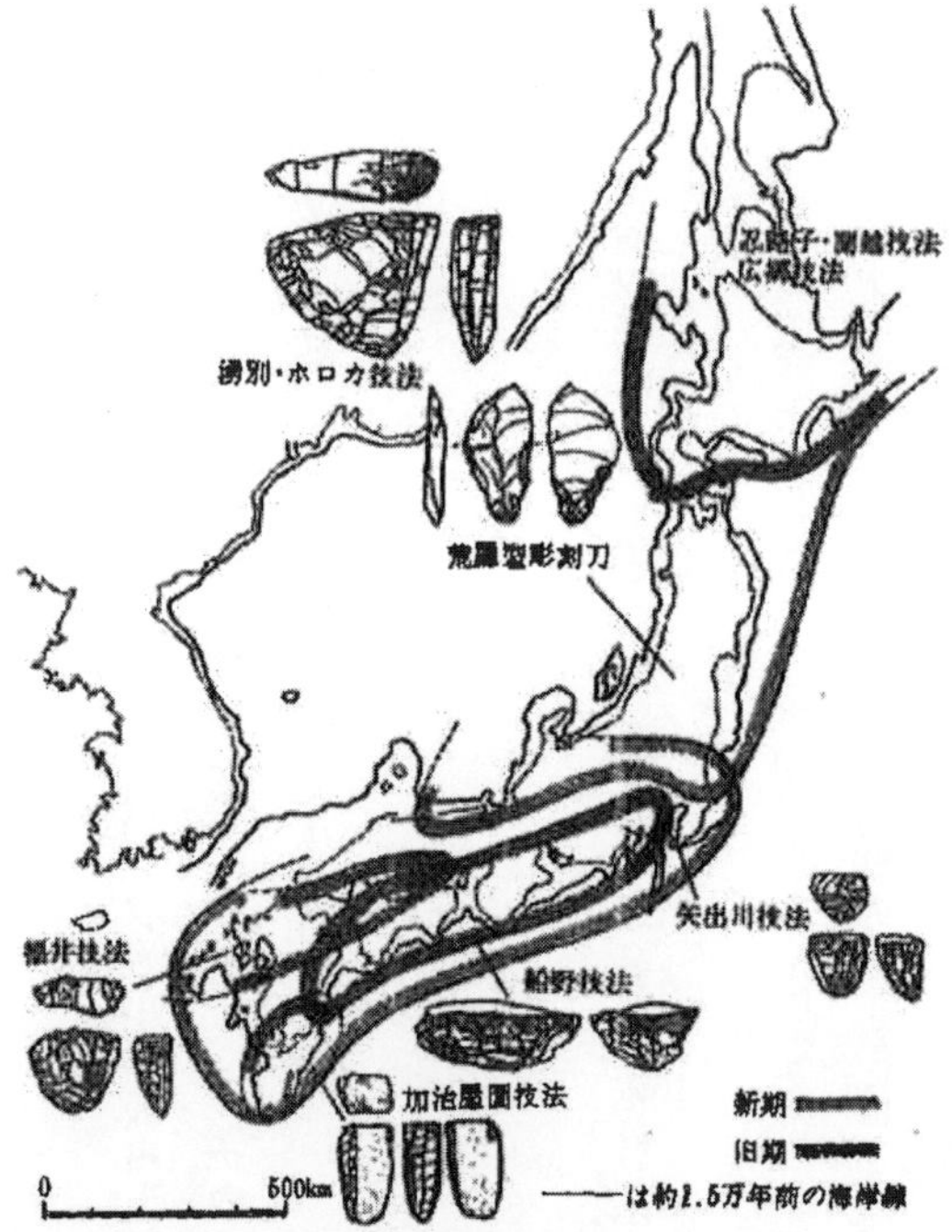

図1–8　列島への到来時期と波状到来
（出典：岡村道雄『日本旧石器時代史』雄山閣）

（3）移動経路からみる人集団の特性

各系の人集団の有する特性をその移動経路の状況から検討してみる。

①Ｄ2系人集団は、チベットからの移動と想定すると、南から北に移動してモンゴル周辺に至り、やがて東進して列島に到来したと推定される。その過程で気候帯を横断して様々な自然の変化への対応を体感し、変化する動植物群の中を移動したとすると、その過程で様々な内陸系の動植物の習性を把握してきたものと推定できる。変化する狩猟対象のみならず植生の把握も可能で、畑作などへの対応もあったと推察される。列島では、狩猟対象により「ヤマヅミ族」と「ワダツミ族」に分かれている。

②Ｃ3系の人集団は、シベリアから列島に移動してきたが、西から東への類似した気候帯の中を、季節により南下や北上を繰り返して、列島部に到来したと推定される。このため、狩猟対象や食物となる動植物への対応は画一的で変化は乏しかった可能性があるが、同一環境・条件の中で、細かな狩猟技術を高度に向上させ、また東端ではアムール河に河川漁業をも体得して列島部に至ったと推定する。列島部では、狩猟対象を陸から海に容易に変更させ、漁労民となることを可能としていたと推察される。

③Ｃ1系の人集団は、温暖な南方から黒潮に乗って北上し、列島部に到来している。本来からの海洋民を主とした集団で、海への理解が卓越し、操船技術やツキヨミ技術を体得していた移動集団と推定する。ミクロネシア海域の住民も含む可能性もある。

移動先の列島部は、南北に長く、また中央に高山を有するため、東西南北の自然環境は多彩で、また、地形的にも平野、丘陵、山岳があり、河川や湖沼が多く、火山や温泉をも含み、動植物も多種多彩であったと推察される。

これらの人集団は、それぞれ誕生から移動経路の自然条件への体験を帯同し、列島部に到来して住民となり、異次元の体験を有する他の人集団と融合することにより、より高いレベルの、新たな次元の技術集団へと脱皮していったとの推定も可能である。

3 縄文時代はどんな時代か

(1) 縄文時代の始まり

縄文時代の状況についてはこれまで考古学において詳細な状況が解明されてきており、その開始は無文土器の出土する一六〇〇〇年前とされ、使用された生産用具とその使用時期が気候変動との関連で把握されている(図1―9参照)。ここでは弓矢(石鏃)の使用が一四五〇〇年前とされ、また、漁撈具の釣針が一一五〇〇年前、銛頭が一〇〇〇〇年前使用とされていて、日本海形成に対応している。

これらの時代は、日本海形成前夜の自然環境の変化に整合している。

(2) 時代の区分は土器区分が採用されている

従来の縄文時代の時代区分は、土器の編年(図1―10)によっていたが、科学データ(放射性年代)と合わず、最近ではデータに合わせて時代が繰り上がっている。(図1―11)さらに、土器区分に対応する最近の分析データを図1―12に示す。これによれば時代は早期が異常に長く、時代区分は下端のグリーンランド氷床コアによる気候変動データと合わず、アメリカのボンド・イベントとより合致している。列島の気候変動データと合わすべきであるが、それにはよいデータが存在しない。また、土器区分の変化が気候変化のみに対応する

02 縄文時代とは

今日の地球規模での温暖化がはじまる約１万1500年前の日本列島に成立し、約2700年前に水田稲作と金属器の使用を本格的に開始する弥生時代まで、植物採取・狩猟・漁労を主な生業活動とする獲得経済（採取経済）の時代を縄文時代とよぶ。

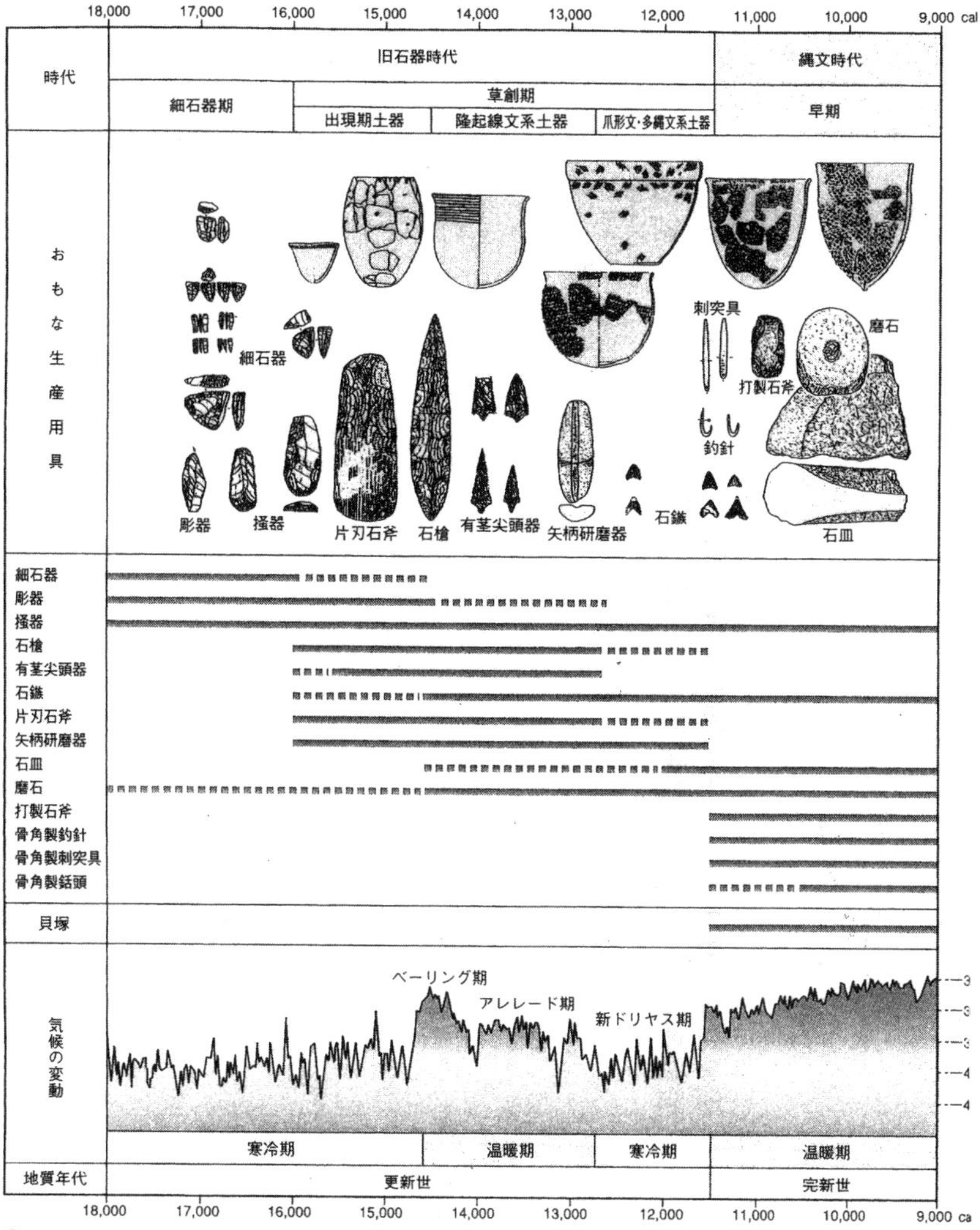

旧石器時代末から縄文時代初頭の発達の諸段階

図1−9　縄文時代の幕開け（出典：勅使河原彰『縄文時代ガイドブック』新泉社）

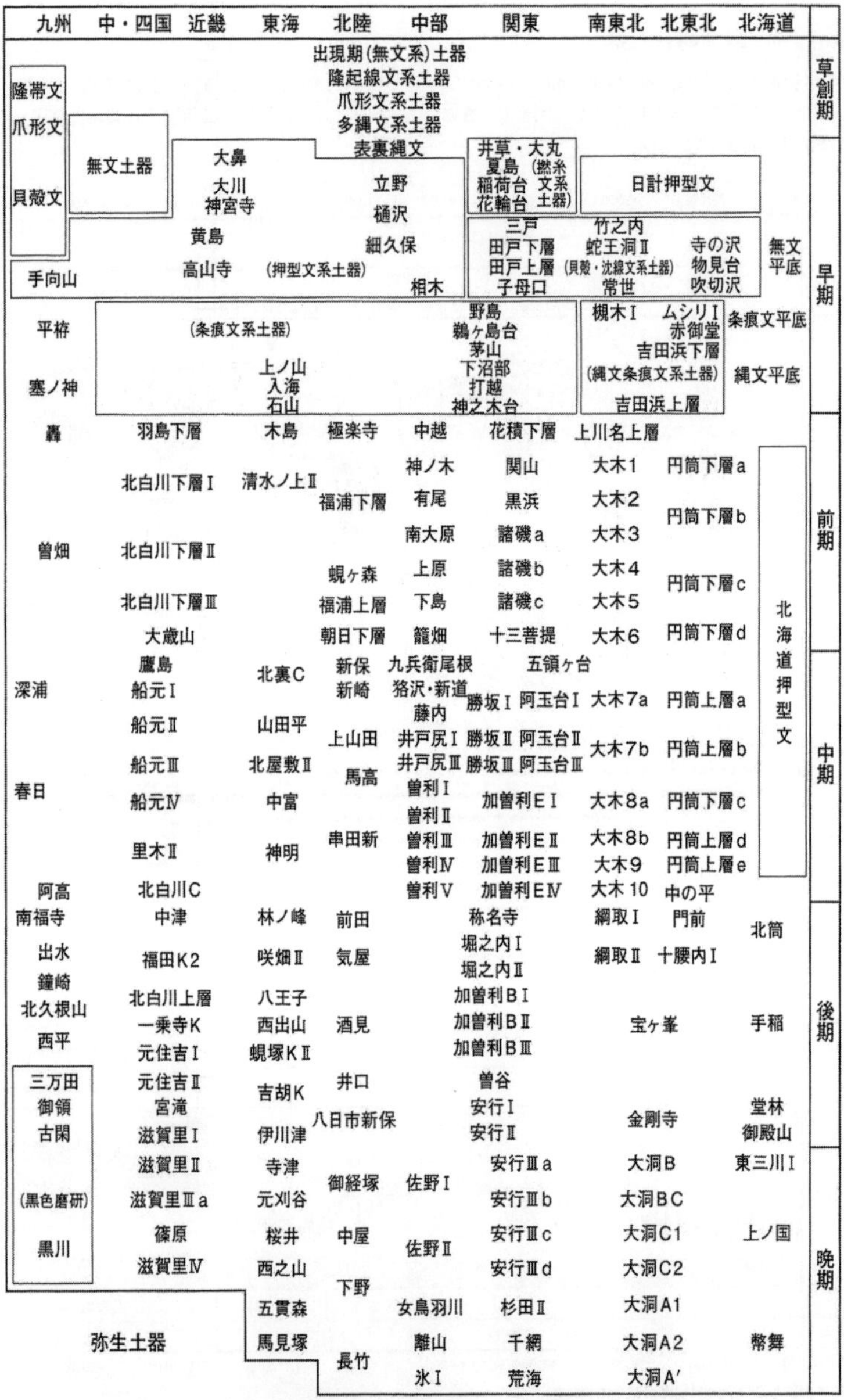

図1–10　縄文土器の全国編年と時代区分

（出典：勅使河原彰『縄文時代を知るための110問題』新泉社）

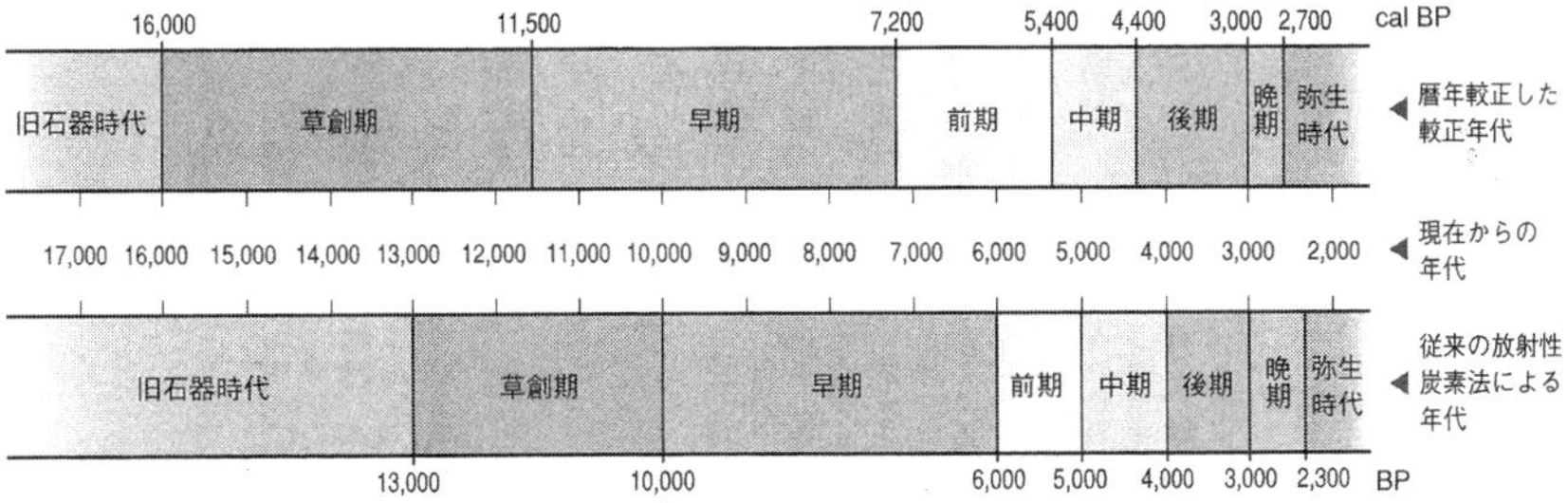

図1–11　放射性年代とその較正年代の比較

（出典：勅使河原彰『縄文時代ガイドブック』新泉社）

理化学的な年代測定法で、考古学で最も利用されているのが放射性炭素年代。しかし、放射性炭素年代にも誤差が生じるので、それを年輪年代などのより信頼できる物差しで補正したのが較正年代。

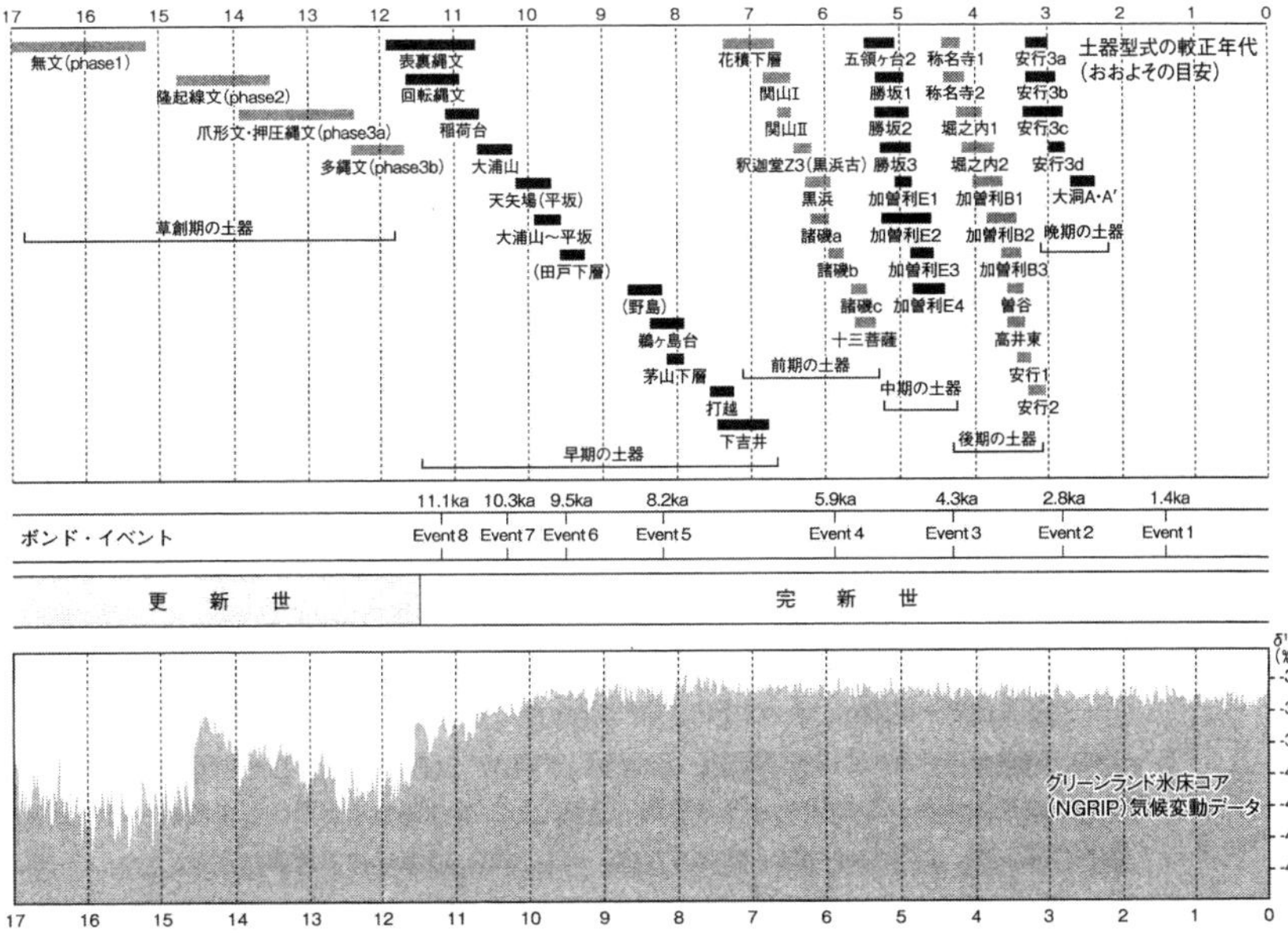

図1–12　土器形式の放射性炭素年代と気候変動

（出典：勅使河原彰『縄文時代を知るための110問題』新泉社）

ものではないので、使用時期の状況をより反映したものである必要がある。

考古学の状況はまた『縄文時代を知るための一一〇問題』（勅使河原彰　新泉社　二〇二一）などにおいて、長年にわたる研究成果がよくまとめられている。そんな中で、いくつかの重要な残された課題がある。考古学では把握できないが、縄文の歴史へ人集団の登場がないことである。

課題を解決するために「まえがき」で述べたように考古学で得られた事実を、地名の「音」を連結材料として結び、縄文時代の歴史を解明していく。

第二章

縄文時代の始まり・日本海湖時代（草創期）

一五〇〇〇〜一一五〇〇年前

	小瀬ヶ沢洞窟遺跡（阿賀町）　様々な文様の土器、打製石斧、磨製石斧 石鏃、石槍、有舌尖頭器、石皿、敲石、カモシカ・クマの骨　出土
12,000 年前	清武上猪ノ原遺跡（宮崎市）竪穴住居 14 棟、中央に炉跡、集石遺構、土坑 貝殻押圧文、隆帯文土器　サツマ火山灰下、炭化物 11,700 年前
12,000 年前	新潟県洞窟遺跡　卯ノ木遺跡（津南町）など 押型文土器・打製石斧・局部磨製石斧・有舌尖頭器
(　　　)	小岩井渡し場遺跡（埼玉・飯能市）土器、有舌尖頭器
(　　　)	大鹿窪遺跡（静岡・芝川町）富士山を望む半円形の縦穴住居 定住住居 14 棟、尖頭器・石鏃・石皿・磨石　定住を示す 隆帯文土器・爪型文土器・押型文土器出土
12,000 年前	栫ノ原遺跡　丸ノミ状磨製石斧　南西諸島から九州へ北上 「アハ族」の移動と推定　阿波など大阪湾周辺に至る
(　　　)	前田耕地遺跡（あきる野市）土器、住宅跡 2 棟　石槍、石鏃 サケの焼骨出土　河川漁労民の活動の活発化
(　　　)	洞穴遺跡（埼玉）でサケの焼骨出土
(　　　)	宮林遺跡（深谷市）、打越遺跡（滑川市）竪穴住居跡、出土
11,500 年前	サツマ火山灰（桜島噴火）
11,500 年前	暖流の対馬海流が日本海湖に流入し、大陸からの分離が始まる

(注)年代は、資料の表示による年代。数字のほか、時代名がある。(　　)は、時代が鮮明でないもの、筆者の記入を示す。資料は、主に「発掘された日本列島」(2,000 〜2,018)、「各県の歴史」シリーズなどの記載より抽出し、転記したものである。以下の「各時代」の年表も同様に記載。

〔この期のイベント〕日本海湖時代　草創期

16,000 年前　　後野 A 遺跡（ひたちなか市）東日本最古の無文土器（ローム層中から出土）
　　　　　　　青森・大平山元遺跡の土器片と同時期、石槍、彫器、掻器、石斧出土
（15,000 年前）　温暖化の進行する中、列島では D2 系の人集団（ツ族）と C3 系の人集団が、狩猟を主とする生活をしていた。（言語は三母音時代と考える）
　　　　　　　D2 系の人集団（ツ族）は、主に日本海湖岸を生活圏として、北方系（C3 系）の人集団は、太平洋岸を生活圏として狩猟及び漁労を行っていた。
　　　　　　　C3 系の人集団は、血族・姻族で集団（一音名を部族名として）を形成していた。「ア族」「イ族」「フ族」「ヤ族」「ウ族」「サ族」など
（13,000 年前）　荒屋遺跡（新潟）大量の石器と土坑遺構出土　C3 系の「ミ族」の流入
　　　　　　　湧別技法の細石刃と荒屋削器の組合せ　シベリアに及ぶ
16,000 ～ 7,300 年前　「食用植物の栽培開始期」　エゴマ、ヒエ、アブラナ、アサ（小畑）
15,000 年前　　上野原遺跡　集落、土器、石鏃、磨製石斧、竪穴住居　出土
　　　　　　　（集石炉、煙道付炉穴、墓、捨て場）
15,000 年前　　浅間・白糸　As-Sp　噴火　15,000 年前　十和田カルデラ噴火（To-HP）
14,500 年前　　上黒岩岩陰遺跡　細隆起線文土器出土
14,000 ～ 12,000 年前　東遺跡（岡山・八束村）　石器 1,350 点
　　　　　　　尖頭器群と細石刃群が隣接して分布
13,000 年前　　宮崎・王子山遺跡より、ダイズ圧痕出土
13,000 年前　　浅間・坂鼻　As-Yp　噴火
13,000 年前　　六通神社南遺跡（千葉市）房総半島の石器群　尖頭器、削器、立川ローム下位から出土
　　　　　　　石材は東北産頁岩、奈良産サヌカイト、下呂産流紋岩　交流・流通か
（　　　）　　　岡谷丸山遺跡（長野）矢柄研磨器出土
13,000 ～ 12,000 年前　男体山噴火　今市
13,000 年前　　秋田・駒ケ岳　噴火　Pfa
（　　　）　　　渡来川北遺跡（美濃市）有舌尖頭器・石鏃・配石遺構
13,000 ～ 12,000 年前　山形・高畠町遺跡　弓矢鏃出土
　　　　　　　ハクチョウ、ガン、カモ、クマ、イノシシ、シカ　狩猟対象の骨出土
13,000 ～ 12,000 年前　（山形県）細石刃文化　銛、槍、鎌に使用
　　　　　　　角二山（大石田町）遺跡　1,400 余点の湧別技法の細石刃
　　　　　　　有舌尖頭器　石槍の側縁にギザギザ刃の尖頭器
13,000 ～ 12,000 年前　上野遺跡（神奈川・大和市）隆起線文土器、無文土器片
（　　　　）　　花見山遺跡（横浜・都筑区）土器片 10,420 個（32 個復元）
　　　　　　　有舌尖頭器、木葉形尖頭器、石鏃、石錐
12,800 年前　三幸ヶ野第二遺跡（串間市）12,800 年前のサツマ火山灰の下から
　　　　　　　隆起線文土器、石器、集積遺構 2 基　出土
12,165 ± 600Bp　上黒岩岩陰遺跡（11 層）細隆起線文土器、有舌尖頭器、矢柄
12,000 年前　　東京・百人町遺跡　土器出土
12,500 ～ 12,000 年前　大正 3 遺跡（帯広市）土器片 400 点、尖頭器、ヘラ形石器、彫器
　　　　　　　独自文、爪形文、隆起線文土器、削器、両面調整石器、錐石器
12,000 年前　　アムール・ガーシャ遺跡　魚網の錘出土・漁労の痕跡
12,000 年前　　新潟県で土器出現　押圧縄文土器（深鉢）

本章では一五〇〇〇年前の縄文時代の始まりから、一一五〇〇年前の対馬海流の日本海湖流入までの期間を取り扱う。

植生変化による大型動物群の滅亡を、煮沸用の「土器」を製作し、植物を採取して食料難を乗り切った人集団にとって、縄文時代の開始直後は、どんな時代だったのか。

温暖化に伴う海水準の上昇はずっと継続していたが、対馬海流はまだ「日本海湖」に流入せず、列島は大陸の一部であった。

人集団は、動・植物群の多い日本海湖周辺に、尖頭器や細石刃を保持し、弓矢を持って集積していたと推定されている。

1　自然環境とその変化

(1) 海水面の上昇と日本海湖

二〇〇〇〇年前から進行した温暖化に伴う「海水準の上昇」については、多くの研究者によって証明されている。(図1―4参照)

大陸とその東方に浮かぶ島々を俯瞰すると、新たな視点を獲得できる。すなわち、日本海が湖であった頃、東シナ海やオホーツク海を取り巻く状況はどのような状態だったのであろうか。こちらも同じく「日本海の形成」で述べるように、小さな内海あるいは日本海同様の「湖」であったのではなかろうか。(図2―1参照)これらは、東からの太平洋プレートと南からのフィリピンプレートの移動のせめぎ合いの中で形成され、大陸からの分離が進行したと推定されている。

「東シナ海湖」の海底地形は、大陸近傍では浅海となっており、埋没地形が発達している（図2―1上左図参照）。黄河と揚子江から膨大な量の流出土砂が発生していて、これらの海底地形をさらに埋積している。流出土砂は、対馬海峡に押し寄せている。現在でも黄河の土砂で海岸線は年に十数m前進しているとも言われており、急速に埋没が進んでいるといえる。海水準上昇以前には、「沖縄トラフ」は、二〇〇〇mを超す深海なので、この付近を中心とした「湖」ではなかったろうか。海水準上昇とともに、北赤道海流である「黒潮」が、台湾の北東でこの「沖縄トラフ」に流れ入り、トカラ列島南で太平洋に流出している。また、その一部は対馬海流として日本海に流入するようになるが、東シナ海に流入した海流は、まず朝鮮半島に衝突し、渤海湾を渦巻いて南に逆流していたと推定される。

「日本海湖」は、大陸から流入する大きな河川はなく、列島側よりも大陸よりが深い海を形成している傾向にある。中央付近に「大和堆」の浅海があり、列島側にも二〇〇〇mに及ぶ深い海がある。このため、海水準の上昇とともに、この後に対馬海峡から流入してくる黒潮は、この中を渦巻いて流れていて、北端の津軽海峡、宗谷海峡で太平洋にあふれ出ていくこととなる。また、その一部は、反転流として大陸側をリマン海流として南下していく。（図3―2参照）

「オホーツク海湖」は、列島の南西諸島以上に、アリューシャン列島の島々が多いので、海水準が低い時代は「湖」であった可能性が高い。流入している河川は、アムール河であるが、河口近くに「間宮海峡」があり、水位上昇とともに、日本海からの流出流もあるので、河川の流出土砂はオホーツク海の中心方向に流れていると推定される。北から流下している親潮は、アリューシャン列島の孤島間からオホーツク海に入り、中で渦巻いていると推定される。

(2)日本海湖の自然環境

対馬海流の流入以前の状況については、ほとんど研究がなされていないので、その詳細は不明であるが、乾燥し、寒冷化していた「淡水湖」であったことは想像に難くない。環日本海湖時代の動植物のうち、一部は、「環日本海湖の動植物群」として解明されている部分もあるが、詳細は不明である。

図2―1(下図)は、環日本海湖型を示す生物の例として、「蝶」と「高等植物」の存在事例が示されている。「ミドリシジミ」は、日本海湖周辺以外にも、大陸の西域にも分布していて、古気候帯の存在をも示唆している。「ヒメザゼンソウ」や「ツバメオモト」も同様な分布を示していて、きわめて自然な存在と理解できる。これらは、数少ない事例であるが、考古学分野で指摘する土器や石鏃を帯同した人集団が、沿岸沿いに活動・分布し、湖を生活基盤としていた時代があったことは否定できない。

温暖化の中で徐々に動植物の生態系は、変化しつつあり、人集団も自然の変化に対応していたものと推察する。

日本海湖の両端、北の津軽海峡と南の対馬海峡は、海底地形的には開いていて、淡水湖の水が流れ出ていたと推定される。少ないとはいえ、列島河川からの流水で満杯になっていた可能性がある。

また、対馬海峡周辺が浅海なのは、中国大陸の黄河や長江からの流出土砂が多く、東シナ海を流れていたことも関連している可能性がある。

湖岸周辺には、コナラ、ブナ(鳥浜)、モミ、ツガ、センダン、カバノキ、ハシバミ、ヤナギ(三方湖)などが繁茂していたと花粉分析の結果は示している。

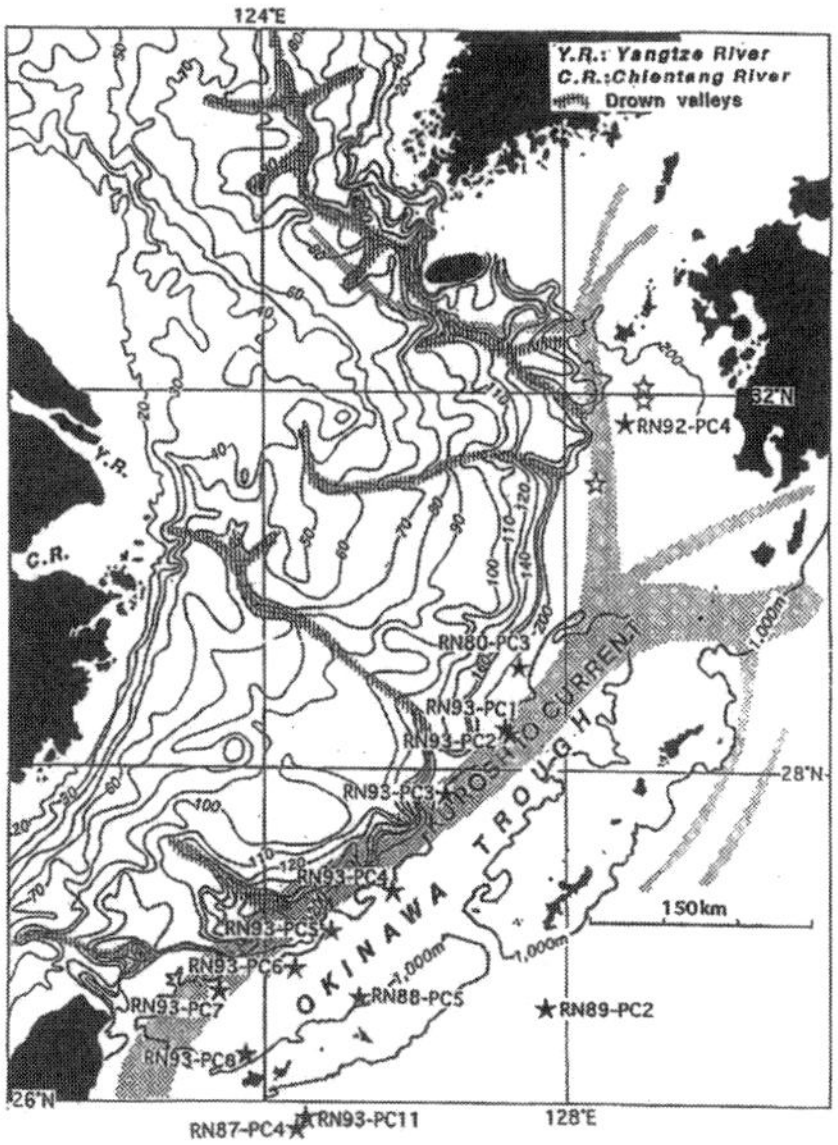

沖縄トラフと対馬海流
（出典：『月刊地球18巻』）海洋出版）
東シナ海の海底地形。南西諸島沖にー 1,000 mを越す深海がある。五島列島沖まで旧地形が分布している。

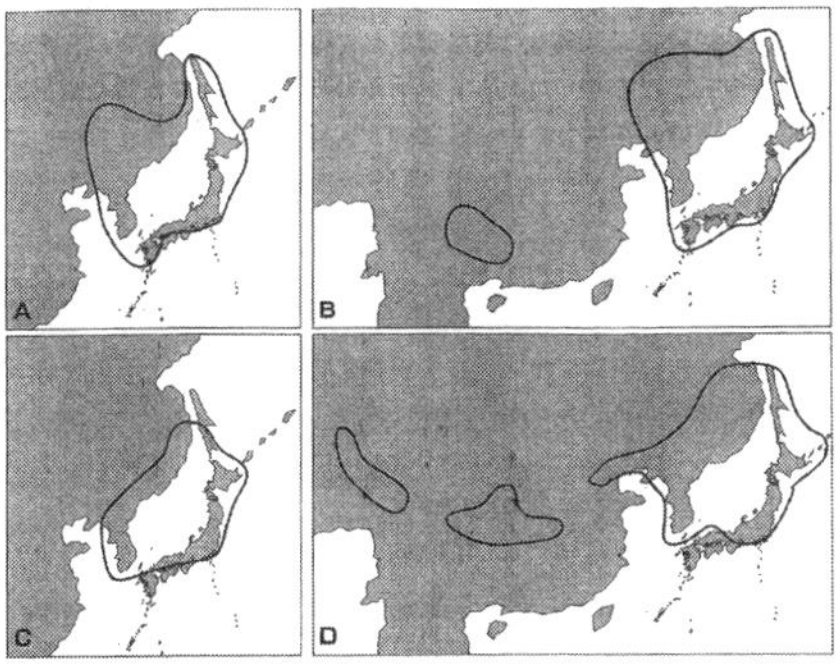

環日本海型分布を示す生物例
（出典：安本美典『日本民族の誕生』勉成出版）
日本海湖特有の生物も生息していた。
A.ウラジロミドリシジミ（シジミチョウ科）
B.メスアカミドリシジミ（シジミチョウ科）
C.ヒメザゼンソウ（サトイモ科）
D.ツバメオモト（ユリ科）

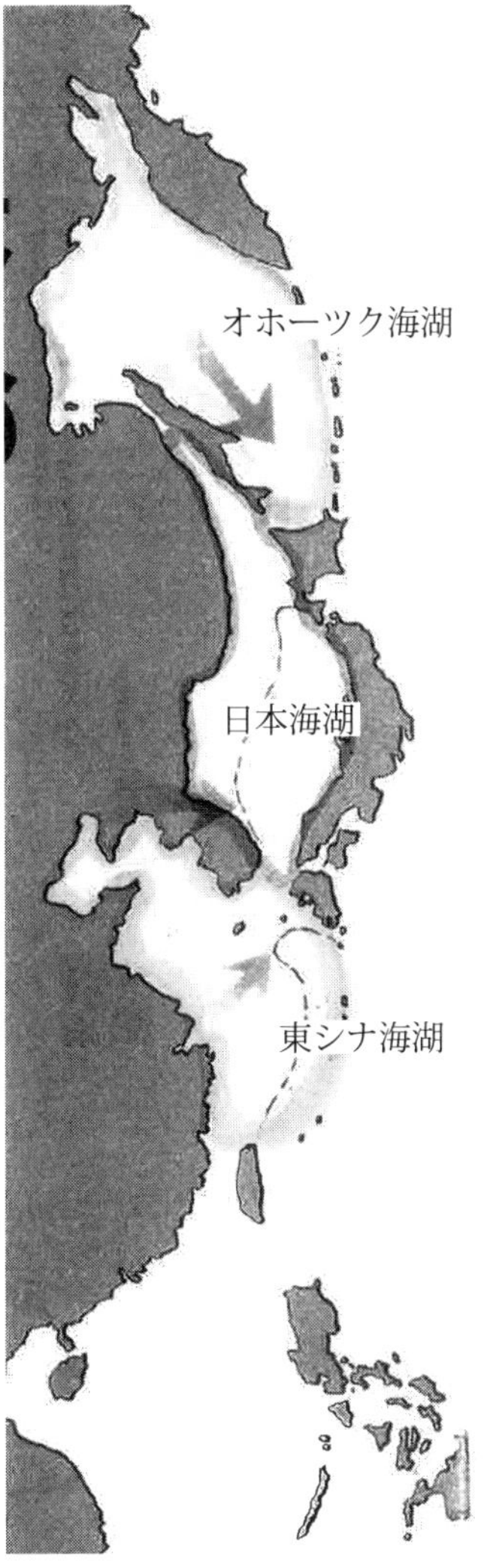

極東の３連湖（出典：著者作成）
極東では海湖列が存在して、かつては淡水湖であった可能性がある。

図2–1　日本海湖の形成と自然環境

（3）日本海湖周辺の状況

列島周辺の地形図（『新詳高等地図』帝国書院一九八九）によれば、この時期の日本海湖周辺の状況（水深マイナス一〇〇m等高線）を読み取ることができる。（図2―2参照）

①日本海側の信濃川以北の現在の離島、礼文島、利尻島、天売島、焼尻島、奥尻島、新潟沖の粟島の範囲は、すべて陸地となっていて、二五㎞ほどの広い緩斜面がある。また、能登半島周辺も沖合の舳倉島まで陸地となってい て、佐渡島は連結せず離島である。フォッサマグナ帯のある駿河湾、富山湾では浅海はなく、深海となっている。西日本では、隠岐島が島根半島と接続し、山口沖の見島、九州沖の沖ノ島、壱岐までは、五〇㎞に及ぶ広い陸地となっていて、対馬がその沖合の孤高い山地となっている。もちろん瀬戸内海は存在しないが、中に燧灘、播磨灘などの湖が形成されている。

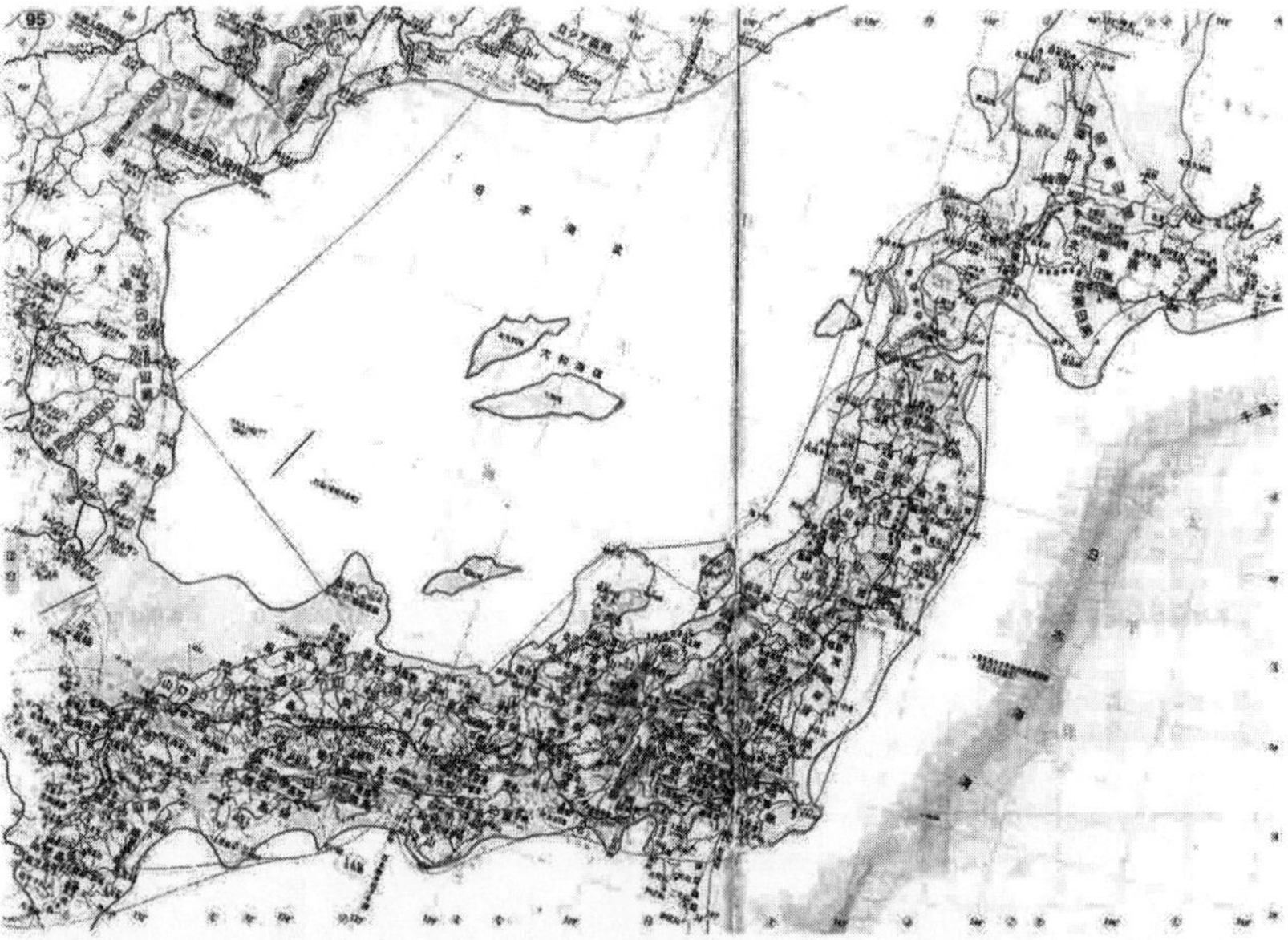

図2–2　列島周辺の－100メートルの海岸線（出典：高等地図帳より抽出）
津軽海峡と対馬海峡はいずれも閉じている。

② 太平洋側では、八戸沖で二五㎞、仙台湾付近で五〇㎞、鹿島沖で三〇㎞ほど陸域が広がり、内浦湾、東京湾、伊勢湾、紀伊水道、豊後水道、鹿児島湾は閉塞していることとなる。西九州では、甑島列島や五島列島が九州と連結し、八代海や橘湾は閉塞して、湖となっている。

③ これらの海底地形は、広い陸域と河川土砂との関連は希薄だが、信濃川、雄物川、能代川などや馬淵川、北上川、阿武隈川、利根川の河口付近では、陸地が拡大していて、火山噴火に伴う流出土砂の影響は否定できない。

これらの地形が当時の状況を示しているとすると、急激な水没が起こった箇所は少ないように推察される。

（４）列島部の地変

この時代の列島を取り巻く火山噴火を図２－３に示す。図に広域テフラと表にその詳細を記載する。

この期の火山活動を抽出すると、以下のとおりである。（pfl は火砕流噴火）

一五〇〇〇年前	浅間火山噴火　白糸	As-SP	pfa
一五〇〇〇年前	十和田カルデラ火山噴火	To-HP	（較正年代）
一三〇〇〇年前	霧島火山噴火　小林	Kr-Kb	pfa
一五〇〇〇～一三〇〇〇年前	支笏火山Ⅰ	Spfal	pfa
一五〇〇〇～一二〇〇〇年前	男体山噴火　今市	Nt-IS	s-pfa
一五〇〇〇～一〇〇〇〇年前	利尻火山噴火ワンコノ沢	R-Wp	pfa
一一〇〇〇年前	浅間火山噴火　草津	As-YPK	pfa
一一〇〇〇年前	摩周火山Ⅰ	Ma-1	pfa

一三〇〇〇～一〇〇〇〇年前　十和田火山噴火　八戸火砕流　To-Hpf1 pfl pfa
一一〇〇〇～九五〇〇年前　十和田火山噴火　肘折　To-Hj pfa
八九〇〇年前　樽前火山噴火　d　Ta-d pfa
七〇〇〇年前　摩周カルデラ火山噴火　Ma-f～j pfl pfa

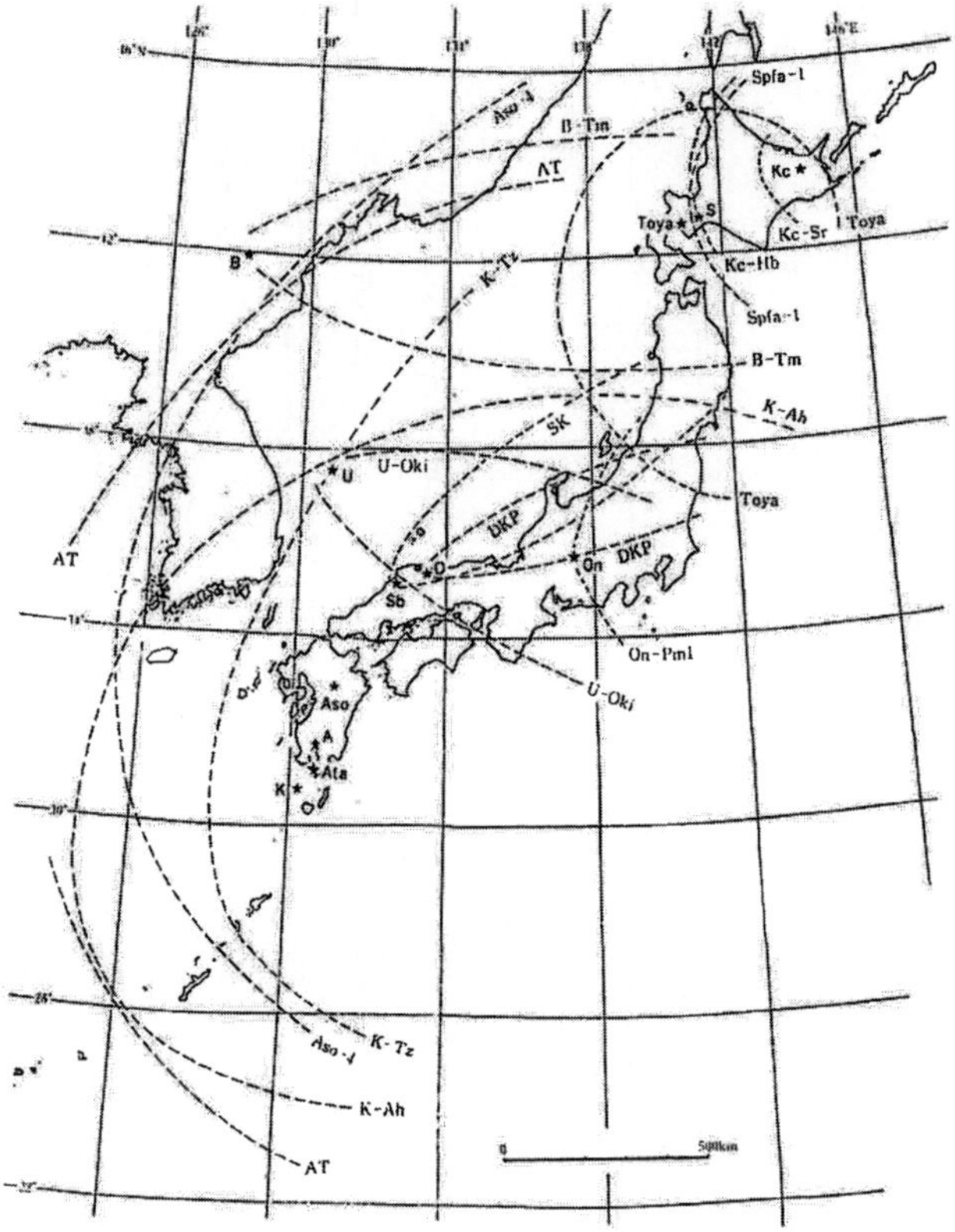

図2–3　日本の主な広域テフラの分布（出典：町田洋による）
鬼界カルデラ火山噴火のテフラは K-Ah

2　人集団（湖東人）の自然変化への対応

2．1　この時期の考古学的特徴

（1）考古学的出土物の特徴

これまで得られた考古学的出土物の特徴は、以下のとおりである。（年表参照）

・一八〇〇〇年前以前には、ナイフ型石器から細石刃石器・彫器・掻器・磨石がすでに使用されており、一六〇〇〇年前には、石槍・有舌尖頭器・片刃石斧・矢柄研磨器の使用が指摘されている。

・土器の出土は、一六〇〇〇年前の、大平山元Ⅰ遺跡（青森）、後野遺跡（つくば市）が古く、一五〇〇〇年前に上野原遺跡（鹿児島）、一二八〇〇年前に三幸ヶ野第二遺跡（串間市）など、本州端部や中央部で、無文土器片が出土している。

・一五〇〇〇年前以降、東日本（中部関東、北信越以北）では、神子柴文化（石斧）始まる。その後、石刃技法彫刻刀型石器、大型石槍、磨製石斧が出土し、やがて無文土器、石鏃が加わり、草創期の幕開けを告げる。

・一六〇〇〇年前～「食用植物の栽培」開始。エゴマ、ヒエ、アブラナ、アサなど（小畑ダイズの圧痕（宮崎・王子山遺跡）

・一三〇〇〇～一二〇〇〇年前　山形の細石刃文化
細石刃をモリ、槍、鎌に使用。有舌尖頭器、片刃石斧、弓矢の鏃に発展。
鳥類を狩猟　白鳥、雁、カモ、小型動物群を狩猟　クマ、カモシカ、ニホンシカ、イノシシ出土。

・一二〇〇〇年前　新潟県の洞窟遺跡（阿賀町・津南町）押型文土器・打製石斧など石鏃・有舌尖頭器など、カモシカ・クマ出土
・一二〇〇〇年前　洞窟住宅と竪穴住居の併用時代　定住生活の開始
・磨製石斧（動物解体用？）出土　新潟・埼玉・愛媛・長崎など
・近畿　粥見井尻遺跡（松阪市）相谷熊原遺跡（東近江市）　草創期に土偶
・前田耕地遺跡（東京）　竪穴住居の中から多量のサケの焼骨出土
洞穴遺跡（埼玉）　サケの骨出土　河川漁業の開始を確認
・鹿児島県以北の九州　竪穴住居　送り儀礼　屈葬埋葬
大原D遺跡（福岡市）葛原沢Ⅳ遺跡　家送り儀礼

（2）各地の状況

・新潟県の状況
一二〇〇〇年前　土器出現　押圧縄文土器（深鉢）　小瀬ケ沢洞窟遺跡（阿賀町）様々な文様の土器、打製石斧、磨製石斧、石鏃、石槍、有舌尖頭器、石皿、敲石、カモシカ・熊の骨　出土。
卯ノ木遺跡（津南町）、宝谷洞窟遺跡（阿賀町）日向洞窟（山形・高畠町）も類似
・茨城県の状況
草創期　後野A遺跡（ひたちなか市）東日本最古の無文土器（ローム層中から出土）　青森・大平山元遺跡の土器片と同時期　石槍、彫器、掻器、石斧出土　東石川新堀遺跡（ひたちなか市）　隆起線文土器群出土、石鏃　豊喰遺跡（那珂市）　爪形文土器、石鏃、石斧、削器、掻器　狩猟の状況　貝塚より犬の骨（猟犬）

出土、骨角製の鏃、石鏃出土　ニホンシカ、イノシシ、ノウサギ、ニホンザル、イタチ、ヤマドリ、キジ、マガモの骨　武田西塙遺跡（ひたちなか市）落し穴出土　磨製石斧、打製石斧

・宮崎県の状況

草創期　岩土原遺跡（延岡市）爪形文土器、隆起線文土器、細石刃、細石刃核　堂地西遺跡（宮崎市）爪形文土器、隆起線文土器、細石器、局部磨製石斧　三幸ヶ野第二遺跡（串間市）一二八〇〇年前のサツマ火山灰の下から　隆起線文土器、石器、集積遺構二基　出土　上猪ノ原遺跡（宮崎市）　竪穴住居跡一四棟、隆起線文土器、石鏃、尖頭器、矢柄研磨器　出土

（3）考古学資料による状況

『縄文土器ガイドブック』（井口直司　新泉社　二〇一二）によれば、列島出土の最古の土器は、青森県・大平山元Ⅰ遺跡や茨城県・後野遺跡の無文土器で、前者で一六〇〇〇年前の年代が測定されている。また、鹿児島県の上野原遺跡の隆起線文（隆帯文）系土器でも一五〇〇〇年前頃の年代が得られており、津軽海峡、関東、南九州で草創期の人集団の足跡が把握されている。

また、草創期の出土土器群として、九州の「隆起線文土器群」のほか、北海道を除く列島のほぼ全域で、同型土器が発見されていることから、日本列島に土器が定着したとされている。鹿児島の掃除山遺跡では、縄文時代を特徴づける竪穴住居、配石炉、集石炉穴などの遺構や磨製石斧、石鏃、石皿、敲石、磨石といった石器群とともに土器が発見されている。

北海道ではやや遅れて土器の出土は、早期（一〇〇〇〇年前）とされているが、帯広の大正三遺跡で、この期（一二五〇〇～一二〇〇〇年前）の土器片が出土している。

この中で草創期の土器の出土地点として、青森の津軽、茨城の筑波山、鹿児島・薩摩があるのは、偶然か。いずれも「ツミ族」に関連している「ツ」地名のツガル、ツクバ、サツマである。本巻の指摘は正しいのではあるまいか。

2.2 この時期の変化への対応

- 前代は温暖化の進行で生態系が大変化し、食料難に陥った人集団は、南や東へ移動を開始した。半島状の列島にも到来し大型動物を求めて列島内を移動したと推定される。大陸の人集団の一部は、列島以外にシベリア~北米大陸へも移動している。
- 人集団は、植物食材への食域拡大利用のため、「煮沸」することを認識し、「土器」を製作し、植物変化も進行している列島へも南下する。
- また、環境変化で隆盛した小型動物群に対応して、尖頭器や細石刃技術を拡大し、「弓矢」技術も開発・強化する。遺跡には、中小動物の獣骨が多く出土し、狩猟対象が徐々に変化していることがわかる。また、鳥類の骨も加わり対象が拡大している。山形・高畠町の遺跡では、弓矢・鏃・尖頭器・石斧・銛・ヤス・カマなど多用途の道具類が出土しており、湖岸や川岸のハクチョウ、ガン、カモなどの鳥類、クマ、イノシシ、シカなどの山の獣が狩猟されていて、環境に対応した狩猟が実施されている。
- 東京・埼玉の遺跡から「サケ」の焼骨の出土があり、河川漁業も開始されている。
- 一三〇〇〇年前には、荒屋遺跡（新潟）から、大量の石器と土坑遺構が出土し、湧別技法の細石刃と荒屋削器の組合せ石器群がシベリアから継続していて、「ミ族」の到来が推定され、大陸との関係は、継続中と判断される。

・食料難から、一部の人集団は、海域に進出し、貝類を採取し、貝塚を形成する。『はるかなる旅』では、一二〇〇〇年前　アムール・ガーシャ遺跡　魚網の錘出土・漁労の痕跡を指摘しており、狩猟民から漁労民が発生していることを伝えている。アムール川から、北海道・東北地方の海岸への移動は、Ｃ３系の人集団か、Ｑ系の人集団であろうか。

・小畑弘己氏は、『タネをまく縄文人』（吉川弘文館　二〇一五）において、日本における農耕化の段階を五期に区分し、その「Ⅱ期」として、一六〇〇〇〜七三〇〇年前（縄文時代草創期〜早期）を「食用植物の栽培開始期」と位置付け、アサ、エゴマ、ヒエ、アブラナ科の出現する時期と指摘し、栽培された地域は局所的ではあるが、繊維用の植物以外に、穀物や油性種子など食用植物の栽培が開始されたと指摘している。

・自然変化が狩猟民に「生態系の習性」把握を即し、移動や交流がその技術を深化させていくと推定する。

3　人集団（湖東人）の動き

「日本海湖」を取り巻く列島付近には、北部にマンモスハンターと考えられるＣ３系・Ｑ系の人集団と、中央部にナウマンハンターと考えられるＤ２系の人集団、そして九州南部にはＣ１系の人集団が到来していたと推定されている。

(1)考古学資料による移動状況

日本海湖時代は、前代に引き続き、細石刃石器が隆盛し、土器を帯同して移動・活動が活発な時期であったと推定されている。

後半には、南西諸島から栫ノ原遺跡に丸ノミ状磨製石斧がもたらされていて、舟による移動も行われている。移動時期はやや遅いが、C1系の人集団「アハ族」の北上に関連していると解される。石材の移動も活発に続いていて、千葉へ、東北の珪質頁岩、奈良のサヌカイト、下呂産の安山岩など各所の石材が、黒曜石の移動に付随して動いていて、列島内を西から東への移動している。

(2)人集団の出自の推定

これらの各系の人集団については、どなたもその出自を明瞭に示していない。ここでは、後期旧石器時代から縄文時代に列島に居住していた人集団は、次のように推定される。

列島部の基層を造った人集団は、「ナイフ形石器」を帯同したD2系人集団で、「ツ族」と推定される。後半には、「ミ族」と合流し、「ツミ族」が発生している。

C3系・Q系の人集団は、「細石刃」を帯同して、バイカル湖周辺から到来した人集団と推定する。列島に、北から進入した集団は、「ア族」「イ族」などが考えられる。その根拠はアムール川周辺の漁労が継承されていると考えられるからである。日本海成立とともに津軽海峡の海獣狩猟や漁業に活路を求めたり(「ア族」)、太平洋岸を南下して沿岸漁業に従事した集団(「イ族」)と推定する。また、西から列島に進入した集団は、有明海湖に「ウ族」、山陰海岸に「ヤ族」が存在したと推定する。

やや遅れて「荒屋型彫器」を帯同した集団「ミ族」が北方から進入し、日本海湖沿岸を南下している。「ミ族」

は内陸にも遊動したとされている。「ツ族」と合流し、「ツミ族」を形成している。

Ｄ２系の第二波の人集団については、やや遅れて列島に西から到達し、「土器」と「弓矢」を帯同した集団「ツチ族」と推定する。北海道に進入したＣ３系の人集団は、初期に土器を伴わず、土器の使用が一二五〇〇〜一二〇〇〇年前と遅れていることも西方からの進入の根拠である。

Ｃ１系の人集団については、黒潮圏に共通に文化圏が指摘されており、「アハ族」の存在が推定される。これらの人集団が日本海湖時代にそれぞれの関連地名が分布する領域に居住していたと推察する。

（３）Ｄ２系（「ツミ族」）の出自と展開

これらの中から、古族「ツミ族」の出自の検討を行う。

・Ｙ染色体遺伝子分析結果によると、ＤＯ系の人集団は、チベットに存在していたが、大陸ではＣ系とＯ系の人集団が主であり、大陸にはＤ１系は存在しておらず、列島にのみＤ２系人集団が存在しているとされている。食料難時代にＤ１系は大陸で絶滅した可能性がある。

・Ｄ２系集団の大陸での存在が消えているとすると、かなり古い人集団の移動と想定される。マンモスハンター（Ｃ３系）に対する、ナウマン象ハンター（Ｄ２系）の可能性が高い。後代の大陸から列島への到来民は、すべてＯ系の人集団であるからである。

・ミトコンドリア遺伝子分析結果（図１－７参照）によると、列島人の祖先には、キルギス、アルタイ、モンゴル周辺の人集団が関連あるらしい。言語論的には、「アルタイ語族」や「タミール語」（大野晋氏）が関連している。インド南端のタミルナドゥのドラヴィダ語族は未だに独自の領域を保持していて、「タミール語」を話しているか不明だが、ヒマラヤ山脈を東周りするとチベットに到達し、北上するとアルタイ山脈に達するので、チベット高原で分派して列島人の出自の一派にはなりうると推察される。

・ミトコンドリア遺伝子系統図は、列島人はチベット系からの分離を伝えているが、移動ルートは、チベット―モンゴル―列島コース、あるいはチベット―江南―列島コースの両コースが想定される。中間地域の確認ができないので、他の根拠が必要である。〔主語―動詞〕のアルタイ系言語や大野晋氏のいう日本語の中の〔タミール語〕系語彙の存在がその根拠のひとつとなりうる。

・ナウマン象ハンターが考えられるが、大型動物は一七〇〇〇前には絶滅しているので、それ以前となり、また、言語と象の分布からは、江南ではなくモンゴル経由が有利である。

・日本海湖沿岸を生活圏とした「ツ族」は、遅れて北方から進入した「ミ族」と合流し、「ツミ族」を形成したと推測される。

・縄文時代の初めころには、列島の石器の分布は、「東西日本」対「関東・東海」「南西日本」と３区分されており、全国に分布しているＤ２系人集団の分布から、「東西日本」の石刃技法を有する人集団が「ツ族」と想定できる。「東西日本」集団は、「押型文土器」と共通した広い分布範囲を有している。

・土器分布圏によれば、早期前半、列島では東西日本に共通した「押型文土器」が分布している。これを使用していたのは、列島に一様に分布していた「ツミ族」や同系の「ツチ族」の可能性が強い。

列島内で「ツミ族」となった、その後の動きを探ってみると、

① 狩猟民の「ツミ族」は、「ヤマヅミ族」（畑作民）と「ワダツミ族」（漁労民）に分かれているが、これは、列島が大陸から分離し孤島化した後、狩猟対象の絶滅に対して、狩猟対象を変化させた結果であると推察される。「ワダツミ族」は、日本海側で活動している。

②「ツミ族」の国内への展開は、「ツ」地名の分布で解明できるのではなかろうか。「ツミ族」は、全国に関連地名を残して広く展開している。特に日本海沿岸に「ツ」を冠する地名が多く、同族が日本海湖時代より存在し、その後も沿岸に沿って活動していたことを示している可能性が高い。日本海沿岸には、「ツ」「ツル」地名が多く、東日本では「ツチ」も関連する（香取神宮神譜より）。「ツ」地名の分布を列挙すると、

　日本海沿岸では　　ツシマ、ツルガ、ツルギ、ツバタ、ツクモ、ツルオカ、ツガル
　　　　　　　　　　とぎ（富来）（三母音で　ツ〔ミ〕キ）、とやま（富山）（三母音で　ツヤマ）
　山陰では　　　　　ヤツハシ、ヤツ（オ）、
　西日本では、　　　ツクミ、ツノ、ツサカ、ツヤマ、アツミ、ウツミ
　九州では　　　　　ツモサキ、ツクミ、ツノ
　関東・東海では　　ツクバ、ツルミ、ツチウラ、アツミ、
　　　　　　　　　　イズミ（伊豆味）、イスミ（夷隅）、アズミノ、
　東日本では　　　　イサスミ、ツチウラ、ツチサワ、ツチハタ、ムツ（陸奥）
　　　　　　　　　　とめ（登米）（三母音で　ツミ）

③当初、日本海側にいた「ツミ族」は、列島の脊梁山脈を横断して、太平洋側に移動している。福島では、阿賀野川沿いに新潟県境～会津盆地～福島平野間に「大山積神社」が連続分布して連なっている。また、姫川～長野県松本～諏訪～八ヶ岳～三島にも安曇や大山積の痕跡があり、活動や移動が想定される。三島には「大山積神社」がある。駿東では、大山積神の娘「木花咲耶姫（アダカアシツヒメ）」と「ホ族」のニニギと婚姻している。東日本では、「ツ」（大山積）と「ホ」（三母音で「フ」）の接点の駿東の富士山麓が一

つの根拠地になり得るのではなかろうか。

④「ツチ族」は、土器を帯同したことから、「ツチ（土）族」と称され、後代、関東では、甕（ミカ）名も付加されて「ミカヅチ族」となったと推定する。また、「ツチ族」は九州に侵入した時、「ウツチ族」や「サツチ族」となり、近畿では「アツチ族」となっている。「ウツチ」はまさに「ツ族」の西日本の根拠地ではなかろうか。

⑤一方、「ツミ族」が、列島の古族とすると、東日本の「王統」や西日本のスサノオや「ウ族」と、祖先神として「ヤマヅミ族」や「ワダツミ族」とが連結しているのも、単音族と各所で合流しているのも極めて自然なことなのではあるまいか。

（4）日本海湖時代はあったのか

日本海湖文化が存在したと考えられる事項を列挙してみると、

①図2―4に「日本語祖語の成立期の言語分布図」を示す（安本美典『日本民族の誕生』勉誠出版　二〇一三）。これによれば、初期に日本海湖の周囲に「古極東アジア語」があり、その後、北部や西部で「古アイヌ語系」や「古朝鮮語系」が徐々に個性化して存在し、列島西部や半島南部では、これらが合流して「古日本語系」が発生したとされている。そこにさらに、南西から「ビルマ系言語」や、南から「インドネシア系言語」が加わったとされている。これらの動きは、人集団の移動を反映したものと解されるが、私論には、時代にこだわらなければ、日本語の発生地以外には、特に矛盾は生じない。

②瀬川拓郎は『縄文の思想』（講談社　二〇一七）において、ワダツミ族は日本海沿岸を行き来する「海民」と位置付け、沿岸の頻繁な移動の存在を主張している。とすると、関連の「ツ」地名の根拠は、「海民」によ

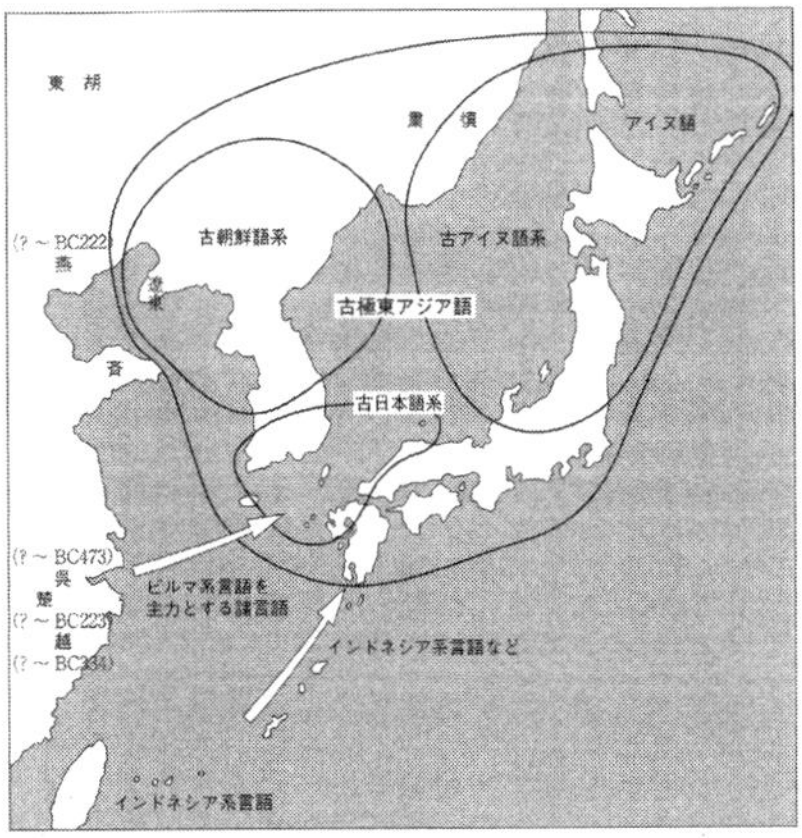

日本語祖語成立期（紀元前５世紀から紀元前３世紀頃か）の言語分布

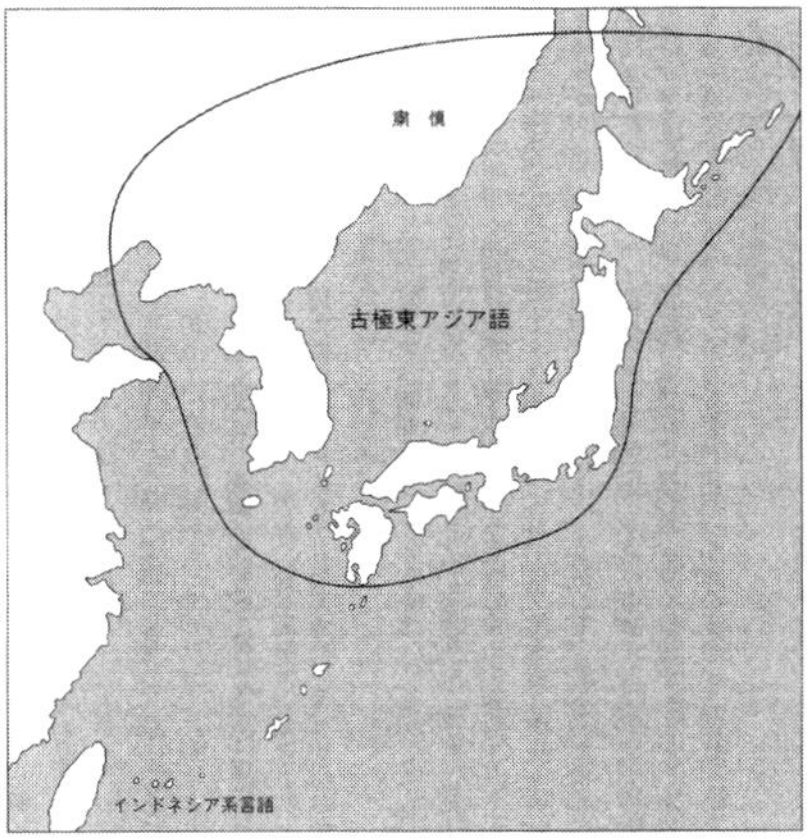

初期古極東アジア語
古極東アジア語はユーラシア大陸極東部にはみ出しだ言語で、現在の日本語の語順や音韻体系に、ある程度近いものを持つ言語であった。

図2–4　日本海文化（言語圏）（出典：安本美典『日本民族の誕生』勉成出版）

る可能性が高いものとの理由が成り立つ。確かに、日本海湖時代から、日本海沿岸の往来は通常のことであり、ワダツミ族が、古い部族だとすれば、その伝統を海民として継承していたとの推定も成立する。「ツミ族」は、日本海沿岸で活動した。ツシマ、ツルガ、ツルギ、ツルオカ、ツガル、ツモと関連地名が連続して、ツ族の活動と対応している。

③四柳嘉章『漆の文化史』（岩波書店　二〇〇九）によれば、九〇〇〇年前より列島には漆塗りの文化が存在し、その遺跡は、日本海沿岸に分布しているとされている。最近の再鑑定では、鳥浜遺跡の漆は、一一〇〇〇～一〇〇〇〇年前とされている。まさに、日本海文化の残影を示す遺構ではあるまいか。

④藤田富士夫『古代の日本海文化』（中央公論社　一九九〇）によると、日本海沿いの「霊山」は、他の高山と同様に女神が祭られているという。山神は女性、富士山の木花咲耶媛は有名であるが、白山には、白山姫、菊理媛、鳥海山には、豊玉彦の長女　豊玉姫　羽黒山には、豊玉彦の二女　シナトリシマ姫（伯禽洲姫）

で玉依姫と言われる。東北にワダツミ系の姫たちが存在しているのを如何に理解するのかである。後代の資料だが、古の日本海交流の存在を明らかに示したものであろうとの想定も可能だ。

⑤日本海文化の特徴として(後代の事例であるが)、「玉文化」と「巨木文化」がある。

⑥日本海湖周辺の状況

この時期の大陸の状況を示す資料は乏しいが、後代の資料から日本海周辺の状況を垣間見ることができる。

(図2—5参照)

上図は、「極東平底土器」中期段階(六五〇〇～五〇〇〇年前)の大陸の諸文化を示す。これによれば、大陸では、北部や東部で同様な採集社会の存在が示されている。この時代の列島では、すでにマメ栽培が開始されていると指摘されている(小畑説)。

下図は、東アジアの新石器時代の地域文化圏が示されていて、列島と大陸の土器文化を土台にした状況が比較されている。列島の土器から、中期(五五〇〇～四〇〇〇年前)の状況と判断されるが、日本海の周囲に各種文化が展開されていることを示しており、上図から下図へ継続した人集団の活動が推定される。

これらから、前代に遡って類推しても、日本海湖周辺に人集団が存在していたであろうことは納得される。

・その後の大陸からの人の動きは、八五〇〇年前頃のソバ・ヒエの畑作民の存在や七〇〇〇年前頃の耳飾り・玉文化の流れや東北アジアからの「平底土器文化」の流れがある。D2系人集団がこれらのどれかに該当すると仮定すると、大陸にも同系の人集団が残っている可能性が高くなり、遺伝子分析結果とは整合しないことになり、不合理で該当しない。

上述のように、ツミ族をD2系人集団とすることは不可能ではない。

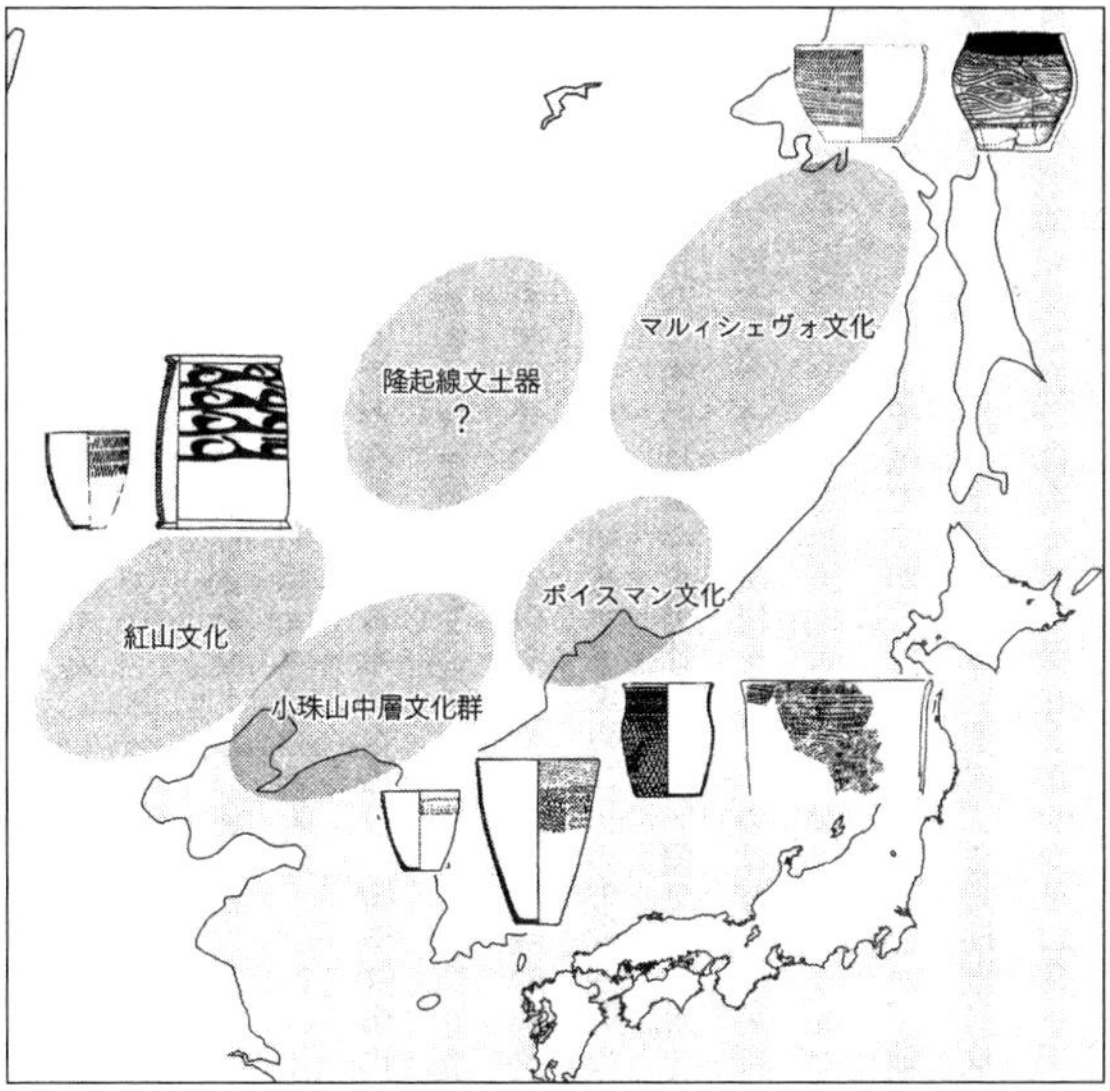

極東平底土器中期段階（6,500〜5,000年前）

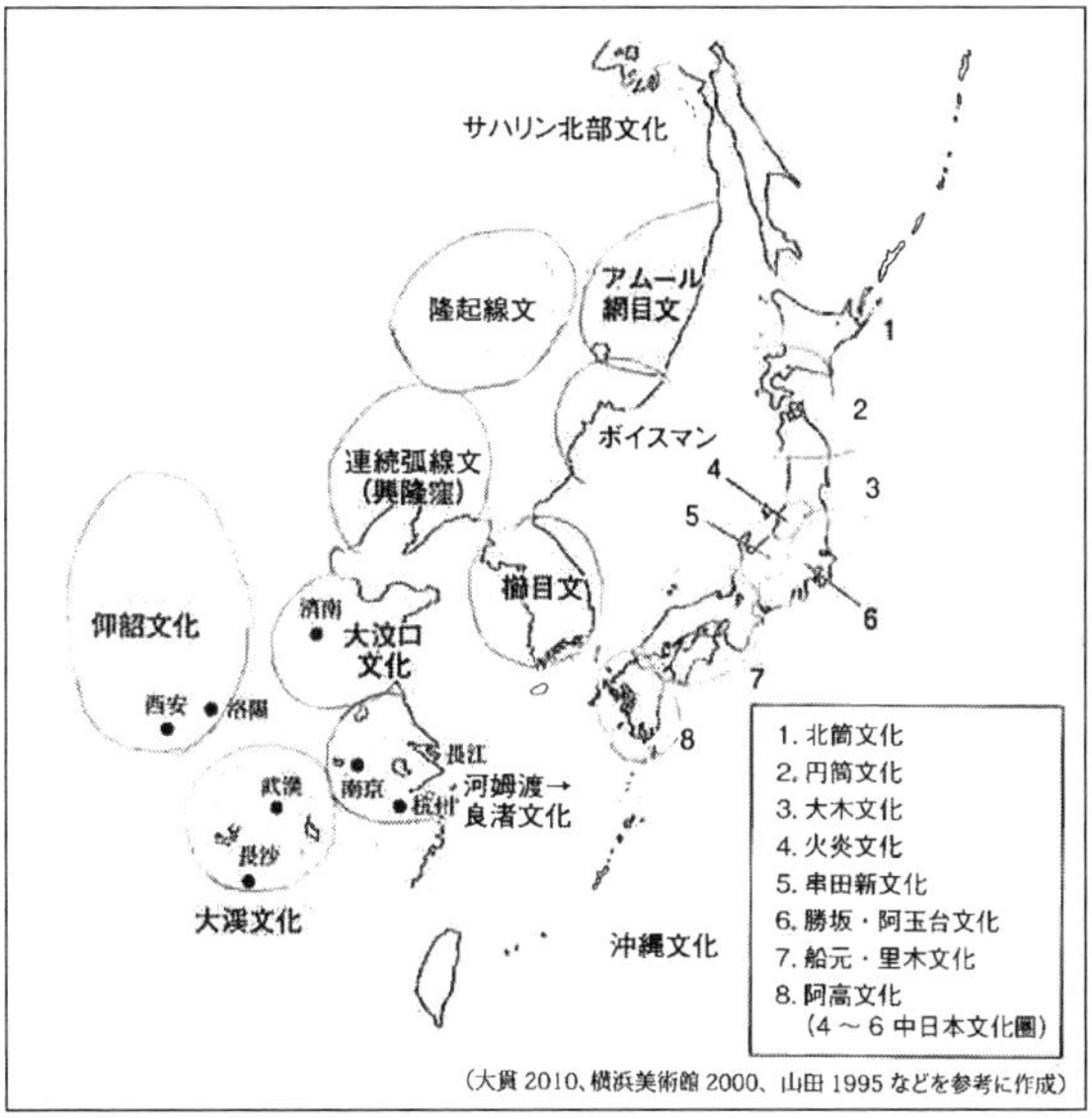

東アジアの新石器時代の地域文化圏（5,500〜4,000年前）

図2–5　東北アジアから見た縄文文化
（出典：御所野縄文博物館 編『世界から見た北の縄文』新泉社）

第三章

大変革時代（早期）

二五〇〇〜八五〇〇年前

9,000～4,500年前　粟津湖底遺跡（大津市）淡水貝塚シジミ、木の実出土、貝・植物・砂が互層
9,000年前（後葉）　東釧路貝塚　イルカの頭骨を並べた送り儀礼
8,600年前　十和田火山噴火　To-Nb　火砕流pfl
（　　）　日本海の温暖化で冬季の豪雪の進行
「ツミ族」本格的移動　太平洋岸の諸族と合流　C3系・D2系融合加速
「アヅミ族」「イヅミ族」「ウツミ族」「フツ族」「ヤツ族」「サツ族」形成
（　　）　期末頃、植物栽培が一部始まる
8,500年前　現生種の植生となる（鳥浜等の花粉分析）生態系安定、広葉樹拡がる
8,500～7,500年前（早期後半）
上野原遺跡　桜島火山灰（P11）の下に深鉢形・壺形の多様な土器、祭祀遺構から壺形の「平栫式土器」
（8,000年前）墓域を囲む二重の環状集落（中央に呪術具や装身具）
城ヶ尾遺跡（姶良郡）壺形の「塞ノ神式土器」北九州、宮崎など広範に出土
8,000年前　佐賀・東名遺跡　古いダイズの圧痕

〔この期のイベント〕大変革時代　早 期 11,500 ～ 8,500 年前

16,000 ～ 7,300 年前（草創期～早期）「食用植物の栽培開始期」（小畑）
11,500 年前　対馬海流が日本海湖に流入し、徐々に日本海が形成されていく
湖周辺の水没や淡水湖の塩分化が進行し、生態系が死滅し変化する
「ツミ族」が狩猟対象を拡大して、「ヤマヅミ族」と「ワダツミ族」に分離
「ツチ族」が列島を縦断し、淡水湖のある太平洋側に移動
11,500 ～ 7,000 年前　上黒岩遺跡　獣骨出土　早期人骨含む　犬の家畜化（猟犬？）
カモシカ、ニホンシカ、イノシシ、ニホンサル、アナグマ、ツキノワグマ、タヌキ、ニホンオオカミ、オオヤマネコ、イタチ、ニホンカワウソ、ウサギ、ムササビ、イヌ
11,500 年前（早期初頭）
栫ノ原遺跡サツマ火山灰（P14）の直下に隆帯文土器、連結土坑（煙道付炉穴）、丸ノミ型石斧、集石遺構
掃除山遺跡　上記ほか　2 棟の竪穴住居（季節住居？）
志風頭遺跡（加世田市）　大型の隆帯文土器
奥ノ仁田遺跡（西之表市）磨製の石鏃
11,500 年前（早期初頭）　武蔵台遺跡　竪穴住居 33 棟・土坑 30 基、土器・石皿
11,000 年前　浅間・草津　As-Ypk　噴火
11,000 年前（草創期）　本ノ木遺跡（新潟県）1,500 点の槍先形尖頭器と土器が出土
11,000 年前　十和田噴火　To-Hpfl　八戸火砕流　八戸地域の壊滅　住民の移動
（早期前半）　垣ノ島遺跡　住居 5 棟、土坑（墓が多い）162 基、
土器・石器・ウルシ製品（椀）・仰臥屈葬人骨など出土
11,000 ～ 10,000 年前　鳥浜遺跡　ウルシ出土
10,000 年前　帝釈峡遺跡群の絶滅動物のうち、ヤベオオツノシカ出土
11,000 ～ 9,500 年前　十和田火山噴火　肘折　pfa
（　　　）　海流が発生し、魚場を形成　海峡族の「ア族」「ヤ族」成長
（　　　）　向田遺跡（野辺地町）土器・石器ほか、巻き貝をはめ込んだ漆器出土
10,500 年前　日本海の拡大で温暖化が進行し、多雨・多湿となり、広葉樹が拡大
10,000 年前　新富士火山噴火　活動開始　堆積物の流出も続く
10,000 年前　多雨により地すべり発生多発　日本海側・北陸に集中分布
巨大山体崩壊発生　内陸の地形変化　河川埋没・湖沼を形成
10,000 年前（早期中葉）　取掛西貝塚（船橋市）に動物の送り儀礼
10,000 ～ 6,000 年前（早期）　最上川でサケ捕獲（山形）
10,000 ～ 5,000 年前　刈羽遺跡（新潟）汽水湖発達　漁労活動が活発化　定住性高まる
ヤマトシジミ、海生貝類、クジラ、イノシシ、ニホンジカ、鳥骨
クルミ、クリ
9,500 年前　上野原遺跡　桜島火山噴火（P13）の直下に大集落を形成　竪穴住居 52 棟、土坑 16 基・集石遺構 39 基　貝殻文様の前平式土器　出土
加栗山遺跡　17 棟の竪穴住居
前原遺跡（日置郡）　ハの字に並ぶ 12 棟を含む 28 棟の住居集落
9,500 年前　本州で貝塚が形成される
（　　　）　落葉広葉樹林形成　堅果植物（クリ、クルミ、トチなど）繁茂
9,000 年前　夏島貝塚　撚糸文土器群出土、内湾～外洋性漁業　ハモ、クロダイ、マグロ、カツオ、イノシシ、タヌキ、キジ、カモ　猟犬の骨出土

本章は、一一五〇〇〜八五〇〇年前の時代を記載し、「日本海の形成」で何が発生したのかを解明する。列島の気候が大変化し、植生や動物系が大きく変わり、列島人に「二度目の食料難」をもたらした。多雨は、各所で山体の崩壊を発生させた。また、海水準の上昇により、列島の地殻の応力バランスが崩れ、火山活動が活発となり、地震・津波が頻発したと推定される。列島人はそれらの逆境に技術革新をもって立ち向かうこととなる。

八五〇〇年前は、これらの変化が一段落し、安定した自然環境が誕生した時期である。列島での海水位の上昇に伴う変化の最大のイベントは、上述の「日本海形成」のほか、「大陸との分離・孤島化」、「瀬戸内海の形成」であり、「列島の気候、生態の大変化」、そして「内陸の地形の大改変」であろうか。以下、詳述する。

1　自然環境とその変化

1.1　日本海の形成と自然環境の変化

・日本海湖は、氷河期の海水位の下降期から海湖であり、海水で満たされていたので、海水位の低下とともに海水が流失していたと推定される。流失が停滞した時点で表層から徐々に淡水化したと考えられるが、湖の深部までは淡水化されず、塩分の少ない海水湖であったと推定される。このため、再び海水位が上昇して日本海湖が形成され始めた頃は、湖水表層の淡水部分で上下方向の流れが発生したと推定される。

・海水位の上昇により列島周辺では、対馬海峡や津軽海峡が水没・拡大し、東シナ海に流入した黒潮の一部がトカラ列島付近で分流して「対馬海流」となり、極東で湖になっていた「日本海湖」に流入し、「日本海」に変化させている。対馬海流の流入開始は、プランクトンなどの変化から、一一五〇〇年前頃とされている。（図３－１上図参照）

・海水準は、研究者によって差があるが、五五〇〇年間で一四〇～一〇〇ｍほど上昇したとされており、大陸と連結していた半島は、列島化して分離し、「日本海湖」は、「日本海」に変化している。六〇〇〇年前には、最高水位になっている。（縄文海進）

・両海峡が、海水位上昇以前から、開口していたかどうかについては、議論があり、詳細な海底地形図が作成され、海溝状に細い水域が存在していたとされている（図３－１下左図参照）。当初は、開口部は、かん水環境であろうが、湖を形成していたことには変わりはない。

・海水準の変化を何故真っ先に取り上げるのか、海水準の上昇による日本海の形成が気候変化をもたらし、列島の植生や地形などの動植物の生存環境を大きく変えたからである。それらの環境変化は、また、列島人に工夫・技術発展の契機を与えたからである。

・図３－１では、対馬海流の流入以前に、津軽海峡が先に太平洋に開いていたとされている。親潮は、日本海湖が閉じているので湖水位の方が高く、また、親潮が海峡を直撃していないので、海水の流入による変化は小さく、その影響も小さかったと推定される。これに対し、対馬海流は、海流が海峡を正面から直撃していること、津軽海峡や宗谷海峡など、流出口が存在しているため、流入は容易で、その影響は多大であったと推定される。

したがって、ここでは対馬海流の流入を主として、以下詳述する。

下の柱状には始良火山灰（ＡＴ）から鬼界カルデラ火山灰（Ｋ－Ａｈ）間の層相変化を示している。三層の暗色葉理層（表層を低塩分水が覆ったため深層が低酸素となり形成される）が発生していて、日本海湖水質の変化を示している。

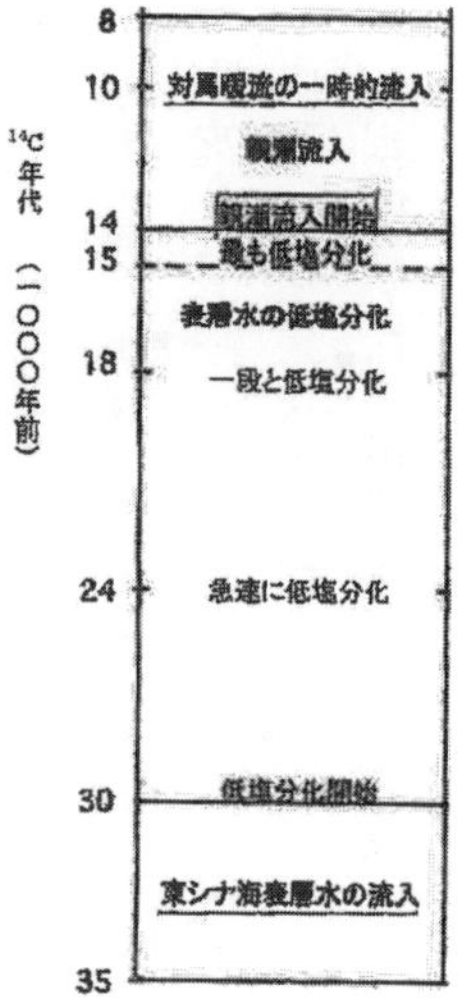

過去Ｃ14年代3万5000年間の変化

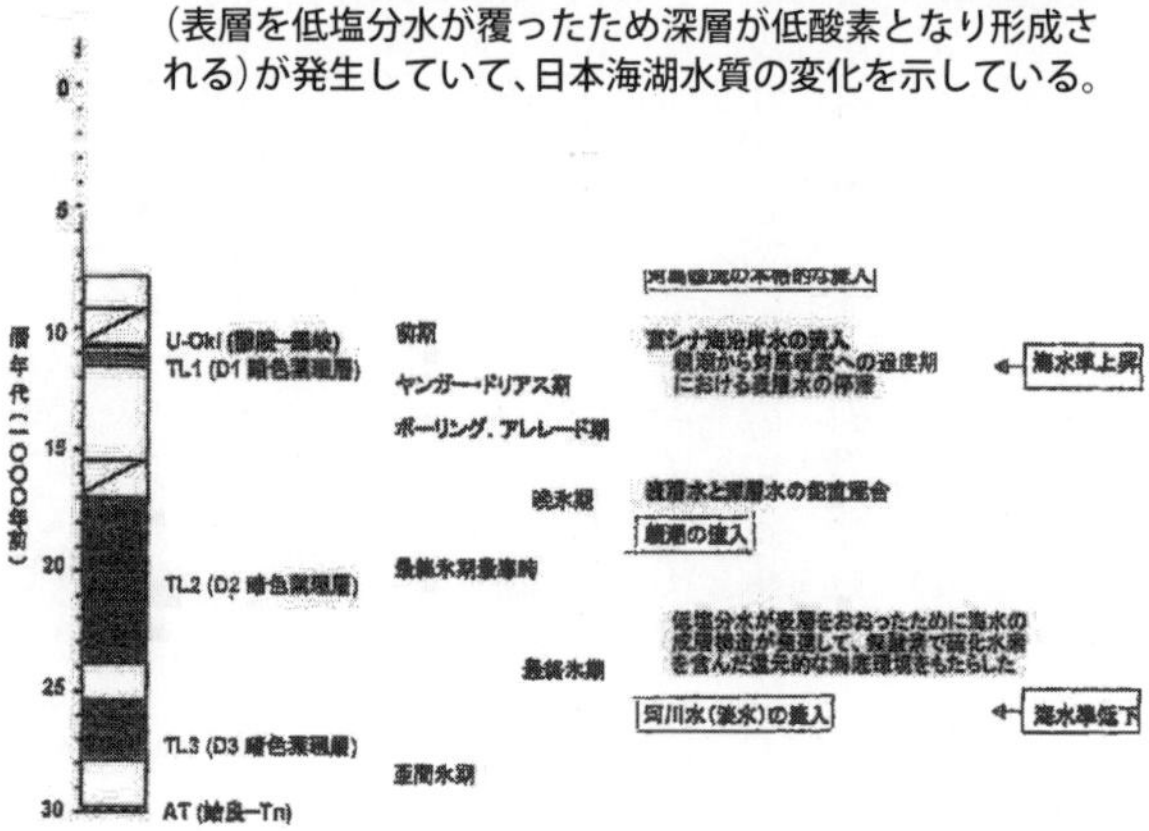

過去3万年間の日本海における海洋環境の変遷

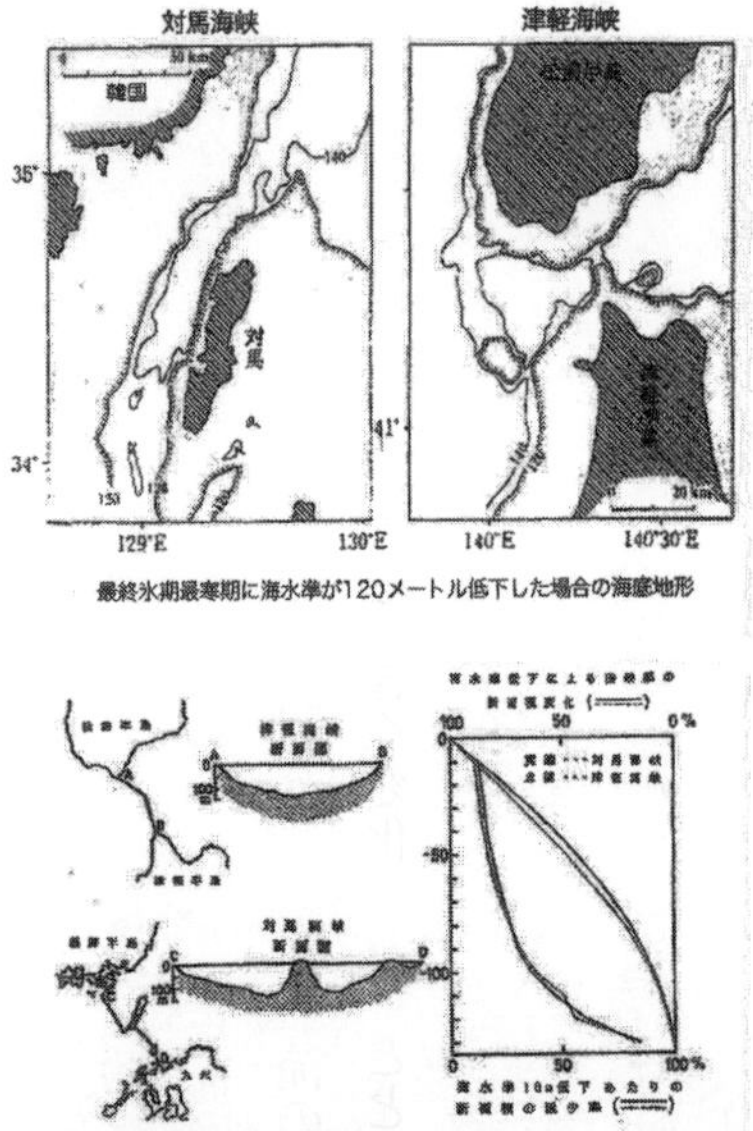

対馬海峡と津軽海峡の海底地形の比較

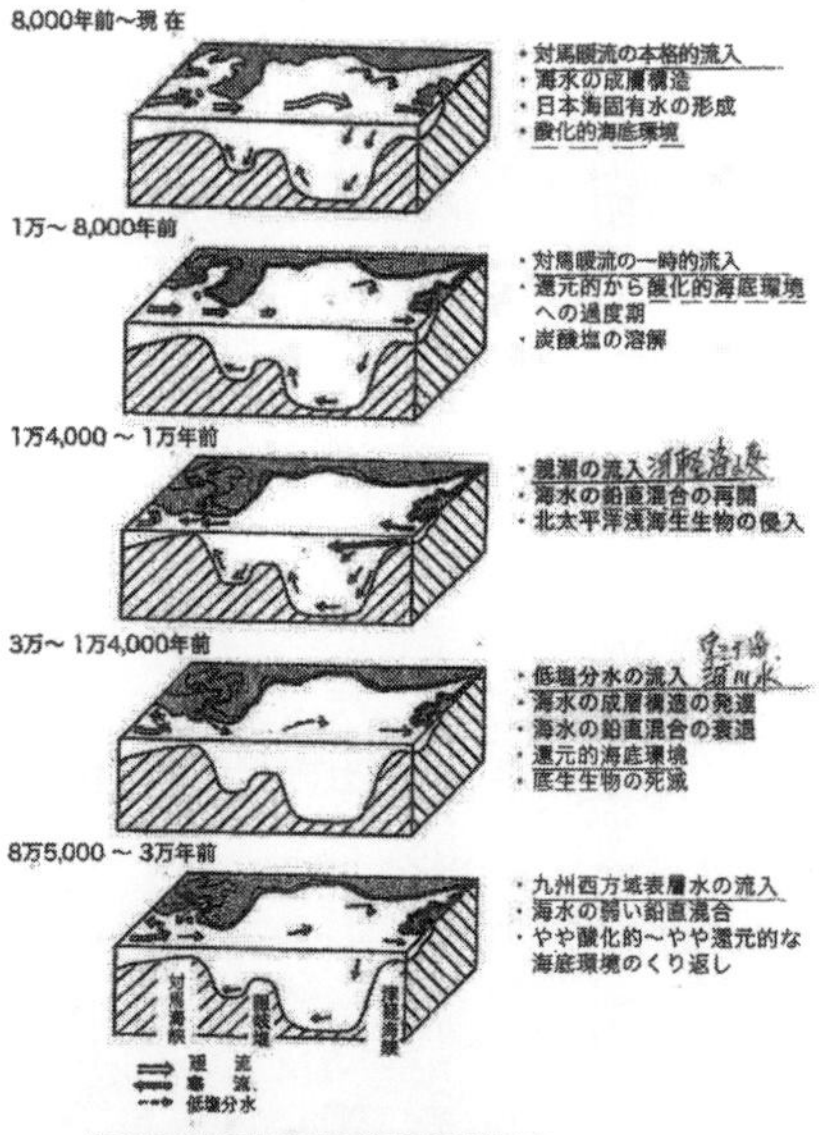

海水流入による日本海流の変化状況

図3−1　日本海の形成（出典：西村三郎『日本海の成立』築地書館）

（1）「日本海湖」から「日本海」へ（淡水から海水へ）

海水準の上昇は、やがて日本海湖を「日本海」に変える。日本海への対馬海流の流入に伴う変化は、以下の諸点を指摘することができる。

・周辺の山地から流入する河川により、当初は「淡水」化していた日本海湖の湖水は、対馬海流の流入により、「塩水」に変化する。その結果として、魚類はじめ、生物の生態系が大きく変化することとなる。（図3−1下右図参照）

・対馬海峡から流入した海流は塩水のため比重が重いので、淡水で軽い湖水の深部に流れ込み、湖水の上下方向の流れが発生しているとされている。

・流入した対馬海流は、列島に沿って北上し、津軽海峡や宗谷海峡で太平洋側に流出するものの、出口が小さいので、大部分は北海道沖で反転し、大陸側を南下（リマン海流）して、再び流入してくる対馬海流と合流して回流している。

・リマン海流は、対馬への流入時の水温より低いので、「寒流」とされた時期もあったが、水温の低下した反転流と考えた方が上記の事情を勘案すると、妥当性が高い。（図3−2下図参照）

・日本海の海底には、中央付近に「大和堆」があるが、二〇〇〇mを越える深い海域を有している。その海底は津軽海峡の西側沖で急激に浅くなっており、日本海の深部に流入した海流は、ここで急激な上昇流となり、津軽海峡や宗谷海峡にあふれて流れ込むこととなる。両海峡からの太平洋への流出は、下北半島沿岸を南下する暖流の流れの確認や有珠湾などでの暖流系貝殻の出土でも証明されている。（図3−2上図参照）

・それまで、動きの少ない湖水のため、低温化が進行していたが、暖流の対馬海流の流入により、湖から

日本海の海底地形（海上保安庁ホームページより）

対馬海流は日本海の海底地形に支配されて流れている。渡島地方沖で急激に狭くなっていて、上昇流が発生し、津軽海峡や宗谷海峡から太平洋にあふれ出ている。東シナ海は南西諸島側の沖縄トラフで深く、大陸側は浅海である。

●日本近海の海流
日本近海には大きく分けて4つの海流が流れています。
フィリピンあたりから流れてくる暖かい海流「黒潮（日本海流）」、沖縄あたりで黒潮から北へ分かれて対馬海峡、日本海へ向かう「対馬海流」、北太平洋やオホーツク海から流れてくる冷たい「親潮（千島海流）」、間宮海峡付近から南下してくる「リマン海流」があります。

●「黒潮」は流れが速く比較的プランクトンの量も少ないため透明度が高く、深い紺色をしているので黒潮と呼ばれています。南の暖かい海で育った魚が潮にのってやってきます。
●「対馬海流」は対馬海峡を経て日本海沿岸を流れていきます。そのため古代から朝鮮や大陸との交易に利用されてきました。太古の神話の国「出雲」が繁栄したのは対馬海流のおかげだと言われています。
◆暖流域の魚
（アジ・イワシ・カツオ・カレイ・サバ・サワラ・シイラ・タイ・タコ・タチウオ・トビウオ・ヒラメ・ブリ・マグロなど）

●冷たい「親潮」は養分が多くプランクトンが大量繁殖するため、それを餌とする魚を育てるという意味で親潮と呼ばれています。
●「リマン海流」はロシアと中国の国境を流れるアムール川（黒龍江）あたりから間宮海峡をへて日本海へ流れ込む海流で、リマンとはロシア語で"大河の河口"という意味です。最近では対馬海流が北上する過程で冷やされ逆流南下しているとされているようです。
◆寒流域の魚
（ケガニ・サケ・サンマ・スケトウダラ・ズワイガニ・タラ・タラバガニ・ニシン・ホタテガイ・マスなど）

日本近海の海流（水産庁ホームページより）

図3–2　日本海の状況

海に変化した時点で、水温の上昇が始まり、温暖な海は、その後の列島の気候も大きく変化させる原因を形成したとされている。

・大陸側には大きな河川がないことに加えて、海流による浸食があるので、大陸側では平野も少なく、山塊が海に迫っている。これに対し、列島側では、後に詳述するが、沿岸に半島や島があるので、海流により様々な地形が形成されている。山地からの大きな河川（信濃川、雄物川、犀川、手取川、黒部川、斐伊川、神戸川など）も多いので、海流と流入土砂のせめぎ合いが激しく、面白い地形が形成されている。

（2）対馬暖流とその影響

対馬暖流の流入により種々の影響が報告されている。その一つが海流の発生である。

・海水準上昇による対馬海流の流入とその変化

湖から海への変化（定水環境から動水環境への変化）　生態系、漁場が変化する

黒潮（高温水）と親潮（低温水）との遭遇　水温が上昇し、漁場が形成される

河川水（淡水）と海水（塩分）の融合　海棲の動植物に変化する

流動による変化（河川河口と海峡）　周辺地形が変化する

温暖な黒潮流入による変化　気候が変化する

・海流の発生は、日本海の水質を淡水から海水に急激に変化させ、日本海湖の生物の一部を絶滅させたものと推定される。水位の上昇は、海域に渦巻く海流の時代から津軽海峡や間宮海峡から暖流を吹き出す時代に変化し、海峡周辺は親潮との合流で多くのプランクトンが発生し、良好な魚場を形成したと推定される。

・新しい魚場には海獣（トド、アシカなど）が集結し、海の狩猟民に格好の活躍場を与えた。また、新しい魚場の発生は、回遊魚（イルカ、ニシン等）の発生を促した。
・列島では日本海側の生態系の急変と海峡の富栄養化をもたらし、人集団は、魚場の近くに移動したものと推察する。日本海出口の津軽海峡、宗谷海峡などでは、対馬海流と親潮の両海流の合流で、プランクトン、魚類が増加し、魚類を追った海獣の増加などの連鎖的変化が発生している。（図３－２参照）（海峡魚場の形成、ワニ捕獲の開始）
・塩分化進行による魚類など生存動物の変化
塩分の多い海となることで、魚類始め、水棲動物・植物が変化している。更に、太平洋とは異なり、淡水分が多いため、日本海特有魚類（ブリ、ハタハタ、鰊、ふぐ、松葉カニなど）が発生している。

（３）日本海の形成と気候変化（新しい気候の誕生）（図３－３参照）

日本海の形成により何が発生したのであろうか。これらに関しては、様々な研究結果が報告されている。暖流の流入による水温の上昇で、前代の寒冷化・乾燥化した環境が大きく変化している。
・寒冷化した大陸極東の端に、温かい「日本海」が存在しているため、日本列島は、これまでの寒冷化・乾燥化時代を終了し、やや暖かい気候（温帯、多雨）に変化したとされている。
その結果、列島の生態系は大きく変化し、人集団は食料の確保に右往左往することとなる。
・植生変化は、堅果植物を発生させ、クリ、クルミ、トチ、ドングリなどの食料を大量に供給することとなり、温暖化は植物の多様化をもたらし、人集団の食糧問題には、良好な結果を与える。人集団は、新しい環境に対応し、「粉化」「水さらし」「保存」の技術を進展させた。

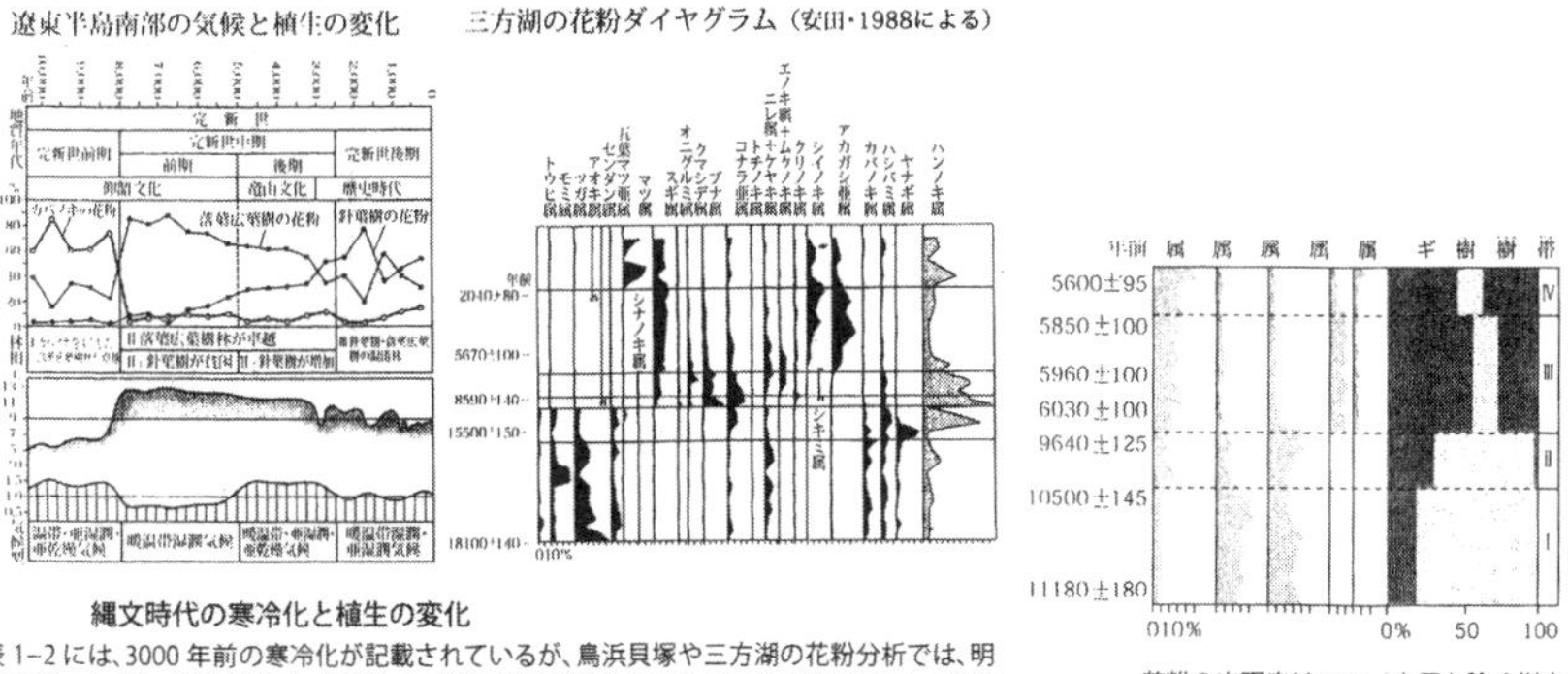

縄文時代の寒冷化と植生の変化

表 1–2 には、3000 年前の寒冷化が記載されているが、鳥浜貝塚や三方湖の花粉分析では、明瞭でない。しかし、遼東半島データでは、わずかに兆候が現れている。これらの図は9000 〜8000年前に植生の急激な変化が発生していることを明確に示す。
（出典：佐々木高明・大林太良『日本文化の源流』小学館）

花粉の出現率はハンノキ属を除く樹木花粉を基数をするパーセント
（安田・1988 による）

縄文時代の寒冷化と植生の変化（出典：佐々木高明・大林太良『日本文化の源流』小学館）
花粉分析による植生の変化状況。いずれも9,600（鳥浜）〜8,000（遼東）に植生の変化が示されているが、列島では8,500（三方湖）年前頃に変化している。

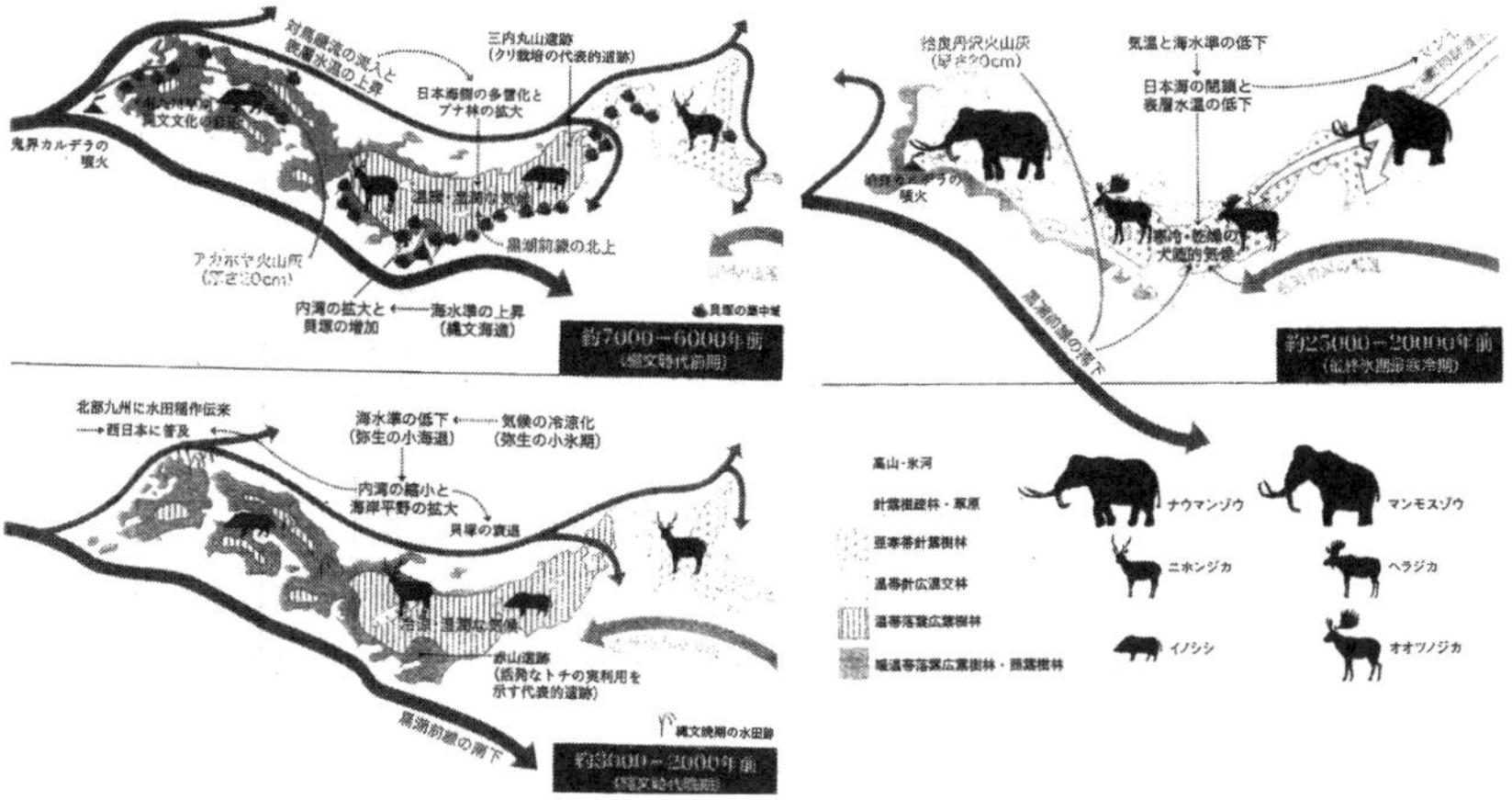

日本列島の自然環境と人（出典：樋泉岳二『日本人 はるかな旅 5巻』NHK出版）
20,000 〜 7,000 年前の間で生態系が大変化している。その原因は海流の変化が示唆されている。

図3–3　日本海形成に伴う気候・植生変化

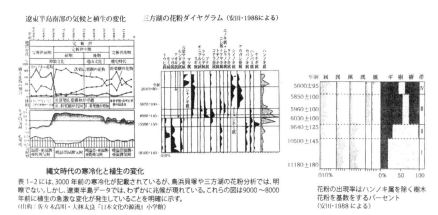

・日本海沿岸に、湿地性の「スギ」の沿岸に沿った繁茂が指摘されていて、冬は豪雪地帯が形成されたとされている。（図3－3・図1－2参照）

・現在は、僅かに追跡できる環日本海性の動植物以外は、気候変化により絶滅している。環日本海周辺の動植物群を示す（図2－1・図3－3参照）。

・地球規模の温暖化が指摘されているが、それらの中でも列島の気候変化は鮮明である。内陸には落葉広葉落葉樹林帯（ブナ林など）や照葉樹樹林帯（西日本）が形成されて、列島の植生は大幅に変化している。（図3－3参照）

・海水温度の上昇により多雨・豪雪が発生（図1－2参照）し、自然環境を大きく変化させ、植生が変化している。（図3－3参照）

・多雨の発生は、火山性堆積物の多い列島に大量の土砂の流動を発生させ、また、地すべりが多発したことが判明している。内陸には「自然ダム」や「土石流」が発生し、湖沼や扇状地などを形成し、湧水の多い緩斜面を現出させた。ここにも動植物が繁茂し、人集団に新しい食料（鳥類、淡水魚など）を供給し、その確保に新しい技術を必要とした。

・冬季の積雪は、一部の人集団の太平洋側への移動を促進した。（「ツミ族」の移動）

1．2　列島地形の大改変

（1）地殻活動の活発化

・海水準の上昇は、列島周辺の地殻応力のバランスを崩し、地震、火山活動を活発化させたと推定する。

（図2－3参照）
・火山噴火は、大量の火山噴出物を生みだし、多雨により河川に流出し、土石流、洪水を多発させ、谷を埋め、海岸平野を作った。海水準の上昇は、流下勾配を減勢するので、海水位の上昇が停滞すると、海岸では堆積作用が加速し、河口閉塞や海流による堰き止め湖沼を形成し、新たな環境を提供した。
・火山周辺の山麓の緩斜面は、豊富な湧水地帯を形成し、動物系や人集団に良好な生活の場を提供した。

（2）気候変化による地形の変化と植生（土砂・地すべり・山体崩壊・河川争奪）

温暖な日本海の形成は、現代に近い温帯・多雨気候を創出し、変化した日本海側の地域では、海流により特徴ある地形が現出することとなり、さらに地形変化の対応した新たな植生が発生することとなる。
・山地内では、ブナ林や杉林などの大木が生育し、また、栗・クルミなどの堅果系の樹木が繁茂し、樹下には特異な草や低木が生育することとなる。
・多雨により大量の土砂が発生し、各河川では流出土砂が多くなる。このため、様々な地形が発生している。大量の土砂の発生原因の一つは、多雨による山地の「地すべり」や「山体崩壊」などの発生である。図3－4によれば、地すべりの発生時期は、一〇〇〇〇年前頃に集中していると報告されており、気候変化の時期の存在を証明している。地すべりの地盤は、地質的には、東北山地にある「第三紀層」の互層地帯と、四国などの「結晶片岩」地帯で大きな地すべりが発生している。
・表3－1（出典不明）は、関東の巨大崩壊地の分布を示している。これによれば、空中写真判読により、阿賀野川、利根川、相模川流域の巨大崩壊が、「崩落崖」や「崩積土」（緩斜面、流れ山、逆向き崖などで判定）の分布から推定されている。その発生年代は、鬼怒川、吾妻川では一〇〇〇年以前とされているが、

表3–1　空中写真判読による崩壊例（右端欄に発生年代が示されている。）

名称	水系・支川名	既知〜発見の経緯	判読に使用した空中写真	崩落崖		崩積土					地形不調和	発生年代				
				位置	載頭谷	逆向き崖	流れ山	流動痕	高透水性	緩斜面		歴史時代		完新世		更新世
												既知	推定	以前一千年	一万年前頃	
1. 鎧伏山	阿賀野川・只見川・八木沢	地形図	M631A　12・11	山稜						○	○				○	
2. 沼尻	〃・〃・尾瀬沼	〃	〃　12・11	〃	○		○			○	○				○	
3. 上三依	利根川・鬼怒川・男鹿川	〃	M627A　276〜278	逆向				○	○	○	○			○		
4. 鹿又岳	〃・〃・〃	文献	〃　214・215	山稜					○	○	○			○		
5. 黒岩山	〃・〃・黒沢・魚沢・コザ袖沢・片品川・北岐沢	空中写真	M631A　9・8	逆向		○			○	○	○			○		
6. 高薙山	〃・〃・湯沢川	地形図	〃　108・109	山稜		○			○	○	○			○		
7. 笠ヶ岳南方	〃・片品川・桦川・三重泉沢・三林耕沢	空中写真	〃　127・126	〃		○					○			○		
8. 六軒山	〃・〃・小川・番沢	地形図	〃　〃	〃						○	○				○	
9. 長イ沢	〃・〃	文献	〃　105・106	〃					○	○	○				○	
10. 四郎岳	〃・〃	地形図	〃　〃	〃	○				○	○	○				○	
11. 袴腰山	〃・〃川・小淵沢	文献	〃　10・9	山腹		○				○	○				○	
12. 尼ヶ禿山	〃・四釜川	空中写真	〃　134・133	山稜				○		○	○		○			
13. 上ノ原	〃	文献	〃　99〜101	山腹			○	○		○	○				○	
14. 湯ノ小屋温泉	〃・楢俣川・湯ノ小屋沢川	文献	〃　〃	〃					○	○	○				○	
15. 大峰山（東）	〃	地形図	〃　221〜224	山稜				○		○	○				○	
16. 大峰山（西）	〃・赤谷川	〃	〃　〃	〃		○		○		○	○				○	
17. 雨見山	〃・〃・須川川・押野川	空中写真	〃　260〜258	〃						○	○				○	
18. 奥平	〃・〃・〃	〃	〃　〃	山腹		○				○	○				○	
19. 川手山	〃・〃・〃	地形図	〃　〃	山稜						○	○				○	
20. 大道	〃・〃・〃	空中写真	〃　〃	〃						○	○		○			
21. 大岩本	〃・吾妻川・名久田川・蟻川	地形図	〃　262〜259	〃						○	○				○	
22. 寺社平	〃・〃・四万川	空中写真	〃　〃	山腹						○	○				○	
23. 高野山	〃・〃・〃	〃	〃　〃	山稜							○			○		
24. 宿堤原	〃・〃・〃・上沢渡川・反下川・滑沢	〃	〃　〃	〃	○					○	○					○
25. 横手山	〃・〃・白砂川・長笹沢川・ガラン沢川	〃	〃　268〜265	山腹					○	○	○				○	
26. ガラン沢	〃・〃・〃・〃・〃	文献	〃　〃	〃					○	○	○			○		
27. 万座川	〃・〃・万座川	空中写真	M632　204・203	山稜		○			○	○	○		○			
28. 嵐戸	〃・烏川	地形図	M12　26・25	〃		○			○	○	○		○			
29. アレ沢	相模川・中津川・早戸川・アレ沢	空中写真	CKT・74・17　C31　13〜17	〃	遷急	○			○	○	○					○
30. 堂平	〃・中津川・本谷川・塩水川	地形図	CB・83・4X　C17　13〜15	〃					○	○	○				○	

○ 明瞭なもの

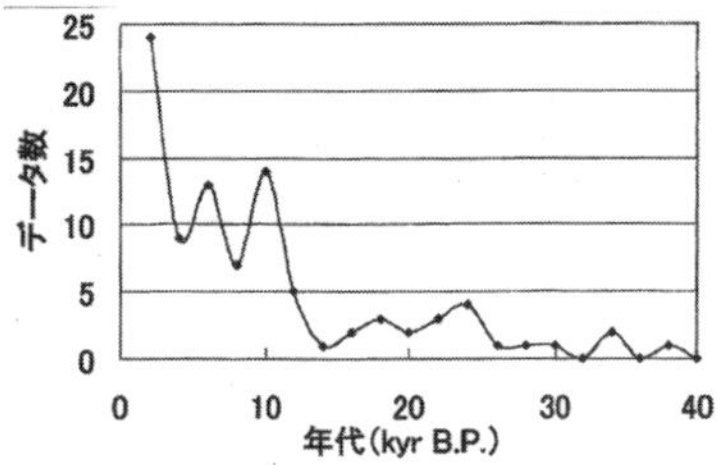

地すべり発生の時期と件数
日本各地の地すべり地から得られたC14年代値。

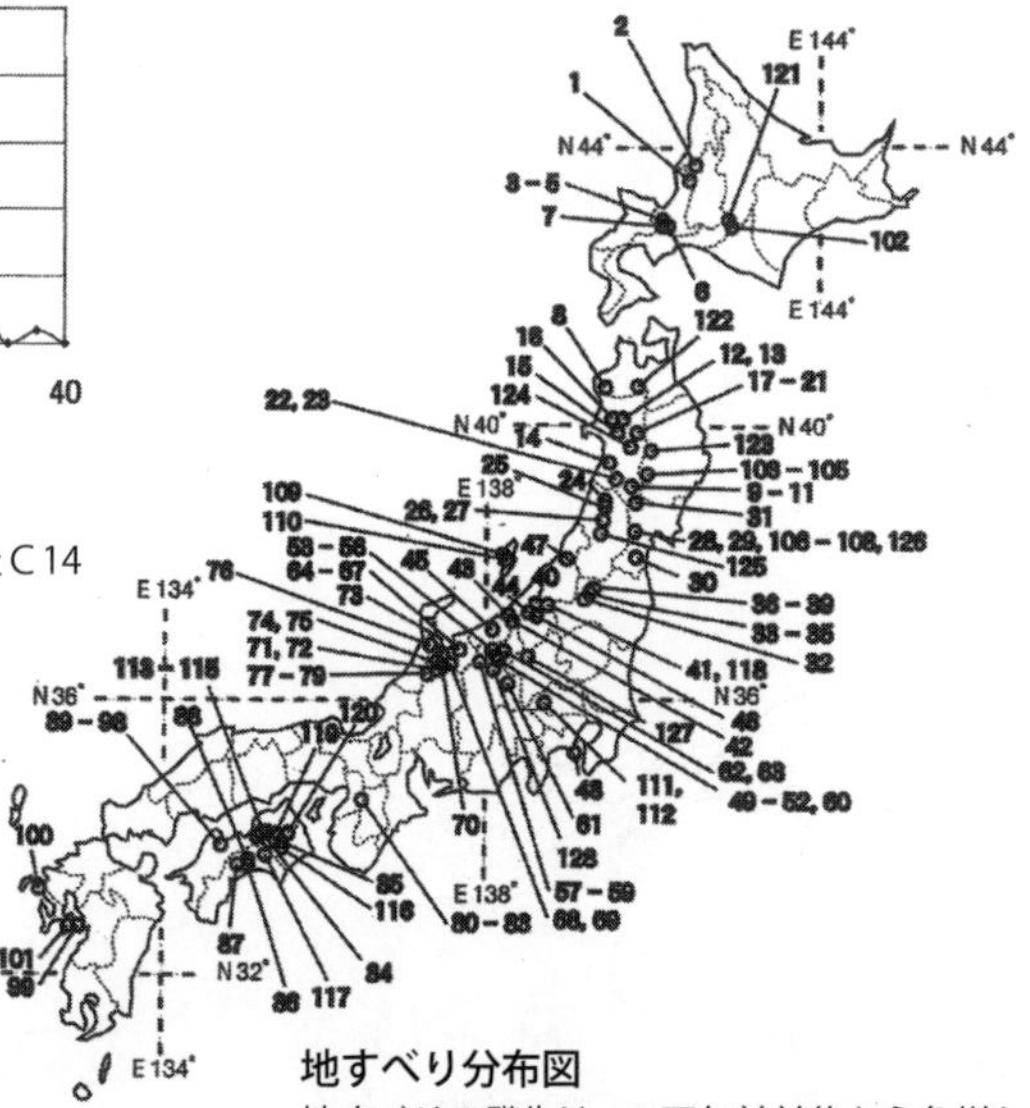

地すべり分布図
地すべりの発生は、1万年前前後から急増し日本海形成後の気候変化を反映している。

図3–4　列島の山体崩壊と地すべり（出典：地すべり防災センター資料より）

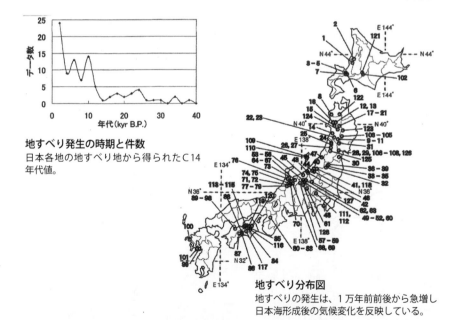

そのほとんどのもの（只見川、片品川、楢俣川、赤谷川など）が一〇〇〇〇年前の発生が多いことが示されている。これらのデータは、列島の地すべり発生年代と発生が一致しているので、列島部では同時期、日本海の形成に伴う気候変化により、大規模な地変が発生していたことが判明する。それは、火山噴火とも連動していた可能性もある。日本海形成による気候変化は、人集団への影響への前に、列島自体の変貌を惹起していたのである。

・大量の雨は、各河川に洪水を発生させ、河道が大きく変化して、河川争奪も頻繁に発生している。一方、河川の洪水は、平坦で水気の多い氾濫原を作り、生物には有益で新たな生存環境を提供することとなる。内陸盆地内には、平行河道を有する河川が発達し、現在まで地形を残している。（会津盆地、奈良盆地など）

・地すべりは、河川を閉塞して自然ダムを作って湖沼を形成し、また、山間に平坦面を創出して、これまた動・植物に新しい環境を提供している。富山では、飛騨山脈の急激な隆起により、地すべりが多発している。

（3）気候変化に伴う内陸盆地湖の埋没（扇状地形成）

列島の盆地は、その多くが地質構造上の成因で形成されている。内陸では、山体は崩壊し、小河川では扇状地が発達し、内陸の盆地は急速に埋没してゆくこととなる。盆地は、湖沼が多く、小動物の最良の生存適地であり、人類にとっては、良好な狩猟ポイントである。代表的な各盆地の状況を、以下詳述する。

①「フォッサマグナ帯」の盆地（甲府盆地）（図3－5参照）

・列島を静岡〜糸魚川構造線で分断している「フォッサマグナ帯」には、甲府盆地、諏訪盆地、松本盆地などが連なっている。

・甲府盆地は、最深部が一〇〇〇m以上とされる地殻構造性の盆地で、周辺の山体が二～四cm／年の上昇、盆地深部は二cm／年の沈降で形成されているとされている。

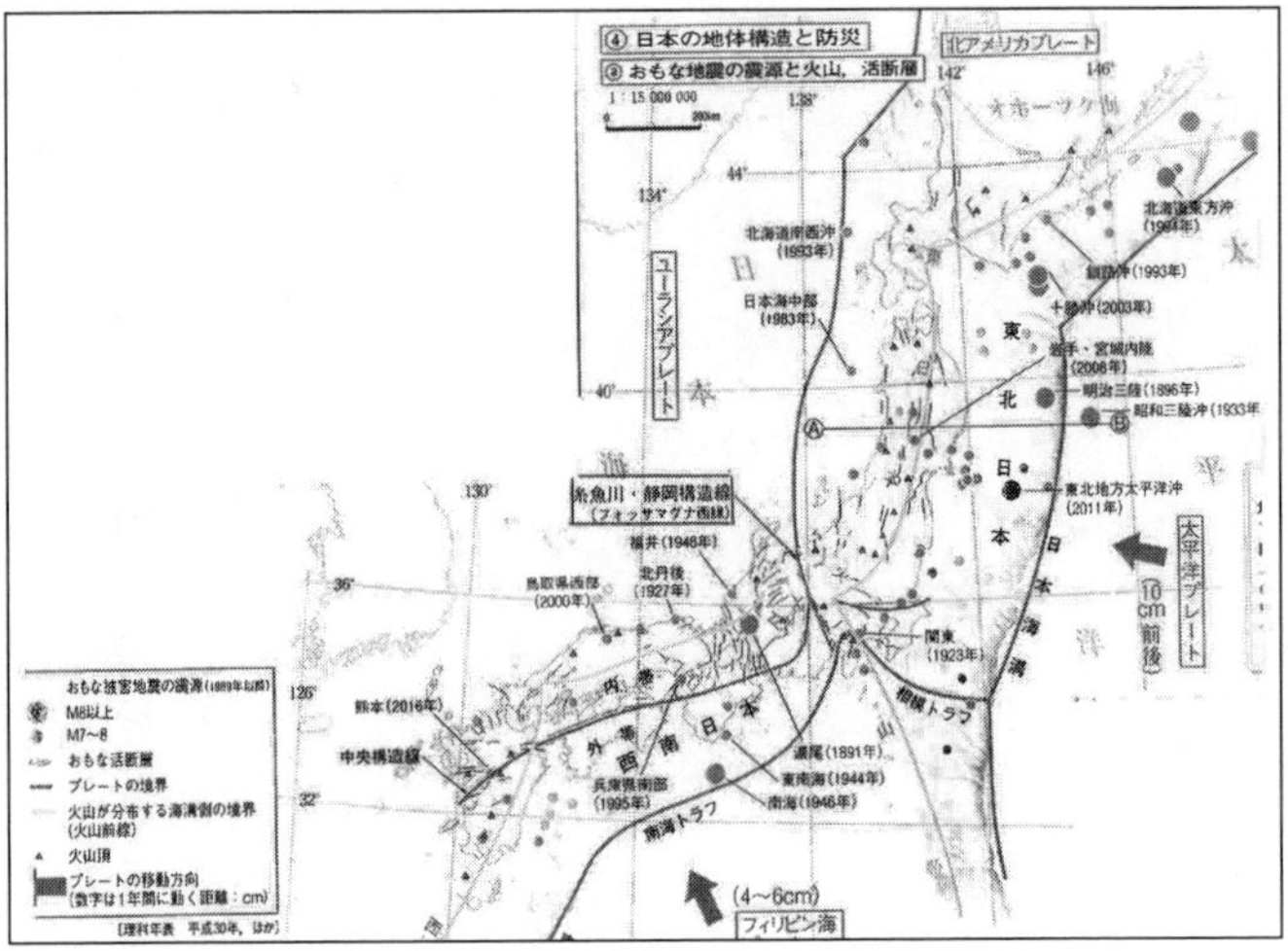

列島の地体構造

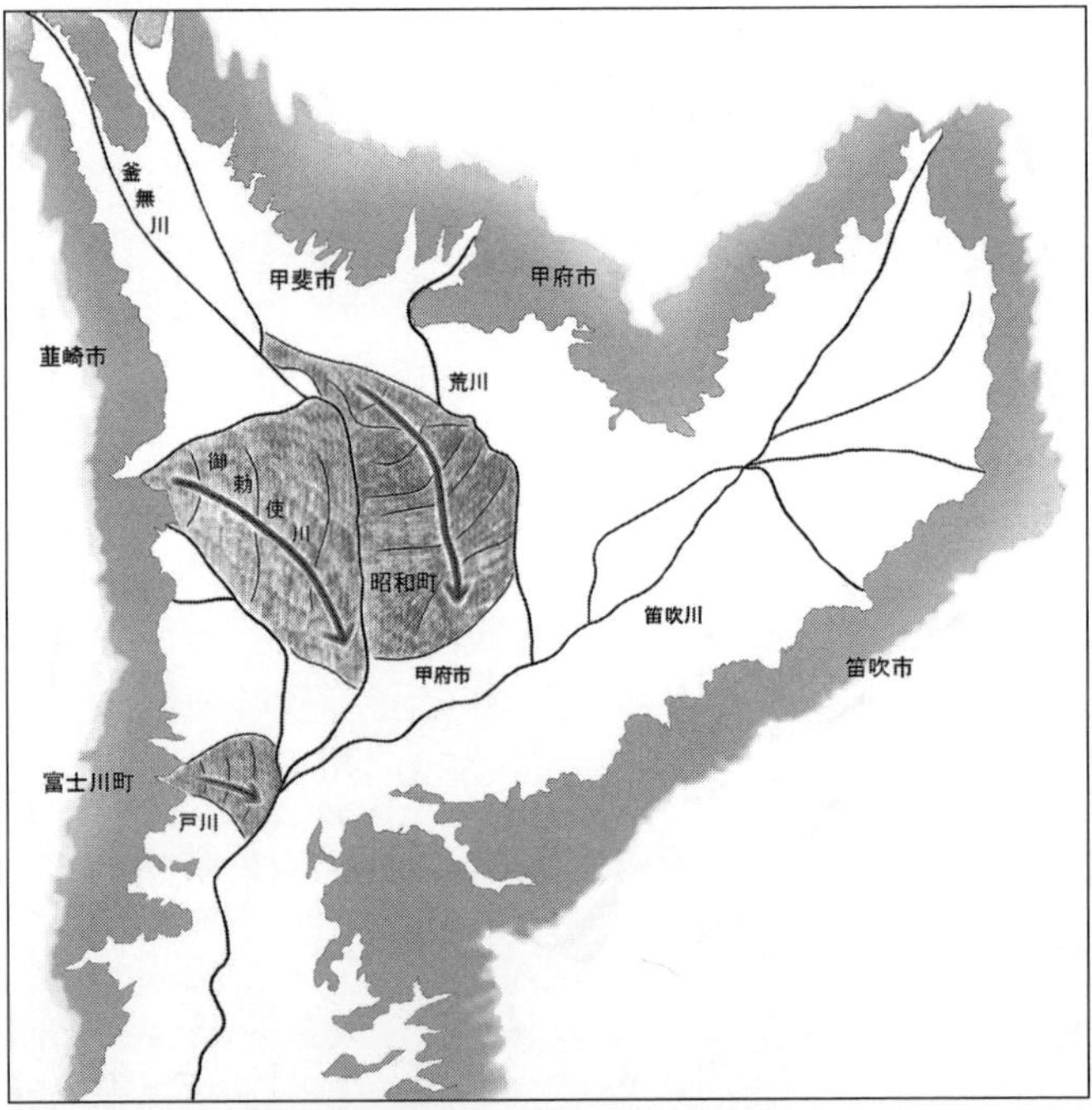

フォッサマグナ帯中の甲府盆地　土石流が流れ込む

図3–5　列島の地形変化（出典：高等地図、5万分の1地形図より）

・西部は、フォッサマグナの影響で破砕質の岩盤が多く分布している中を流れる「釜無川」があり、西側の南アルプスからの御勅使川などの多量の土砂は盆地を埋め、釜無川や荒川を大きく東に蛇行させている。盆地出口では戸川の土石流が河川閉塞を度々発生させ、盆地の湖沼化を促進していた可能性が高い。「釜無川」の氾濫原は、「信玄堤」とともに有名である。
・盆地東斜面には、小河川が多く、教科書に載るほどのきれいな「扇状地」を形成している。下部には笛吹川が流れ、氾濫原もあるが、釜無川や荒川の土砂で河川勾配が小さくなって流れが緩く、その上部に鮮明な扇状地地形が残っている。水はけがよく、生活水も豊富なので、古代の「甲斐国府」等が設置されている。
・盆地の東南斜面には、御坂山地があり、「活断層」が分布し、最近まで地盤は活動している。山体の崩壊が多く報告されている。
・これらの土砂で盆地は、徐々に埋没されており、この時代は、下流に湖沼が形成されていたと推定される。「ダイダラボッチ伝承」が存在し、「湖」の縁を蹴飛ばして平野を作ったとの伝承が残っているからでもある。

②「東北の盆地列」（図3－6参照）
南北に延びる東北地方は、東から太平洋プレートの応力が作用しているので、南北方向に隆起帯（山脈・火山帯）と沈降帯（盆地列）が交互に分布していて奥羽山脈を挟んで、東西に二列の盆地列がある。東側は、郡山盆地、福島盆地、北上盆地であり、西側は会津盆地、米沢・山形・新庄盆地、横手・大館盆地などである。盆地部は、盆地の東西端部に逆断層帯があり沈降しているので、現在でも「活断層帯」となっていて、

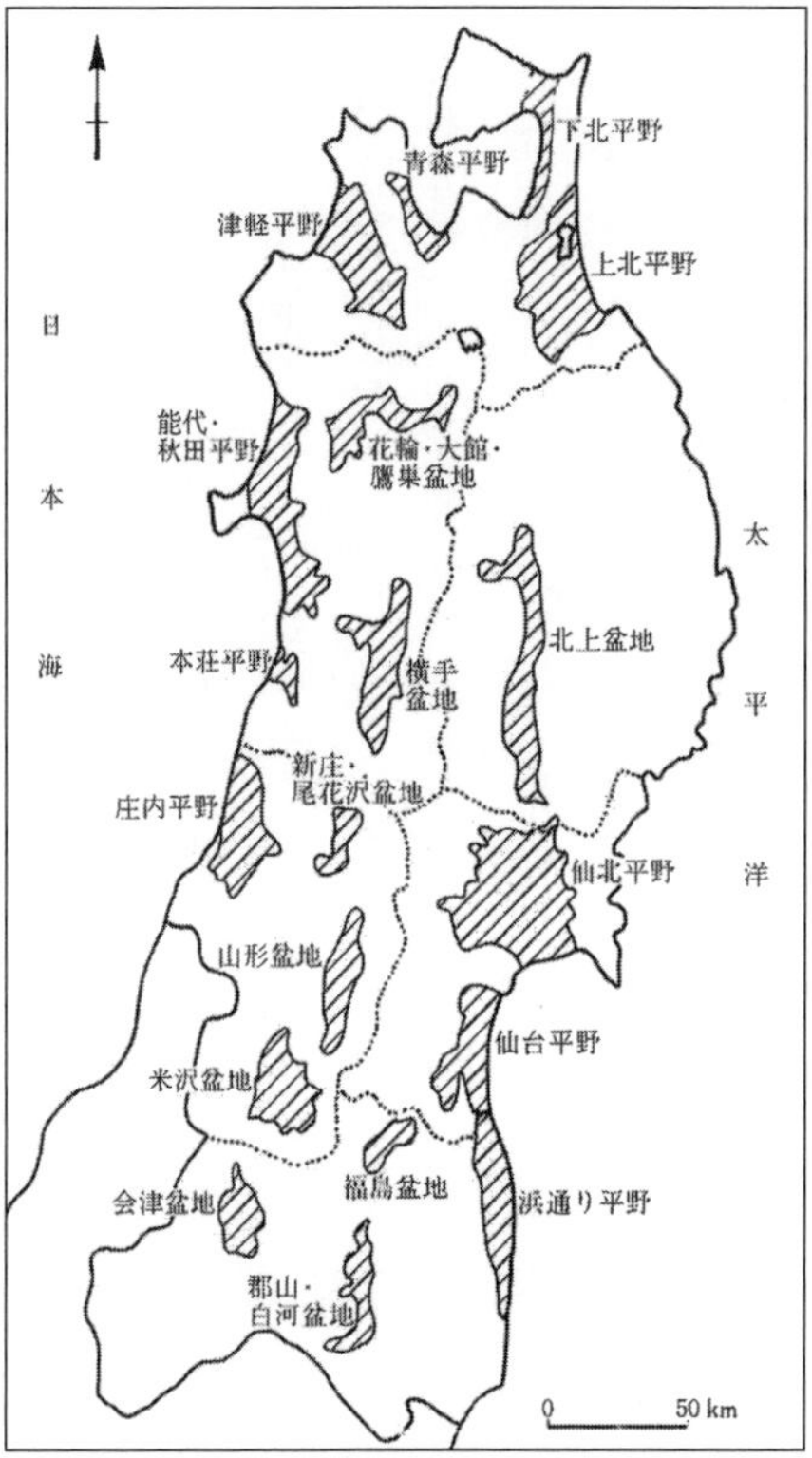

東北地方の（地下水利用地帯）盆地列

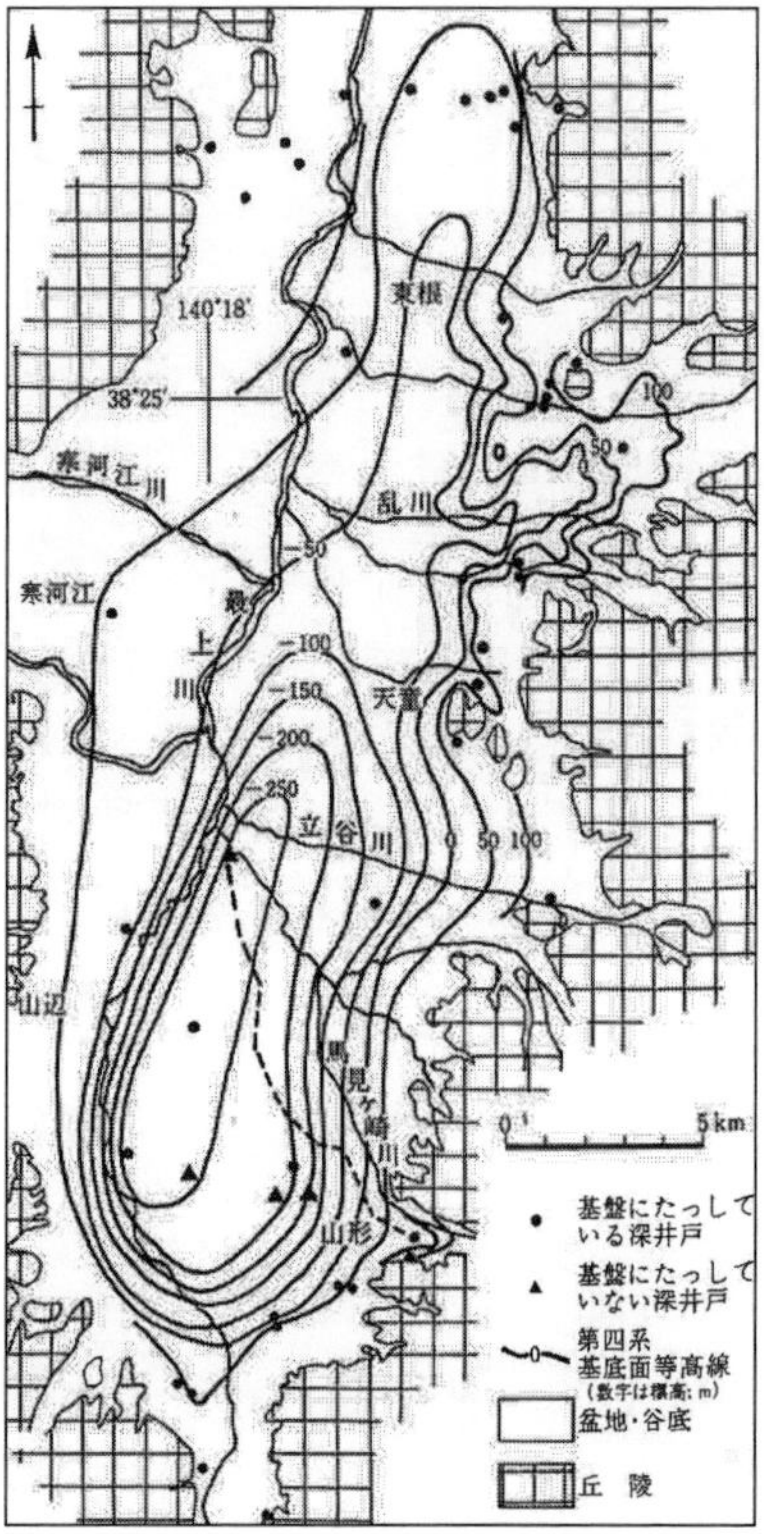

山形盆地の第四系の基底面等高線図

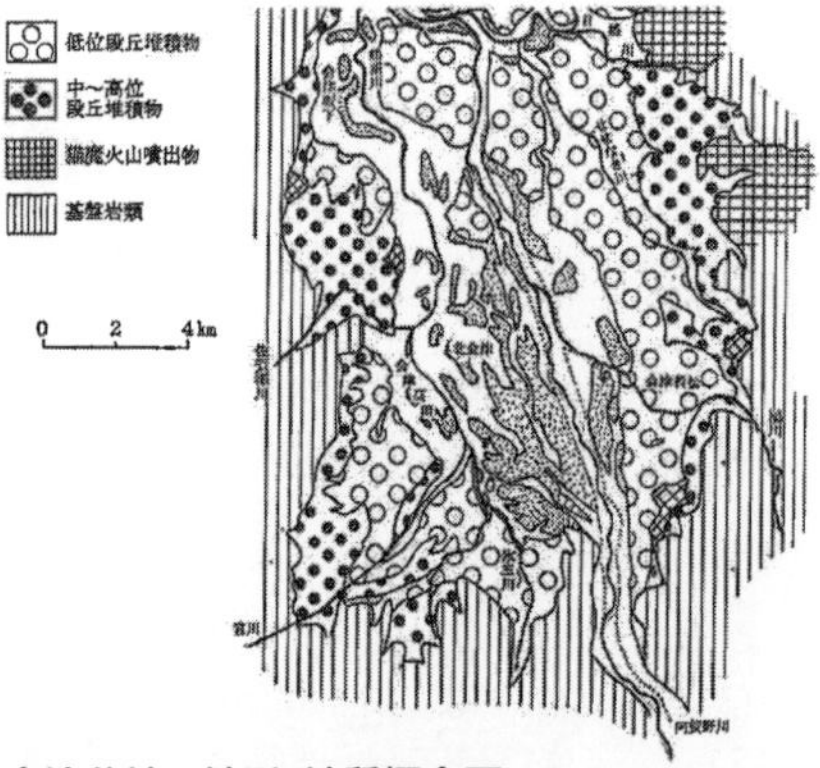

会津盆地　地形、地質概念図

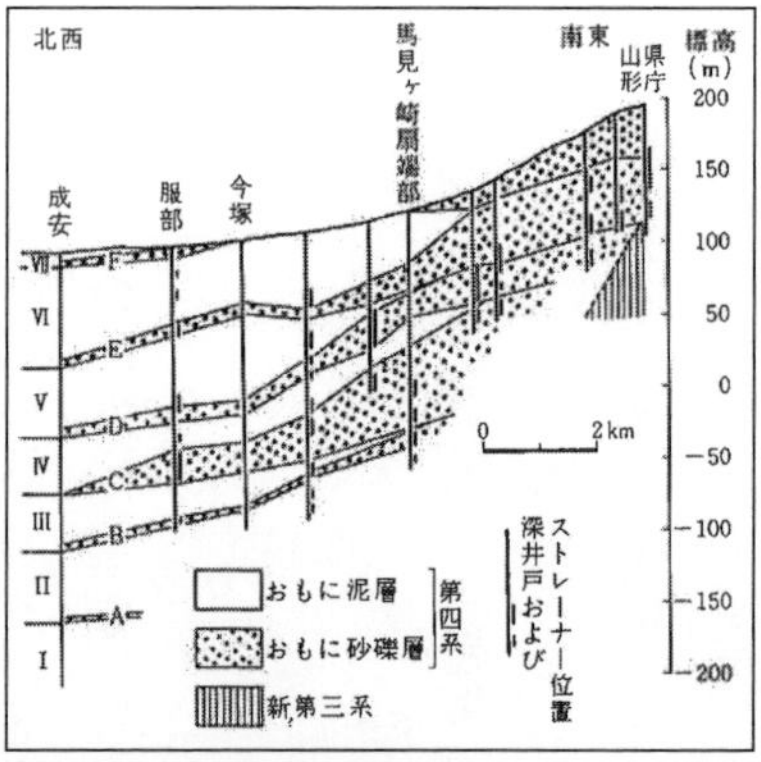

山形盆地の水理地質断面図

図3–6　盆地の形成（出典：東北農政局「日本の地下水」）

沈降が進行中である。
・会津盆地は、福島県中央部にあり、盆地基盤の最深部は、二〇〇m以上である。四方から河川が流入し、広大な平野が形成されている。（図３－６左下参照）
・会津盆地には、南から阿賀川や宮川が流入し、氾濫原を形成しつつ、盆地の出口の山都町で、流路を西に変え、新潟に流下している。氾濫原の中央には「伊佐須美神社」が鎮座している。
・盆地東部には、磐梯山の噴出物で（日橋川）河川閉塞により形成された「猪苗代湖」があり、周辺は、旧石器時代からの狩猟地帯で、鏃などを作成したと推定される黒曜石の散在遺跡が多数ある。また、猪苗代湖の北斜面には、「大山積神社」等の神社群がある。
・盆地西部には「会津盆地西縁断層群」という「活断層群」があり、東からの応力場の中で、盆地は最近まで沈降を続けている。この付近には、「出雲神社」など古い神社が多い。
・盆地北部から濁川や一の戸川などが氾濫原を形成しつつ合流している。
・盆地出口に断層群があるためか、地すべりの分布があり、江戸時代にも滑動して河川を閉塞し、大きな湖沼が形成されている。
・山形盆地（図３－６右図参照）は、二五〇mの深度を有して西側と南側が深い構造をしており、盆地の断面図では、主として東側の脊梁山脈からの崩壊土砂で埋没してきたことを示している。中央を最上川が流れているが、下流（北方）で基盤岩が浅くなっていて、山形市〜天童市間に最深部があり、湖沼が形成されていたことが判明する。
③西日本では、近畿には、奈良・上野・福知山盆地など、中国山地には、津山・三次盆地など、九州には、人吉盆地などがあり、それぞれ特徴を有して、人集団に絶好の生存・狩猟環境を提供している。

2　自然変化への対応

日本海の形成による列島の自然環境の変化（二度目の食糧危機）に対応して、様々な人集団の対応が始まる。列島の孤立化に伴い、列島内の人集団は、列島に留まり、技術を進化させて生存していくことを強制されることとなる。

2．1　考古学からの提言

①出土資料による状況

大変化時代（一一五〇〇〜八五〇〇年前）の考古学的、科学的特徴として、次の諸点を抽出できる。

狩猟に猟犬の使用（家畜化）（上黒岩遺跡）　一一五〇〇年前
十和田カルデラ噴火　東方の住民移動　一〇〇〇〇年前
漆技術の獲得（垣ノ島遺跡、鳥浜遺跡）　一〇〇〇〇年前
富士山噴火、地すべり多発が発生（科学資料）　一〇〇〇〇年前
サケ捕獲、河川漁業（山形遺跡）　一〇〇〇〇年前〜
沿岸・湖沼漁業（刈羽遺跡）　一〇〇〇〇年前〜
動物・イルカの「送り儀礼」（取掛西遺跡、東釧路遺跡）　一〇〇〇〇年前
草創期に青森、早期に関東・九州で貝塚が形成
堅果植物（クリ、クルミ、トチなど）出土（各地の遺跡）　九五〇〇年前

外洋漁業の始まり（夏島遺跡）　九〇〇〇年前
現生種の植物種となる（鳥浜遺跡花粉分析結果）　八五〇〇年前
九州で貯蔵用「壺形土器」出土、　八五〇〇年前
竪穴住居・土坑のある集落（各地）
落し穴　六〇〇基出土（多摩ニュータウンNo.901遺跡）
炉を中心とする竪穴住居（大畑山遺跡）石囲いのある竪穴住居（向山遺跡）
墓域を囲む環状集落出土（上野原遺跡）　八〇〇〇年前

②各地方の状況

山形県　一〇〇〇〇～六〇〇〇年前（早期）
・沈線文土器　山形平野北部～尾花沢盆地の最上川流域の遺跡から出土
全県の早期遺跡数　五〇ヶ所のうち、二六ヶ所出土
・炉を中心とする竪穴住居　大畑山（大石田町）遺跡　一～三棟の集落跡
・尖底の貝殻文土器　河島山、三ケノ瀬、赤石（村山市）遺跡
・最上川でサケを食料としていた

埼玉県
早期前半　撚糸文土器、押型文土器　早期終末には貝殻沈線文系土器などに移行
三浦半島中心に「撚糸文土器群」　大宮台地・下総台地中心に「縄文土器群」
中間の多摩丘陵では、両者が混在している　より狭い土器文化圏が成立

・萩山遺跡（熊谷市）撚糸文土器、竪穴住居跡、集石土坑、炉跡出土
石鏃、礫器、礫斧、磨製石斧、磨石、石皿
・向山遺跡（日高市）石囲炉のある竪穴住居跡、押型文土器　出土
・四反歩遺跡（深谷市）後半期、撚糸文土器、竪穴住居跡八棟
・前原遺跡（宮代町）有舌尖頭器、岩偶出土
早期終り頃、奥東京湾形成
・妙音寺洞穴遺跡（皆野町）七〇〇〇年前一五〇㎝の人骨出土
動物の骨類、陸生貝殻や海生貝殻が散乱
宮崎県（早期）定住を示す集落の構成要素すべて揃う　塞ノ神土器　七二遺跡で出土
土器は、県北で「押形文土器」、県央・県南で「貝殻文土器」
本州に「丸底土器」が多いが、南九州では、北方系の「平底土器」
・前原北遺跡（宮崎市）前平式、吉田式土器、集石遺構（石蒸炉）三一基
・堂地西遺跡（宮崎市）塞ノ神土器、集石遺構二八基
（竪穴住居）・札ノ元遺跡、又五郎遺跡（宮崎市・田野町）四棟の隅丸方形住居
・坂ノ上遺跡（日南市）　一二棟の隅丸方形住居
・内屋敷遺跡（小林市）一一棟の平地住宅（テント状、掘り込みなし）
連結土坑（煙道付）炉　↓　早期後半に関東に北上
別所原遺跡など三五遺跡、三〇七基
（集石遺構）・尾花A遺跡（宮崎市）　二四三基　炉穴一一基

・野首第二遺跡（宮崎市）　二〇八基、炉穴二〇三基
（貝塚）・跡見貝塚（宮崎市）　他に大貫貝塚（延岡市）相田貝塚（宮崎市）
押形文、前平式、吉田式、塞ノ神土器　出土
汽水・海棲貝出土　姫島産石鏃、石錘、石錐、石匙、磨石

③農耕の開始時期

小畑弘己氏は、日本における農耕化の段階を五期に区分し、その「Ⅱ期」として、一六〇〇〇〜七三〇〇年前（縄文時代草創期〜早期）を「食用植物の栽培開始期」と位置付け、アサ、エゴマ、ヒエ、アブラナ科の出現する時期と指摘し、栽培された地域は局所的ではあるが、繊維用の植物以外に、穀物や油性種子など食用植物の栽培が開始されたと指摘している。

・各文献によると、農耕の開始時期はシュメールが一〇〇〇〇年前（ＢＣ八〇〇〇）、ハンガリーが八〇〇〇年前、イギリスが六〇〇〇年前とされている。

・中国では、以下のように考えられている。（小畑弘己氏）
黄河流域のキビ・アワが、野性利用開始一〇〇〇〇年前、
農耕移行期九〇〇〇〜七〇〇〇年前
農耕本格化七〇〇〇〜六〇〇〇年前
長江流域のイネは、野性利用開始一〇〇〇〇年前、
農耕移行期九〇〇〇〜六五〇〇年前、
農耕本格化六四〇〇〜五三〇〇年前（中流）、

五二〇〇〜四三〇〇年前（下流）（良渚文化期）
北部地区の稲作農耕は、仰韶文化晩期（五〇〇〇年前）に開始
竜山文化期（五〇〇〇〜四〇〇〇年前）に発展
（山東地区は八〇〇〇年前に伝播、竜山期の隆盛）
列島での農耕開始もほぼ大陸と対応していると考えられる。

この時期、考古学的には、多くの初現の出土物や事象が指摘されている。自然の大変化に対応し克服し人集団の新たな技術的対応の結果を示している。それらは「生きるための技術」であり、自然が様々に変化した時代に対応すべく開発されたものと推察される。その「発展のカギ」の主体をなすものは、後述の「動植物の習性の把握」ではなかろうか。

気候が安定すると、「栽培」、堅果植物の「植林」、猟犬などの「家畜化」などが開始されている。

2.2　自然環境変化への対応技術

（1）新環境への対応

・気候変化への模索　煮沸利用を武器に食材植物の利用拡大
・植物利用（堅果植物）のため、植林して採集を効率化し、水晒し技術、粉状化技術などを開発、土穴や地中の甕に保存　後半には、栽培を開始　食用植物の栽培開始期　エゴマ、シソ
・動物の利用　生体保存として動物の家畜化を開始

・海域の利用拡大　魚場の形成を把握した人集団は、離頭銛や釣り針を開発し、海獣や魚介類の捕獲が本格化する。丸木舟の改良と使用。新たに形成された海浜を利用し、貝類を採集する（貝塚の隆盛）

・湖沼・河川への進出　小型動物の捕獲・狩猟　淡水魚類の捕獲技術

（2）自然環境変化と技術の発生

温暖化　↓　海水準上昇　↓　日本海形成　↓　海流発生　↓　地形変化

←　←　←　←　←

植生変化　多雨・多湿　潟・湖沼　河川発達

←　←　←　←　←　←

落葉広葉樹　海浜水没　気候変化　海峡海浜形成　環境変化

瀬戸内海形成

←　←　←　←　←　←

生態系変化　生態系変化　魚場形成　生態系変化

（水没・移住）

←　←　←　←　←

魚介類採取　海獣・大型魚　氾濫原形成　河川魚

網・モリ・ヤス　捕獲　地すべり発生　網・ヤス

盆地埋没

←　←

採取〜栽培技術

←　←　←

栗・胡桃植林技術　貝塚形成　遠洋漁業　小動物隆盛　サケ漁

食材拡大（水晒し技術）　保存技術　船舶建造技術　弓狩猟技術　保存技術

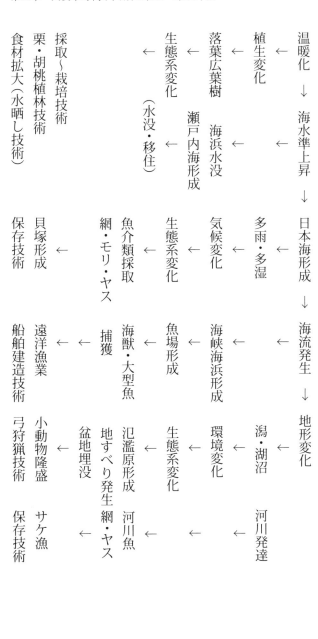

食材保存（乾燥・土中保存）　生産物運搬　躁船技術　落穴・誘導施設
発酵技術（酒・寿司・納豆）
協同化技術の発展　運搬技術の進歩
組織化の進行

（3）技術の誕生

縄文時代の各種の技術は、自然変化に伴う生存環境の変化に対応して発生したと考える。

① 気候変化に伴う大型動物群の絶滅は、小型動物（クマ、シカ、イノシシ、ウサギ、キツネ、うま、イヌなど）を生みだした。それらに伴って捕獲技術が発生した。

・弓矢（共同狩猟を伴う）　追い込み捕獲猟、
・動物の習性を利用して　落とし穴、誘導捕獲施設、ワナ技術
・単独狩猟から共同狩猟へ　猟犬狩猟も併用

② 気候変化に伴う植生の変化は、食料確保の拡大を必要とした。

・煮沸技術（土器製作技術）の獲得　食材の種類や量が増大した
・採集から採取へ　植林して堅果植物の住居周辺への植林技術
　クリ、トチ、クルミ、ドングリなど（図3－7参照）
・栽培を開始した　シソ、ゴマ、ヒエ、アワ、マメ、ムギなど（図3－7参照）
　自生植物に外来性作物が加わった
　焼畑農耕が加わった（西日本）

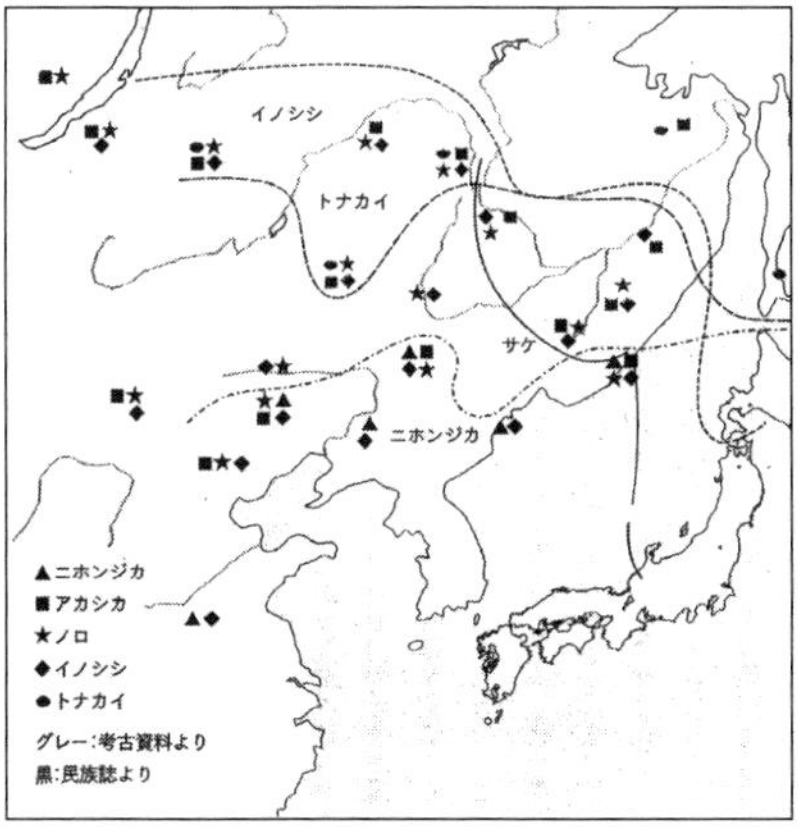

東アジアにおける動物の北限と南限

列島部の詳細は記載されていないが、大陸データを延長すると、ニホンシカが全域に、サケが東日本に、イノシシが本州以南にそれぞれ分布している。

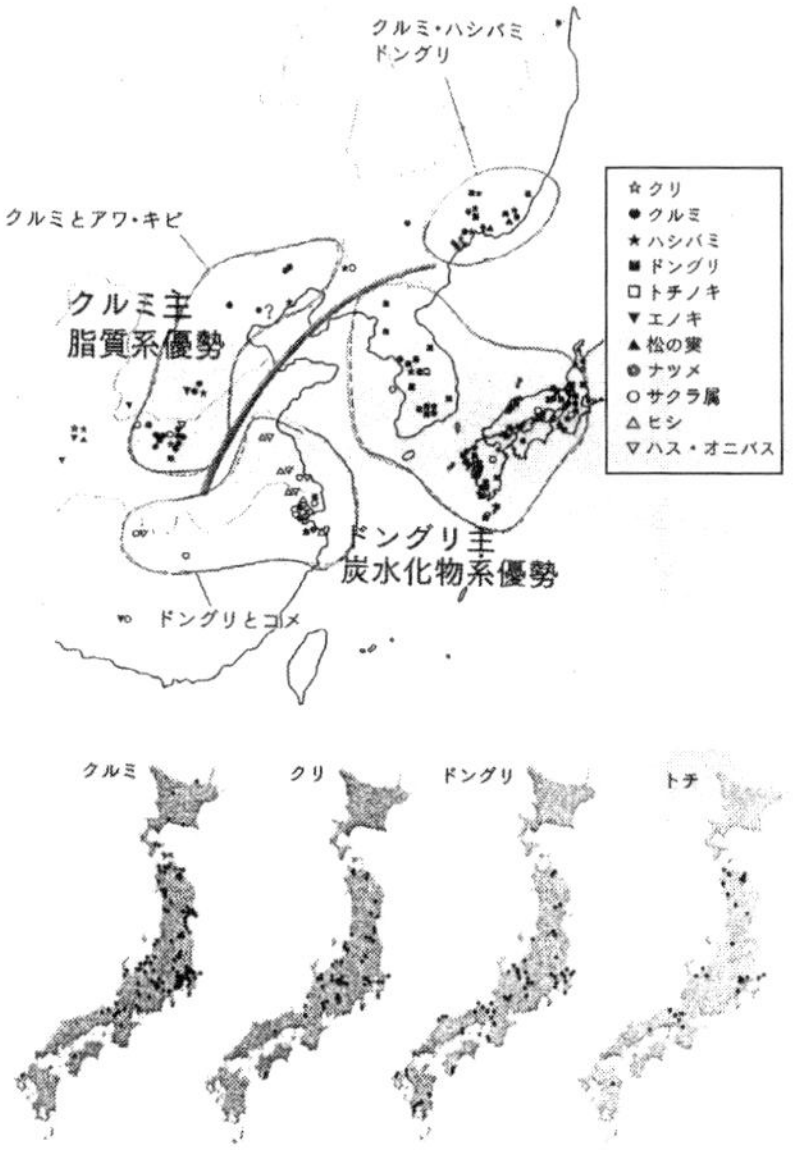

図6　東アジアにおける出土堅果類から見た地域性
（上図：大貫・佐藤編2005より、下図：渡辺1975より一部改変）

東アジアにおける出土堅果類から見た地域性

東日本はクルミ、クリ、ドングリ、トチの分布となっていて当時の植生を示している。西日本はドングリを主としている。

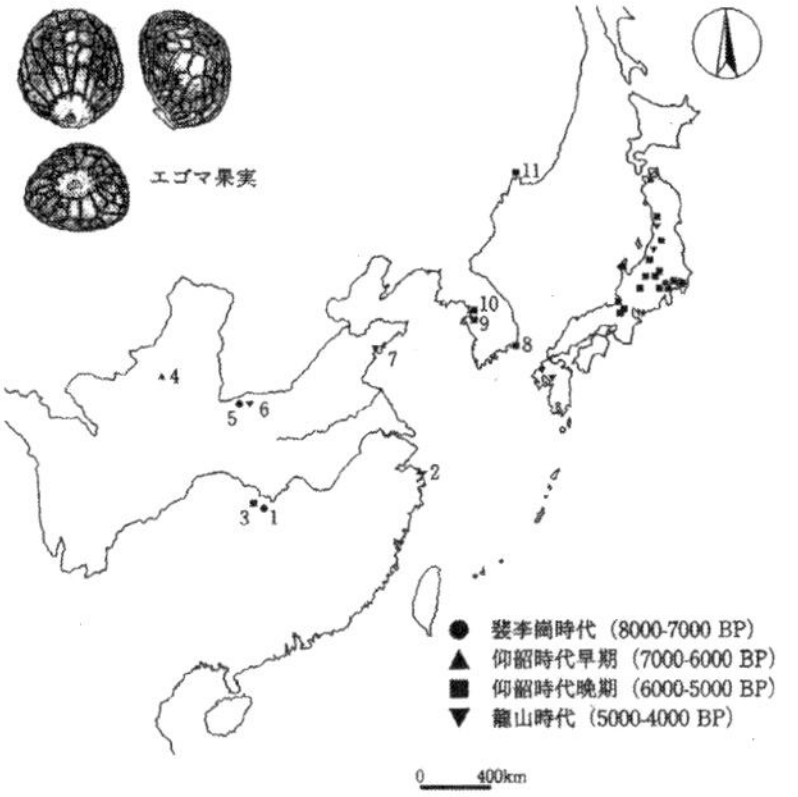

東アジアの先史時代のシソ属・エゴマ果実出土遺跡の分布図

列島のシソ・エゴマは6,000〜5,000年前に位置づけられ、青森で7,000年前、西関東で8,000年前のものが出土している。

図3–7　列島周辺の植生

（出典：〔上２点〕御所野縄文博物館編『世界から見た北の縄文』新泉社　〔右下〕渡部誠『縄文時代の知識』東京美術）

・季節ごと、場所ごとの採取、栽培食物の知識が拡大した
③食料難から海域への進出が加速された
・海浜（砂浜や岩礁）での魚介類の採取　貝塚の発生
・漁労民が発生した　河川漁業も付随した
・大型魚類や海獣捕獲技術の発達　（つきん棒、離頭銛など）
・魚場の選定技術　（海峡、沿岸漁業の発達）
・捕獲技術の拡大　（釣り針、魚網、タコつぼなど）
・河川漁業　（やな、網）（サケ、ウナギ、イワナ、アユなど）
・回遊魚の習性把握　（魚の回遊、季節ごとの移動・変化の把握）
・舟運の発達　（大型化、構造船、帆かけ舟など）
④列島の多雨気候や火山堆積物の増加で、河口閉塞、地すべりの自然ダム、盆地の拡大などにより、多くの湖沼が形成されて、小動物や鳥類の生存域が拡大した
・小動物や鳥類の捕獲技術
・湖沼漁業（ふな、こい、ますなど）、昆虫の捕獲（はちのこ、いなごなど）
・タカ猟、鵜飼の発生（後代？）
⑤食料の確保が容易になった頃、動物の家畜化が進行したと推定される。
「生きた食物」保存としての家畜化は、ブタ、うま、シカ、イヌ、ウシ、トリなど多種にわたったと推定される。池には魚が生息していた可能性もある。
⑥新たな環境での人集団の対応

・新たな環境での人集団は如何に対応したのか。それは、動・植物の「習性の理解」の進化ではなかろうか。植物は、水分のある環境の中で種から芽生え、季節ごとに実を結ぶこと、動物は食料を得るために活動領域（テリトリー）があり、昆虫は季節に合わせて活動し、獣は決まった道を通り、魚は回遊し、鳥類は渡り、クマは冬眠することを経験から理解したのではなかろうか。

・新たな生態系が安定した時、これらを応用してワナを作り、落とし穴を作り、誘導施設を作ったし、回遊魚に合わせて漁をし、渡り鳥を狩猟したのではなかろうか。植物も同様に、その習性を利用して栽培を始めたのではなかろうか。

・これらの生活の技術（知恵）は、動植物の習性から学び、人集団の交流の中から学び体験し、さらに技術アップを拡大したと推定する。動物の「家畜」化は、生きたままの食糧保存方法としてブタ、イヌ、うま、とり、などに及んだと考えられる。交流により集団が拡大し、領域が拡大し、集団化が進行して結果として「部族」が誕生したと推察する。

・新しい環境は、海峡民（「ア族」「ヤ族」）や海浜漁民（「イ族」「ウ族」）などを生みだした。また、日本海側の人集団の一部は、列島の脊梁山地を越えて太平洋側に移動したとも推定される。狩猟対象の変化から、「ツミ族」が分離し、徐々に、海峡族「ワダツミ族」と山集団「ヤマヅミ族」が形成されたと考えられる。

3　人集団（列島人）の動き

日本海の形成により何が発生し、人集団がどう対応していくのか考えてみる。

・水位の上昇で海岸の地形が、五五〇〇年間にわたって、約一〇〇m近く水没し、従来の海岸沿いの生活圏（特に平坦地）は水没する。人集団は、別の箇所に移動せざるを得ない。移動がそのまま高い所に移動できればよいが、急崖にある箇所では、地域を移動する必要が生じる。
・移動すると新たな食糧確保問題が発生し、他の人や集団と接触する必要も生じ、生活圏が拡大した可能性が高い。そんな中で生活の技術交流が同時に進んだと推察される。
・海水位の上昇は、平野では海水の進入により、土砂の流出が止まって浅海化し、新たな環境が形成され、独自の生物群（貝類や浅海性魚類など）が生息することとなる。人集団はまた、新たな技術を開発して、食料難に対応する必要に迫られることとなった。そして、太平洋側では、「貝塚」を作る浅海漁労民を発生させた。
そんな中で、列島人の動きを探る。

3.1　列島人の形成

(1) 列島人の形成

温暖化による海水準の上昇に伴い、列島は、大陸より切り離されて孤島化し、「日本列島」が誕生する。この結果、列島内の人集団は、同じく孤立した大型動物（ゾウ、トラ、ヒョウ、オオツノシカなど）を食べ尽くし、絶滅させる。

列島は、日本海の形成とともに、気候が変化し、多雨・多湿となり、動・植物は大幅にその種類が多様化し、食料を求めて人集団は、技術開発を余儀なくされる。

列島人は、到来の当初には、狩猟民であったと推定されるが、自然環境の変化に対応して漁労民となり、個別の技術を発達させて「列島人」に成長していたが、やがて、畑作民も発生して時と共に「縄文人」となり、徐々に統合的技術を有するに至ると推定する。

大陸では、魚骨の出土が、一五〇〇〇年前頃からで、狩猟民から漁労民が発生し、列島では、一三〇〇〇年頃、漁労民が発生したといわれ、日本海形成による列島化の時期とほぼ対応している。

列島人の形成は、以下のように推定される。

・北海道には、日高山脈を境に、「日本海湖時代」を投影する「道西族」と「オホーツク海湖時代」を継承する「道東族」が存在していると推察する。

・狩猟民から漁労民へ
魚場の存在を反映して「ア族」（津軽海峡）、「ヤ族」（対馬海峡・鳥取海岸）、「イ族」（三陸海岸）、「ウ族」（熊本・有明海）、「フ族」（房総海岸）、「ホ（ヒ）族」（伊豆・東海・富士山南山麓）、「サ（ツマ）族」（鹿児島）等の発生したと推定する。

・日本海湖時代から在住していた、古族「ツミ族」が分離して、「ワダツミ族」と「ヤマヅミ族」をそれぞれ形成して、日本海沿岸に「ツ」地名を残して展開している。

・狩猟民から畑作民へ
内陸には、火山山麓や河川近傍に「ヒ（カ）イ族」（八ヶ岳・山梨）、「ナス（キヌ）族」（那須山麓・栃木）、「ク（ケノ）族」（赤木・妙高山麓・群馬）などの畑作民が発生した。

（2）人集団の集合

部族の形成に先立ち、人集団の集合が発生したと推察する。その集合の素因として、自然環境の形成があると考える。すなわち、食料となる動物の集合地、「狩り場」、「魚場」の形成であり、食料を求めて、これらの地域には人集団が集中する。

① 狩り場の形成

狩り場は、動物の集合箇所であり、水、昆虫、小動物が豊富に生存する環境が必要である。自然環境は、それらの場所「湖沼」を提供する。

・「盆地」は中央に河川が集中し、湖沼も形成されている。列島では地質構造性の盆地や火山性の盆地が形成されている。

東北には、秋田盆地・山形盆地・会津盆地、関東には甲府盆地、諏訪盆地、長野盆地、近畿には奈良盆地、琵琶湖、中国地方には世羅盆地、三次盆地、九州には阿蘇カルデラ盆地など列挙すればきりがない。

・河川周辺では、平野では河川が蛇行して「三日月湖など湖沼」を形成し、山地内では、崩壊・地すべりで形成された「自然ダム」による湖沼もある。

大河川の下流部には湖沼が多く、石狩川、北上川、阿武隈川、利根川、信濃川、近畿の三河川の合流部など多数存在する。

・海岸沿いには、海流に起因する「河口閉塞による湖沼」が形成されている。

石川県・新潟県沿岸、鹿島周辺、浜名湖周辺、岡山周辺、筑後川など、これまた数えあげればきりがない。

②魚場の形成

魚場は、海流の合流部、河川と海流の合流部に大量のプランクトンが発生することが知られており、小型魚類、大型魚類、海浜の大型動物が連鎖的に発生・生息している。

・対馬海流は、日本海への流入時に「対馬海峡」で、塩分の少ない日本海水と合流する。また、滞留した対馬海流は、「津軽海峡」「宗谷海峡」「間宮海峡」で日本海から流出し、太平洋の親潮に合流する。これらの過程で成分の異なる海流が合流し、大量のプランクトンが発生している。大型の魚類や海獣が生息する。

・親潮は、三陸沖や房総沖で黒潮と合流する。この付近は現在でも重要な「魚場」を形成している。回流魚のさんま、いわし、かつお等の繁殖域である。

・瀬戸内海には、日向灘や紀伊水道から黒潮が流入し、関門海峡や鳴門海峡で、干満も加味して出入りを繰り返している。瀬戸内海には、中小河川が流入し、複雑な海流が複雑な魚場を形成している。

・陸上からの河川と海流の合流部には、さけ、アユなどの遡上魚類が発生している。

③狩猟民から漁労民・畑作民の誕生

孤島化した列島に残されたのは、大型動物を狩猟していた狩猟民、狩猟対象を海に拡大した漁労民(海洋民)、獲得量が減量して食うに困って採取・栽培に対象を拡大した畑作民など、雑多な人々であったと推定される。

自然環境の変化(動物相、植物相)に右往左往し、捕獲対象の変化に対応して、それぞれが食糧確保を第一義とした生活の変化を強いられたものと推察する。逆にまた、狩猟対象を変化させない集団は、獲得技術を拡大・発展させて対応したと推定する。

狩猟民は、小型動物を対象として、弓矢の性能向上や、追い込みなどの集団的狩猟技術を生みだし、動物の習性を把握して「落とし穴」を設置して動物を誘導する捕獲技術なども編み出している。

漁労民は、各魚場の生棲魚類の特性に合わせて、突き棒、ヤス、釣り針、網などの道具を開発し、海岸に近づくイルカ・クジラなどの大型魚類には、集団作業を実施したと推定する。また、季節ごとに対象魚類を変化させ、遠洋にも出かけたかも知れない。狩猟感覚は、魚類の習性の把握に貴重な技術（潮目や魚群の探知など）を提供していると推測する。

淡水の不動流の日本海湖から流動する海峡漁業への変化や遠浅の沿岸漁業の対応など、魚群の移動や漁場を解明して、様々な漁法を獲得していったものと推定する。

畑作民は、単なる採取から、堅果樹木を集落周辺に植林して、採取を容易にしたり、周辺に栽培できる畑を増設したのではなかろうか。また、栽培できる植物の種類を開拓して食材を穀類、ダイズなどにも拡大し、煮沸のほか、焼く、煮る、蒸す、燻製するなど新しい調理法も獲得したと推定する。ここでも狩猟民として植物の特性把握に多大な情報を提供したものと推測する。動物の植物性の食糧は、人集団の食糧にも成り得るからである。

狩猟民、漁労民（海洋民）、畑作民の出自を大胆に推定すると、当初には、狩猟民には、D２系の人集団、C３系の人集団、Q系の人集団が多く、漁労民（海洋民）には、C３系の人集団、C１系の人集団が、畑作民には、D２系の人集団が多かったのではなかろうか。やがて、自然環境の変化に合わせて、特定技術を離れ、すべてを対象として混在化したのではなかろうか。

④人集団から部族の形成へ（同一環境を共有）

これらの様々な狩り場や魚場に、人集団が集中し、血族や姻族などの同系部族が発生し、やがて異族と合流して、大きな部族が発生したのではないかと推定する。

列島の環境変化に対応して、列島人は特定地域により多くの人々が集合した。

氏族の発生については、これまでの研究資料では、「（血縁）氏族」や「（血縁）（同系）部族」から、「部族共同体」となり、「クニ」に変化しているとされており、その中で「氏族」は初期段階を示すものと考えられている。それらの区分の基準は明らかではない。

縄文時代の「中央広場を有する円形集落」の存在は、初期の「（血縁）氏族」段階と位置付けることができる。氏族の発生は何で確認できるのであろうか。成立時期は不明だが、まず「言葉」の発生や「地名」の存在がその根拠になり得るのではと推定している。

考古学的には、「土器区分」で列島の各地で共通の土器を使用していることが判明しているが、これは、「部族の発生」を示している段階の事実と判断される。

この時期の遺跡として、東京に武蔵台遺跡（竪穴住居三三棟、土坑三〇基）、薩摩に上野原遺跡（竪穴住居五二棟、土坑多数）、若狭に鳥浜遺跡、静岡・愛鷹地区に集落の急増が報告されている。

3．2　部族の誕生と展開

狩猟民が分離して、漁労民や農耕民が誕生したこの時代に、列島各所で小単位の同系の家族が集合して、部族が誕生したと推定される。その根拠の一つに、関連地名の存在から、一音語族の誕生を指摘することができる。この時代は、三母音時代（e↓i、o↓uに母音変化する）で、部族名は一音語名を使用したと考えられる。

その代表的な部族に前代から存在したD2系の「ツ族」（合流して「ツミ族」「ツチ族」）と、C3系の「ア族」「イ族」「ウ族」「ヤ族」「ヒ族」「フ（ホ）族」、「ミ族」「サ族」（いずれも仮称）などを挙げることができる。（領域名は、「マ（間）」と推定。）

（1）一音時代（三母音）の氏族の発生（言語学的解析）

言語学的には、三母音時代に属するものと推察されるが、同族の分布範囲として、「マ」を形成し、「頭（ズ）」から「閉（へ）」に至る線状分布の領域が推定できる。列島内では、初期段階には、以下の「八氏族」が存在していたと推定する。

①「ア族」の居住範囲として、津軽海峡から「アヘ（阿閉）」（福井）を推定する。日本海側の海洋民で、津軽海峡を中心に形成された、海峡周辺の狩猟部族と推定する。考古学的には、草創期に青森・大平山元Ｉ遺跡があり、早期には「日計系土器群」や以降「円筒下層式」「円筒上層式」土器群と中期まで続いていることもその根拠である。「アオモリ」「アサムシ」「アジガサワ」「アカイシ（川）」「アカクラ（岳）」など「ア」地名も多い。中期には「三内丸山遺跡」が隆盛している。後代には、北海道側と連携して「アラハバキ族」の形

成に至る。

②「イ族」の居住範囲として、「ヘイ（閉伊）」～「イズ（伊頭）」の範囲を推定する。太平洋側の海洋民で、松島付近を中心として、リアス式海岸や遠洋漁業を伴う南北の長い海岸線がその領域と推定する。「イシノマキ」「イワキ」「イヌボウサキ」など「イ」地名が連続している。考古学的には、早期の「貝殻文系土器群」や「縄文系土器群」を経て、「大木式系土器群」（1～7式）に連なっている。中期には貝塚が隆盛している。関東では、「イ族」との関連は不明だが、後代に遠浅の海を漁業対象とする「アワ族」の領域に移行している。

③「ウ」族の居住範囲として、熊本を中心とする「ウベ（ウヘ）（宇部）」～「ウジ（ズ）（宇治）」（鹿児島内）を推定し、「ウ」地名の多い九州一円の勢力と考える。後代、東に拡大し、「ウヘ」と言われた可能性もある。九州の「土器文化圏」を主導している。前期から土器群が朝鮮半島にも及んでいる。

④「ヤ族」の居住地は、山陰の鳥取。ここには「ヤヅ（八頭）」があり、やがて北九州の「ヤ（マ）」に移動したと推定する。列島の古代の独自の神話の世界を形成していたからである。実態はまだ未解明であるが、「ウ」族とともに海峡漁民と推察する。関連地名の「ヤバシ」「ヤヒガシ」「ヤタバ」などがある。

⑤「サ（ツ）族」は、この時期、鹿児島湾の掃除山遺跡や上野原地域などに大集落を形成したが、次の前期末の鬼界カルデラ火山噴火で中九州に移動し、熊本中心の「ウ族」と合流拡大して形成されたと推定する。さらに「サ族」の一部は、東海に移動して他族と合流し「ツ（ト）サ族」や「フサ族」となったと推定する。最終的には、「サガミ」「ザマ」に移動している。

⑥駿東の富士山南麓には旧石器時代から居住民が多く、後代の状況から「フ（ホ）」族の存在を推定する。大山積神社が三島にあり、「フツ族」を形成した後、移動してきた「サ族」と房総に至り「フサ（ウ）族」を形成している。本体は、後代「ホツマ族」を形成していると推定する。関東に拡大して「ヒ族」が分離した可

能性もある。

⑦「ヒ族」は、筑波山のある「ヒタチ」(常陸)にいたと推定する。後に「ハヤヒ族」に発展したと推定する。最古の土器の出土地点(後原遺跡)の一つとなっている。

⑧「ミ族」は、草創期に日本海湖を南下した「荒屋型彫器」を帯同していた部族で、若狭(ミハマ、ミカタ)の鳥浜遺跡を中心に居住したと推定する。先住の「ツ族」と合流して「ツミ族」も形成している。後に関ヶ原を超えて、ミノ、ミカワ、ミヱに拡大したと推定する。

(2)部族の合流の発生と移動(二音時代へ)

これらの部族のうち、東北の漁労民の「ア」「イ」族や、山陰の「ヤ」族、有明海漁労民の「ウ」族にはあまり動きは推定されないが、ヤマヅミ族とワダツミ族に分離した「ツミ族」「ツチ族」と「アハ族」には、部族移動が推定される。

「ツ(ミ)」族は、この時期、日本海側に移動痕跡があり、地名的に追跡できる。北から「ツガル」—「ツバタ」—「ツルギ」—「ツルガ」—「ツシマ」—「ツノ」—「ツマ」と連なり、最南端では、「サ」族と合体して「サツ(マ)」となり、移動や展開が想定できる。三母音を加えると、「ツキ(とぎ)」「ツヤマ(とやま)」などもある。また、山陰(鳥取)では日本海の漁労民「ヤ」族と合流して「ヤツ(八頭)」族を形成している。

「ツチ族」は、土器を帯同して西方から到来した部族で、「ウツチ」「アツチ」や関東に進出して「ツチキ(トチギ)」「ツチウラ」などに居住したと推定する。後に「タケミカツチ族」に発展している。土器を帯同したので、ツチ(土)と称された可能性もある。

また、「アハ族」が早期以前に南西諸島から太平洋岸を北上しており、南九州~土佐~南紀~東海~房総半島に及んでいる。栫ノ原石斧に始まり、撚糸文土器や礫群石器などを特徴ある遺物を帯同している。初期は九州を主体にしていたが、やがて主力は、古大阪湾岸に展開したと解され、阿波を中心に関連地名の「アワ（阿波）」「アリマ」「アカシ」「アリタ」など「ア」地名が古大阪湾を囲んで分布している。

房総半島への移動は、「撚糸文土器」の出土する早期前半の可能性が高い。

（3）ツミ族・ツチ族の移動の原因と移動ルート

淡水湖の日本海に塩水の対馬海流が流入した時、湖に生息していた魚類をはじめとする生物は、新しい環境変化に着いて行けず、絶滅したか、一部は淡水の河川に遡上したものと推察される。それらを食料とした動物群も移動する。日本海周辺に居住していた人集団（「ツミ族」と「ツチ族」と想定）は、海水準の上昇に加えて、日本海系生物の滅亡により、食料を求めて更なる移動を余儀なくされたとも推定される。（第一波の先行移動）

さらに、「ツミ族」の本格的な移動（第二波の移動）の根拠は、日本海成立による気候変化で惹起された日本海側の豪雪（冬の食糧がない）がその一因を形成していたと推定される。

移動を想定されるのは、いずれも列島の古族であり、漁労民や耕作民への分離間もない部族で移動の乏しい他の一音語族とともに、この時代の列島の人集団を形成していたものと推定するが、さらに人集団は、日本海側から太平洋側への河川を遡って山地内への移動を行っていると推定されるので、その解明・追跡が必要である。

この列島横断の移動の必要性の視点に立つと、次の移動ルートが考えられる。

①まず、初期移動の「ツチ」族が、「ツルガ」から琵琶湖を目指して移動した形跡を、「アツチ（安土）」や「ア

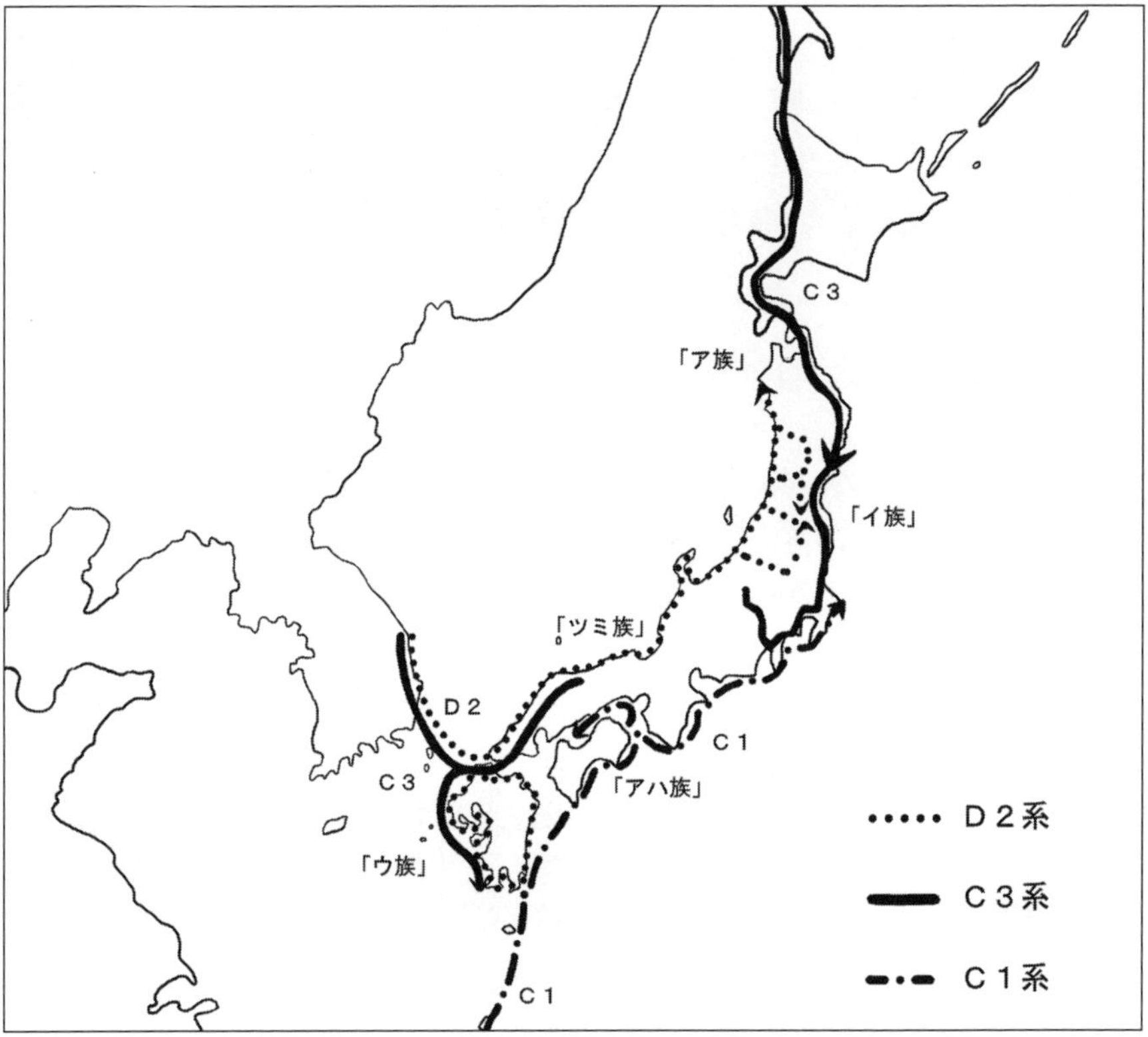

図3–8　Ｃ1系、Ｃ3系、Ｄ2系の人集団の移動（出典：著者作図）

ド（安曇）川」の地名の存在で指摘できる。「ア」族は、東北の日本海側の海洋民であり、すでに合流していて移動したと推定する。また、大阪湾からの「アハ族」の北上の可能性もある。「ツチ」族（カグツチ、タケミカヅチなどに代表される）と推定される地名は、「ツミ」族と同系の人団と推定されるからである。九州では、「ウ」族と合流した「ウツチ（宇土）」も存在する。類似した環境の淡水湖として、有明（海）湖に「ウッチ」、霞ヶ浦に「ツチ（ウラ）」「ツクバ」、北上川流域（湖）に「ツチ（サワ）」があり、同様な移動が想定される。トチギ（栃木）もツチキ（土来）で、その可能性がある。

また、海水位の上昇の初期（水位はマイナス一〇〇ｍ）には、列島周辺には、海浜湖沼があり、三河（湾）湖に「アツミ」、大阪（湾）湖に「ツナ（津名）」、播磨（灘）湖に「ツタ（津田）」、燧（灘）湖に「ツチイ（土居）」などの「ツ」地名が残存しており、ツ族居住の痕跡を残している。

②シナノ山中の松本市の「アズミ（安曇野）」族の存在も、同様の移動の可能性がある。姫川に沿った南下ルートである。上越市から関川を南下すれば、ナウマン象のいた「野尻湖」も存在する。また信濃川を遡った集団も存在したと推察する。

③阿賀野川沿いには、時代は一致しないが「大山積神社」が会津から福島まで点在し、同様に「ツミ」族の太平洋側への移動ルートの可能性がある。前期〜中期ではあるが、大木式土器群の列島を横断した分布や「火焔土器」の影響の伝播もこのルートを通過している。

④関東や東海には、「ツミ」族到来の気配が濃厚に残っている。すなわち、「大山積神社」があり、娘のアダカアシツヒメやイイノヒメがいる三島がある。関東には同系らしい「ツチ」（タケミカヅチ、カグツチなど）族の常陸の鹿島神宮もある。この時代とは断定できないが、古い時代に各所から移動してきた可能性が高い。ツクバ、ツチウラ、（シモ）ツマ、（茨城）ツガ（都賀）（栃木）など、「ツ」地名も多い。三母音で「と↓ツ」とすると、水戸（茨城）、松戸、杉戸、坂戸（埼玉）、山都（福島）などが関連している可能性がある。

⑤北上川や仙台平野には、現在も多くの湖沼が残存している。海岸砂丘の形成や北上川のせき止め・河口閉塞も発生して形成されたものと推定される。関連地名は、北上川沿いに「ツチ（サワ）」「ツチハタ」、仙台平野の北部に三母音時代の地名「登米（とめ↓ツミ）」「イヅヌマ」があり、ここにも「ツミ族」の到来を想定できる。

「ツ」地名が、「ツミ族」に関するものとすると、上述のように、その移動の根拠となりうるものと判断される。

（4）ツミ族が古族であることの証明

根拠①　狩猟民の「ツミ族」は、「ヤマヅミ族」（畑作民）と「ワダツミ族」（漁労民）に分かれているが、これは、列島が大陸から分離し孤島化した後、狩猟対象の絶滅に対応して、狩猟対象を変化させた結果であると推察される。

根拠②　「ツミ族」は、全国に関連地名を残して広く展開している。特に日本海沿岸に「ツ」を冠する地名が多く、同族が日本海湖時代より存在し、その後も沿岸沿いに活動していたことを示している可能性が高い。

「ツミ族」の国内への展開は、「ツ」地名の分布で解明できる。日本海沿岸には、「ツ」「ツル」地名が多く、東日本では「ツチ」も関連する（香取神宮神譜より）。

東日本では、「ツ」（大山積）と「ホ（フ）」（三母音時代「フツ族」に結び付く）の接点の駿東の富士山麓・三島が、関東に多い浅間神社がその本拠地になりうる。

「ツチ族」は、同様に「鹿島神社」（タケミカヅチ）が本拠地である。また、九州の「ウツチ」は、まさに「ツミ族」の西日本の本拠地ではあるまいか。

関連する「ツ」地名の分布を列挙すると、

日本海沿岸では、　ツシマ、ツルガ、ツルギ、ツバタ、ツクモ、ツルオカ、ツガル
　　　とぎ（富来）（三母音で　ツ（ミ）キ）、とやま（富山）（三母音で　ツヤマ）

山陰では、　ヤツハシ、ヤツ（オ）

西日本では、　ツサカ、ツヤマ、ツナ、ツチイ、ツワノ

九州では、　ツモサキ、ツクミ、ツノ、ツマ、アツミ、ウツミ

関東・東海では、ツクバ、ツルミ、ツチウラ、アツミ、ツル（都留）、アツギ
ミツ（ト）、イズミ（伊豆味）、イスミ（夷隅）、アズミノ
東日本では、ツチキ（栃木）、ツチウラ、ツチサワ、ツチハタ、ムツ（陸奥）
西日本では、ウツチ、アツチ、ツチイ、ミツチ

根拠③
列島の他の古族の「ア族」「イ族」「ウ族」「ヤ族」「カ（火・ホ）族」などと婚姻により部族融合していて、後代、アヅミ、イズミ、ウツミ、ヤツ、ホヅミ等の部族が発生・発展しており、かなり古い部族であることを示している。

根拠④
北の「ア族」は、南下してツミ族と合流し、九州で「アズミ族」を形成している。日本海沿岸には、日本海湖時代より交流の痕跡（漆文化や耳飾りなど）がある。

根拠⑤
「香取神宮神譜」では、オオヤマヅミとカグツチは、同系として記載されており、「ツチ」名は、同系族を示している可能性が高い。

根拠⑥
当初、日本海側にいた「ツミ族」は、列島の脊梁山脈を横断して、太平洋側に移動している。福島では、阿賀野川沿いに新潟県境〜会津盆地〜福島平野間に「大山積神社」が連続分布して連なっている。また、姫川〜長野県松本〜諏訪〜八ヶ岳〜三島にも安曇や大山積の痕跡があり、移動や活動が想定される。三島には「大山積神社」がある。
同系「ツチ族」は、淡水湖を目指して移動している。「ツチ族」は、「ウツチ」（宇土）（有明海湖）「アツチ」（安土）（琵琶湖）「ツチウラ」（霞ヶ浦）「ツチハタ」（北上川湖）などの「ツチ」地名を残している。
『記紀』等の系譜で、オオヤマヅミの娘は、スサノオやニニギに嫁しており、列島の主族と結び付

いていて、これまた古い系譜に属している。駿東では、「木花咲耶姫（アダカアシツヒメ）」が「ホ族」のニニギと婚姻している。「ツチ」名では、稲田姫の両親が「アシナヅチ、テヅナッチ」であったし、木花咲耶姫の父は大山積神であるし、列島の根幹をなす部族に「ツミ族」が登場している。その血統を受け継ぐほど、古く尊厳のある部族だったのであろう。そのため、「タケミカヅチ」や「ハヤヒ族」も同系となったのであろう。

根拠⑦　列島のニギハヤヒ・ニニギの系譜やスサノオの系譜に大山積命が祖先神として存在しているのも、「ツミ族」がより古い部族であったことを示している。

土器分布圏（早期後半）によれば、この時期、列島では東西日本に共通した「押型文土器」が分布している。これを使用していたのは、列島に一様に分布していた「ツミ族」の可能性が強い。この時期は、八五〇〇年前頃に相当し、全国で確認される「ヒエ、ソバ、リョクトウ」などの出土時期と対応している。

根拠⑧　「縄文の思想」の瀬川拓郎氏は、ワダツミ族は日本海沿岸を行き来する「海民」だと位置付け、沿岸の頻繁な移動の存在を主張している。とすると、地名の根拠は、「海民」による可能性が高いものとの理由が成り立つ。

確かに、日本海湖時代から、日本海沿岸の往来は通常のことであり、ワダツミ族が、古い部族だとすれば、その伝統を海民として継承していたとの推定も成立する。「ツミ族」は、日本海沿岸で活動した。日本海沿いの「霊山」の羽黒山には、「ワダツミ族」の豊玉彦の二女　シナトリシマ姫（伯禽洲姫）の玉依姫が、鳥海山には、豊玉彦の長女　豊玉姫がそれぞれ祭られている。

第四章

栽培農耕開始・女系社会の形成（前期）

八五〇〇〜六〇〇〇年前

6.000 年前　　松崎遺跡（京都丹波・網野町）イモの珠芽、トチ・クルミ・オニバス・エゴマ
タイ・ヒラメ・フグ・スズキ・クエ・ハタ魚骨（日本海魚類）出土
（前期～中期）　崎山貝塚（宮古市）集落跡、開穿式銛頭出土（北からの南下技術伝播）
クジラ骨・魚・獣骨、骨角器、釣り針、人骨出土
6,000 年前　　縄文海進ピークに達する　瀬戸内海の部族　移動退避
瀬戸内海貫流　水没と海流発生　「縄文海進」最大期
関東で＋３ｍ　海岸線は群馬・藤岡まで　古東京湾拡大
関東では、照葉樹・落葉広葉樹混在　ムクノキ、エノキ、ナラ
6,000 ～5,000 年前　黒浜貝塚（埼玉・蓮田市）大宮台地の貝塚を伴う集落　貝塚10 ヶ所
馬蹄形（50 m×40 m）中央広場のある集落　住居跡31 棟、土坑40 基
クリ・クルミを植林管理　黒浜式土器（爪形文、羽状縄文）
近接の宿上遺跡から、カキ養殖を示すカキ殻付硬砂岩の塊出土
6.000 年前　　（大汶口文化）刻文付磨製石斧出土（山形）
6,000 年前（前期中葉）　新田遺跡（福島県新地町）集落遺跡、竪穴建物8 棟、土坑、
多数の土器、磨石、石斧、石匙、石鏃、土偶、ミニチュア土器
（前期中葉）　水子貝塚（埼玉・富士見市）径160 ｍの環状貝塚、60 棟の住居跡
汽水性～海棲の貝類、イノシシ、シカ、タヌキ、コイ
甲信、東北南部、東関東の土器片　石鏃、磨製石斧、石皿、磨石
貝輪、猪・犬・サメ牙垂飾り、玦状耳飾り　屈葬人骨、犬の骨出土
（前期後半）　上ノ山遺跡（秋田・協和町）大木式土器分布圏　　南の住民「イ族」か
竪穴住居64 棟、土坑135 基、土器埋設遺構6 基、配石遺構3 基
配石遺構のある中央広場に放射状に長軸を合わせた大型住居が環状分布
中央部遺構群の外に広場を共有する別の2 つの住居遺構群が隣接分布
5,800 年前（前期）　押出遺跡（山形県高畠町）　泥炭湿地帯の集落遺跡
盛土から土器、石器、木製品、漆製品、繊維製品、クッキー出土
前期で赤・黒色で彩色された漆塗り土器　全体に漆を塗った土器完成品
漆塗り壺形土器（上から見ると四角形）文様は関東系で地域間交流示す
メノウ製玦状耳飾り　有舌尖頭器
「転ばし根太」（丸太を基礎にした盛土遺構　沈下防止）技術出土
5500 年前　　十和田火山噴火（八戸火砕流）「ア族」の一部移動
5500 年前　　池田湖火山噴火（鹿児島）
5,500 年前　　はぬきだて遺跡（波怒棄館遺跡）（気仙沼市）マグロの解体遺跡
大量のマグロの骨出土（遠洋漁業）　３ ヶ所の貝塚
土器、石器、石製品、骨角製品　垂飾り、玦状耳飾り
5,500 年前　　中里貝塚（東京都）　浅海や河口で「網漁業」の発達　土器片錘出土
ハマグリ、アサリ、マガキ、シオフキ、ヤマトシジミ、スズキ、クロダイなど
ツキノワクマ、カモシカ、ニホンシカ、イノシシ、ノウサギ、タヌキななど
貝層厚さ4 ｍ以上、6 ｍ×0.7ｍ の丸木舟出土　干貝製作遺跡
（前期末～中期初頭）　嘉倉遺跡（宮城・築館町）大型住居の点在する大規模「環状集落」
竪穴住居80 棟以上、掘立柱建物30 棟以上、貯蔵穴100 基以上
長さ10 ～18m の大型住居10 棟以上、柱径80cm 高床式構造の可能性
土器・石器・土偶・玦状耳飾り
「ツキ（館）」・「イヅ（沼）」近く、「イツノミタマ」根拠地か
（前期末）　杉沢台遺跡（能代市）円筒下層（c ～d）式土器分布圏　北の住民「ア族」
竪穴住居44 棟、貯蔵穴103 基、土坑など遺構、土器・石器出土
中央広場に対峙して、2 群の大型住居1 棟を囲む住居群が配置
5,500 年前（前期末～中期初頭）　真脇遺跡　300 頭のイルカの骨出土
（前期末）　石狩紅葉山49 号遺跡　発寒川にサケの誘導施設　簀だて状杭配列
定置漁具「エリ」の一種、タモ、たいまつ、舟形容器など出土
5,500 ～4,500 年前　大谷貝塚（茨城・美浦村）霞ヶ浦の斜面貝層
5,500 年前　アサリ主体、マイワシ　植房式土器、人骨出土
4,500 年前（中期）　網漁（マイワシ）土器片錘1,231 点　出土
5,500 ～4,500 年前　近傍の綾織新田遺跡（遠野市）に環状が不明瞭な集落（5,500 年前）
大清水上遺跡（奥州市）大規模完全な環状集落　胆沢扇状地
径20 ｍの広場を中心に62 棟の住居跡　大木5 式土器、石器
大型住居（14m ×21m）が放射状に分布　燕尾形石製品
玦状耳飾り、土製玉150 点、12cm の尖頭器、10cm の磨製石斧
頁岩製石鏃、石錘、石匙など出土
西田遺跡（岩手・志波町）代表的な環状集落、墓地、土坑群（4,500 年前）

〔この期のイベント〕栽培農耕開始　女系社会の形成　前 期

8,500 年前　植生の変化も停まり、東日本は落葉広葉樹林帯となる（花粉分析による）
「ツミ族」移動で列島内が活性化し、部族合流進む
8,500 年前　気候が安定し、食料栽培が活発化する
8,500 ～5,000 年前　ソバ・ヒエ・マメ・リョクトウ　畑作民の存在
8,500 ～5,000 年前　鳥浜遺跡　丸木舟多数出土
8,000 ～4,500 年前　入江内湖遺跡（米原市）琵琶湖岸、丸木舟（前期2, 中期3）
土器、石器、漆製椀、釣り針、マグロ骨　低湿地遺跡
8,000 年前　東日本　ヒエ栽培の痕跡
8,000 年前　東名遺跡　古いダイズの圧痕出土　竹かご等出土
（8000 年前）（早期～前期）（興隆窪文化）玉文化の伝播（？）
7,500 年前　雷下遺跡（市川市）　最古の丸木舟出土
7,500 年前　上野原遺跡（早期後葉）大型集落形成　煙道付集石炉　出土
（前期）　横尾遺跡（大分市）アカホヤ火山灰の下から水場遺跡、
つる状のかごの中から黒曜石塊（姫島産）69 個
7,300 年前　鬼界カルデラ火山噴火（較正年代）　西日本勢力の大移動「サ族」「シ族」
7,200 年前　ダイズ・アズキの本格的栽培　メジャーフード確保
（　　）　女性の役割が拡大し、「女系社会」が形成される
（　　）　生活の維持技術をほぼ達成する　動植物の習性を把握し、栽培技術、植林と採取、
狩猟技術向上（落し穴、誘導施設、弓矢など）編物技術、漆製造技術
農作民に、「二音語」発生・隆盛
（7,000 年前）　北方から「平底土器文化」流入　摩周カルデラ火山噴火　道東勢力移動
7,000 年前　東名遺跡　鬼界カルデラ火山噴火以前となっていて年代に誤差
大規模貝塚、木の実貯蔵穴130 基出土　塞ノ神式土器　蒸焼集石炉、墓地
大量の編む籠（かご）400 点以上（網代編み、六ッ目編み、もじり編み）
取手付皿、木製品（皿、柄杓、鉢状容器）、木製椀、シカ角製装飾品
6,800 ～2,500 年前　伊礼原遺跡（沖縄・北谷町）4,000 年の長期集落、近傍に湧水
南島爪形文土器（6,800 年前）　曽畑式土器（5,500 ～5,000 年前）出土
櫛・柄・ザル、石斧・石皿・磨石　イノシシ、イルカ、ジュゴン骨製品
6,800 年前　里浜遺跡(宮城）スズキ、マダイ、クロダイ、マグロ、フグ、アイナメ、ブリ、メバル
大型貝塚　イワシ、ウナギ、サバ、アナゴ、アジ、　外洋・内湾性を含む
スガイ、クボカイ、アサリ、ハマグリ、オオノカイ、カサゴ、カニ、ウニ、カモ、ウミウ、シカ、イノシシ、ガン　クリ、トチ、クルミ
6,500 年前　十和田火山大噴火（中掫火山灰）　東部地域壊滅　住民移動
6,500 年前頃　玦状耳飾り早期末～前期に隆盛　（中国では7,000 ～4,000 年前）
（前期前半～中頃）　新田Ⅱ遺跡（遠野市）環状～馬蹄形の20 棟の住居跡
14m の大型住居含む、堅果類の協同処理場、貯蔵穴・石剣・石棒
46 点の玦状耳飾り、牙状装飾品出土
6,500 ～5,500 年前　小竹貝塚（富山）　住居域、生産加工域を持つ定住型集落
呉羽丘陵と射水平野の接点　汽水の潟湖に沿う
墓域（埋葬91 体人骨、青年多し、顔つき・食生活様々・交流示す）
（男性が石斧・刺突葬具、女性は玦状耳飾り・垂飾りなど副葬）
21 体の埋葬イヌ骨も出土、成体多し、猟犬？　木製品。骨角器伴う
土器　近畿・関東・東北からの搬入品含む　漆塗り土器も出土
太平洋岸の琥珀、長野・岐阜・新潟の石材ヒスイ、オオツタノハ貝輪出土
（前期）　伝福寺裏遺跡、吉井貝塚（横須賀市）丸木舟、鹿角製釣り針、ヤス
マダイ、スズキ、イノシシ、シカ　　鵜ヶ島台遺跡（三浦市）多量の石鏃
（前期中葉）　羽尾貝塚（小田原市）外洋性漁労活動（イルカ、カツオ、メカジキ漁）
シカ・イノシシ獣骨、黒漆塗樺巻弓、クリ・クルミ・ヒシ殻出土
関西系深鉢土器、片口土器出土、クマ・犬の牙玉、赤黒漆塗製品
6,500 ～4,500 年前　三内丸山遺跡　計画・管理集落の出現　2,000 年の長期存続集落
大型掘立柱建物（径1.0m のクリ柱6 本）掘立柱建物3 棟
クリの植林管理　ヒョウタン、エゴマ、ゴボウ、サケなど
6,400 年前　鬼界カルデラ火山噴火（放射性年代）　西日本勢力（主に「サ族」「シ族」）の大移動
（　　）　東日本（中部・東海・関東）に「サ」「シ」地名の分布、部族交流が進む
移動は、北西九州、南西諸島、半島南部にも及ぶ（九州系土器の移動）
（　　）　北陸に「ナカ族」移動　北九州→新潟

この期は、八五〇〇～六〇〇〇年前の期間を記載する。この時期は、日本海形成による気候変化が安定して植生変化が終息し、植物栽培が定常化する時期から、七三〇〇年前の鬼界カルデラ火山の噴火や六〇〇〇年前の縄文海進の最盛期までを含む期間となる。

植物栽培が定常化し、定住化が促進されると、集落の実権は女性に移行し、生産管理を担うこととなる。生物的に長く健康を保持できる女性は、集落の食糧、栽培、維持を主体的に担当するとともに、中には経験の豊富さから所属部族を統率する者も現われ始めたと推察する。女系社会の誕生である。

1　自然環境とその変化

この時期（八五〇〇～六〇〇〇年前）には、日本海の形成に伴う「気候変化」も落ち着き、生態系が安定したと推察される。新しい環境は、堅果類を増産し、人集団に食料を提供する。また、人集団は、自然への働きかけである各種植物の栽培に挑戦し、七三〇〇年前には、メジャーフードになり得るマメ類の栽培に成功し、全国的に安定した生活をするようになる。（ダイズ農耕は、華北のコムギ・キビ農耕、華南のコメ農耕に、対照できる農耕と考える）

しかし、後半には、十和田火山大噴火、鬼界カルデラ火山大噴火があり、周辺住民や西日本の住民は、壊滅あるいは各所に退避して、再度、生活再建を余儀なくされる。この過程で、国内の人集団の移動は流動的となり、東西日本の各部族の合流や合体が促進され、新たな歴史が始まる。

（1）海水準の上昇が停滞するこの時期は、日本海の水位上昇に伴う海流の隆盛で、沿岸の地形変化が加速され、新しい生態系が誕生し、生存環境が変化する。

・河川の河口の閉塞による湖沼形成、砂丘と後背湿地の形成
ここには、渡り鳥（カモ、ガン、ツル、白鳥）も飛来して鳥類や小動物が隆盛する。
また、かん水環境で魚類が生息して、浅海漁業も生まれる。

・河川土砂の移動による平野、砂浜、砂嘴の形成と離島の接合
（弥彦山地を併合した越後平野、志賀島を連結した博多湾、宮津湾の天橋立など）

・孤島は連結され半島を形成（男鹿半島、能登半島、島根半島、糸島半島など）

・流出土砂による砂丘・砂浜の形成（秋田海岸、越後海岸、加賀海岸、鳥取海岸、九十九里海岸・仙台海岸など）

・河川合流部からはサケが河川を遡上して食料を供給する。

・人集団が集結する「関東平野」の状況を鳥瞰しておこう。（図4―1参照）

関東平野を、多くの火山を含む山地が取り囲み、狩り場を作り、前面には丘陵地が発達して小動物が隆盛し、海浜に近い段丘の上には人集団の集落が集中して、貝塚を作り始め、海と山の幸をふんだんに有する地域であり、河川沿いの低地も徐々に拡大していく。

平野を東西に横断して流れる利根川・荒川、北から合流する鬼怒川・小貝川を中心として、南には多摩川・相模川、東方には那珂川・久慈川が流れ、広大な平野と河口には後代、霞ケ浦・北浦・印旛沼など多くの湖沼となる湿地帯を作っている。

海岸沿いには、海流により海岸砂丘と九十九里浜などの海浜が形成され、浅海漁業の隆盛を促している。

関東平野は、この当時、最高の生活環境を提供する地域の一つであったことは明白であり、人集団が徐々に集結していくのである。

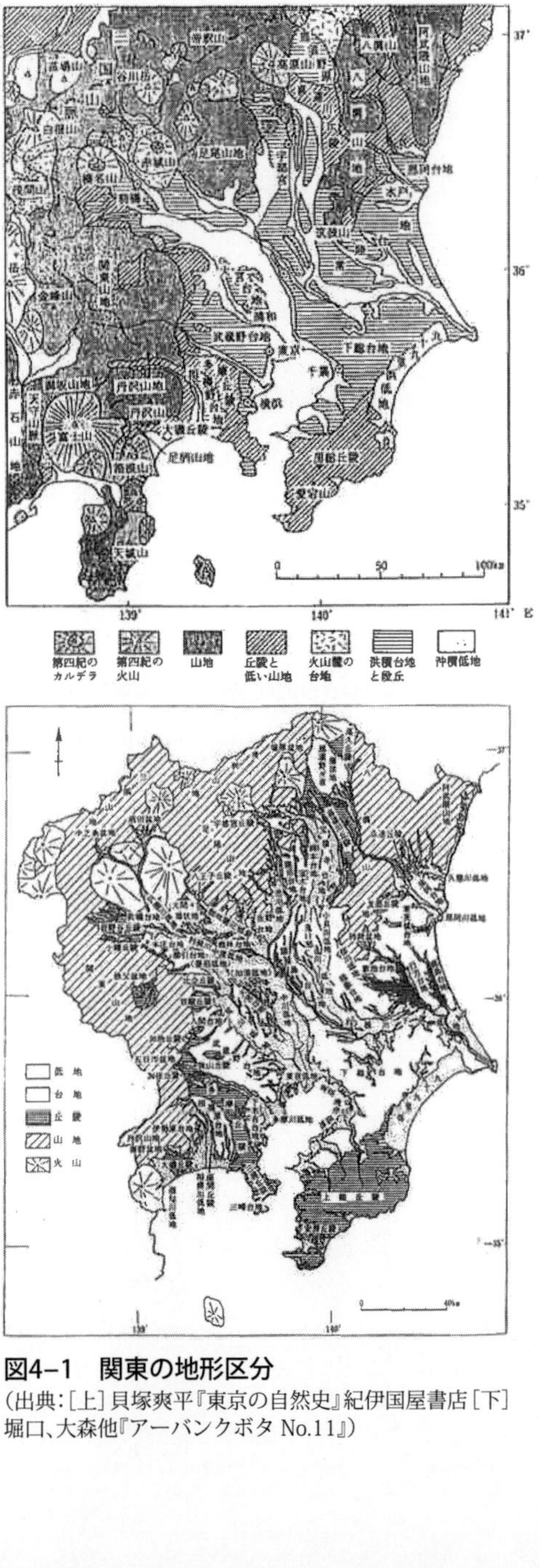

図4–1　関東の地形区分
（出典：［上］貝塚爽平『東京の自然史』紀伊国屋書店［下］堀口、大森他『アーバンクボタ No.11』）

（2）早期の貝塚なども水没して瀬戸内海が貫流し、海流が発生。（図4－2上図参照）

- 干満の潮流の変動も激しく、関門海峡、鳴門海峡で急流が発生。漁場を形成。
- 前代まで形成された「備後灘汽水湖（燧灘）」や「播磨灘汽水湖」など水没
- 豊後川、紀淡川は、上流部の旧河道を残して、大部分が水没する。

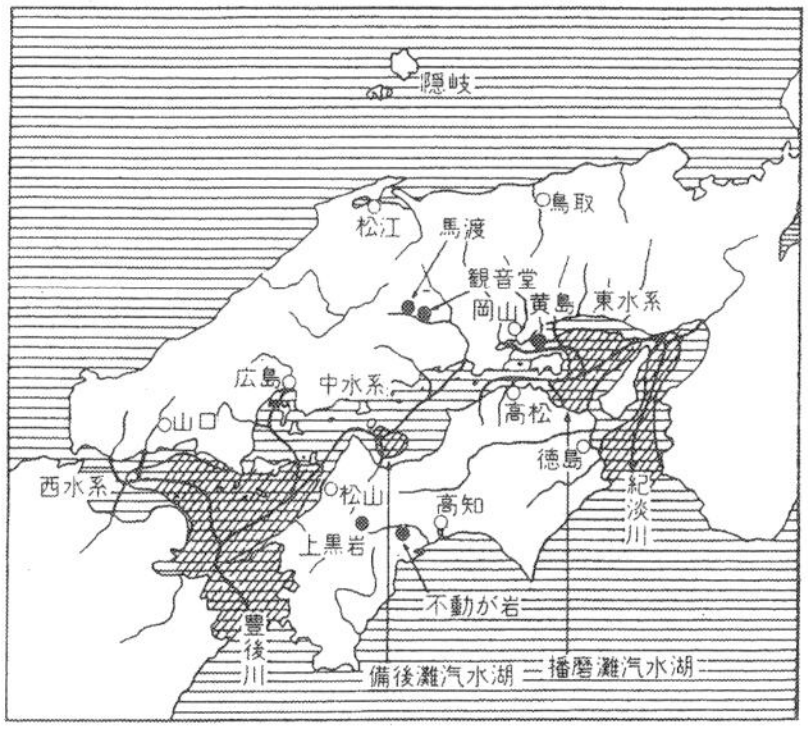

後氷期はじめの瀬戸内海
（出典：渡辺誠『縄文時代の知識』東京美術）

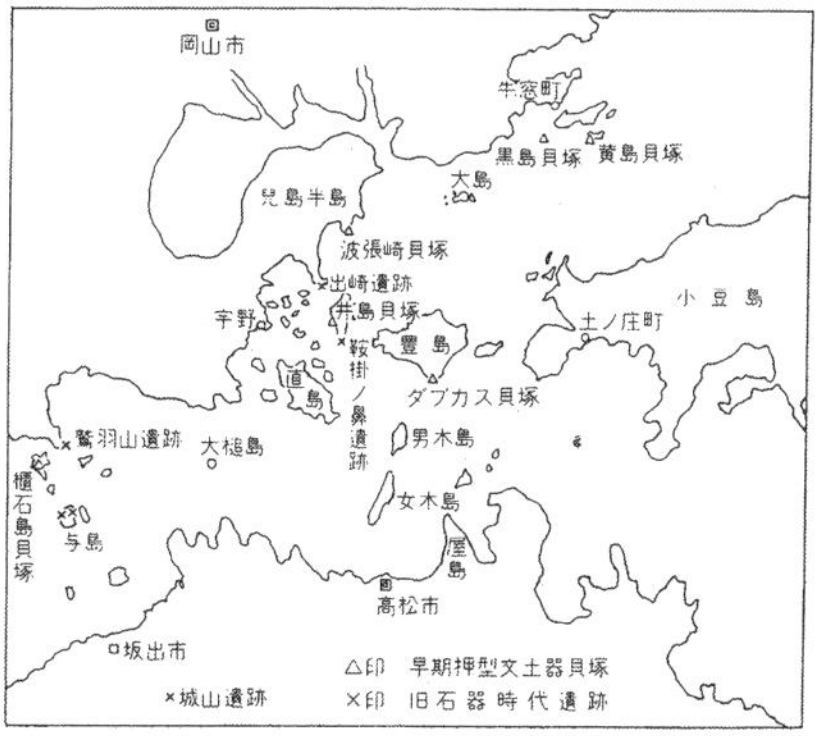

瀬戸内海の貝塚分布（江坂1965より）
（出典：渡辺誠『縄文時代の知識』東京美術）

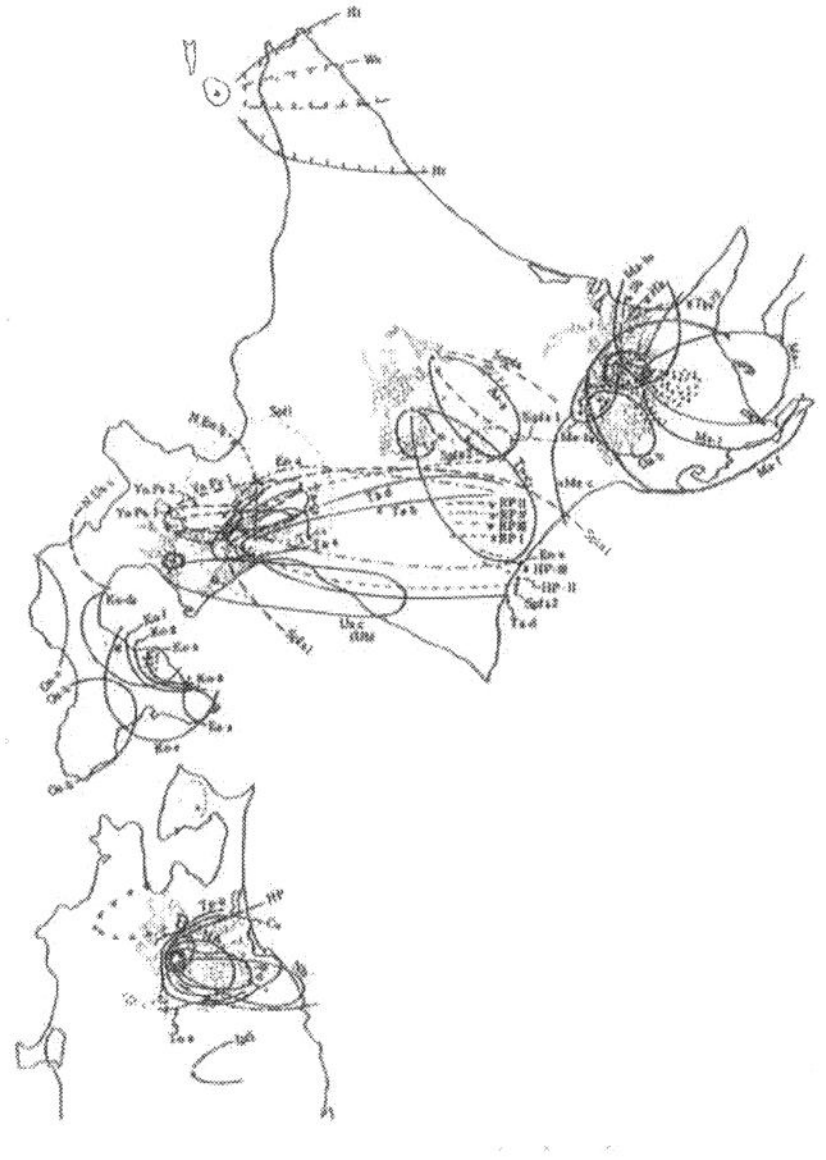

十和田・北海道の火山
（出典：日本第四紀学会「日本火山地図」）

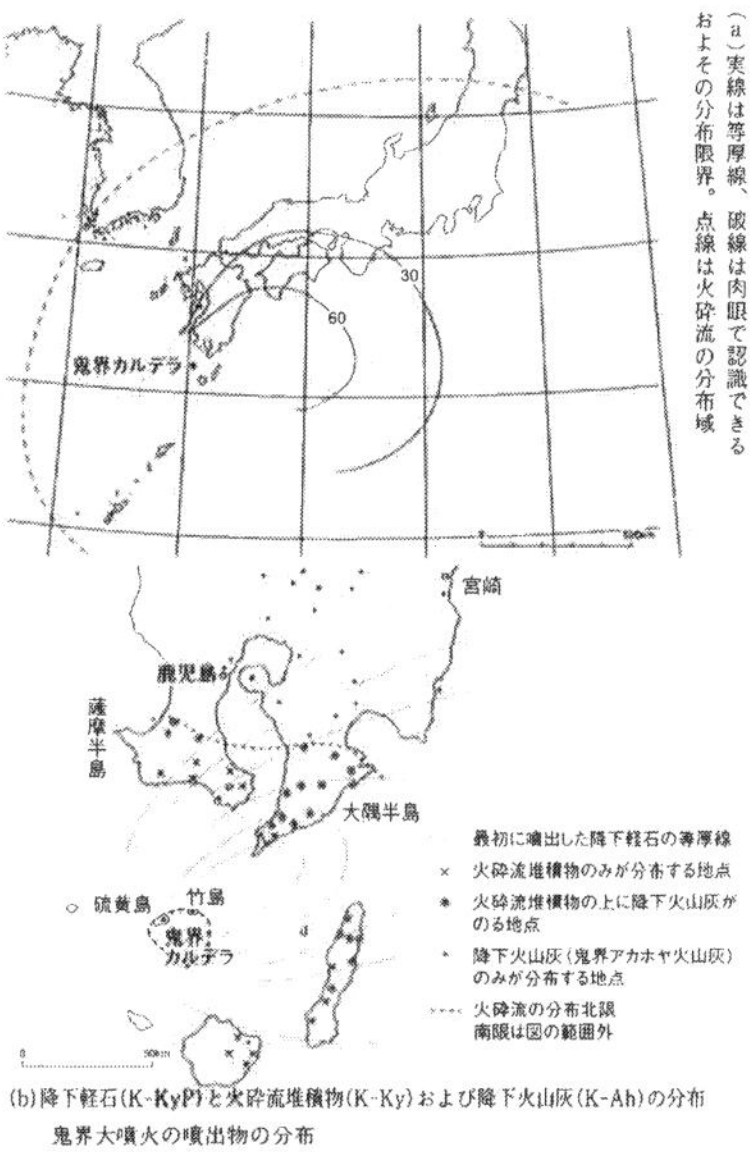

鬼界カルデラ火山の噴火物の分布
（出典：町田洋他『写真で見る火山の自然史』東京大学出版会）

図4‒2　瀬戸内海の形成と主な火山噴火

(3)中頃~後半には、鬼界カルデラ火山大噴火、十和田火山大噴火があり、大量の火砕流堆積物、火山灰が噴火口の北東~東側に堆積する。(図4－2下図参照)

・鬼界カルデラ火山大噴火では、火山灰は、朝鮮半島南部や猪苗代湖までも降灰し、西日本地域は二〇cm以上に及び、南東九州は壊滅したと言われている。九州南方の海域に火口を有し、噴火後水没し、硫黄島などわずかに外輪山が残る。火砕流は薩摩半島や大隅半島ほか、東の種子島、屋久島にも分布し、その巨大さを示している。

・十和田火山大噴火では、東部にある八戸地域が火砕流で壊滅している。一三〇〇〇～一〇〇〇〇年前(カルデラ噴火)、八六〇〇年前、五五〇〇年前(中岳噴火)と三回の大噴火がある。

一七〇〇〇年前　大山火山噴火
一一五〇〇年前　薩摩火山噴火
一〇〇〇〇年前　十和田カルデラ火山噴火
九五〇〇年前　桜島火山噴火
八六〇〇年前　十和田カルデラ火山噴火
七五〇〇年前　早期中葉~後葉　集落跡(上野原遺跡)
七三〇〇年前　鬼界カルデラ火山噴火(較正年代)
七〇〇〇年前　摩周カルデラ火山(北海道)噴火
六四〇〇年前　鬼界カルデラ噴火　(早期~前期)(放射性年代)
五五〇〇年前　池田湖火山噴火
五五〇〇年前　十和田火山(中岳)噴火
五〇〇〇年前　沼沢カルデラ火山(福島)噴火
四〇〇〇年前　開聞岳噴火
四〇〇〇年前　三瓶山火山噴火(遺跡の埋没、火砕流による森林埋没)

2　自然変化への対応

2．1　各地の考古学的状況

(1) 前期の考古学的指摘事項

前期に考古学的に指摘されている人集団の活動の状況は、以下のとおりである。

様々な技術が誕生し、後代に拡大・発展している。

① 畑作の本格的活動　ソバ・ヒエ・リョクトウ栽培開始

ダイズ等栽培の開始　八五〇〇~五〇〇〇年前ダイズ・アズキ栽培メジャーフード形成

西関東から東北に拡大、やがて西日本に及ぶ

六〇〇〇年前　イモの珠芽出土（松崎遺跡）

管理植林栽培　クリ・クルミなど（三内丸山遺跡）

栽培に必要な技術　季節把握の「ヒヨミ」「ツキヨミ」技術の発生

農耕作業語「二音語」の隆盛

② 内湾漁業から沿岸漁業へ　外洋性漁業　丸木舟の出土　七五〇〇年前（鳥浜、市川の遺跡）

六八〇〇年前（里浜遺跡）六五〇〇年前（前期中葉）（羽尾遺跡）

五五〇〇年前（はぬきだて遺跡）

網漁業　五五〇〇年前（中里遺跡）四五〇〇年前（大谷貝塚）

カキ養殖　五〇〇〇年前　埼玉・宿上遺跡　塊状の硬砂岩に着装
日本海漁業　八五〇〇年前（鳥浜遺跡）六〇〇〇年前（松崎遺跡）
五五〇〇年前（真脇遺跡）
③玦状耳飾りの隆盛　（早期末～前期）　女系社会の形成
④カゴ編み物技術成熟　七〇〇〇年前　網状編み、六ッ目編みなど三種（東名遺跡）
⑤環状～馬蹄形集落の発生　（前半～）環状や馬蹄形の集落、
同系氏族から部族への発展　技術の共有化
⑥大型住居の形成　共同作業所、集会所から「ミタマ」「ヌシ」の館への発展
（前期末）大規模集落出現（嘉倉遺跡）一四ｍの大型住居
⑦交流の活性化　コハク、ヒスイ、石材、貝輪などの流通
⑧日本海側の漁業の本格化　様々な魚類骨出土　日本海漁業（松崎遺跡）
⑨共同作業の存在　生産加工域を持つ定住集落（小竹貝塚）
⑩計画管理集落の登場　六五〇〇～四五〇〇年前　三内丸山遺跡ほか
生活域、作業場、広場、墓場、廃棄物処理場などの計画的配置
⑪転ばし丸太盛り土　土木技術（沈下・土留め技術）の使用（山形・押出遺跡）
⑫猟犬・家畜化の進行　六五〇〇～五五〇〇年前　二一頭の埋葬犬（小竹遺跡）

（2）各地の考古学的状況

（山形県の状況）　六〇〇〇～五〇〇〇年前　温暖化で人口増加

・ロングハウス、連房式竪穴　一の坂（米沢市）遺跡
「両尖匕首」石器　出土　関東北部にも分布　一万個の石器屑
・「彩漆土器（太鼓）」　押出（高畠町）遺跡
「クッキー」（栗とドングリの粉に肉、卵、岩塩入りで、発酵させている）
・広場を囲む「馬蹄形集落」　庚申町（大石田町）遺跡
炉のある長方形の竪穴住居
三つの層の文化相から丸底（煮沸用）土器から平底（保存用）土器への変化確認
・「巨大な住居」の出土（五〇～六〇人規模）　小林A（東根市）遺跡

（静岡県・小田原市）

前期中葉の「羽尾貝塚」から、木製品、魚骨類、土器が出土している。

魚骨類は、イルカ、カツオ、メカジキ、イシハギなど外洋性魚類が多く、櫂や釣り針も出土している。獣骨は、シカ、イノシシなど夥しく、黒漆塗り樺巻きの弓、ツキノワクマや犬の牙玉があり、堅果類のクリ、クルミ、ヒシの殻やミズキの実など大量に出土。石皿、敲石、磨石、刺突具、ヘアピン、垂飾類など出土。

土器は、前期関山Ⅰ式～諸磯ａ式の間の土器。関山Ⅱ式（貝塚形成期）、黒浜式（泥炭質遺物包含層）土器。関西系深鉢土器、片口土器、赤黒漆塗りの櫛など出土。

この遺跡では、外洋性漁業の存在と関西系人集団との交流や移動を指摘できる

（宮城県・築館町）

「嘉倉遺跡」では、前期後葉～中期前葉の「大型住宅の点在する大規模環状集落」が伊豆沼の北西の丘陵で発掘されている。竪穴住居八〇棟以上、掘立柱建物三〇棟以上、貯蔵土坑一〇〇基以上発掘し、土器、石

器、耳飾り、石剣、深鉢などが出土している。大型住居は、長さ一〇〜一八mの建物一〇棟以上、高床式の構造を有している。集落は、環状で中央広場を取り囲む形で住居が配置されている。

「ツキ(館)」「イヅ(沼)」などの関連地名があること、後代の「イワイ族」の領域に存在していることから、「イツノミタマ」を奉じる「イツ族」の集落と推定される。東方の「とめ(登米)」↓「ツミ」に連なっていると推定される。

(宮崎県) 前期に遺跡数が一七二ヶ所↓一六ヶ所に激減

七三〇〇年前 鬼界カルデラ火山噴火で住民避難の結果か?

轟B式土器が、中国・四国地方まで拡散している(柿川第一遺跡・小林市)

曽畑式土器が、南西諸島や半島南部で出土している(噴火の影響の可能性が大)

前期後半に遺跡数が八六ヶ所に回復している

後半に定住のための住居も出土(三角堀遺跡など)

前期末に、瀬戸内系の大歳山式土器が逆に流入している(退避住民の帰還)

2.2 自然変化への対応

(1)生態系の安定した新環境の下で、堅果植物(クリ、クルミ、トチ、ドングリなど)が隆盛し、食料確保が安定化する。

「農耕の出現地と利用堅果類の分布図」(図4-3上右図参照)によると、列島は東日本がクリ・トチを、西日本がドングリ(カシ)を利用しているとされているが、寺沢薫氏の「穀物の痕跡」によれば(同上左図)、ソバ・

ヒエ・リョクトウが津軽海峡付近で、マメが西関東で、ソバが富山で、リョクトウが鳥浜付近で出土しているとされていて、早期～前期に採集のほか、畑作開始の可能性が指摘されている。

京都・松崎遺跡では、「イモ」の珠芽（ムカゴ）、エゴマ、オニバスなど出土して、「イモ」の食料化が明らかとなり、また、西日本中心のトチ・ドングリの食料化には、「水さらし」「粉化」技術などが付随している。

（２）植物（ダイズ）栽培が始まり、食料確保がさらに容易となる。

・小畑弘己氏は、「マメ類・ウルシの栽培」の開始を指摘し、すでに畑作民の存在が明確だと伝えている（図４－３下図参照）。
小畑弘己氏は、『タネをまく縄文人』において、日本における農耕化の段階を五期に区分し、その「Ⅲａ期」として、七三〇〇～五五〇〇年前（縄文時代前期）を「マメ類・ウルシの栽培開始期」と位置付け、中部高地や西関東地域を中心として、堅果類以外で長期貯蔵可能なデンプン源であるアズキやダイズ（メジャーフードとして利用可能）が栽培されるようになり、集落の安定化や人口増加など社会的変化に影響をあたえたとしている。

これまで、大陸の採集社会と同様に、列島の状況が理解されてきたが、アズキやダイズをメジャーフードとして利用することで、「ダイズ農耕」として大陸の農耕に対比できるのではあるまいか。

（３）栽培に不可欠な「ヒヨミ」「ツキヨミ」技術が開発・伝播する。

前期における「ダイズ・アズキの栽培」の開始には、植物の習性を把握するために、水田稲作以前に、すでに「ヒヨミ」「ツキヨミ」が普遍的に実施され、種まき、作付け、管理、収穫などの作業日程が実行できるようなっていたと推察される。

狩猟民は、狩猟対象である動物の習性（食べ物、住処、移動経路、移動季節、巣ごもり、子育てなど）を把握しておく必要があり、漁労民も魚群の習性に加えて、日・月の移動経路、干満や海流の変化、回遊魚の動きのほか、自分の船の居場所などを天体（星）や高山を使用して正確に把握しておく必要があったと思われる。

これらの理解の上に、栽培農耕のための植生把握や季節変化の把握などは、当然の知識であり、基本的に必要事項であった。このため、人々は、経験的に太陽の移動を読み（ヒヨミ）、月の満欠を見て（ツキヨミ）、時間、日、月、年変化を慣習的に把握していた可能性がある。

とすると、その成立は、栽培農耕の開始とほぼ一致した時代であり、この前期ではなかろうか。後代の水田耕作の時代まで繰り下がる必要はないと考える。水田稲作の全国への急激な拡大の早さを見るとき、その土台は、すでに縄文時代前期に用意されていたと見るべきではなかろうか。

『記紀』の記述でアマテラス（太陽）、ツキヨミ（月）、スサノオ（海）の主宰が語られる時、これらの自然の時間経過の把握が縄文時代にはすでに確立していたと確認できるのである。

『秋田県の歴史』（山川出版社）によれば、後期の秋田の環状列石（ストーンサークル）の配置から、夏至や冬至はすでに熟知されており、その認識の発生は縄文前期まで遡る可能性があると指摘されている。また、晩期前半の拍子所貝塚（能代市）から出土した八体の人骨の頭位は西向きが多く、その方向は冬至と夏至に太陽が沈む範囲の中に納まると指摘されている。

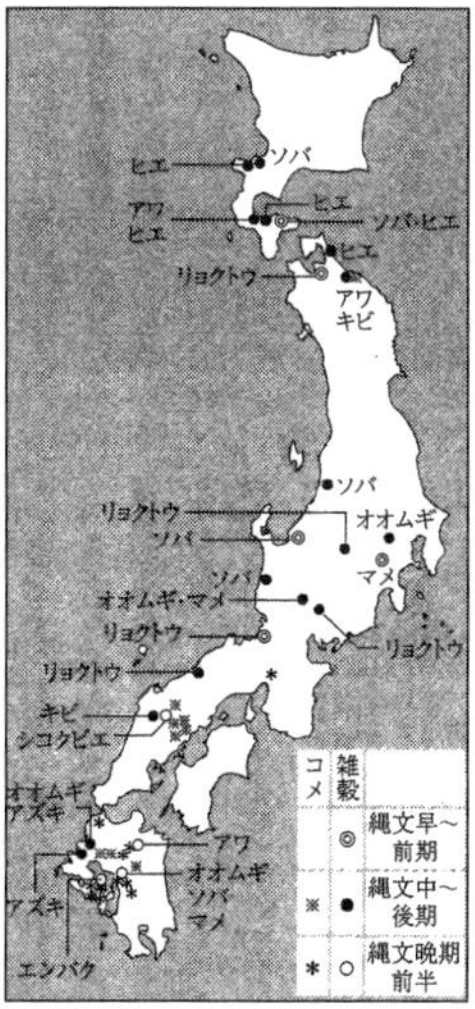

[左図]**列島の農耕**（出典：寺澤薫『王権誕生』講談社）晩期前半以前の穀物の痕跡。縄文中期～後期に東北、関東にソバ・ムギなど穀物畑作が伝来してきている。[右図] **採取農耕**（出典：御所野縄文博物館『世界から見た北の縄文』新泉社）農耕の出現地と利用堅果類の分布

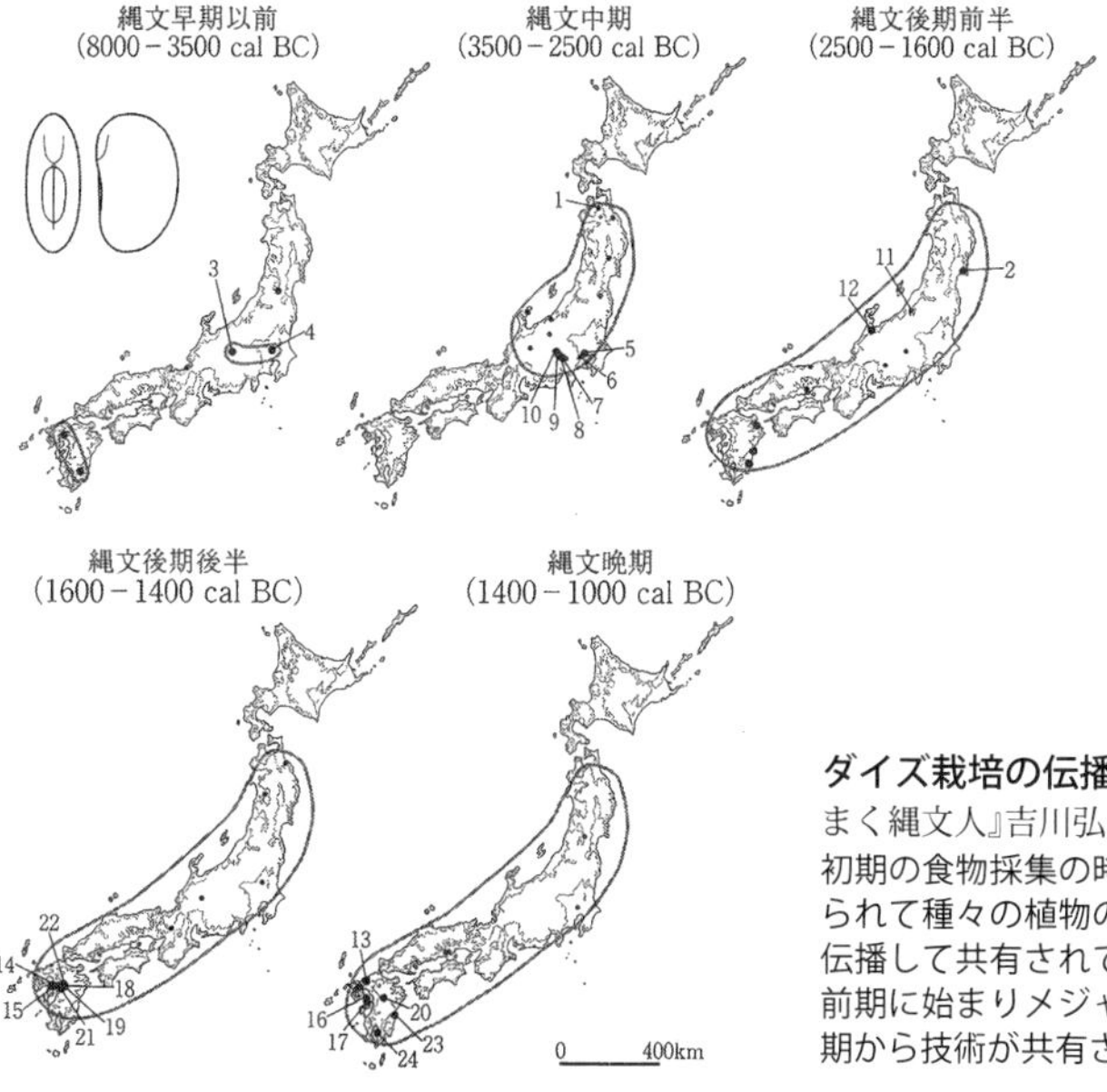

ダイズ栽培の伝播（出典：小畑弘己『タネをまく縄文人』吉川弘文館）
初期の食物採集の時代から穀物の痕跡が見られて種々の植物の栽培が始まり、各地に伝播して共有されている。栽培は早期末～前期に始まりメジャーフードのダイズは中期から技術が共有されていく。

図4–3　農耕の始まりと伝播

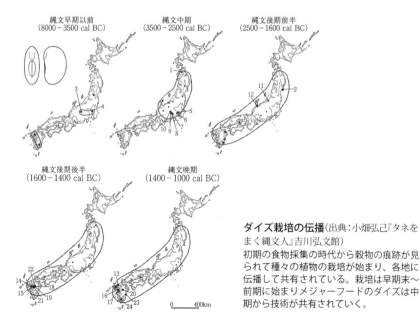

（4）栽培の発生への神話からの検討。

吉田敦彦・古川のり子（『日本の神話伝説』　青土社　一九九六）によれば、列島の五穀などの食物の発生神話として、オオゲツヒメ（『古事記』）やウケモチ（『日本書紀』）の神話を挙げている。両女神は、スサノオやツキヨミを身体から食物を出して歓待しようとするが、汚いと言って殺されてしまう。その死体からオオゲツヒメは（カイコ、稲、粟、小豆、麦、大豆）を、ウケモチは（五穀、カイコ、ウシ、ウマ）が発生したとして「食物の発生起源」を示したものとしている。また、中期に破壊されてよく出土する女性の土偶は、ほとんどが一体に修復されるものはないことと結びつけ、土偶は女神となったオオゲツヒメやウケモチであり、破壊して豊穣を祈ったとして「儀式（信仰）の発生」も指摘している。

同様な神話は、東南アジアにもあり、初源的な神話は南方から伝播し、後代、粉飾されたと推定されるが、中期の信仰の発生は、前期の食物栽培の発生を裏付ける根拠になり得るものと推察される。

また、オオゲツヒメは、阿波の古国名ともされていて、「アハ族」の神話と解されるが、「粟」の起源や、女系社会の到来とも関連している可能性もある。

（5）必要な領域の語彙が拡大する。

この時代（三母音時代）、活動に欠かせない「二音語が発生」し、人集団の合流・合体で語彙が増加する。

まず、狩猟対象や狩猟道具に二音名詞が発生し、狩猟民から漁労民に拡大し、さらに、畑作民への語彙が農耕道具類に及び始める。（言語学的根拠）。

狩猟民から畑作民への変化過程は、各種言語に現われていると推定される。それらは二音語として現われている。なぜ、多いのだろうか。それは、この時期に、精力的な技術の獲得を反映した結果と解することができる。

（狩猟民）

動物名　しか、きじ、がん、かも、つる、たか、とど、わに、さる、クマ、うし、うま、いぬ、ねこ、（とら）、（ぞう）、さぎ、とり、わし、はと、とび、むし、はち、はえ、せみ、てふ、へび

道　具　ゆみ、やり、わな、あみ、つり、さお、ふね、えさ、つな、すき、くわ、おの、のこ、きり、みの、かさ、かご、やな、つえ、

行　動　かり、ゆく、こぐ、おう、とぶ、とる、もつ、きく、する、にる、やく、むす、おく、いる

（海洋民に拡大か）

船舶用語　ふね、かい、とも、あみ、つな

自然関連　うみ、なみ、なぎ、はま、いそ

海産物　さけ、さば、ぶり、いか、たこ、のり、かい、たい、とど、さめ、わに、さけ、あゆ、ふな、えび、

動　詞　きる、かる、する、みる、いる、くる、のる、つく、つる、さす、きく、かく、すく、いく、うむ、しぬ、

（農耕民に展開）

栽培植物　むぎ、ひえ、あわ、こめ、ごま、まめ、ふき、いも

食　器　わん、さら、つぼ、さじ、はし、

果　樹　くり、しい、とち、かき、うめ、もも

樹　木　まつ、すぎ、しい、くり、くわ、たけ、ひば、くす

耕作道具　くわ、みの、（のこ）、おの、すき、かさ、ござ、うす、きね、

農作業　まく、かる、すく、とる、ほる、ほす、やく、にる、むす、いる、あぜ、うね、たび

自然関連　かぜ、あめ、きり、くも、そら、こち、はえ、やま、おね、たに、もり、かわ、はら、はる、なつ、あき、ふゆ、あさ、ひる、ばん

住家関連　やね、のき、かや、はり、むね、まき、あく、どま、つる　はか、

身体語　はら、むね、あし、ひざ、くち、しり、ひじ、こし、かた、うで、くび、つめ、ゆび、かみ、はな、みみ

活動語　くう、のむ、かぐ、かむ、はく、ふく、みる、もむ、きく、いう、ける、ゆく、くる、する、けす、とる、つく、いる、

これらは、三母音時代であり、後の五母音時代に（e、o）の加音があり、（i↓e、u↓o）の変換もあったと推定される。五母音時代や連結語の時代は、渡来民の到来以後と推定される。

この時期は、様々な生活技術が新たに誕生・発展している。食用植物の栽培に始まり、漁業の各種技術が拡大し、大幅な技術的充実期となっている。それらのソフト技術として、狩猟民の「動物の習性」把握の延長上に、「植物の習性」把握が発展し、堅果植物の集落近傍への植林や食用植物の栽培が本格化している。その根拠として、「二音語」（農耕作業語）の隆盛や「ヒヨミ」「ツキヨミ」の体得などを指摘することができる。その結果は、環状～馬蹄形集落や大型住居などを有する「管理集落」の成立や「女系社会」の形成として具現化されている。

3　人集団（縄文人）の動き

この時期の人集団の動きの最大のイベントは、「女系社会の形成」「部族の形成」と「東西日本の人集団の合流・合体」である。

3.1　女系社会の形成

（1）女性の活躍が始まる

この時期に「女性の活躍が始まった」と推察される。その根拠を以下に示す。

（根拠1）

植物栽培が定常化し、定住化が促進されると、集落の実権は、育児と生産管理を担うこととなる女性に移行した。生物的に丈夫で健康を保持して長生きできる女性は、集落の食糧、栽培、維持を主体的に担当し、中にはその経験の豊かさから所属部族を統率する者も現われ始めたと推察する。

（根拠2）

この時期、「玦状耳飾り」が隆盛していて、全国的規模である。渡来性の物もあろうが、日本海側を中心に国内での製作も行われたとされている。「玦状耳飾り」は、女性が使用したと推定されるので、女性への関心が高まった結果と推定する。

（根拠3）

後代、『記紀』には、各地で女性の首長の存在が明記されている。また、古代には女性天皇も多く即位しているので、この時期の伝統が継続しているものと推定する。神功皇后が熊襲の「タブラツヒメ」を討伐したのは有名な記載である。女性の首長の存在は、明確な事実である。

（根拠4）

『記紀』にはまた、「女軍」の存在も記載されている。女軍は近世まで王宮を守護する兵士として中東地域やタイなどで存在したと言われているが、何故か列島にも『記紀』に記載されて「女軍」の存在が明示されている。弓矢が主体の軍隊であれば、通常の兵士にも容易になり得ると考えられるのである。部族存続意識も高いと推定される。

（根拠5）

中妻遺跡（取手市）で、同一の土坑内に埋葬された縄文後期の一〇五体の人骨のうち、ミトコンドリアD

NAが抽出された二九体を分析したところ、うち半数の一七体が同一のパブロタイプIというDNA配列に属することが明らかになり、この集団が同一の母系を中心として構成されていたことが判明した。これは、母系社会の存在を示す重要な根拠の一つである。（勅使河原彰氏指摘）

（根拠6）

考古学的に見える女性の地位など

(1)女性時代の萌芽　　土偶のほとんどが女性像

(2)各種装飾品　　（耳飾り、クシ、玉珠類、勾玉など）の早期から出土

(3)「縄文のビーナス」　山形・山梨で洗練された女性像の出土

(4)女性が集落を統卒　食物の生産・保存・管理　経験の蓄積

(5)後代の女性の活躍（七章参照）

（2）玦状耳飾りの解明

女性の装飾品である「玦状耳飾り」は、この時代に一挙に全国で隆盛しているが、中期には急激に衰退している。その出土は早期末に始まり、出自は大陸江南の方がやや古いとされているが、出土数は列島の方が圧倒的に多い。

① 玦状耳飾りの存在

初頭期（八五〇〇年前頃）　耳飾りや玉文化が発生。大陸からの渡来か否か不明。

早期後半～前期（七〇〇〇～五〇〇〇年前）日本海形成後から縄文海進の前期まで日本海側で製作　この時期に、北海道～九州まで広域に全国各地に拡散

②列島内での分布と展開

・列島の最古出土は、北海道共栄B遺跡で、年代は約七〇〇〇年前とみられている。
・列島で定着的に出現するのは、早期末葉期になってからである。
（埼玉県富士見市打越遺跡、神奈川県海老名市の上浜田遺跡）
・早期末葉〜前期初頭から「玦状耳飾り」を製作する遺跡が現われる。
（能登半島〜富山県〜新潟県西部）（穴水町甲・小寺遺跡、上市町極楽寺遺跡、朝日町明石A遺跡、糸魚川市川倉遺跡）極楽寺遺跡、一〇〇〇点の未完成品、原石、剥片など　海浜的文化環境の中、「佐波・極楽寺式土器」の文化圏で成立。繊維を含んだ羽状縄文、突刺文、表裏貝殻条痕文などの特徴ある土器を伴う。
・早期末葉〜前期初頭から「玦状耳飾り」を製作する遺跡は、そのほか
（兵庫県関宮町ハチ高原遺跡で九点、福島県葛尾村廣谷地B遺跡で一五点）
・前期中葉〜後葉には姫川上流域の（大町市上原遺跡、松川村有明山社遺跡、白馬村舟山遺跡、美麻村女犬原遺跡）や姫川河口付近の糸魚川市や青海町に製作遺跡（大角地遺跡、岩野A遺跡、長者ヶ原遺跡）

③中国大陸での出土状況

・中国では、河姆渡（七〇〇〇年前〜）・馬家浜・良渚遺跡（五〇〇〇年前〜）に同形出土
・河姆渡遺跡調査（一九七三）の最下層（六七二五±一四〇年）から一一点の「玦」出土。
列島の早期末葉〜前期初頭より古く、アジアでも最古の「玦状耳飾り」である。
・紅山文化期（紅山諸文化）　六〇〇〇〜五〇〇〇年前　中国東北部の「玉文化」
・中国の張泰湘氏によれば、黒竜江省の倭肯品達洞穴墓で、約六〇〇〇年前の「玉玦」の出土があるという。
・一九八九年の新華社電によれば、江南と黒竜江省の間の遼寧省の査海遺跡で七〇〇〇〜八〇〇〇年前の

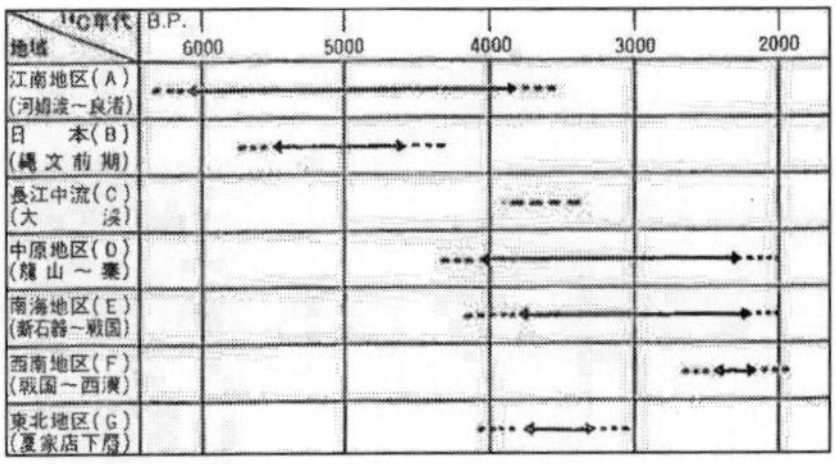

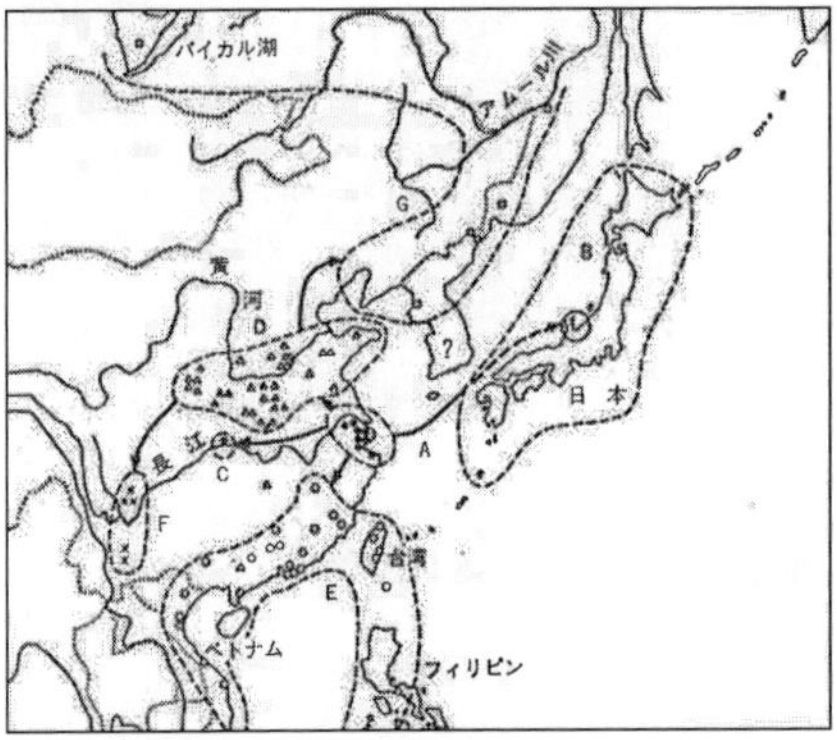

東アジアにおける玦・玦状耳飾りの分布図
（出典：藤田富士夫『古代の日本海文化』中央公論新社）

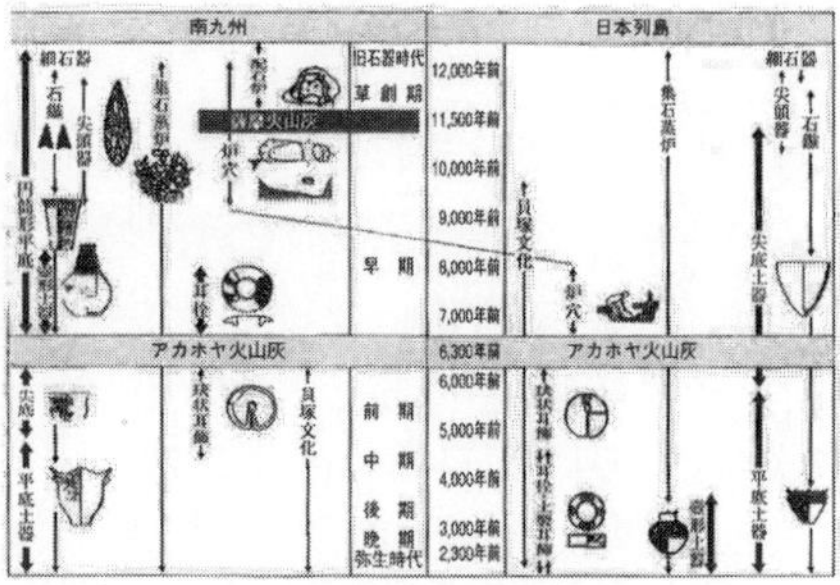

南九州と日本列島の縄文文化の比較
（出典：新藤晃一『日本人　はるかな旅　2巻』NHK出版）

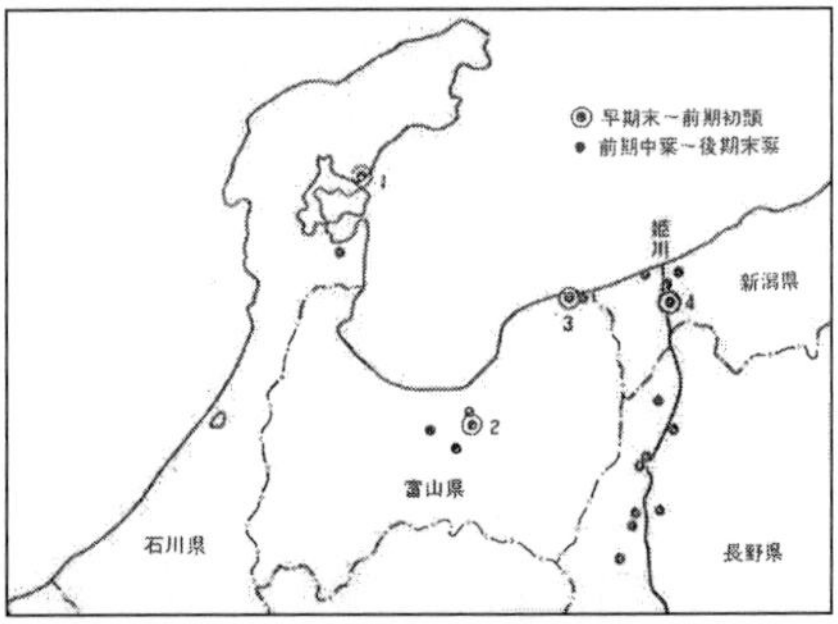

縄文時代前期の玦状耳飾製作遺跡
（出典：藤田富士夫『古代の日本海文化』中央公論新社）

図4−4　玦状耳飾り

「玦」が四点発掘されたという。

④　発生は、国内あるいは渡来か

・西口陽一氏によると（図４－４参照）、「玦状耳飾り」は、河姆渡遺跡のある江南地域では六〇〇〇～四〇〇〇年前、列島では五五〇〇～四五〇〇年前に盛行。ほぼ同じ頃始まり、そして終るのだが、中国がやや古い。

・中国内陸では、江南から中原、南海、東北域に拡大している。

・『古代の日本海文化』によれば、日本海沿岸の文化的特色の一つに玉作り文化があり、その最初は、縄文時代早期末葉～前期初頭の「玦状耳飾り」を主とする蠟石・滑石製飾玉の製作に始まる。

・列島では、沖縄を除き、北海道から鹿児島県まで五〇〇ヶ所を越える縄文時代前期の遺跡から出土している。

・列島での最古の「玦状耳飾り」は、北海道浦幌町の共栄B遺跡から二点の破片が出土し、石刃鏃文化期の石器（石刃鏃）や浦幌式土器を伴うので、早期中葉（七〇〇〇年前）に位置づけられている。列島の一般的な使用開始時期からみると異常に古く、石刃鏃文化からシベリアからの南下経路が想定されている。その後、列島文化に継承・定着した形跡はない。

・新東晃一氏によれば（図4―4上右図参照）「耳飾（耳栓）」は、九州の出土が早く、「玦状耳飾り」は、本州とともに鬼界カルデラ火山噴火の後とされている。（七三〇〇年前以後）

・平底土器と一緒なら、大陸の興隆窪文化（八〇〇〇〜六〇〇〇年前）の伝播の可能性。

これらの状況を勘案すると、「玦状耳飾り」は、①軟質な蝋石・滑石などから製作が開始されていること、②列島では精巧な石器文化の隆盛をすでに経験していること、③錐による削孔の実績が存在していること、④大陸より出土数が多いことなどから、独自で発生し列島内出自の可能性が高いと推定される。

3．2　人集団の移動の契機

この期の自然変化や考古学的事象による人集団の移動の契機（東日本などへの移動）は、以下のとおりである。

①九五〇〇、八六〇〇年前　十和田カルデラ火山噴火などによる移動
「ア族」の一部、南下移動（周辺生態系の変化）大木式土器圏の拡大

②八〇〇〇年前　北方より閉穿式銛頭　三陸に流入
クジラ骨・離頭銛の出土　北海道からの南下

③七五〇〇年前　煙道付集石炉の関東への移動　西日本勢力の東進に付随か
④七三〇〇〜六四〇〇年前　鬼界カルデラ火山（アカホヤ火山灰）噴火による移動
近傍地域の植生の壊滅　早期遺跡（上野原遺跡など）の消滅・壊滅
南九州の「平栫式土器」「塞ノ神式土器」の北部九州、岡山、鳥取県への移動
宮崎県内の住民（土器）移動　一七六遺跡→一六遺跡→八六遺跡と数の変化
熊本への移動（継続遺跡の存在、生存環境の存在）
東日本へ「サ族」「シ族」の移動（関連地名の連続）
朝鮮半島南部（轟B式土器・曽畑式土器）、南西諸島（曽畑式土器）への移動
越後に「ナカ族」移動（〜中期）（関連地名の連続）
小田原市で関西系の深鉢形土器が出土（羽尾貝塚）
⑤七三〇〇〜五五〇〇年前　ダイズ栽培　中部高地・西部関東平野で発生し、東北に北上
⑥七〇〇〇年前　北方より「平底式土器」流入　摩周カルデラ噴火　道東族の移動
⑦三陸などの津波（六四七〇±八〇、六二三〇±八〇 yBP）（松島・西畑地区調査）
飛騨山脈の隆起による地すべりの多発と自然ダムによる山間平野の形成
⑧六五〇〇〜五五〇〇年前　富山で様々な顔付きの九一体の人骨出土（小竹貝塚）
北方系と南方系の人骨が混在し、移動・合流を示す根拠の可能性
⑨六〇〇〇年前・瀬戸内海の水没による移動（居住地の水没）
汽水灘、遺跡や淡水系貝塚の水没で確認　基本的に周辺山地へ（四国・中国地方）
場合により他所に東海・関東へ移動（土器の移動で確認）

⑩後半の土器移動
前期末　北白川式土器（京都）移動→静岡・岡谷→伊豆諸島・東京・神奈川へ
大歳山式土器（神戸）移動→静岡→伊豆諸島・東京・神奈川へ
中期初頭　鷹島式土器（和歌山）移動→静岡、八ヶ岳、伊豆諸島
中期前半　船元式土器（瀬戸内）移動→岡谷、茅野
⑪五五〇〇年前　十和田カルデラ噴火「ア族」住民異動　大木式土器文化圏拡大
⑫前期末　宮崎に大歳山式土器の流入　退避住民の一部帰還か
その最大の移動は、鬼界カルデラ火山噴火による「西日本勢力の移動」である。

自然変化への克服を通して人集団の移動により、集団化・合流・交流が促進され、「部族」が形成されたと推定される。

3．3　人集団の移動と部族の誕生

この時期前半には、

（1）列島各地に、集落を形成して、一音語族集団が誕生する。（遺跡分布や関連地名により推定）

①海域に狩猟対象を求めた集団
津軽海峡周辺に「ア族」、東北の太平洋側に「イ族」、常陸に「ヒ族」、房総に「フッ族」有明海に「ウ族」、日本海側に「ツ族」など海洋民が誕生・活動。
鳥浜遺跡の全盛期　ウルシを栽培使用し、丸木舟で漁労　「ミ族」（三方・美浜周辺）

古大阪湾周辺に「アハ族」が北上して展開
鹿児島湾周辺には、「サ族」「シ族」が居住

② 山麓・盆地に狩猟対象を求めた集団
富士山南麓に「（ホ）族」、妙高・赤城山麓に「ク（ケ）族」、那須山麓に「キ族」、八ヶ岳山麓・甲府盆地に「カ（ヒ）族」など誕生・活動

（2）ツミ族を中心に婚姻等により部族が合流・合体が加速する（関連地名等より推定）

「ツミ族」や同系「ツチ族」は、日本海の豪雪などを根拠に太平洋側への移動が推察されている。

・アヅミ族、イツ（ミ）族、ウツミ族、ホヅミ族、フツ族、フサ（ウ）族
・サツチ族、ウツチ族、アツチ族、ミ（ツ）チ族
・アワ族、アヘ族、ヤツ族、

（3）この時期には、前代誕生した諸部族が成長・拡大する

① 前代に、狩猟民から漁労民となった諸部族が成長・拡大する
魚場の存在を反映して「ア族」（津軽海峡）、「イ族」（三陸海岸）、「ウ族」（熊本・有明海）、「フツ族」「アハ族」（房総海岸）、「フ・ヒ（ホ）族」（伊豆・東海・富士山南山麓）、「ヤツ族」（鳥取海岸）、「サツチ族」（鹿児島）等の成長・拡大

② 前代、狩猟民から畑作民となった諸部族が成長・拡大する
内陸には、火山山麓や河川近傍に「ヒ（カ）イ族」（八ヶ岳・山梨）、「キ（ヌ）族」（那須山麓・栃木）、「ケ（ノ）

族」（赤城・妙高山麓・群馬）などが成長・拡大。

③八〇〇〇年前（早期後半）の関東の条痕文土器が突然変化したとされている。胎土の繊維がなくなり、条痕文が消え、尖底になったという。その原因は、東海系土器の影響とされ、前期前半には元にもどったという。この事件は、東海系の「フ（ホ）ツ族」が関東に進出した時期と推定される。「フ」族は、駿東の富士山麓、愛鷹山周辺に存在している「フ（ホ）」族であるが、房総に「サ」族とともに移動して、「フサ（ウ）」集落を形成している。「ヒ（日）族」も「フ族」から分離し、その一部は「カ（日）イ族」として存在している。

この時期後半には（鬼界カルデラ火山噴火以後）

（4）「サ族」「シ族」などが東日本への移動する

火山活動の活発化で、西日本の人集団の移動が頻発して流動的となり、前述の諸族は、東西や南北で部族の合流・合体を促進させている。

七三〇〇年前　鬼界カルデラ火山噴火により、南九州は壊滅状態になり、九州の南方系の「サ族」、「シ族」「ワダツミ族」や西日本の人集団（主として「ヤ族」など）の東日本や半島への移動が推定される。「サ」族の移動には、富士山麓の「フ（ホ）」族の一部に随行の移動が推定される。さらに、六〇〇〇年前には、縄文海進はピークに達して、瀬戸内海はすでに貫流していて、水没したこの地域の住民も東日本への移動が徐々に進んでいたと推定される。

根拠として、前述したが、

・前期末の南九州出自の「平栫式土器」が北部九州（柏原遺跡など）や岡山県・鳥取県で出土、「塞ノ神式土器」が博多西区板屋遺跡、那珂川町深原遺跡で出土している。
・宮崎県の「轟B式土器」が中国・四国地方に拡散している
・前期末の「北白川式土器」など土器の東海への移動。移動後に伊那谷から松本盆地での特異な「唐草文土器」の成立
・南九州の「煙道付集石炉」の関東への移動
・「サ」「シ」などの「地名移動」や「シナノ」地域の遺跡の急増
・羽尾貝塚（小田原市）で関西系の「深鉢形土器」が出土。
・小竹貝塚（富山）では、「北方系と南方系の人骨」が九一体混在して出土。
・半島へは、やや遅れて「轟B式土器」が全羅南道の煙台島で、「曽畑式土器」が釜山市の東三洞貝塚で出土している。

などで、部族の移動や合流などが指摘できる。

①「サ族」「シ族」の移動

これらの事実から、前期末に鬼界カルデラ火山の噴火に遭遇した鹿児島湾周辺の「サ（ツマ）族」と「シ族」は噴火に追われて、関東、中部、南西諸島、朝鮮半島南部に拡散して、移動した痕跡がある。その移動時期は、前期末〜中期初頭と限定できる。

関東には、「梁」の古史にある「フサウ（扶桑）国」と記載された、房総の「フサ」の存在がある。「フ（五母音時代ではホ）族」と「サ族」の合体を示している。

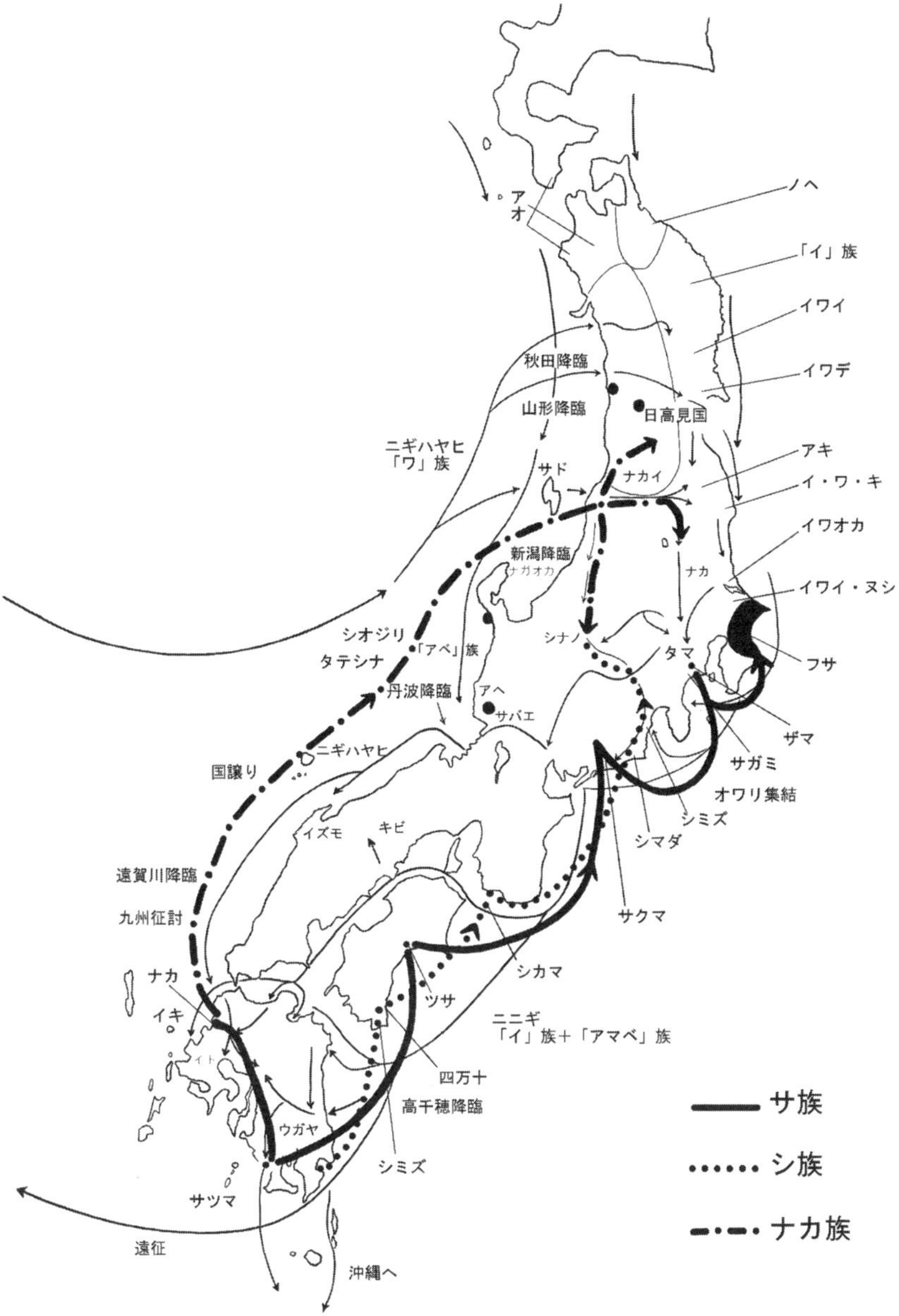

図4–5　西日本勢力の大移動　東進ルートの推定
(出典：内舘彬『「ヤマト」は縄文時代勢力が造った』ミヤオビパブリッシング)
関連地名の存在から「サ族」「シ族」「ナカ族」の移動を推定する。

「サ」族は、この時期、黒潮に関連した太平洋岸に「サ」地名の移動痕跡があり、「サツ（マ）」―「ツ（ト）サ」（四国）―「サクマ」（東海）―「ザ（マ）」「サガミ」に居住し、さらに「フサ（ウ）」―「サク（ラ）」関東に至り、「フ」族と合体し、房総地域にも居住している。同様に「サツマ」―「ザ（マ）ミ）」「サキ（マ）」と沖縄にも南下している可能性もある。「サ」族の移動を噴火に対応した西日本勢力の移動と解することができる。

太平洋岸の移動には、前代の「アハ族」移動の古い考古学データ（石鏃、石斧、スリ石、凹み石等を伴う「隆帯土器文化圏」）が縄文時代の始まりの頃に存在し、太平洋岸に連続する文化圏として示されていて、（遺跡名：奥ノ仁田、奥谷南、ウチカタビロ、花見山）移動の前例は存在している。

また、神奈川のサコウ（酒匂）川やサガミ川の上流には「ザ・マ」もあり、この周辺が「サ・カミ」であるなど、「サ族」名の地名的な傍証が存在している。

中部には、周辺の土器群とは特徴が異なる「葛巻文土器」が伊那谷から松本盆地に存在していることである。伊那谷には「サクマ（佐久間）」もあり、天竜川から北上し伊那谷から松本に至っていると考える。この「葛巻文土器」は飛騨地方にも出土していて、木曽川・飛騨川からの同族「サ族」の進入が考えられる。「サク（サ族来る）」などの関連地名（佐久、佐久間、サクラ）も多い。

南西諸島には、九州の前期の「曽畑式土器」が沖縄本島に出土していて、「サキマ」など「サ」地名が多いことが進出の根拠である。

朝鮮半島南部には、同様に九州の前期の「曽畑式土器」が出土しているが、続いて中期の西日本の「船元式・里木式・鷹島式土器」が朝鮮半島でも確認されており、同様に、半島とのつながりが指摘できる。西日本の人集団の諸方面への移動は、前期終末期の鬼界カルデラ火山の噴火が関連しており、半島へも退避した可能性を指摘できる。早期からの「海峡族」の存在を基盤にしている可能性がある。前期までは対馬海峡族の「アズミ族」も活躍していて、対馬海峡は、九州人にとっては移動が容易であり、最短の避難先である。

「シ族」も同様に、「シ」地名移動が鮮明で、「シブシ」「クシマ」—「シマント」「（トサ）シミズ」（四国）—「シラハマ」（紀州）—「シマダ」「シズオカ」「シミズ」（東海）と連続し、富士川を遡上して、「シバカワ」「シラネ」「シラス」を経て、「シオジリ」「シナ（科）ノ」に至っている。

②「ナカ族」の移動

「サ族」や「シ族」は太平洋岸を東日本に移動しているが、日本海側の移動も存在していた。「ナカ族」の移動である。

北九州の那珂川周辺に南から移動していた諸部族は、噴火の激化により、やや遅れて日本海岸を北へ移動した。関連地名から北九州の那珂川周辺〜越後・ナガオカへの移動である。信濃川下流に位置する「ナガオカ」から「ナカツ」「ナカザト」「ナカノ」→「ナガノ」への関連地名が連なっており、長野では太平洋岸を移動してきた「シ族」と合流して、「シナ」や「シナノ」地名を残している。

ナガオカへの移動途中で「ミ族」と合流した他のグループは、阿賀野川を遡上して、会津盆地を越え、北栃木の那珂川上流に移動している（北九州の那珂川と同名）。大田原市の長者ヶ平遺跡では、越後系の（火焔型土器）の出土も確認されていて、この経路周辺への「火焔型土器」の移動は顕著である（後述）。このグループは、「ミナカヌシ」を奉じていると推定する。栃木では後代、「天系」と合流している。

信濃川の北隣の荒川を遡上したグループは、山形・「ナガイ」に到達している。

中期の土器である「火焔型土器」は、その形の特異性から、渡来民がもたらしたものと当初想定したが、出雲崎や燕などの地名はあるものの、他の根拠を得ることができなかった。中期前半の西日本勢力の東方移動と関連すると考えると、上述の北九州からの移動が推定され、大陸に近い集団であれば、センスの特異な形の土器の製作も可能であろうし、冬期の豪雪の中で四〇〇年も継続した居住も可能であろうと推察した。渡来民であれば、豪雪に耐えきれず太平洋側に移動しているからである。

また、九州では既述のように、「曽畑式土器」が九州全域を席捲しており、その勢力に押し出される形で、北九州から越後に移動した可能性もある。

③西日本勢力が列島を北上したとの視点に立つと、中部・東海への「サ族」「シ族」の到来のほか、美濃周辺に若狭の三方・美浜から「ミ族」が、北陸にも「サツ(ド)」「サ・カタ」「サ・ガエ」など語呂合わせのように「サ族」に関連した地名が日本海側にも散在している。

(5)西日本勢力の移動による新たな展開

前代に自然変化に対応した移動で、婚姻や技術の共有化などで集合体となった諸集団や部族は、この時期の後半には、「サ族」「シ族」など、西日本勢力の大移動で、東西の人集団の合流が進み、離合集散が惹起され、さらに新たな部族が大同団結し、より大きな人集団の形成の契機となったと推察される。

また、この移動は、異次元の技術革新を進行させるとともに、集団の一体化や共同体意識を発生させ、「土器文化圏」の発生や「部族」を形成させた。環状集落や管理集落の成立は、その証明根拠ではなかろうか。

この後の中期に、中部・関東地方に特徴ある土器文化の隆盛など、種々の形で結実してゆくことになると考えられる。

4　列島部族の形成と根拠

狩猟民は、食糧の確保に苦労し、狩猟対象を求めて山や海に活躍するが、土器製作はじめ、交流を通じて、各種技術を開発して対応して、徐々に合流・合体していくこととなる。人集団の集合から部族が形成されていく。（部族名はすべて仮称）

① 山の民（D2系人集団、C3系人集団主体）前代より継続した狩猟民

イ）「ヤマヅミ族」　狩猟民が、狩猟対象で山族と海族に分離する

（根拠）前項に詳細を記載　列島の古族（D2系人集団）と推定

全国に古社分布、東北〜三島〜大三島など移動確認

古族（「ア」「イ」「ウ」族）と合流していて、同様に古い部族。

（解説）山の民と海の民に分離していて時代は古く、先住の湖東人・列島人から縄文人に移行。他族と合流しているので、在地古族の可能性が高い。

ロ）「ツチ族」土器を帯同したツミ族と同系の古族　カグツチ・ミカヅチの系譜

（根拠）先住古族と合流　ウッチ、サヅチ、アヅチなどと合流

ツチウラ、ツチサワなどに移動、全国に「ツチ」地名多し

ハ）「シナノ（信州）族」　古くからの狩猟民に「シ族」「ナカ族」が合流

（根拠）早期から継続した中央山地の遺跡分布、ナウマン象狩猟族の系譜（フォッサマグナ帯）、野尻湖の遺跡継続、諏訪湖周辺遺跡の継続など。

前期に九州より「シ族」の進出。シナ、シオジリ地名などあり。

遅れて北九州より「ナカ族」が進出し、「シ族」と合流する。

ニ）「カイ（甲斐）族」（初期は「ヒイ族」、漢字が入って「日」を「カ」に読み替え）
（根拠）八ヶ岳周辺遺跡分布、多湧水地で遺跡継続、甲府盆地は、旧湖沼か
富士川下流に「イズ」、中流に「イドジリ」があり、「イ族」が進入
「ホ族」から分離した「ヒ（日→カ）族」が合流し、後代「カイ族」となると推定する。
東端に「ヒカワ」地名が残る

ホ）「フ族」（五母音時代は「ホ族」）富士火山山麓の狩猟民
（根拠）早期から駿東に遺跡分布、湖沼・湧水が多く、狩猟動物多し。

古伝「宮下文書」により「ホ」族が存在と推定。

三島のツミ族と合流し「フツ族」を形成し、前期末に九州の「サ族」と合流し、房総に移動し、

「フサ族」となる。

へ）「ウ族」　九州山地の（早期）に狩猟民、（前期）に畑作民・漁労民
（根拠）熊本周辺の古族、「ウ」地名が多い
「ツミ族」「ツチ族」と合流し「ウツチ族」または「ウツ族」となる
「曽畑式土器」の分布圏、後代、「ウツシ族」に発展

②海の民（C１系人集団、C３系人集団主体）海獣対象を狩猟から漁労へ
イ）海峡族（津軽族、宗谷族、対馬族）海獣の狩猟より発展
「ア族」（津軽海峡）

（根拠）古伝・「阿閉国」の存在、周辺に「ア」地名が多い
草創期から継続して遺跡分布（大平山元、三内丸山、亀ケ岡など）
能代川沿いに八戸まで前期に遺跡分布あり。
（解説）十和田火山の噴火や「アキ族」の侵入で、後に南下移動
大陸（晋）から「郡公子」渡来、合流して「アラハバキ族」に発展（晩期）
後代、アラハバキ族として南下、中央政権に参画を目指す
「アヅミ族」（対馬海峡・関門海峡族）
（根拠）古神社の祭神、北九州に分布多し。基本的に日本海の漁労族
後代、アヅミ系は三族と言われているが、根拠は不明（後代合流か）
北米大陸へ一部移住の可能性。（ズニ族）となる。
（解説）アズミ系の三族は、別系か時代が異なる部族
「アヅミ族」は「ツミ族」から分流した漁労民、西日本に展開
「宗像族」は、スサノオ、アマテラス時代に出自？「ヤマ」に居住
「アマベ族」はニギハヤヒ時代、「日吉族」は神功時代に鮮明化
アマベ（海部）は瀬戸内海の部族、周辺に地名分布、別系統の海民
ロ）半島族（能登半島、男鹿半島）
「ノト族」（仮称トキ族の方がよいか）イルカ漁の本拠地含む
（根拠）真脇遺跡（中期）で骨出土、海獣の南下に対応
能登半島に「富来（とぎ→ツミキ）」があり、「ツミ族」の拠点の一つ

「富山（とやま↓ツミヤマ）」もあり、九州と連携を示す
（解説）「ツミ族」系の部族の集結部・移動中継地と推定。早い時期にも、イルカを狩猟対象とする
部族が存在していたと推定する

ハ）沿岸族　沿岸の漁労民
「イ族」（太平洋岸、松島、東京湾）
（根拠）古伝に「イ族」の記載　岩手の「閉伊」～静岡の「伊頭」に分布
太平洋岸に点在居住（宮古、石巻、松島、イワキ、イズ）
北上川河口・仙台平野に展開。仙台平野で「イツ族」形成
後に「わ族」との合流で鮮明化
「円筒下層式土器」～「大木式土器」の文化圏を形成
（解説）大木式土器文化圏の拡大が示す圧倒的勢力で、「わ族」と合流して「イワイ族」となり、西日
本に進出する
「ミ族」（伊勢湾沿岸民）三方・美浜の「鳥浜遺跡」から移動か
（根拠）到来後に、西方系古族の「ツ族」と合流、「ツミ族」ともなる
伊勢湾周辺に、ミノ、ミマ、ミエ、ミカワなど「ミ」地名が分布
木曽川、揖斐川、長良川、矢作川など下流域の魚場に移動
（解説）東西日本の境界部に位置しており、他族との交流は多かったと推定
「ツチ族」とも合流し、その後「ミ（ツ）チ族」となる
「ヤ族」（日本海沿岸）

（根拠）鳥取に「ヤ」を冠する地名の多し。「ヤツ族」となり北九州「ヤマ」へ
　ヤスキ（安来）が近傍にあり、「ヤ」が「来」で到来の可能性を示す
（解説）出雲（スサノオ勢力）の東に位置し、三瓶火山の噴火で「ヤマ」に移動したので、成立時期が
　スサノオの妃の「ヤガミヒメ」が存在（『記紀』）
　限定される可能性

「アハ族」一次移動（沖縄～南九州～土佐～古大阪湾）二次移動（～東海～房総）
（根拠）南方からＣ１系の人集団の北上　　サキタリ人・湊川人の後裔集団か
　南西諸島から太平洋岸を北上していることが出土物から確認されている。一二〇〇〇年前
　栫ノ原石斧に始まり、礫群石器や関東の撚糸文土器の分布など。古大阪湾周辺に「ア」地名
　を残す、「アワジ」「アリマ」「アリタ」など。
　オオゲツヒメ（食物の起源神話）を擁して継続居住
　東進した「ツチ族」と合流し、「アツチ」を形成
　関連地名が阿波を中心とする古大阪湾沿岸や安房を中心に関東に分布
（解説）北上の時期は草創期とされ、南九州では「サ族」「シ族」と合流（？）

「サ族」（南九州）
（根拠）南西諸島からの移動民を含む古族。いわゆる「サツマ」の主体である
　本州南端を鹿児島から「ツサ」（土佐）、「サガミ」（相模）に移動している。房総の「フサ（総）」
　は、「フ（ホ）族」との合流で成立、「フサゥ」となり、後の「梁書」の「扶桑国」と推定
（解説）縄文時代の早い時期に集団をつくるが、鬼界カルデラ火山噴火で移動し、また、北部九州、

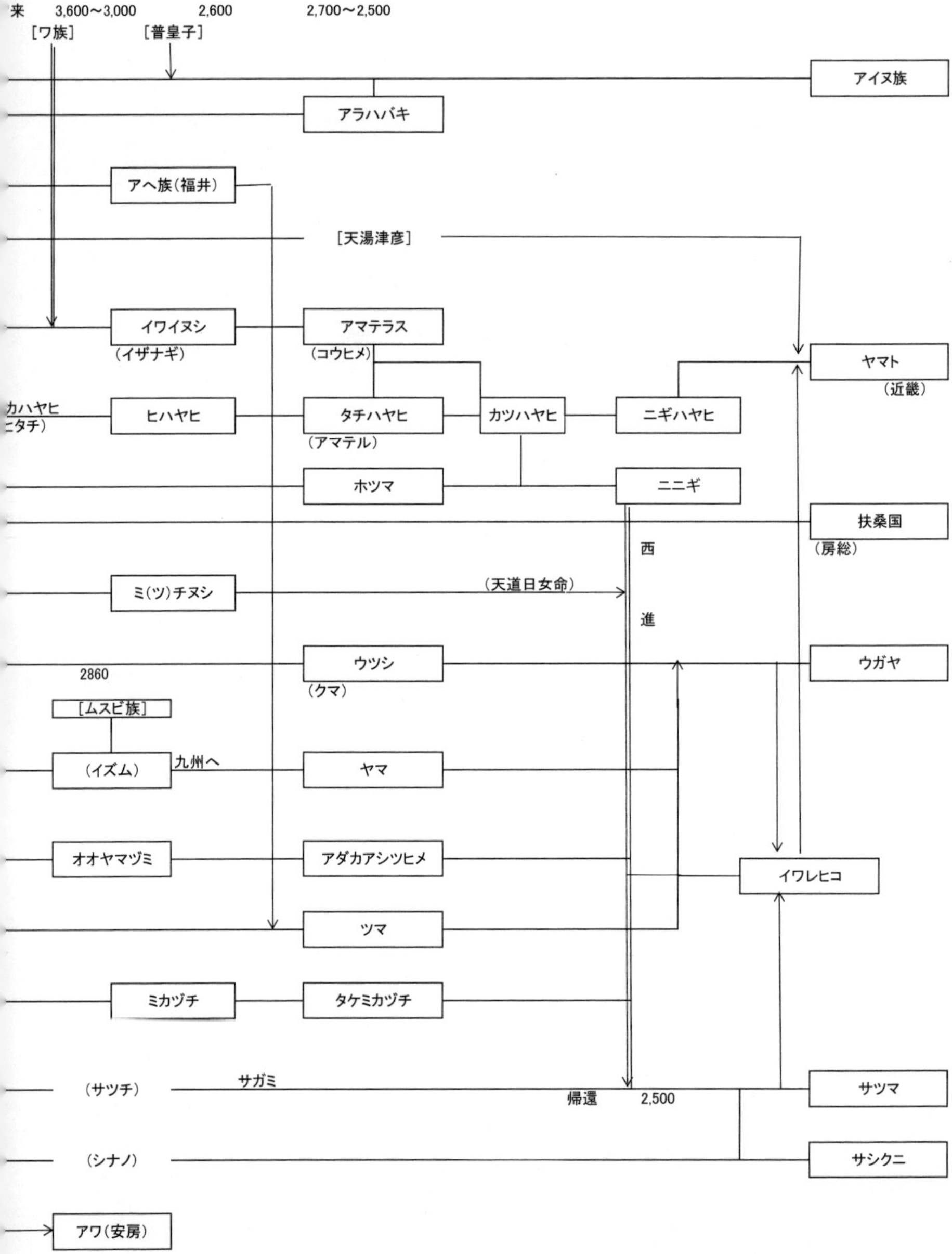
来
3,600～3,000
2,600
2,700～2,500
[ワ族]
[普皇子]
アイヌ族
アラハバキ
アヘ族(福井)
[天湯津彦]
イワイヌシ
(イザナギ)
アマテラス
(コウヒメ)
ヤマト
(近畿)
カハヤヒ
ニタチ)
ヒハヤヒ
タチハヤヒ
(アマテル)
カツハヤヒ
ニギハヤヒ
ホツマ
ニニギ
扶桑国
(房総)
西
進
ミ(ツ)チヌシ
(天道日女命)
ウツシ
(クマ)
ウガヤ
2860
[ムスビ族]
(イズム)
九州へ
ヤマ
オオヤマヅミ
アダカアシツヒメ
イワレヒコ
ツマ
ミカヅチ
タケミカヅチ
(サツチ)
サガミ
帰還
2,500
サツマ
(シナノ)
サシクニ
アワ(安房)

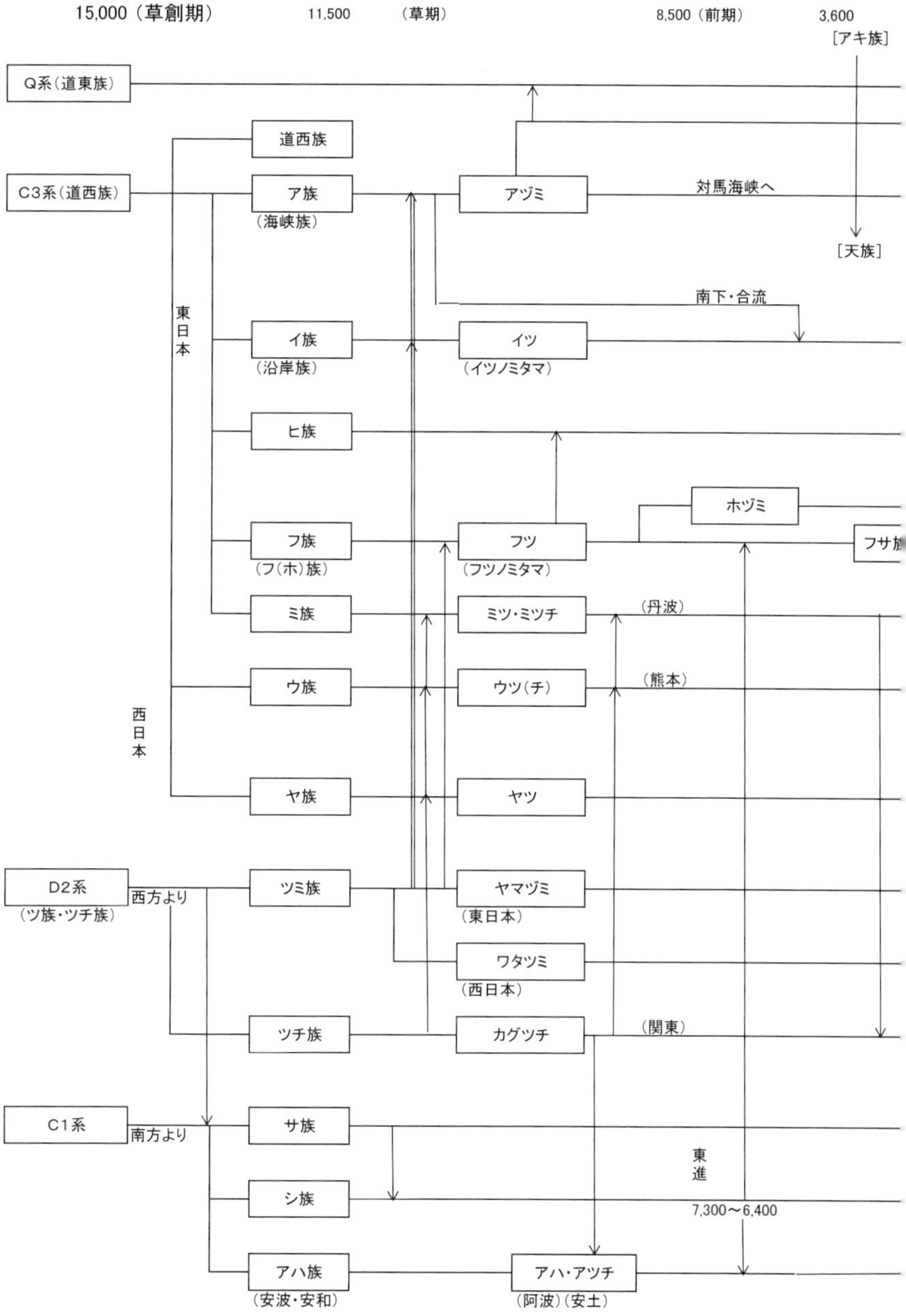

図4−6　部族の形成・展開と歴史へ（出典：著者作成）

南西諸島、房総、朝鮮半島など方々へ移動した集団が存在したと推定される。日本海側も
北上している
「シ族」(南九州)志布志、クシマを拠点か、大隅に居住の可能性
(根拠)「サ族」より分離? 鬼界カルデラ火山噴火で、「サ族」同様、東日本に移住(四国)シマント、
シミズ↓(紀州)シラハマ↓(東海)シマダ、シズオカ、シミズ↓(富士川)シバカワ、シラ
ネ、シラス↓(長野)シオジリ、シナノに至る　後代、東日本勢力とともに西進して帰郷

各部族の合流の存在を、図4―6にまとめて示す。

第五章

縄文文化隆盛時代・「ミタマ」の時代(中期)

六〇〇〇〜四〇〇〇年前

キツネノカミソリ球根（上ノ入遺跡）
5,000 年前　三内丸山遺跡衰退　「ア族」の南下移動　大木式土器の南方拡大と一致
5,000 年前　沼沢カルデラ火山（福島）噴火　会津の「ツミ族」移動
（中葉）　道訓前遺跡（赤城山西麓）径 150m の環状集落　周辺 1 ～ 2 km に遺跡群
焼町・火焔・勝坂土器出土　北陸・東北系土器も流入混在
5.000 ～ 4.200 年前　桂野遺跡（山梨・御坂町）土偶 50 点以上　成体 2 点含む
（中葉～後葉）　宮後遺跡（茨城市）160m の環状集落　竪穴住居 99 棟、土坑 2,100 基
ヒスイ大珠出土
（　　）　北塚屋遺跡（埼玉・寄居町）硬玉大珠出土　勝坂式土器を伴う
4,500 年前～ 4,000 年前（中期中葉～後期）　島遺跡（飛騨市）　集落跡　竪穴建物群、廃棄土坑群　土坑群の内側に立石群　多くの土器や礫とともに石棒 2 本出土（祭祀道具）背後の山麓で採れる塩屋石で石棒を作る加工所
隣にも 3,500 年前（後期）の石棒製作遺跡の塩屋金清神社遺跡がある
石棒は、遺跡近隣や富山県など 6 遺跡で確認
4,500 年前（中期）　高根遺跡（宮古市山口地区）
大規模集落遺跡　竪穴建物 100 棟、尾根の先端部に標高差 40m で分布
大量の貯蔵穴（フラスコ状土坑）500 基出土　魚骨や貝殻を含む
捨場から、土器、石器、ヒスイ似の玉類、斧形・キノコ形土製品
（中期）　多摩ニュータウン No.72 遺跡（東京都）径 120 ～ 150m × 100m 楕円環状集落
中央に径 30m ～ 40m の広場、墓坑群　住居跡 194 棟　耳飾・垂飾・土面
（　　）　中期土器の隆盛　大木式、勝坂式、阿玉台式、焼町式などがそれぞれ隆盛し、地域文化圏を形成　部族の合流が進む
（　　）　関東の貝塚で干貝・製塩隆盛、交易開始　大珠・コハクも流通
東北・北海道でアスファルト、アオトラ石斧、コハクの流通
（　　）　領域「マ（間）」の形成の進行　後半に「マ」（部族）の統合化に進む
（　　）　火焔土器が成立後 400 年で急激に盛衰する　「ナカ族」が北九州から到来
信濃川、阿賀野川沿いに移動
（　　）　房総の「フツ」を中心に、東から西に同心円的に部族が並列する
（ハ行族）「フツ族」「（ア）ハ族」「ヒ（ハヤヒ、ヒタチ）族」
（タ行族）「タマ族」「（ツ）チハ族」「ツク（バ）族」
（カ行族）「カイ族」「キヌ族」「ク（ケ）ヌ族」　統合化が進行か
後代に「フ（ホ）族」は「サ族」と合流し「フサ」を形成
4,500 年前　西ノ目遺跡（岩手・紫波町）環状集落、墓群、貯蔵穴群　セット出土
4,500 年前　梅之木遺跡（北杜市）500 年継続の大環状集落 120 ～ 130 棟、調理場、道路
多数の土坑（墓、貯蔵穴）曽利式深鉢土器、人面付吊手土器、集石土坑
来運遺跡（北海道）伏屋式平地住宅　径 12 ～ 13m　屋根に盛土、床掘なし
4,500 年前　大谷貝塚（茨城・美浦村）マイワシ網漁、ハマグリ主体の貝塚　サメ、イルカ
ツキノワグマ、オオカミ、イノシシ、キツネ
4,500 ～ 3,500 年前　デーノタメ遺跡（埼玉）丘陵集落と沖積低地遺跡　木組みさらし遺構
（中期後半）　埼玉の遺跡で住居跡激減　（後期初め）「柄鏡形の敷石住居跡」出土
4.000 年前　和台遺跡（福島市）190 棟の複式炉を有する竪穴住居出土
4,000 年前　開聞岳火山噴火　上野原遺跡付近
4,000 年前（後半）　御所野遺跡　600 棟の竪穴住居　十和田周辺部族の移動・通過
4.000 年前　船泊遺跡（礼文島）ピノス貝製平玉が多数出土　14 棟の作業場付随
ピノス貝製平玉の交易ルートとなる　沿海州でも出土
ヒスイ大珠、イモ貝・タカラ貝製装身具、メノウ製キリなど出土
4.000 年前　石狩紅葉山 49 号遺跡　サケの誘導捕獲施設（川杭）
（中期～晩期）　西の原貝塚（東京・北区）大規模馬蹄形貝塚（140 × 180m）
住居跡 34 棟、小規模貝塚が弧状に分布、9 体の埋葬人骨（伸 4、屈 1）
土器、石器、土偶、土板、土耳飾、石棒、石錘、骨角製品
4,000 ～ 3,000 年前（後期前葉～晩期初頭）　上宮田台遺跡（袖ヶ浦市）環状集落
径 100m のドーナツ形環状集落、竪穴建物 80 棟、土坑 30 基、貝層
遺物包含層から貝、獣骨、土器出土
（中期終末～後期前半）神奈川県遺跡　磨消縄文、磨消条線文土器出土
急須・香炉など機能分化した土器類出土　東西交流の結果か

〔この期のイベント〕西日本勢力の東方移動 縄文文化隆盛時代「ミタマ」の時代 中 期

鬼界カルデラ火山降灰による西日本勢力（主として「サ族」「シ族」）の移動が加速し、東日本勢力（フ族など）との合流が進む

（前期末） 北白川式土器（京都）移動 → 静岡・岡谷 → 伊豆諸島、東京、神奈川
大歳山式土器（神戸）移動 → 静岡 → 伊豆諸島、東京、神奈川
関東「サクウ（酒匂）」「サマ」「サガミ」（相模）へ、「フサ（房総）」へ
中部（伊那谷・飛騨）「サクマ」「サク」へ、「シオジリ」「シナノ」へ
北陸「サド」「サ（カタ）」「サ（ガエ）」にも移動か
（6,000 年前） 気候が安定し、温暖化 海水準の上昇は停止し、その後やや低下する
6,000 〜 5,000 年前 帝釈峡遺跡群の絶滅動物のうち、オオヤマネコ骨出土
6,000 〜 4,500 年前（前期〜中期） 樫内Ⅰ遺跡（宮古市）中期後半の集落遺跡
竪穴建物、土坑が密集 斜面に土捨場
土器、磨石、石斧、耳飾り出土、復式炉出土
6,000 年前 崎山貝塚（宮古市）北方系「銛頭」出土 クジラ・アワビ出土
5,500 年前 全国で前期隆盛の「玦状耳飾り」は中期には衰退
（中期初頭） 鷹島式土器（和歌山）移動 → 静岡、八ヶ岳
（前半） 勝坂遺跡群（相模原市）大規模な集落 前半の勝坂式土器 出土
（　　） 岡田遺跡（神奈川・寒川町）中央広場の墓群を環状に 500 棟の住居跡
（　　） 下溝遺跡（相模原市）200 棟の住居群が時代とともに立地を移動
以上相模川流域に「サ族」の進出の可能性
（中期前半） 船元式土器（瀬戸内）移動 → 岡谷、茅野
「シ族」は 四国 → 東海 → 富士川北上 → シナノ・シナに移動
（　　） 動植物の習性を把握し、ほとんどの技術が獲得される
食料確保が容易となり、生活の充実化が始まる
自然災害の発生に対応も習慣化する
5,500 年前 中里遺跡 浅海・河口で「網漁業」スズキ、コロダイ 丸木舟 6m × 0.7m
ハマグリ、マガキ、アサリ、ヤマトシジミ、シオフキなど、貝類大量出土 貝層 4 m以上
ツキノワグマ、カモシカ、ニホンシカ、イノシシ、ノウサギ、タヌキなど獣骨 出土
5,500 〜 4,000 年前（中期〜後期） 堂の前貝塚（陸前高田市）
台地の縁から大量の土器、石器、中央部に竪穴建物 魚や動物の骨
（　　） 塚越向山遺跡（秩父市）住居跡 7 棟、環状列石、敷石住居、石囲い炉
5,500 年前 （中期初頭）真脇遺跡 300 頭のイルカの骨出土
5,500 年前 十和田カルデラ噴火 八戸壊滅 「ア族」の一部移動
5,500 〜 4,500 年前 女夫石遺跡（韮崎市）居住空間と祭祀空間の明確な分離 1,000 年継続
住居跡 18 棟、配石遺構 1 基、廃棄場
巨岩を中心に土偶、石棒、ミニチュア土器
5,000 年前 加曽利貝塚（千葉）最盛期は（後期）3,500 年前 住居跡 30 棟以上
2,500 年前 ムラ消滅 人骨出土（男 150cm、女 140cm）
クリ、クルミ、イノシシ、シカ、キジ、カケス、カモ、アサリ、ハマグリ、キサゴ、マアジ、クロダイ、スズキなど魚類 20 種
5,000 〜 4,500 年前 三原田諏訪上遺跡（渋川市）赤城山西麓 焼町式土器
大きなムラが 1 〜 2km 毎に網状分布
道訓前遺跡 1km 阿玉台式、勝坂式、新町式土器が混在分布
上三原田東峯遺跡（渋川市）焼町式、勝坂式、大木式土器混在分布
5,000 〜 4,000 年前 三原田遺跡（渋川市）住居跡 333 棟 住宅型式を変えながら存続
ヒスイ大珠出土
（　　） 行司免遺跡（埼玉・嵐山町）広場の周囲に 262 棟の住居跡、環状集落
17 期に渡ってムラ維持、土器 1,000 点、製粉用石器出土
（　　） 将監塚古井戸遺跡（本庄市）ふたつの環状集落が隣接して分布
（　　） 行幸田山遺跡（渋川市）三原田遺跡と類似土器（共存）、卵形住居跡
（　　） 岡田遺跡（神奈川・寒川町）中央広場の墓群を環状に 500 棟の住居跡
（　　） 下溝遺跡（相模原市）200 棟の住居群が時代とともに立地を移動
（前半〜後期） 板東山遺跡（入間市）小さな谷を挟んで環状集落群がメガネ状に分布
南側 139 棟 集落間に貯蔵穴、集石土坑 西側集落に後期初頭甕棺墓
（　　） 関東の植物性食料 クルミ、クリ、シイ、ドングリ、カキ、ヤマモモ、ツバキ、ヒシ、クズ、ワラビ、ヤマイモ、ウバユリ、ヒガンバナ、ノイチゴ、ヤマブドウ、アケビなど、

この期は、六〇〇〇〜四〇〇〇年前の期間を記載する。この時期は、続いていた海水準の上昇が停止し、地殻変動も沈静化して大規模な火山活動も収まり、安定した列島では、新たな地形が形成される。日本海形成による気候変化も、植生変化も安定し、植物栽培が定住化を促進し、安定した社会は交流や交易が活性化した時期である。

1　自然環境とその変化

1．1　海流による地形の変化（潟・海岸平野の形成）

海水準の上昇は停止し、新たな地形が形成された時期である。

太平洋には、列島に沿って、北からは親潮が南下し、南からは黒潮が北上して、関東沖で合流し、東方へ流れているが、沿岸には様々な海流地形を形成している。

新しく形成された日本海にも、黒潮より分岐した「対馬海流」が、東シナ海から対馬海峡に流入し、この「対馬海流」が新しい海岸地形を形成している。

以下、海流と河川の争奪戦を観戦しよう。（図３－２　海流図、図５－１参照）

（1）信濃川と新潟平野

・信濃川は、日本最長の河川である。この河川の下流は大量の流出土砂により、平坦な新潟平野が形成されている。河口は徐々に北に前進し、海域の前面にあった「弥彦山地」は、流出土砂で陸地と連結している。河川

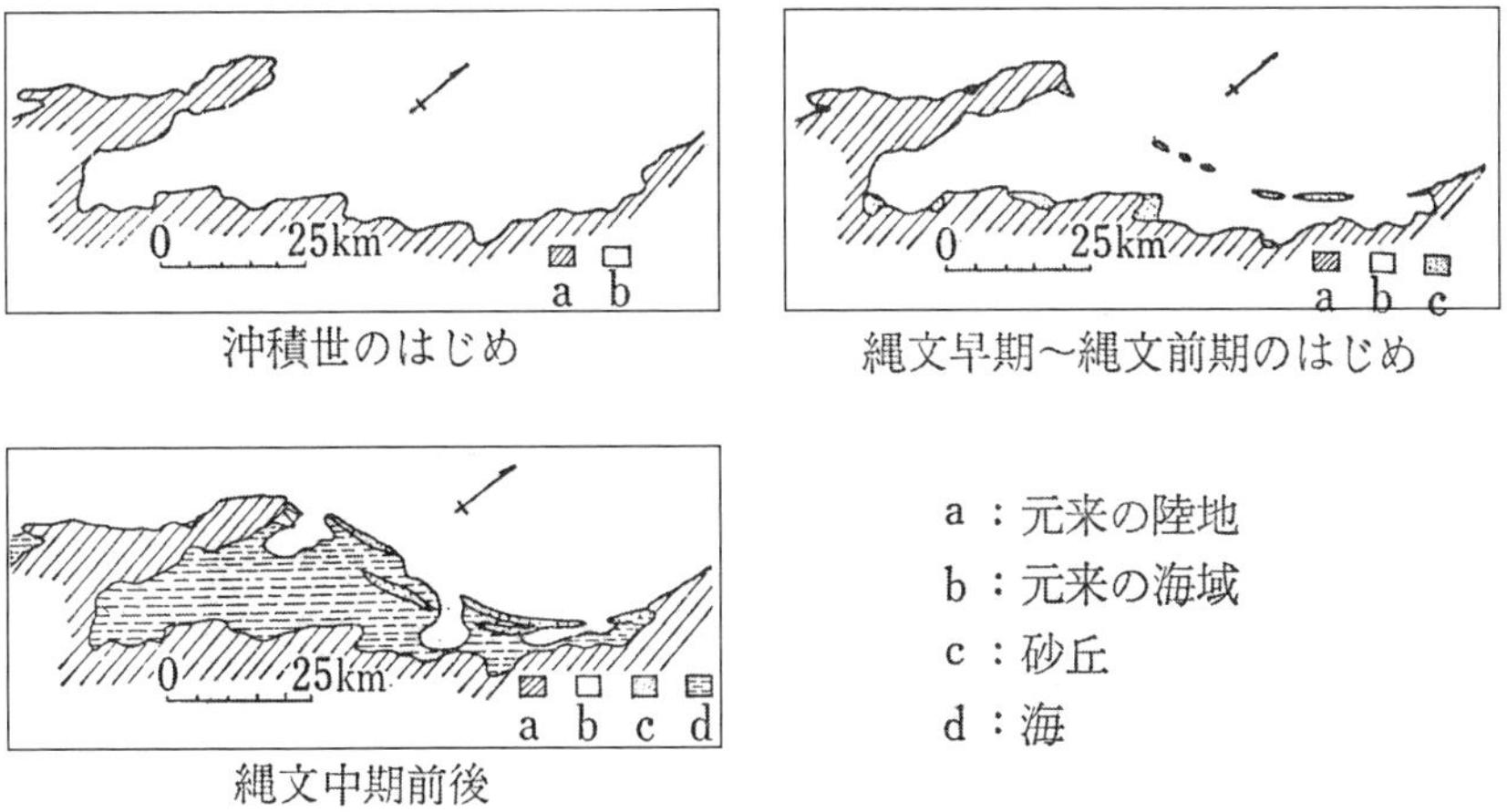

新潟平野の古地理概念図。対馬海流で浜が東へ延びていく。

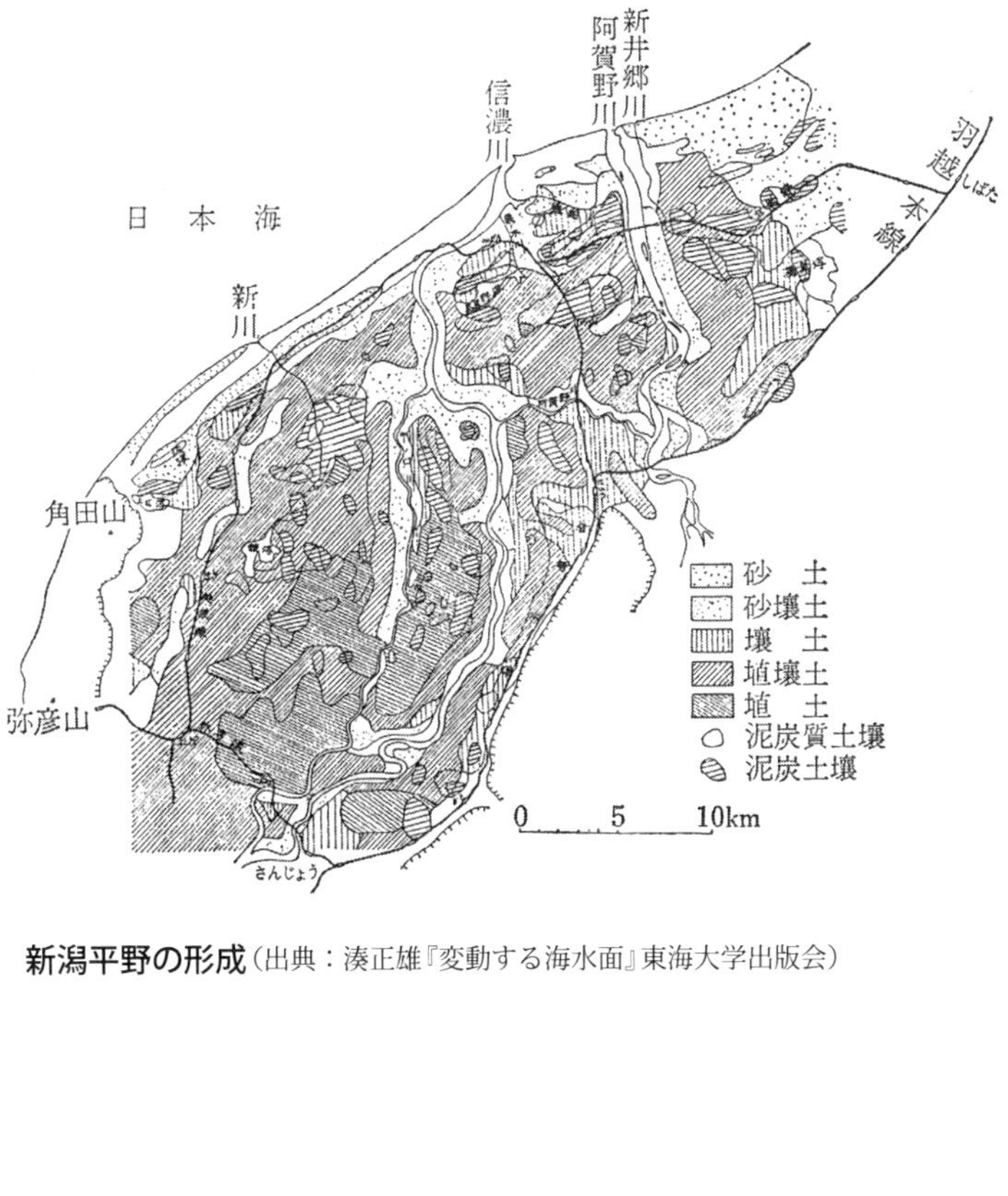

図5−1　新潟平野の形成（出典：湊正雄『変動する海水面』東海大学出版会）

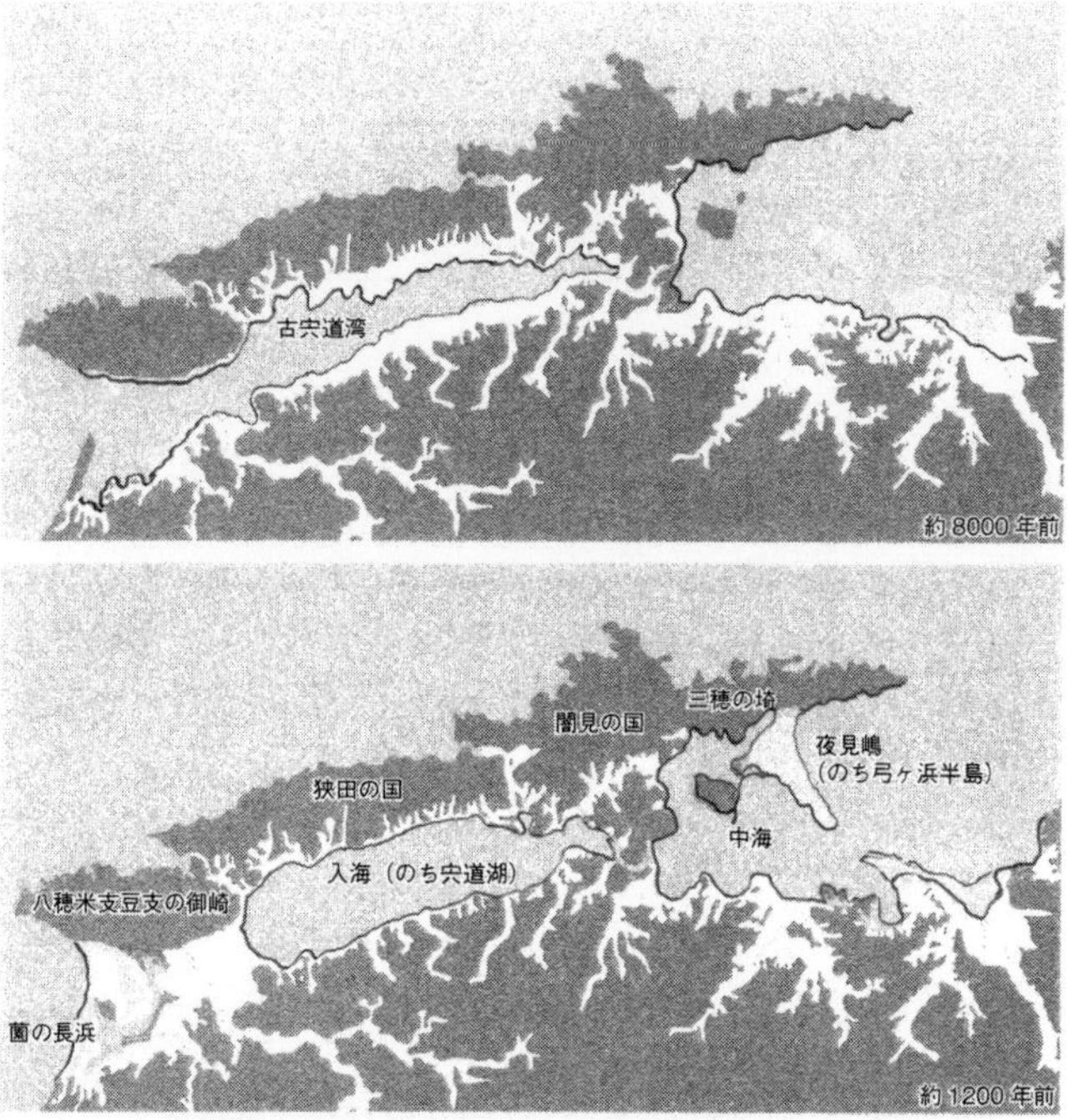

図5−2　出雲平野の形成（出典：古代出雲歴史博物館展示ガイドより）
出雲地方の地形の変遷。約 8,000 年前、宍道湖はまだふさがれていない。

勾配が小さくなった下流部では、信濃川、阿賀野川は、大きく曲流している。

・対馬海流は、沿岸をなぞるように北上しているので、土砂は北へ北へと移動し、河口も新潟まで変化している。

（2）斐伊川・神戸川と出雲平野）（図5－2参照）

・出雲平野の北側には、かって島根山地（島）が存在していたが、中国山地から流入している斐伊川・神戸川の土砂で陸地と連結してしまっている。有名な「島引神話」の成立である。

・出雲平野には、土砂で埋設されていない低地帯があり、宍道湖と中海となっている。浅い海には「しじみ」が生息し、新たな食材を提供している。

・同様な地形としては、雄物川と八郎潟・秋田平野があり、男鹿島は半島に成長

氷見潟湖と周辺の遺跡

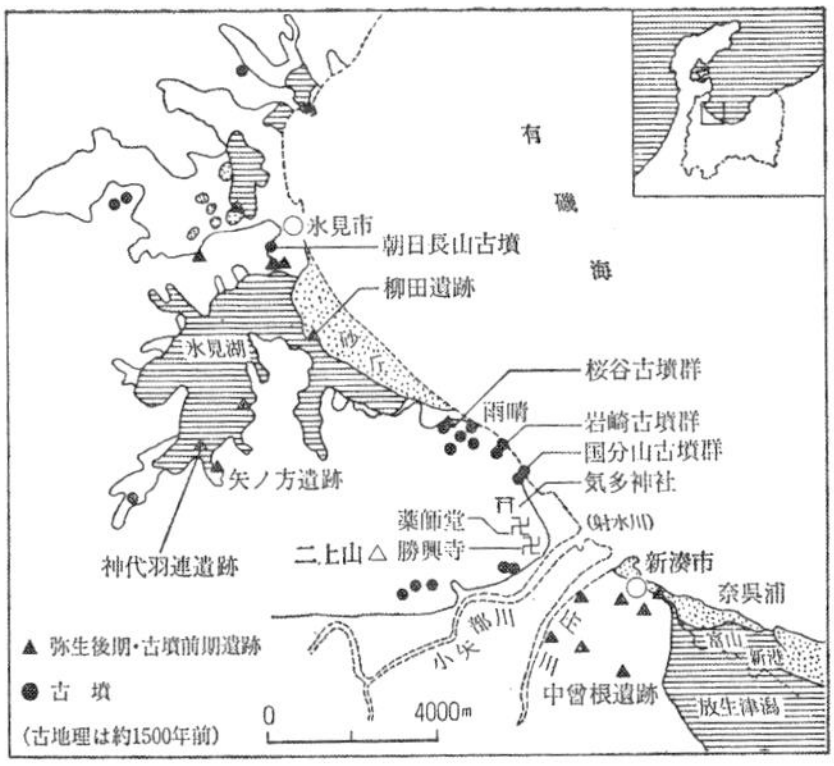

氷見平野の変遷図

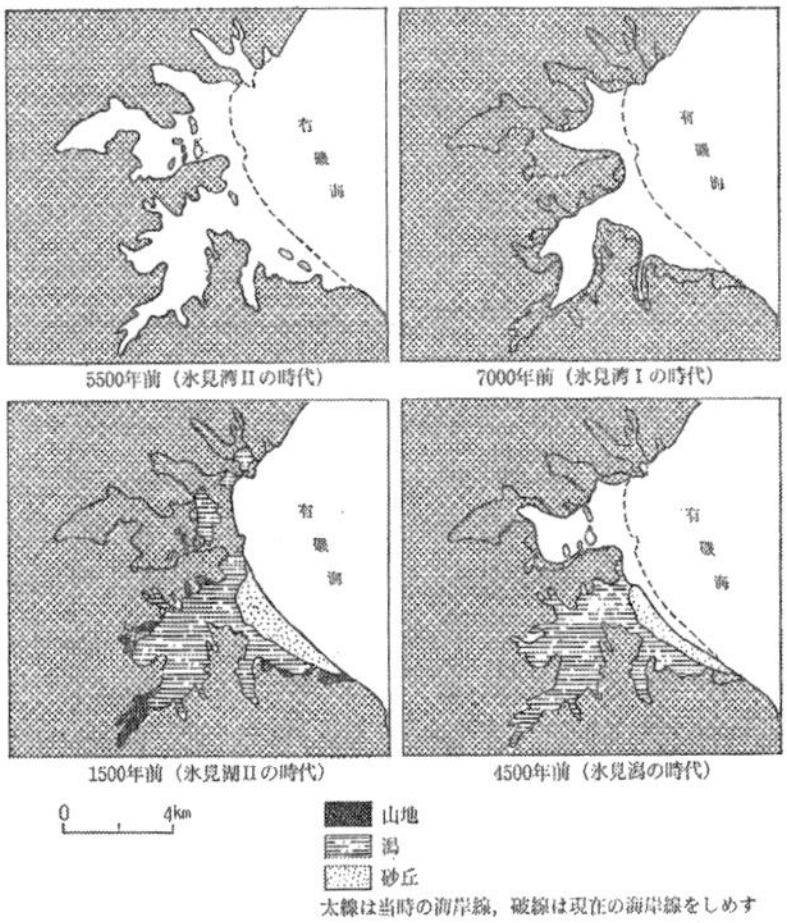

竹野潟湖と周辺の遺跡

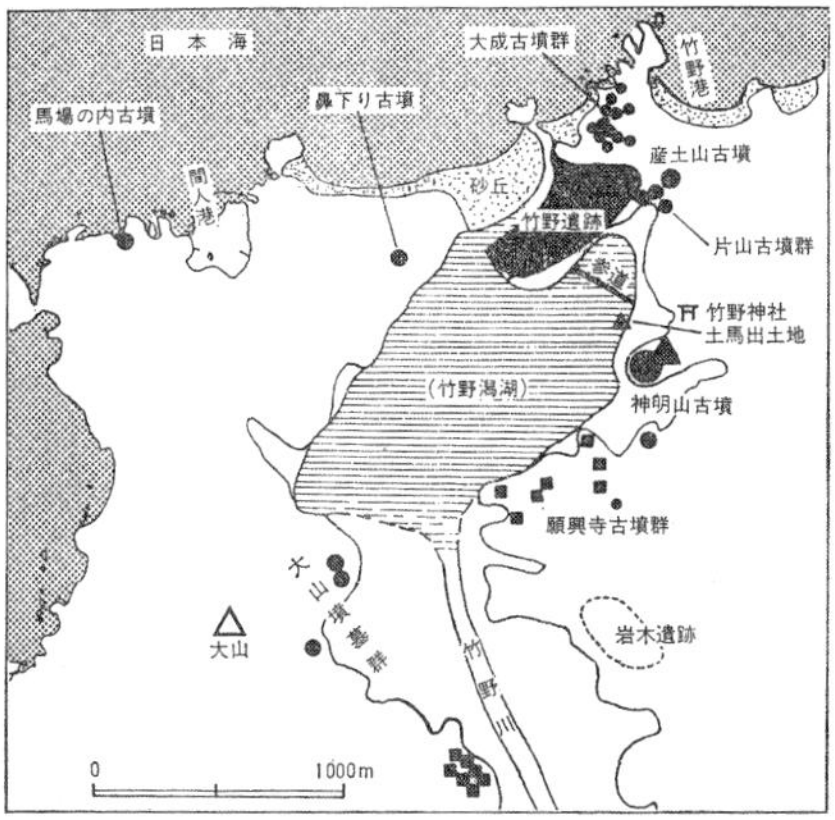

図5−3　海浜地形の形成
（出典：藤田富士夫『古代の日本海文化』中央公論新社）

している。

（3）小河川とその変化

（図5－3参照）

・氷見海岸や竹野川では、海流により河口を砂丘で閉塞されて、氷見湖や竹野潟湖が形成されており、徐々に潟湖も埋積されて平野となっていく状況が確認されている。潟湖の入り口には、「港」があり、後代の遺跡や古墳が潟湖を取り巻いて形成されていることが判明している。

対馬海流の影響により日本海沿岸の海岸地形は、様々な形相を呈し、その植生、生息生物も様々で、河川の流入の

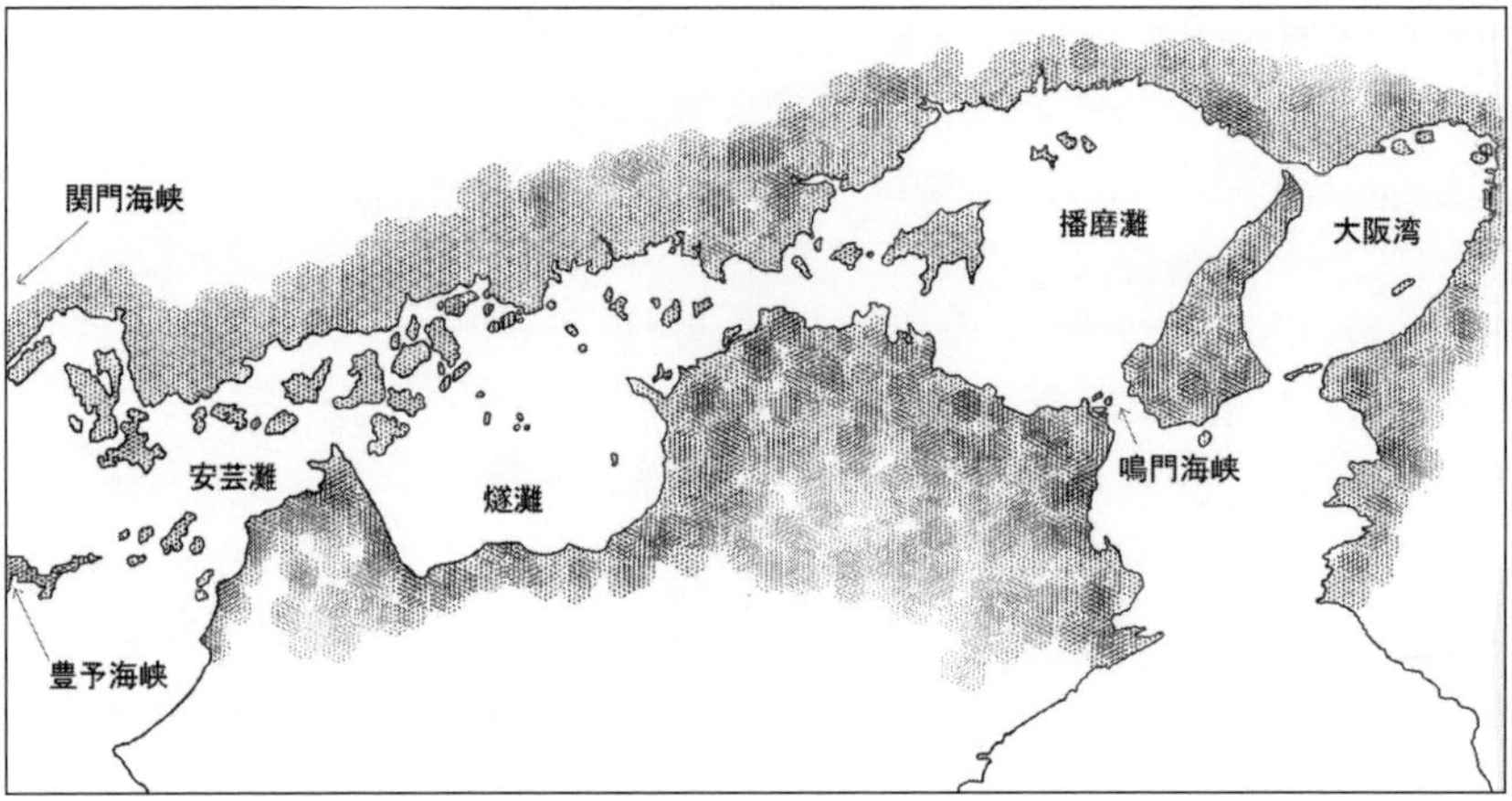

図5–4　瀬戸内海の形成（出典：高等地図帳より）

みで単調な「湖」時代の形相を大きく変化させたと推察される。

1．2　列島各地の地形変化と環境変化

（1）瀬戸内海の形成（多島海・関門海流の形成）（図5－4参照）

瀬戸内海地域は、芸予海峡付近と備讃海峡付近の山地までが、海水準の上昇により水没し、多島海として再生した。播磨灘、燧灘などの淡水湖も、海底に沈んだ。山地内の縄文遺跡や貝塚遺跡なども、徐々に上昇する水位で沈んだ。

それとともに、多島海には潮の干満により、旧地形に支配された、複雑な海流が発生し、多様な海が形成されたものと推定する。瀬戸内海の東西の出口（鳴門海峡、関門海峡、豊予海峡）は、潮の干満により、毎日流れが逆方向に変化し、渦巻いている。

水没後は、島々には大きな流入河川がないので、旧斜面を大きく変化できず、海流により浸食されて、以前より深い海を形成した可能性もある。

（2）東京湾の水没（遠浅内海の形成）（図5－5参照）

・東京湾は、西に多摩丘陵（扇状地）があり、北に大宮台地、東

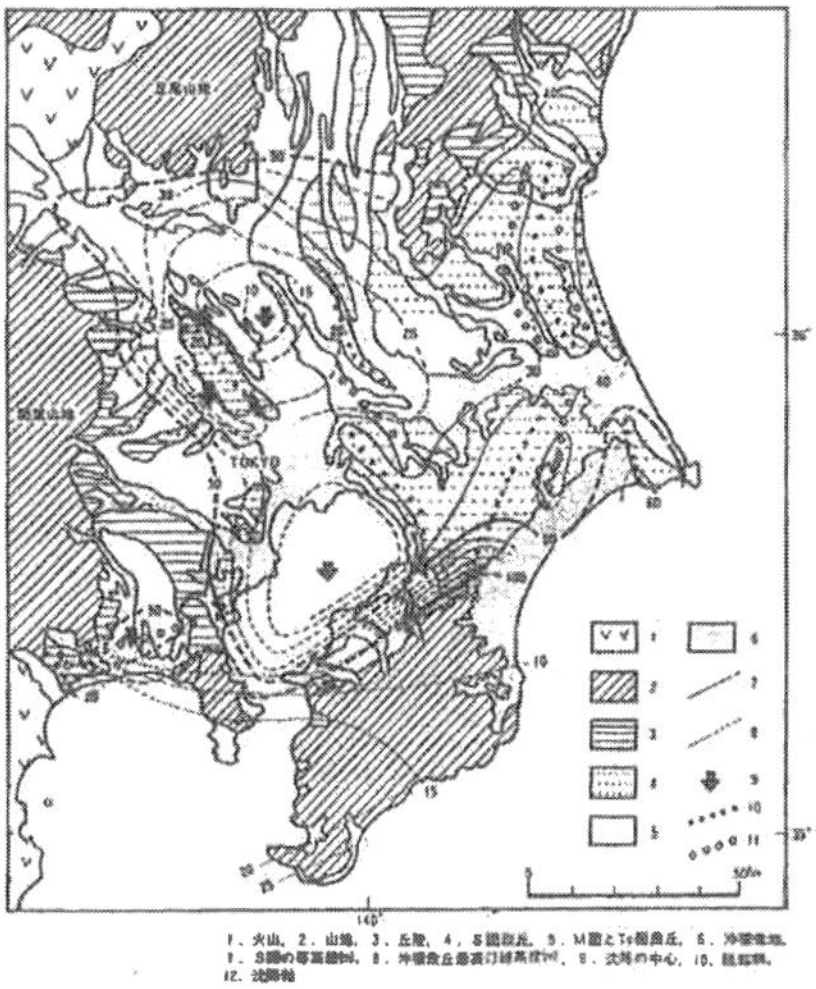

（出典：貝塚爽平『東京の自然史』紀伊国屋書店）
関東地方の山地・丘陵・主要段丘面・沖積低地の分布と下末吉期以降の沈降、隆起区を示す。

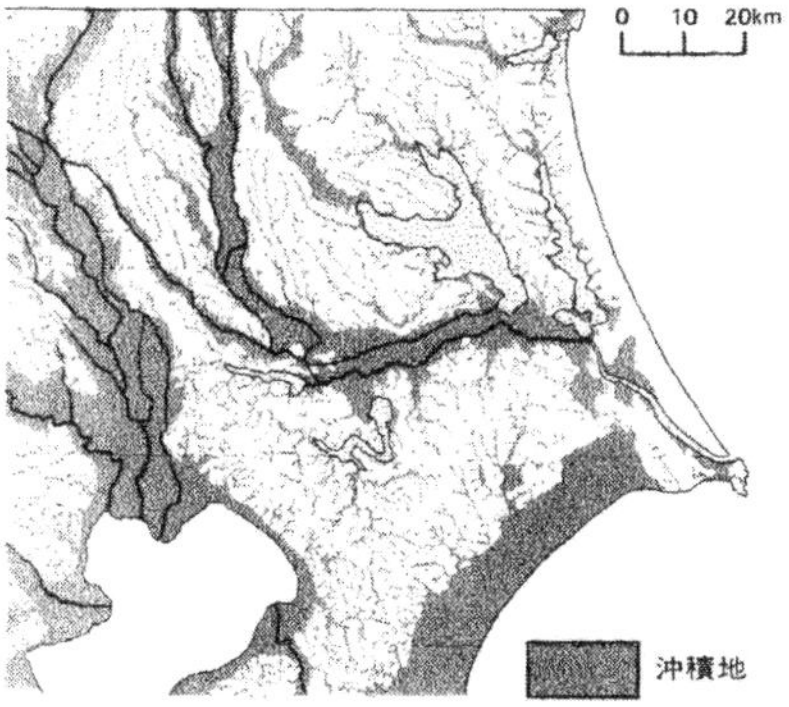

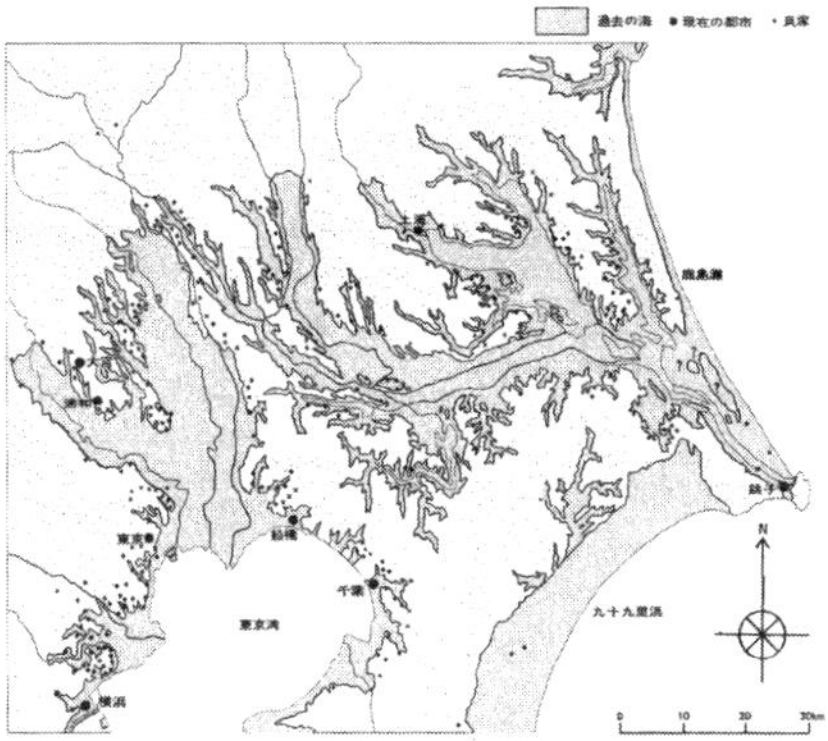

［左］関東地方の低地と大地［右］関東地方の縄文期貝塚の分布（出典：『アーバンクボタ No.11』）

図5–5　東京湾の水没

に常総台地があり、南に開いている。この周辺では、これらの丘陵地形の先端部の樹木状の谷が浸水したため、小さな出入りの多い湾や入り江が連続する特異な地形を形成している。

・深度の大きい湾は、多摩川、入間川、江戸川などの流入土砂により埋設されて、遠浅の海を形成し、大量の貝類の生息を可能にしていて、周辺は、多数の貝塚が形成されている。

・北方を流れる利根川では、東京湾に注いでいたが、河道が変化し太平洋に注ぐように流路変更が起こっている。その膨大な流出土砂は、房総から常陸に至る長大な海岸を形成していくこととなる。

・関東平野は、周辺の火山群と太平洋プレートの応力場にあり、隆起帯（房総・三浦半島）と沈降帯（東京湾・古埼玉湾）を形成している。縄文時代の地震以降、房総半島は二五mほど隆起している。

（3）仙台平野への影響（河口閉塞と砂丘地形）（図5－6参照）

・仙台湾には、北から親潮が流れているはずであるが、阿武隈川から北上川の間では、海流は牡鹿半島の存在による「反転流」が存在しているので、南から北への海流の存在が示されている。

・阿武隈川から北上川の間の海岸には、七段に及ぶ砂丘列と、流入河川の河口閉塞による「曲流」が顕著に発達している。最高水位から、しだいに水位低下とともに様々な地形が形成されていることが分かる。

・北上川は、西方から流入してくる大迫川を閉塞して、また曲流させて河道を争奪している。大迫川の合流点上流にはせき止めによる湖沼や旧河道が見られる。

（4）古河内湾の形成と変化（図5－6参照）

・大阪湾には瀬戸内海の形成とともに海流が発生し、淀川が閉塞されて、木津川、鴨川などの土砂が丘陵出口に埋積して、大きな古河内湾を形成している。

・琵琶湖、古河内湾と続く近畿の低地帯は、鳥類などの小動物の格好の生息地であり、列島人も集中して居住したものと推定される。

・古河内湾は、その後流入河川により、徐々に堆積が進行して縮小しているが、イワレヒコの東遷時には

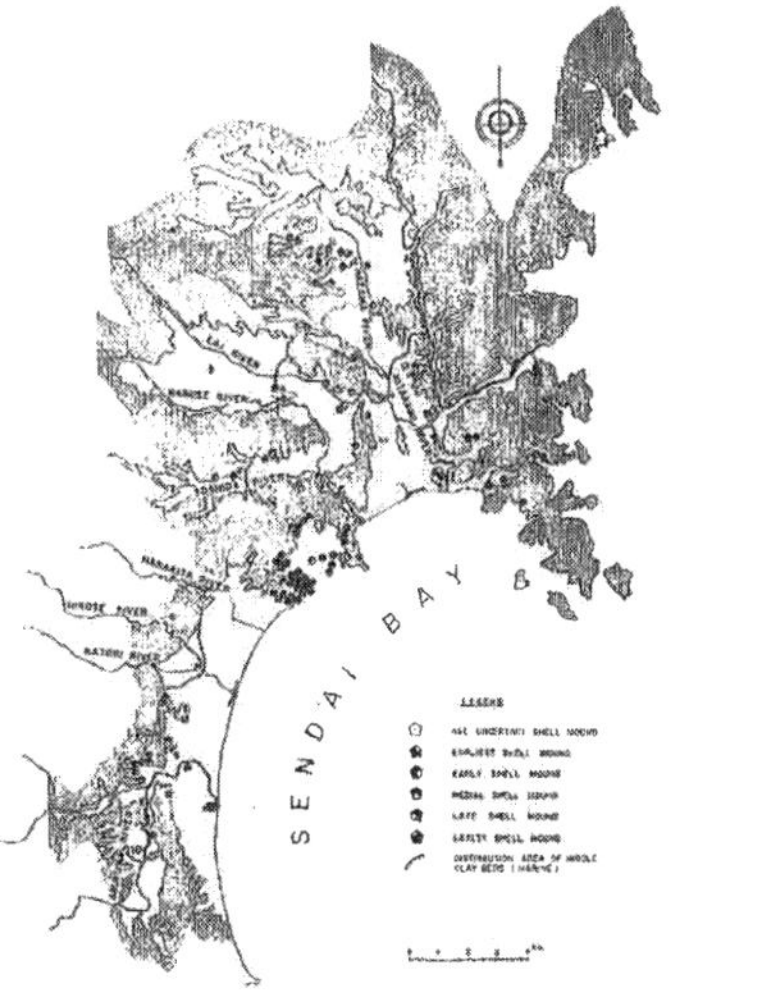

仙台平野の地形区分

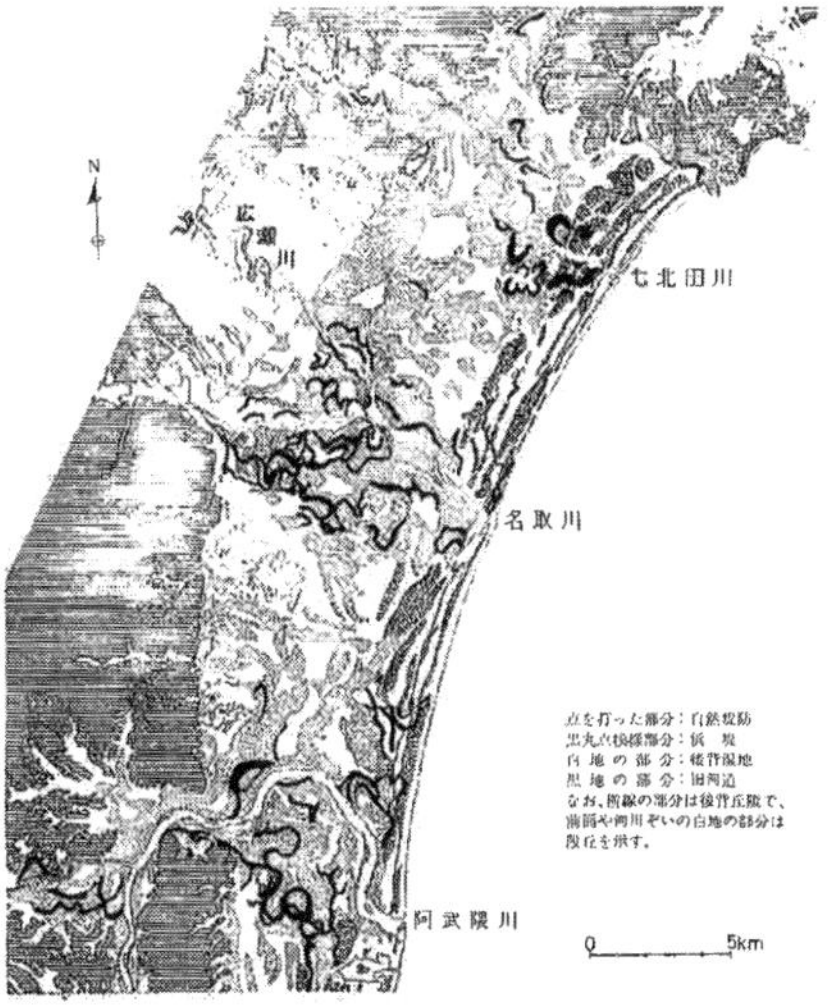

仙台平野の形成（出典：地学団体研究会『仙台の地学』）

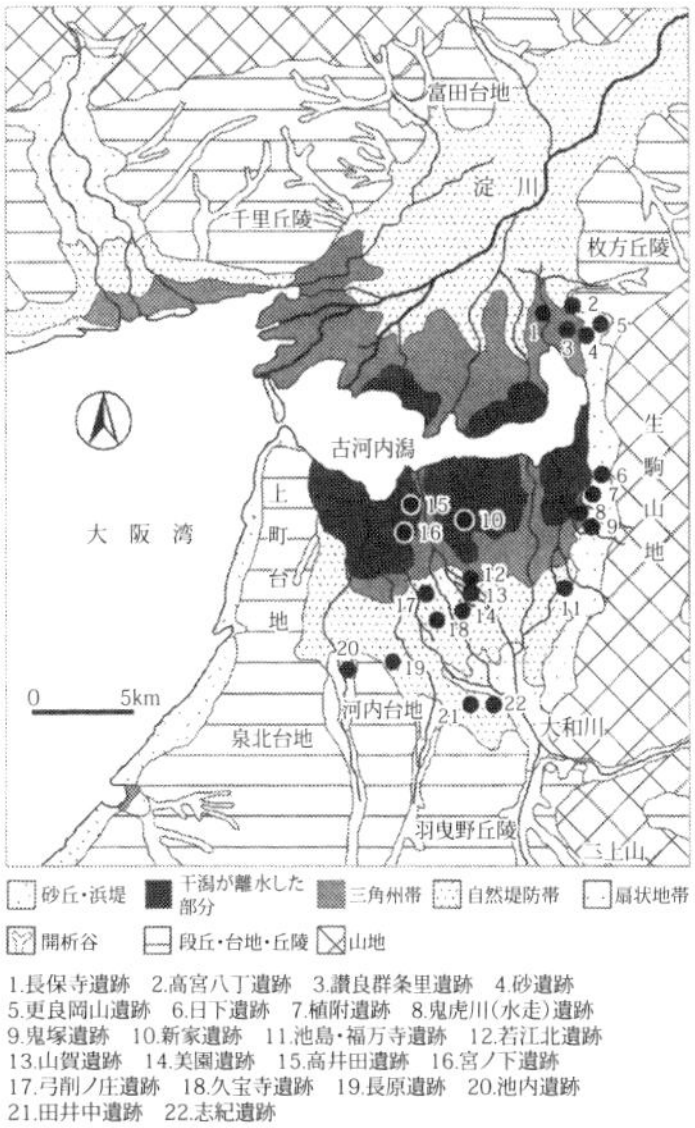

大阪平野の遺跡分布
（出典：藤尾慎一郎『弥生時代の歴史』講談社）

河内潟の時代〈約3000－2000年前・縄文時代晩期－弥生時代前半〉
海域　淡水域　●^{14}C年代試料採取地点　●遺跡

大阪平野（古河内湾）の形成
（出典：『アーバンクボタ No.16』）

図5−6　海浜地形の形成

内海状であったことが示されている。

(5)近接島の連結(「島引き」の真実)

・海流と流出土砂により形成された近接島との連結は、列島各地で現出している。前述した「出雲平野(出雲山地)」「新潟平野(弥彦山地)」「秋田平野(男鹿半島)」などがある。出雲では「島引伝説」が存在しているが、これらの海退以後の地形形成の過程が、その伝説の素因になったのが真実ではあるまいか。土砂を供給したのは、中国山地から流入してくる斐伊川・神戸川で、その堆積物を集積するのは周辺の海流である。

・日本海側は、冬は偏西風が強いので、海側の山地がその暴風雪を防いでおり、その内側に集落や港が形成されている。

(6)関門海峡の形成

・海水準の上昇は、陸続きであった中国地方と九州の間を分断して、関門海峡を形成し、対馬海流の一部が瀬戸内海に流入し、ここでも、太平洋と連結する海峡となっている。

・関門海峡では、干満の差は大きくて、歴史的事件を左右している。

・また、海峡のため、プランクトンの発生も良く、「関サバ」や「タコ」など特徴ある水産物を提供している。入り口の玄界灘では、「ふぐ」等が特産物となっている。

（7）有明海の形成

・九州では、天草や宇土周辺等の水没により、広い内海である「有明海」が形成され、西の長崎、天草、南の鹿児島で外洋と狭い海水道で接して、複雑な海域となっている。
・西部から流入する対馬海流はあるが、出口はないので、干満の差が大きく、湾奥では満潮時には八m近い水位上昇があると言われている。
・筑後川等の流入する河川の大量の土砂は、行場がないので、湾奥に徐々に堆積して、「有明粘土」と言われる堆積物を作り、湾奥では河川勾配も小さいので、河川は蛇行や曲流している。

（8）その他の地域

・三大河川（木曽川、長良川、揖斐川）が流入する伊勢湾では、大量の土砂は発生しているが、南が開口し、黒潮が流れているので、湾奥から徐々に堆積が進んでいるが、あまり特異な地形は形成していない。湾出口では、流出土砂が東に流れて、知多半島や浜名湖を作っている。知多半島では、水没した縄文時代遺跡の存在が確認されている。
・海流の衝突している海岸や流入する河川のない地域では、沈降地形をそのまま残し、急斜面の山地と急に深くなる海を作り、リアス式海岸（三陸、志摩半島、長崎海岸、若狭湾など）を形成している。
・また、陸地の隆起の激しい飛騨山地の先端の「親不知海岸」には、対馬海流が激突している。

これらの徐々に進行する自然環境変化は、生活の安定をもたらし、余裕に満ちた新たな生活の工夫を発現させている。

2　自然変化への対応

中期には生活が安定し、生活の豊潤化が進行していることが遺跡から読み取れる。

2.1　人集団の活動の考古学的特徴

この時期の人集団の活動の特徴として、「土器製作の多様性」のほか、「遠洋漁業の発生」や「大型集落・環状集落の形成」などを指摘することができる。

(1)遠洋漁業の発生

遠洋漁業は、各所の魚骨の出土により判断することができる。遠洋で漁業を行う場合は、当然、ある程度の大きさの舟を要し、「潮読み」が必要であり、「ヒヨミ」「ツキヨミ」の技術や操船技術が獲得されたものと推測される。太平洋岸などの各所で魚骨が出土している。

七〇〇〇年前　東釧路遺跡でイルカの骨で儀礼
前期中葉　羽尾貝塚(小田原市)で、イルカ、カツオ、メカジキ
前期〜中期　崎山遺跡(宮古市)から、クジラ
五五〇〇年前　真脇遺跡で、三〇〇頭のイルカ出土
五五〇〇年前　はぬきだて遺跡(気仙沼市)からマグロの解体・処理施設出土
後期前葉　稲荷山貝塚(横浜市)　イルカの骨大量出土

東京湾沿岸で、鹿角製銛頭が多数出土。外洋性漁労の存在を示す。
（神奈川）稲荷山、青ヶ台、弥名寺、榎戸貝塚
（房総）　富士見貝塚、鉈切洞窟
これらの遠洋漁業の技術は、海域の移動を定常化し、海洋民集団の「マ」の形成を生み、やがて大量勢力の移動も可能としたものと推定される。

一方、自然環境に対応した内湾性の網漁業も展開されている。
網漁業の開始　五五〇〇年前　中里貝塚　内湾用　土器片錘出土
内湾・浅海漁業の発達　古東京湾　丸木舟出土
九州でも　（中期後半）二ッ山遺跡（宮崎市）淡水魚網漁「切目石錘」出土
大戸ノ口遺跡（高鍋町）海の網漁「両端切欠石錘」出土

（2）大型集落・環状集落の形成

この時期の特徴として、中葉以降の大型集落・環状集落の形成を指摘することができる。
「大規模集落」として、前期後葉～中期前葉期の嘉倉遺跡（宮城・築館町）で住居八〇棟以上、掘立柱建物三〇棟以上、一〇～一八mの大型住居一〇棟以上が、中期に入り、多摩ニュータウン№.72遺跡で一九四棟、岡田遺跡（寒川町）で五〇〇棟、下溝遺跡（相模原市）で二〇〇棟、川原田遺跡（渋川市）で三三三棟、行司免遺跡（嵐山町）で二六二棟、板東山遺跡で一三九棟、高根遺跡（宮古市）で一〇〇棟、和台遺跡（福島市）で一九〇棟、宮後遺跡で九九棟、御所野遺跡では六〇〇棟などがそれぞれ報告されている。

また、「環状集落」として、道訓前遺跡（赤城山西麓）で径一五〇m、宮後遺跡（茨城市）で径一六〇m、上宮田台遺跡（袖ケ浦市）で径一〇〇m、多摩ニュータウンNo.72遺跡で一二〇～一五〇m×一〇〇mの楕円環状の集落が報告されている。

これらの環状集落は、後述する「マ」の成立を示すものであり、環状中央の大型の掘立柱建物は、その後「本殿」へ発展するものと解される。徐々に環状部の境内、域外の区別の発生にも進行していると推察される。

（3）人集団の意識変化

① この時期では、生物の習性の把握と同様に、人集団は、繰り返される自然変化、火山、地震、津波、洪水、土石流などの自然災害の発生にも慣れ、冷静に対応したものと推察する。

② 温暖な気候と食料の栽培の増加で、生活が安定化する。様々な生活安定のための技術は各地で交流により共有化されたものと推察される。

各種の技術（栽培、土器製作、編み物、漆技術など）は前期に大半が獲得されたと言われており、中期に新たな技術の開発は顕著ではない。手間の多い漆技術は前期に完成し、中期に継続されているが、玦状耳飾りは、前期末に隆盛が終了し、中期へは継続していないので、時代変化が関係しているのであろうか。そんな中で、交流の進行で便利な道具類は画一化されて、流通した可能性がある。

札幌周辺でサケの加工技術発達　　保存技術確立、塩サケ、干サケ

太平洋側、関東などで貝塚・製塩設備の増加　　干し貝の製造、交易

東北―北海道の間でアオトラ石斧、コハク、アルファルト、関東―北陸の間でヒスイ大珠、コハクな

どの流通網が顕在化する。飛騨の島遺跡では石棒を製作し、周辺地域や北陸で出土している。礼文島の船泊遺跡でピノス貝製平玉が多量出土し、製品が各地に流通。沿海州に及ぶ。

③交流の活発化で土器文化圏の領域形成や移動手段の活性化が進行している。

④言語も二音語彙の隆盛から、後半には二音語彙の組み合わせ語彙や三音以上の語彙が発生・発展（畑作・漁業の発展）した可能性が高い。（はるかぜ、あさつゆ、ゆうなぎ、かつお、マグロなど）

⑤この時期の特に注視すべきイベントは、前期末の鬼界カルデラ火山噴火で、西日本の人集団の移動が進行し、東西日本列島の人集団の合流が促進し、文化・技術・生活の変容・向上・拡大が進行したと推定されることである。中部山岳地方では、人口が急増している。移動は、東日本ばかりでなく、南西諸島や朝鮮半島南部にも及んでいる。この移動が後・晩期の東日本勢力の西進の最大の素因になっている。この期には、土器製作に見られる自然への畏怖や感傷、動植物に対するいたわりなど、微細で微妙なセンスが発揮されて、人集団に新な感覚の変化も発生しているが、その原因は、異なる人集団の合流に求められる。後述の東西人集団の合流地域で、火焔型土器。唐草文土器、動物模写土器が発生し、壺・注口土器・浅鉢・深鉢など用途別の土器が製作されている。人集団の合流は、住民の意識も大きく変容させたのではなかろうか。

2．2　列島の土器文化の状況

各地で「土器文化」が開花している。（図1―10参照）

北海道では　「北筒式土器」（中期後半～後期）

胎土中への繊維の混入が中期後半まで続く（本州では前期中頃終了）
東北の円筒下層式・上層式土器を母胎とするが、終焉後も残存している

東北では

「円筒土器」（前期～中期）
円筒下層式（前期）と円筒上層式（中期）がある
東北北部に分布の中心　広域分布圏を形成　北海道南西部に及ぶ
円筒式は、西日本の鉢形に対照的で、東北日本海側から北海道の地域色

「大木式土器」（前期～後期初め）東北南部　大木囲貝塚（宮城）出土
広範囲に及ぶ土器群と混じり合い、複雑な内容となる
東北地方の土器群は、周辺地域の土器群と形や文様が混じり合う現象が発達するという特徴がある。この現象は、集団同士の活発で開かれた地域間交流が発達していたことを証明するものであるとの仮説も成立する

関東では

「阿玉台式土器」（中期）（図5―7参照）
南関東地域の河川群とその水系に分布　勝坂式と隣り合う
山岳部の土器（勝坂式）に対して、海浜部の土器と言われる
勝坂式には、生命体を想わせる不可思議な装飾把手があるが、この型式ではなく精神的な世界観に差がある

「勝坂式土器」（中期）
変化の多い土器　特徴が多すぎて分類不能
顔面把手や動物的な生命力を秘めた造形は独創的で強烈な地域色

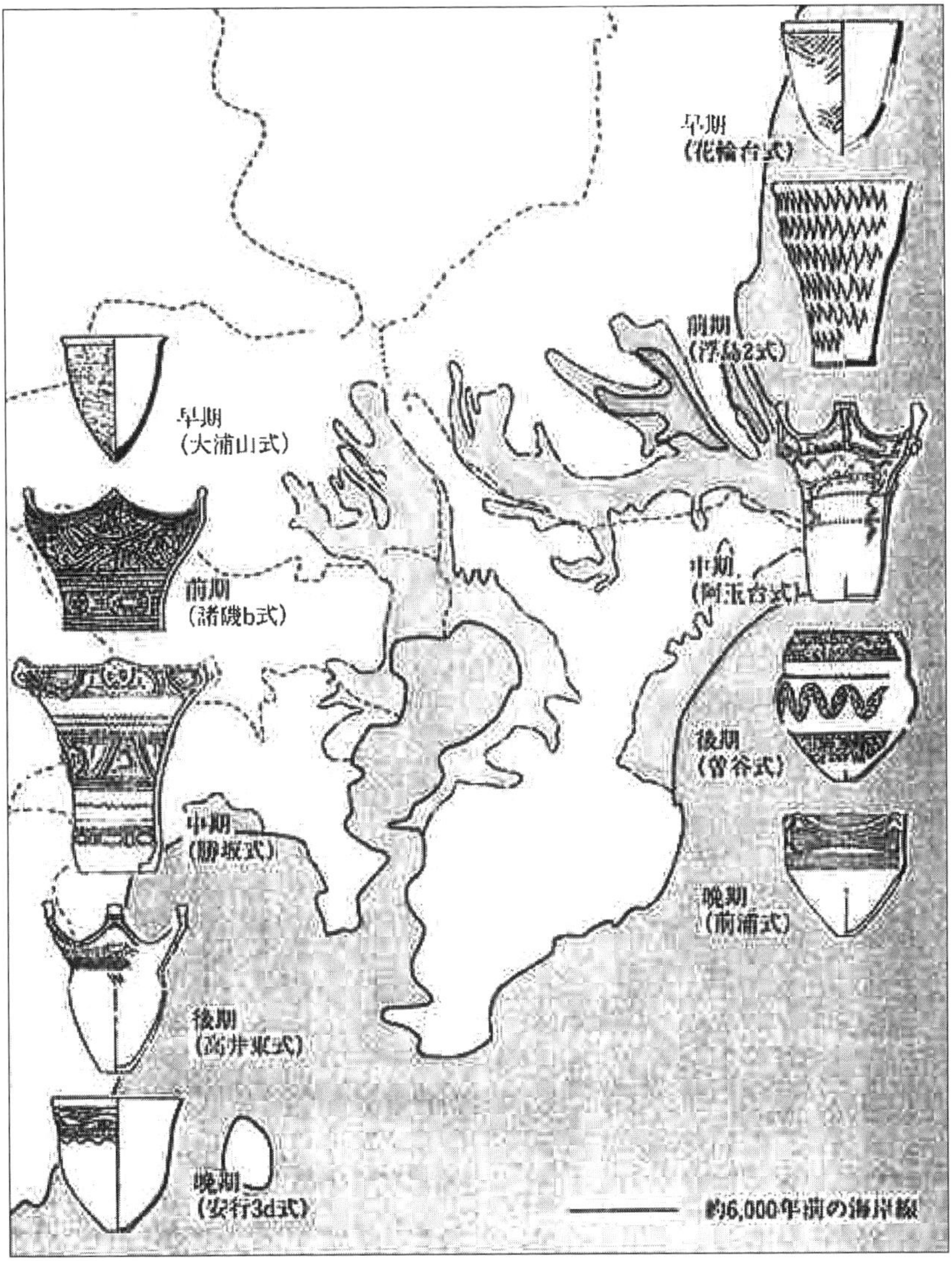

図5−7　南関東北方の主な土器形式と東西文化圏（出典：宮崎博による）

「原始美術」とよぶべき造形の頂点の成立
「加曾利E式土器」(中期後半)
関東平野部の扇状地形と緩やかな流れを反映(?)
動物的な文様は植物的な文様に変化　男性的印象から女性的印象に変化
周辺の土器と混じり合う　中期に発達・活性化した地域間交流を反映する
「加曾利B式土器」(後期)
沈線文と縄文、そして表面研磨によって幾何学的な文様を組み合わせた構図
「磨消縄文」を発達させて確立
関東土器群を体系化し、類似性のある土器群の広域分布圏を成立させる
甲信越では草創期~前期、後期以降の土器群には、周辺の影響が混じり入り、地域色をみせながら東西文化の交差する性格を有するが、中期には不可思議な隆起性に富んだ装飾文様を発達させて独自の土器群を輩出した
「井戸尻土器」群
狢沢式、新道式、藤内式、井戸尻式と続く
人物、顔面、動物、蛇体、生命体を連想させるものを含む
関東の勝坂式と特徴は同じ、異風土で同一の地域圏をつくる
後期以降は関東に統括される
「曾利式土器」(中期後半)
関東の加曾利E式土器との混じり合いが型式変化の過程で進行し、最終的に同化する

「唐草文系土器」
伊那谷から諏訪盆地を中心に成立・発達　　胴部に渦巻き状の唐草文様
曾利式と親密な関わりを維持しながら長野県中南部に分布圏　影響しあう形で混じりな
がら最終的に加曾利E式、曾利式、唐草文式ともども後期の弥名寺式土器群に同化する
中部山地の東に、勝坂式と対峙するように分布している「新巻、焼町系土器群」がある
群馬県から長野県東部に偏在し、関東ではなく、越後・東北との繋がりが認められる
山岳地内で、「西は関東、東は越後・東北」に類似している
「馬高式土器」（中期）（火焔型土器）
新潟県の信濃川流域（長岡の丘陵）に四〇〇〇年に渡り隆盛し、後期になると台地上から、
霧散して消滅している。実用性を超越した隆起性に富んだ造形
「諸磯式土器」（前期後半）
関東地方の土器であるが、分布の中心は甲信越にある
土器製作技術を飛躍的に向上させて土器に塗彩や彩色技術を導入し発達させた土器
竹管文系の総称。浮線文（隆帯文）

西日本では
「鷹島式、船元式、里木式」などの土器群
系統的つながりが濃く、瀬戸内地区を中心に分布。九州まで拡大
船元式、里木式土器が、朝鮮半島（東三洞遺跡など）から出土
西日本に分布の中心をもつ土器群が九州を越えて、半島に及んでいる

九州では
「阿高式土器」（中期後半〜後期）

本州の土器群との交わりが希薄、むしろ対峙する文化圏を形成

中期の中部地方や関東地方の土器の特徴として、以上の状況から、異質性、局地性、臨時性を指摘できる。

「異質性」として、中部の唐草文・動物様土器、北陸の火焔型土器、南関東の多種・多用途の土器群は、東北・近畿などの地域に比較して、異質であり特異である。

「局地性」として、それらの土器群が、広域性を持たず、局地的分布を示すことが多いことを指摘できる。

「臨時性」として、それらの土器群は、中期の三〇〇~五〇〇年間に限られる傾向があり、期間を限定される。

これらの状況から何が解明できるのか。

① 土器の文様などの変化は、中部地方の土器群が顕著で、周辺の北陸や西関東でも顕在化している。これらに地域は、鬼界カルデラ火山噴火による、西日本勢力の東日本への移動地であり、東西住民の融合による影響が住民の意識変化をもたらしたと判断することもできる。

② これらの各土器群の特徴も後期になると、関東の弥名寺土器群に同化して特異な特徴は失われている。この変化をどう判断するのか。一つは、東西両住民の完全融合で特徴が消滅したと解釈できる一方、後述する西日本勢力の旧地への帰還移動が進行し対応意識が喪失したとも解釈できる。

③ 東北地方や北関東では、全体的にすべてを飲み込んで融合する傾向が強く存在するものの、特異性を主張できる土器群は現れていない。これらの地域は、中部地方などとは異なり、西日本勢力の流入が乏しかったためと推定される。

3　人集団の動き

3．1　土器型式分布などからの人集団の動き

『縄文土器ガイドブック』によれば（前項参照）、中期の土器群は、関東および甲信越地域の土器群の独創性が指摘され、縄文時代と言えば「縄文土器」といわれるほど隆盛を極めている。

関東では、阿玉台式・勝坂式↓加曾利E式へ、甲信越では、井戸尻系↓曽利式・唐草文式へ、信越では「火焔土器」と称される馬高式土器群が変化しながら隆盛している。また、東北では、大木式が拡大し、北方系の円筒上層式やサイベ沢式が北東北から北海道に分布し、西日本では船元式・里木式・鷹島式が、九州では春日式↓阿高式へ型式を変化させながらそれぞれ展開している。

そんな中で人集団の移動にかかわる事実も抽出されている。

（1）東日本勢力の動き

（前期中葉）水子貝塚（埼玉）に甲信、東北、東関東の土器流入

（前期後半）秋田に「イ族」進出、（前期末）秋田に「ア族」居住　棲み分け

　性格の異なる、ふたつの隣接集落、メガネ状集落を形成

五五〇〇年前　十和田カルデラ噴火　周辺住民（「ア族」）の移動

五〇〇〇年前　沼沢カルデラ火山噴火　会津住民の移動

・十和田カルデラの度重なる噴火で、「ア族」が拡散している。

・東北の大木式土器群や関東の加曾利E式土器群は、周辺地域と文様が混じり合うことから、その影響を受けながら分布を拡大しているとされている。甲信越地域などの独自性に対峙して協調性が高いことから、人集団の融和がより進行したのではないかと指摘されている。
・関東の「勝坂式土器」と対峙していた群馬～長野東部の「新巻・焼町土器群」は、越後や東北の影響を受けていて、その西部に分布している「井戸尻系土器群」は関東の影響を受けていて、それぞれの文化が交差した状態になっていると指摘されている。それが人集団の差異に及ぶのか不明だが、河川と盆地など地勢的要因による可能性もあり、注目すべき事実である。
・関東では海浜の「阿玉台式土器群」と周辺山岳の「勝坂式土器群」の対峙が指摘されており、後者が生命体を感じさせる独創的造形土器を製作しているので、それのない前者と精神的差異あるのではと、人集団の差異を指摘している。地勢的差異もあるので慎重な判断が必要である。
・信越・長岡市の信濃川や阿賀野川沿いにも展開していた「馬高式土器群」は急速に終焉を迎え消滅したとされている。その原因や移動先は不明である。
・伊那谷から松本盆地ぞいに分布している「唐草文系土器群」は甲信越では植物を文様とする異質な土器群で、西日本からの移動民の存在の可能性を指摘できる。一方、『岐阜県の歴史』によれば、この「唐草文土器」の分布は飛騨地方の方で出土が多いとされていて、木曽川沿いの移動も考えられる。また、西日本の船元式土器が、八ヶ岳西麓（長野県富士見町）で出土しており、西日本の人集団の移動を確認できる。

（2）西日本勢力の東方移動

前期でも指摘したように、鬼界カルデラ火山噴火で、西日本勢力の東日本への大移動が発生している。中期になってもまだ土器の東進が続いている。

「サ族」「シ族」の移動

中期初頭　鷹島式土器（和歌山）移動　↓　静岡、八ヶ岳、伊豆諸島
中期前半　船元式土器（瀬戸内）移動　↓　岡谷、茅野

土器移動や地名の移動のほか、各地の顕著な根拠や類似性は見いだせていないが、中部地域の土器製作の多様性と新手法は、これらの移動部族との合流から生まれた事象の一端の影響を示すものかもしれない。さらに、中部地方に集中した独創的な土器文化は、後期に至って関東の土器群に吸収・同化されているが、移動部族が関東の部族と合流・合体が進行した結果と推察される。後期には、逆に「サ族」・「シ族」の九州帰還の発生が指摘される。

3．2　関東・甲信越の人集団の動き

「山梨博物館資料」による甲信越・関東の縄文時代中期の土器分布から、部族の動静を探ってみよう。この図は、前述の「時代別の土器型式分布図」の中期の分布図と対応するものであるが、やや詳細に区分されている。

(1)「火焔型土器」の分布からの解明（図5―8参照）

新潟を中心に分布している「火焔型土器」は、四〇〇年継続して使用され、その分布は越後に留まらず、信濃川を遡上して「シナノ」を経て北西関東へ、また、阿賀野川に沿って、会津盆地、福島平野から那須高原、鬼怒川上流に至っている。

この土器の特異性から、大陸から渡来した「渡来民」のもたらしたものとも推定されたが、その後、北九州からの「ナカ族」の移動と推定している。

群馬（上毛地方）での分布は、信濃川沿いか北関東からの進入か不明であるが、信濃川ルートには関連地名が多いので、前者の可能性がある。とすると「シナノ」での「シ族」と「ナカ族」の合流からやや遅れて、中期の後半～後期の進入とも推察される。北栃木の那珂川地名の移動とともに、「ナカ族」のものと推定される。

(2)「焼町土器」の分布からの解明（図5―8参照）

諏訪・松本盆地、長野盆地周辺に分布している「焼町土器」は、三〇〇年継続する土器で、独自の文化圏を保っている。上述の「火焔型土器」とは形状的に類似点は多いが、この地域の分布地では、ほとんど「火焔型土器」を伴っていないので、「シナノ族」の存在を指摘して良いのではないかとも推察される。しかし、「シナノ族」の出自は、既述の九州からの移動部族「シ族」と「ナカ族」の合流であろう。境界の「サク」地域を越えて関東平野（渋川、四万、榛東、白沢や中之条、中山、長野原）に及んでいることも注目されるが、甲府盆地や関東平野全体には進出しておらず、この時期に新しく進入したことを示しているのではなかろうか。

また、この土器が遺跡で主体を占めることはほとんどなく「勝坂式土器」や「阿玉台式土器」と共存しているとされていることも、その反映であろう。

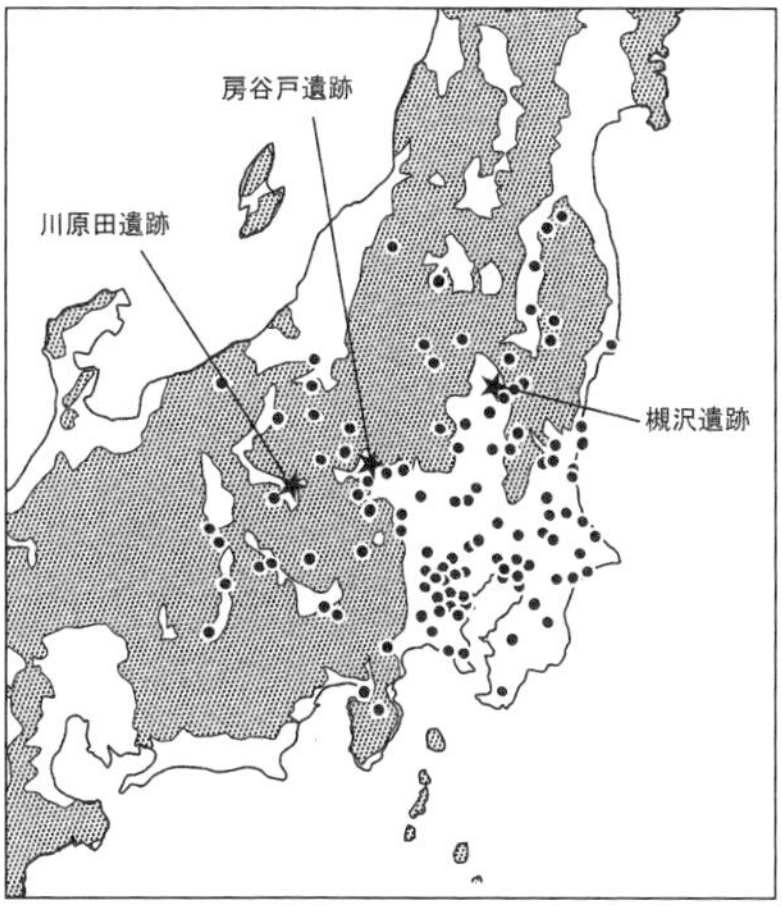

阿玉台式土器の分布

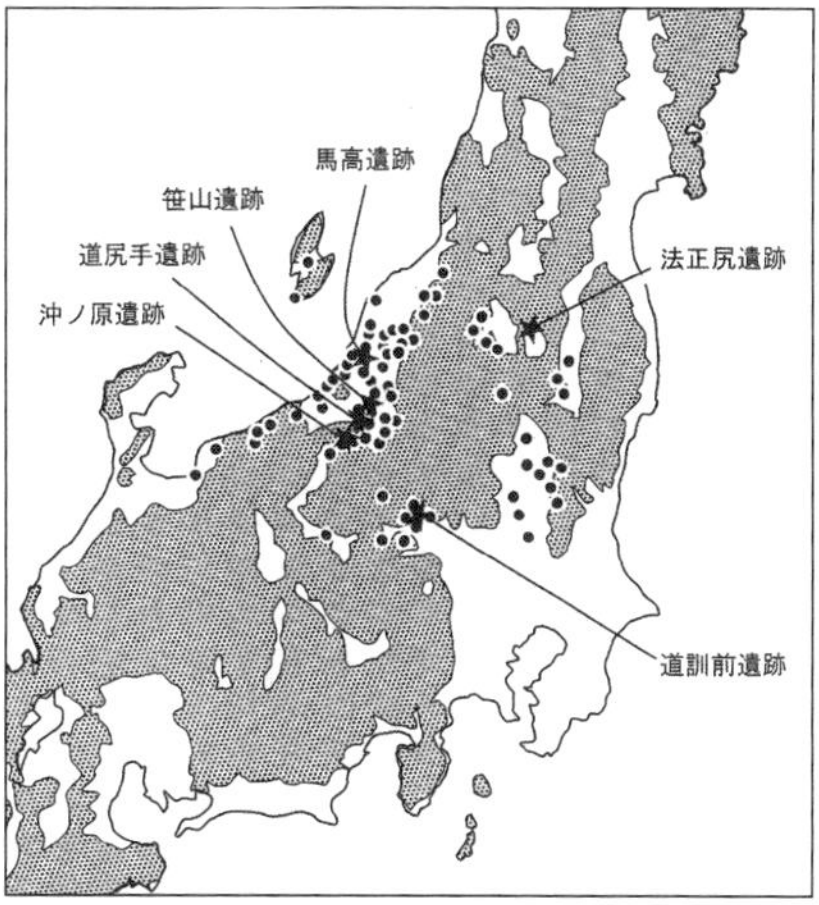

火焔型土器の分布

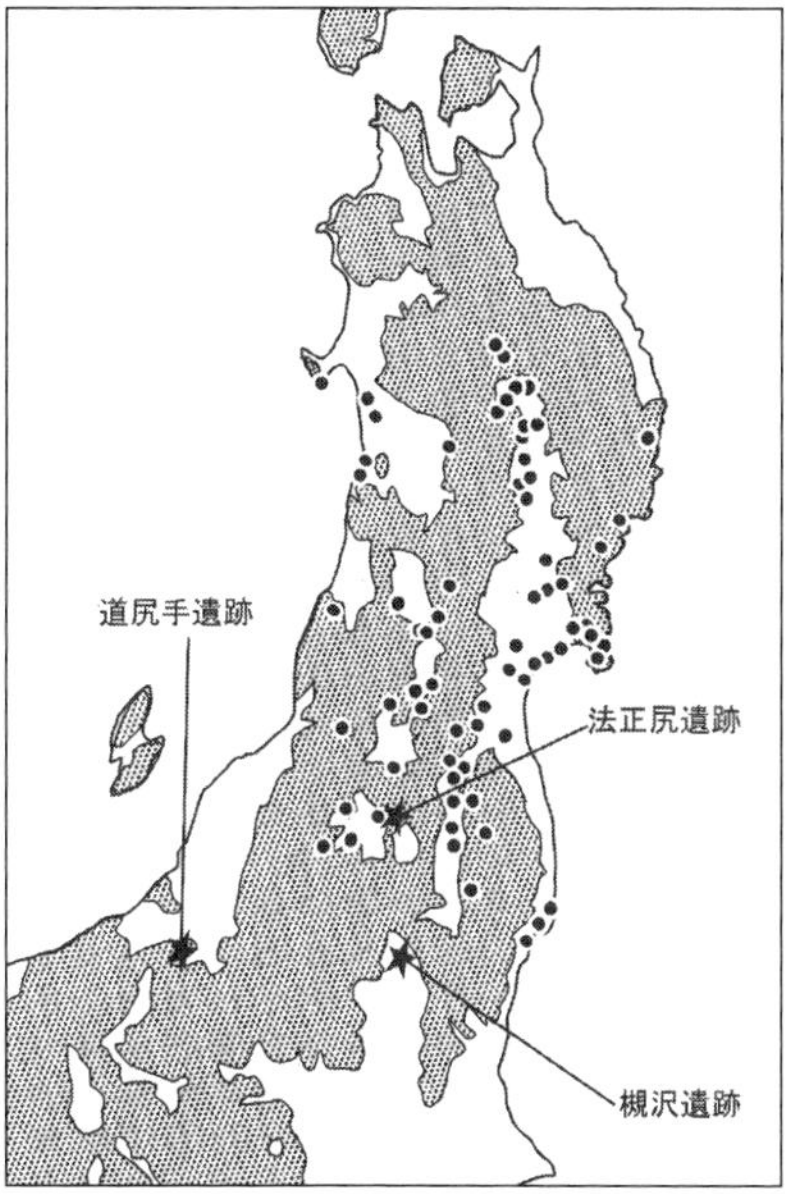

大木式土器の分布

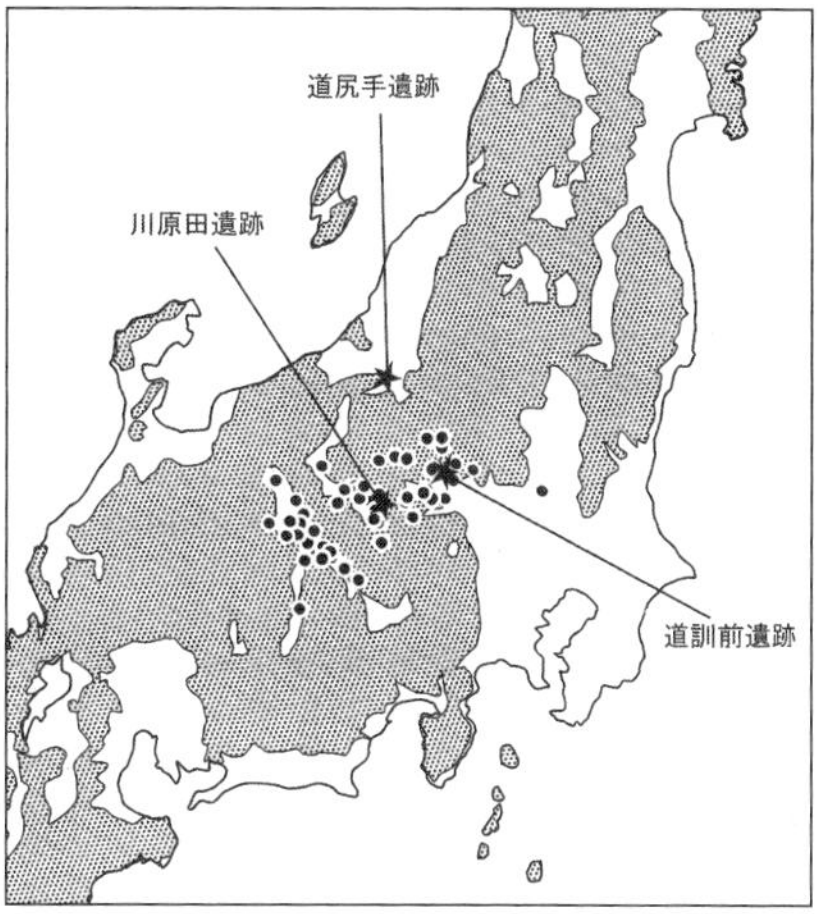

焼町土器の分布

図5−8　土器の分布と勢力図（出典：山梨県考古博物館『縄文土器名宝展』2011年より）

（3）「阿玉台式土器」の分布からの解明（図5－8参照）

「阿玉台式土器」の分布は、既述の「焼町土器」の分布地域の東側の関東平野を中心とし、東北南部まで拡大して分布している。

中期の土器なので、後述の「大木式土器群」の分布と南東北で重複しているが、北の「ヒタカミ国」の存在に対して、南の「ホツマ国」の領域を示すものと推定される。あるいは、富士山麓の領域を欠いているので、東北勢力の南下の開始前の状況を示しているとも判断される。

その分布範囲は、関東から福島、上毛、信州、甲斐に及んでいるが、越後や山形には及んでいない。「焼町土器」の分布とは重複しているが、「火焔型土器」の分布とはあまり重複せず、わずかに会津や北関東の外縁部でのみ重複している。他型は、関東平野ではほとんど分布していないので、関東との交流の初期段階で、交流は外縁部に限られているとの解釈も可能である。

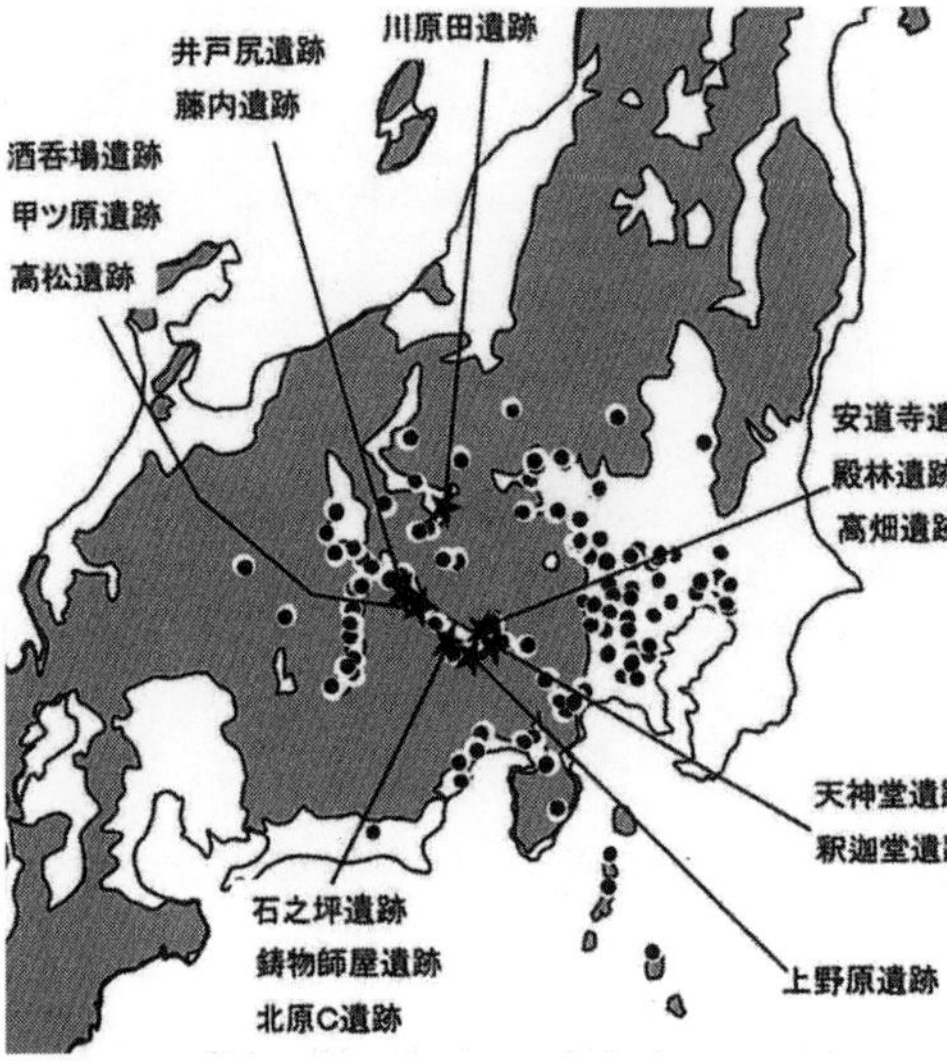

図5–9　土器の分布と勢力図
（出典：山梨県考古博物館『縄文土器名宝展』2011年より）

（4）「大木式土器」の分布からの解明（図5－8参照）

「大木式土器」は、南は福島から北は岩手まで、太平洋沿岸から、秋田・山形の沿岸まで、かなり広域に分布している。この分布は、いわゆる、「ヒタカミ国」（「イ族」「ツミ族」連合）の存在を反映した分布である。山形の盆地列も含んでいるので、「渡来族」以後の可能性もあるが、中期（五〇〇〇〜四〇〇〇年前）の出土時期はやや早すぎる。この図は大木八式とされる時代で、一〜六式が縄文時代前期なので、「八式」は中期の中頃の五〇〇年間を示すと表示されているからである。この時代は、渡来民のいる「イワ族」以前で「イ族」「ツミ族」の領域であり、「ア族」の南下時期である。「大木式土器」は、この時期には、関東地方や陸奥地方には分布していないので、「ア族」の南下後で、関東への南下直前の状況と判断する。

（5）「藤内・井戸尻・勝坂・曽利式土器」の分布からの解明（図5－9参照）

「藤内・井戸尻・勝坂・曽利式土器」は、甲府盆地から諏訪盆地にかけて分布しているが、前述の「焼町土器」の分布や「阿玉台式土器」の分布と大いに重複している。そのうち、「井戸尻式土器」は、中期二〇〇年間継続すると言われる。

図では、四つの型式の土器群別のそれぞれの分布は不明だが、関東平野の西半分（利根川右岸）に分布が限られる。別部族が存在していたのであろうか。または、「タマ」への部族の終結の反映とも考えられる。海岸平野部族の差異が反映している可能性もある。海岸平野は「阿玉台式土器」の分布圏である。

また、資料では、「曽利式土器」の文様が八ヶ岳領域と多摩領域と密接に関連しているとされており、交流とされているが、同系部族の集結の可能性もあり、部族の移動を含めて考慮することが必要である。

この時期、九州から「サ族」が相模を中心に、「シ族」がシオジリ周辺に進入しているので、関東勢力が両族への対応としての「タマ」への部族集結（クニの形成）にも関連しているかもしれない。

4　共同体の形成と「マ（クニ）」の成立

4．1　共同体の形成（他族との協同）

部族と部族が共同体に発展する契機や根拠を考えてみる。

（1）共同作業の発生

魚場、狩り場では、「追い込み漁」が効果的であり、広範囲の獲物を一ヶ所に集中して、一網打尽に収穫できる方法であったものと推定する。焼畑、耕作、植付け、雑草取り、収穫なども、共同作業したものとこれも推定される。大木の伐採、運搬、住居の建設などは言うまでもあるまい。

これらの共同作業の発生も、氏族から部族となり、共同体へのレベルアップに不可欠な契機となったものと推定される。

（2）集落の形成と管理

縄文時代の集落は、実に機能的要素に富んでいることが、考古学的な各所の発掘データで証明されている。広場を中心に周りに住宅が配置されたり、共同作業場としての大型住居を中心に住宅が営われていたり、墓・ゴミ捨て場・植林地・畑が周辺に配置されている集落がある等、事例を挙げれば限りない配慮が施されていたことが判明している。

これらは住民により集落が形成され、管理されていたことを示しており、共同体形成の一過程であったことを示している。

（3）技術の共有化

他族との協同を必要とする要件を考えてみる。まず、獲得した技術の共有が挙げられる。たとえば、土器製作の方法、形、材料粘土、焼き方等、住民の気に入った土器は、その作成が共有された可能性がある。技術の共有化は、他方面にわたり、食材の選定、食料化の方法、栽培方法はじめ、狩り場、魚場での行動、住居の作り方、材料の採取、土台の作り方、住居の入り口の方向など、これも多岐にわたっていると推定できる。このような技術の共有化が、氏族を越えた部族を作り、部族を共同体「マ」に押し上げた根本的根拠となったと推察される。

（4）魚場・狩り場の管理

食糧確保は必然であり、その生産地たる魚場や狩り場は、特定の集団が特定の領域を管理したものと推定する。特定の領域の初源的名称が「マ（間）」ではなかろうか。各地にすでに示したように、「マ（間）」地名が残存し、一定の集団の領域であった可能性を示している。小国的とはいえ、同系部族や集団の生活域であったと推定する。その領域には、境界が伴うが、流域であったり、盆地内であったり、地形区分の境界を採用していたものと推定する。

（5）流通・交流による一体化

東北と北海道の間で、この時期「アオトラ石斧」、「コハク」、「アスファルト」の物流に基づく交流が指摘されている（図5－10参照）。

「アオトラ石斧」は、北海道平取町を原産地とし、三八・上北地方を中心に、仙台平野や山形平野（押出遺跡など）まで出土し、出土した石斧の五〇％以上を占めて、大いに使用されている。三内丸山遺跡では八九％に及んでいる。

「コハク」は、岩手県・久慈市を原産地として、北海道に及んでいる。

「アスファルト」は、秋田・山形・北海道などの日本海側で産出し、陸路や海路で太平洋側に流通し、槍や石鏃の接着剤として使用されている。

縄文時代中期の段階で、北東北の人集団（「ア族」や「イ族」と推定）は、かなり親密な流通網を有していたことが判明している。

一方、関東では、北陸と関東の間で、「ヒスイ製大珠」や「コハク製大珠」の物流網があり、濃厚な流通の存在が指摘されている（図5－10参照）。

北陸産の「ヒスイ大珠」は、主として信濃川や阿賀野川を経由するルートで関東に運搬されている。一方、千葉県産の「コハク製大珠」は、その逆ルートで中部・北陸に運ばれていると指摘されている。

関東でもまた、人集団の一体化が物流網を基礎として成立していたと推察される。

中期後葉の長者ノ平遺跡（大田原市）の径二五〇ｍの半円形遺物散在地の外縁部から、北関東・新潟・南東北の土器がそろって出土している。この地域の周辺地域との交流・流通が推定できる。

一方、船泊遺跡（礼文島）では、大量のピノス貝製平玉が出土していて、周辺地域や沿海州との交易が確認されているほか、北陸のヒスイ玉、南海産のイモ貝・タカラ貝製品が出土して、日本海沿岸を通した列島

アオトラ石製石斧の生産と流通

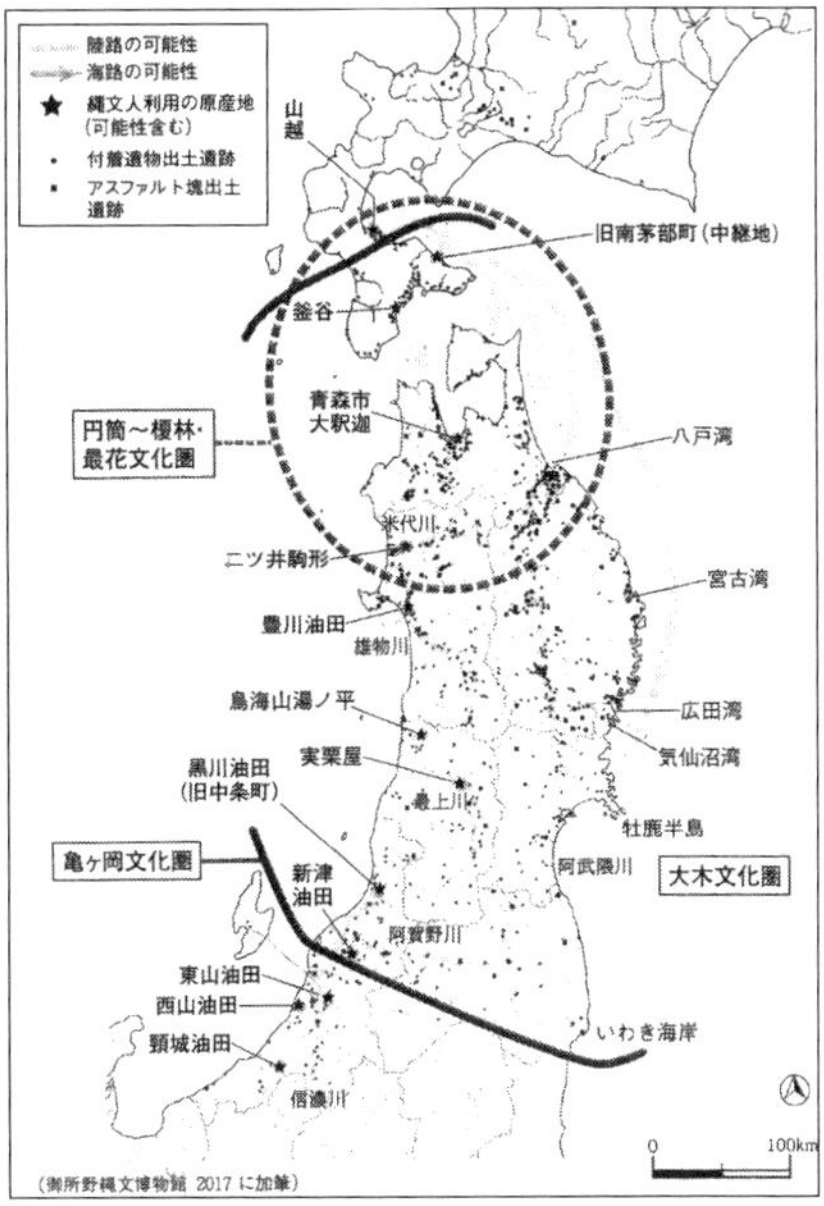

アスファルトの原産地・精製遺跡と流通ルート

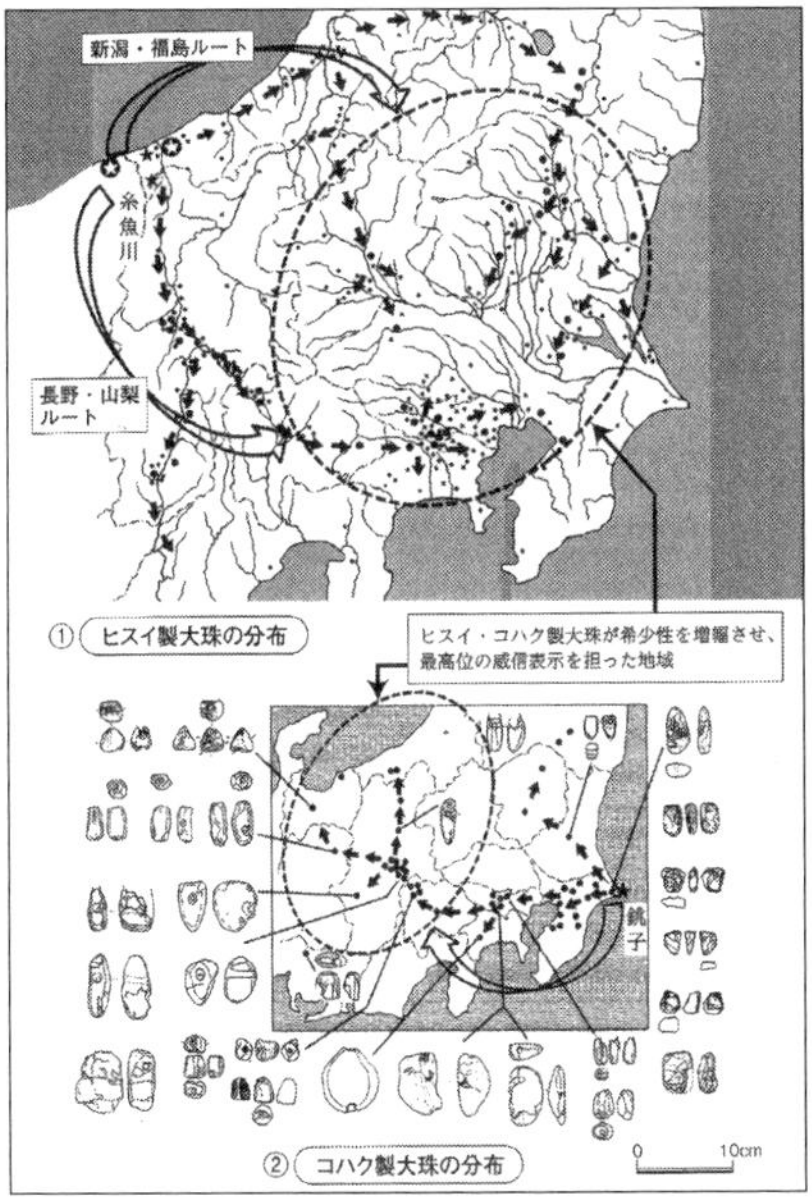

ヒスイとコハク大珠の分布

図5–10　流通・交流による一体化（出典：岡村道雄『縄文の列島文化』山川出版）

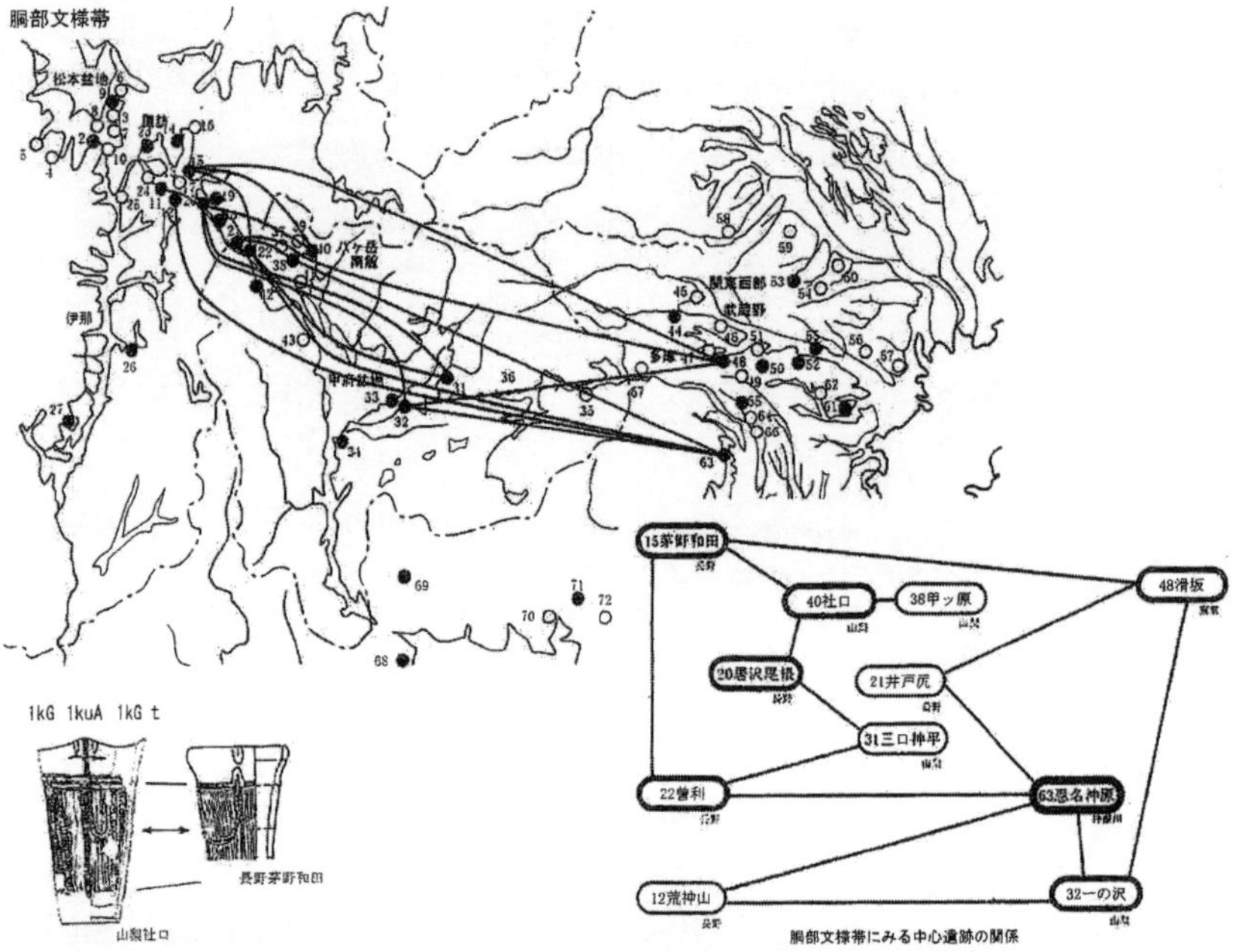

図5−11　曽利式土器の文様から見る遺跡間の関係

（出典：山梨県考古博物館『縄文土器名宝展』2011年より）

を跨ぐ流通の存在を推定させる。

図5−11は、相模・多摩地区と八ヶ岳南麓の土器の文様を比較したものである。

相模・多摩地区の曽利式土器の文様は、甲斐〜井戸尻土器との密接な関係が有ることを指摘していて、この時期にこれらの地域が流通を通じて密接な関係にあったことを示している。これはまた、「サ族」と「シ族」の存在地域であり、その到来と密接性から、両族の移動後の関係を反映している可能性がある。両族は、南鹿児島から移動して来ているからであり、移動の真実性も同時に示していると推定される。

これらの種々の交流の中で、人集団の意識変化の存在を認知する。その結果、大型集落や環状集落が「マ」として形成され、集団としての共同体意識が醸成され、やがて、祖先神（ミタマ）意識を有する方向へ発展していくのではなかろうか。

（6）婚姻による部族の形成

① 部族保持への女性の役割

集落内での生活や食料・食材の管理や食料栽培には、女性が主体を占めていたことは推定できる。育児や長寿は女性の特権であり、経験は集落の財産である。生活が安定し定住化が進むと、女性の役割は増大したと推察される。また、後代には、戦闘にも女性が参加したことや「女軍」が存在したことも古伝に現われており、女性自身も戦力そのものにもなった時期も存在した。

各部族の系譜図によれば、在存部族は、渡来民の到来する後期中頃までには、東西日本勢力の融合がかなり進行しており、渡来民に対して共同の対応を行っている。

その主体は、女性の存在であると推察される。女性は、部族統合の「鍵」になっていた可能性もある。中国古伝（梁書）では列島に「女国」があったとも記載されている。

② 婚姻の進展

この時代の婚姻はどのように行われたのであろうか。雑婚から始まる婚姻制は、この時期の考古学では、単独家族の住む「竪穴住居」から始まり、同系や姻族の集団と推定される「円形集落」を経て、異系を含む「環状集落」「大規模集落」へ発展していると指摘されている。この時代は、女性の定住性と男性の活動性をまた指摘できる。

後晩期になると、神話や古史・古伝の中の英雄たちは、行く先々で妃を娶り、多くの子孫を残している。アマテル大神は、「ホツマツタエ（秀真伝）」によると、一二人の妃がおり、オオクニヌシも四〜五人（越・出雲・ウガヤなど）の妃を有している。王統のニギハヤヒは三人（丹波・出雲・大和）、ニニギは三人（駿東・ウガヤ・沖縄）など、一夫多妻は当然の時代であった。たとえば、ニギハヤヒは、「天系（出雲系・尾張系）」（天道日女命）「丹波系」（佐依津媛）「ヤマト（物部系）」（ミカシヤヒメ）などの同系族がおり、それぞれ異なった形で神社に祭られている。三輪神社（出雲系）石上神社（物部系）大国魂神社（丹波系）がそれである。

その後、地方の部族も、ある時期を過ぎると、勢力保持のために権力者のバックアップを必要とし、進んで娘を提供した「政略結婚」に移行すると推察される。権力者も同系部族が増えることは勢力拡大に不可欠なので、一時期、当然の風習となったことも推定される。子孫の多さは、また、同系部族の強化に必須であったとも言える。

また後代には、子は母方の遺産を相続し、父方を名乗るという「入り婿」「通い婚」の風習が残っている。「政略結婚」から後は、「通い婚」が主流ではあるまいか。

婚姻による部族の統合は、自然に発生したものの、政略的にもなって、部族同志で広く展開されたものと考えられる。

4．2　共同体（「マ」）の形成の根拠

中期の「躍動性」は、何に由来するものであろうか。安定した食料事情に裏打ちされた新しい自由な発想である。それは、土器類製作において独創性を生み、航海技術を向上させて遠洋漁業を生み、メノオ、コハク、干貝、石棒など生産技術を向上させて自由な流通を活性化させた。また、大集落を作り、環状集落を成立させて、管理集落を完成させた。東西列島の人集団の融合は、共住の意識を高め、融合は異質な技術を合

流させ、次元の変わった新しき意識を誕生させたと推定される。

中期には、静的縄文社会が動的縄文社会へと変化した。北と南から押し寄せる人集団は、本州中央で合体し、人集団の意識を動的なものに変化させた。それぞれの人集団は、「ミタマ」を尊重して、共立する社会を到来させたと言えないであろうか。

（1）共同体成立の条件

共同体（「マ」）の成立の条件には、何があるのだろうか。推定・列挙して見ると、

①部族名が二つ以上となって、合流を名称上から確認できること

②始祖神（ミタマ）を有すること（イツノミタマ、フツノミタマなど）

③「マ（間）」の範囲や領域（カミ→シモ、ズ（頭）→シリ（尻））を設定できること

④土器を共有していること（大木式土器など）

⑤共通した出土物を有すること（矢柄など）

⑥部族移動を実施できること（リーダーの存在）

⑦「主」を有していること（フツヌシ、イワイヌシ、ミチヌシ、ミナカヌシなど）（後代）

⑧古史・古伝に「女首長」が存在していること（アマテラス、タブラツヒメなど）

⑨流域などの特定な地域を領域とし、境界を有すること（ツツコワケ、カシマ神社分布など）

などを挙げることができる。縄文時代にはこれらのうち、①〜⑦などのほか、存在したものがあるのだろうか。

（2）共同体を示す地名（「マ」）

人集団が部族を経て共同体の成立を示す地名（言語）を抽出してみると、まず、領域「マ」の存在を示す地名とその変化がある。

「あづま」（ア族＋ツ族のクニ）や「ホツマ」（ホ族＋ツ族またはホ族のクニ）、「マ」は自立した小さな「クニ」と考える。

関東には、そのほか、二音の（たま）、（ざま）、（くまがや）、（しま）や三音の（あさま）（かさま）（ぐんま）（いるま）などが点在し、一時的にクニ的状況を呈していたと推察する。これらは、二音から三音へ、また、三母音時代から五母音時代にまたがっている。その使用は、五母音や二音語が隆盛する中期以降と推察される。

九州には、（やま）（くま）（つま）（しま）があり、（さつま）（くしま）があり、同様な連合的状況が、かつては存在していたと推定する。

近畿にも（みま）（すま）（しま）があり、（たじま）（ありま）などが指摘できる。

これらのまだら状の「マ」地名の分布地を鳥瞰すると、それは、後代のニギハヤヒ、ニニギの西進時代の「クニ」を表す地名に継承されていることが判明するのである。

この「マ」は、沖縄では、「間切」なる小領域がグスク時代まで実際使用されていたことが判明している。これら小間切が集合して、北山、中山、南山等の王統の領域になっている。「おもろぞうし」では、南山の領域は、「八間切」から構成され、首府は「島添大里間切」に存在するとされている。奄美では、「マキョ」と言われる。

（3）「マ」の統一から「クニ」へ

「マ」の統一化に向かうのは、何時のことであろうか。中国の古史の「百余国」は、列島の「マ」の存在を捉えたものとしてあり、また、ヤマト時代の関東に「フサゥ（扶桑国）」（「梁書」）が存在しているので、ヤマト以前の「マ」を統合化した「クニ」の様相が存在する地域があったのではなかろうか。

古伝などには唯一「ホツマ」の存在が示されている。「ホツマ」はニニギの出自母体であり、初期には「ホ（三母音時代はフ）」は「火」を念頭にした富士山周辺の「クニ」ではなかったか。やがて房総に移動して「フツ族」となり、「フツ族」を中心として、関東では同心円的な部族配置から、地名的に統合化の進行を推定できる。

しかし、土器分布からは「勝坂式土器圏」が推定されるが断定はできない。土器分布圏は、統合化の中間的領域に止まっている。中期の土器分布圏は、統合化の一過程と考えることもできる。

一方、「クニの境界」や「クニ」を示す地名に、「カミ」「ズ」がある。「ズ」は、漢代にヤマトに存在した「東鯷国」に「壇州（タンズ）」として登場しており、使用時代が判明している。また、「カミ」は、列島の古史に散見される地名である。「カミ」には、（きたかみ）（みなかみ）（さがみ）（くしかみ）（もがみ）などがあり、「ズ」には、（イズ）（オオズ）（ヤス）（スズ）（タンズ）などが残存している。「ヒタ・カミ」は、「クニ」となっている。

既刊にも示したように、これらは明らかに「クニ」の領域を示す言葉であり、共同体としての「クニ」を示す様々な言葉や地名が列島にもすでに存在していたと認定することができる。その存在は、部族の統合化が始まる、縄文時代中期まで遡ることができる可能性がある。

この時期の東日本は、三内丸山遺跡が完成し、各所で大集落や環状の大集落が形成される時代である。環状集落としては、宮後遺跡（茨城市）で径一六〇m、道訓前遺跡（群馬・赤城山西麓）で径一五〇m、上宮田台遺跡（袖ケ浦市）で一〇〇mなどが、和台遺跡（福島市）で竪穴住居一九〇棟、御所野遺跡（岩手）で六〇〇棟、高根遺跡（宮古市）で一〇〇棟、上宮田台遺跡（袖ケ浦市）で八〇棟などが形成されている。

これらは、「マ」と地名化されていなくても、「マ」の地名形成の背景を示していることは明白であると指摘でき、「マ」形成の根拠となり得るであろう。

4・3　「マ（クニ）」の成立

それでは、「マ（クニ）」の成立は何時のことであろうか。

まず、中国の古史・古伝によれば、『論衡』で記述された列島の「百余国」があり、『魏志倭人伝』では、「邪馬台国ほか三〇余国」の存在が記載されている。また、漢代には北九州の「倭奴国」が金印を授与されている（AD五七年）ほか、東方に「東鯷国」の存在が記載されている。タン洲があり、イ洲もある。一方、『梁書』には、「倭国」の東に、「大漢国」（『新撰姓氏禄』には、殷時代以降大陸の滅亡王統の後裔が列島に到来しており、近畿に集結している）があり、さらに東方に「扶桑国」や「女国」（縄文の女系集団のことか）があるとされている。これらの記載事項から考えると、弥生時代（漢代）以前に、「クニ」が存在していた可能性が高いと言える。

一方、国内資料では、『記紀』が「日高見国」、「アヅマ」やオオクニヌシの「ウツシ国」の存在を示し、古伝の「ホツマツタエ」では、「ホツマ国」の存在を伝えている。

関東では、これに「フサクニ」や「サガミ（ザマ）」が加わる可能性が高い。

また、古神社調査や神譜・風土記では、アマテラスの行幸や親征が示されており、「神話時代」にも、「クニ」の存在を感じさせる。

また、考古学の示す縄文時代の「土器文化圏」の存在の主張は、「クニ」的まとまりの存在が、縄文時代からすでに存在していたことを示唆している。それに加えて、前述した大集落や環状集落の形成を根拠にできれば、その成立は、縄文時代中期中葉以降の可能性が高い。

このような種々の情報を鳥瞰すると、縄文時代での、列島的な「マ」から発展した「クニ」の成立は、否めない事実と推察される。それは「ホツマ国」であり、「日高見国」であり、「扶桑国」であると推察される。

この視点に立つと、関東に存在する、ハ行、タ行、カ行などの行別名の部族の同心円的分布は、「マ」から「クニ」の成立が推定されるのであり、その成立時代は、さらに部族の統合が進んだ中期後半ではあるまいか。

これらの部族は、何時の時代の反映だろうか、後代、関東に同心円的な分布を示す。房総（フサ）を中心として同心円的分布が地名から判明する。単なる思い付きであろうか。海浜族、段丘族、丘陵族、山地族なども「住み分け」の反映が原因の可能性もある。

（中心）　イ（ツ）族―アワ族　　　　　ア行部族
　　　　フツ族、フサ族―（ハヤ）ヒ（タカ）族　　ハ行部族
２円　　タ（マ）族―（ツ）チバ族―（ツクバ族）　　タ行部族
３円　　カ（イ）族―ク（ケヌ）族―キ（ヌ）族　　カ行部族

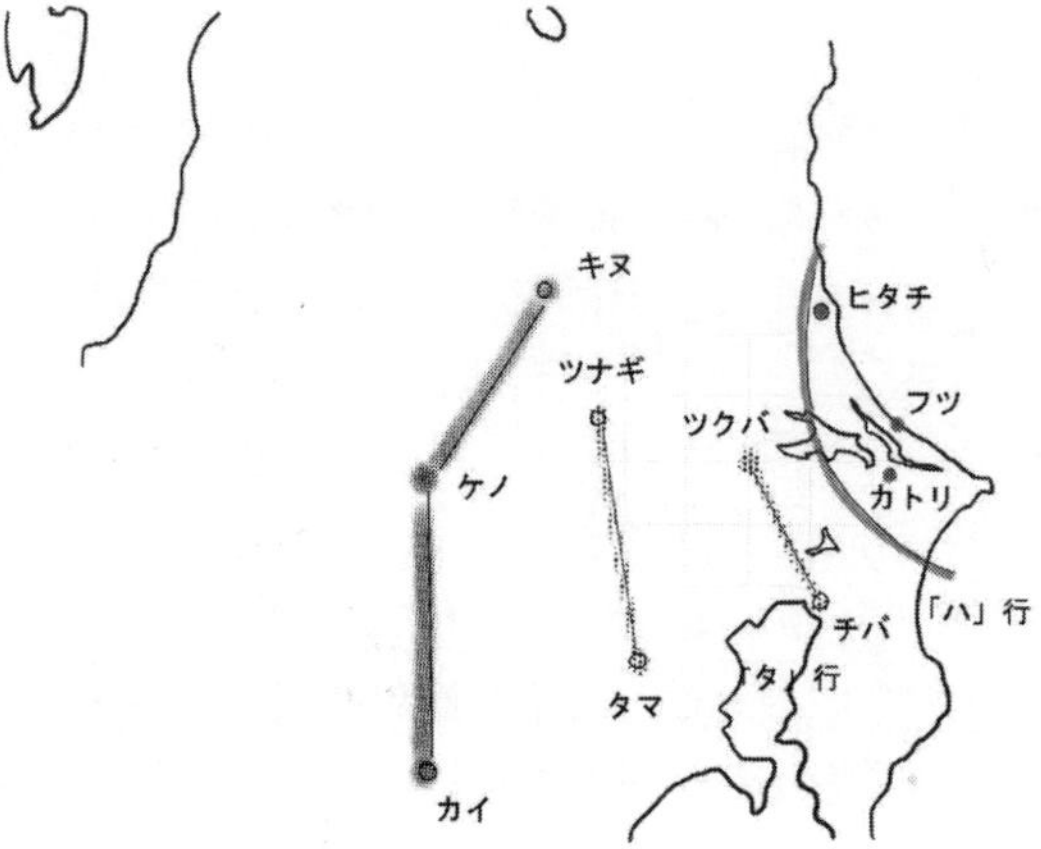

関東平野の各部族の分布
前項で示したような同心円的分布となっているがいつ頃形成か。成立はかなり古いと推定される。

関東の「クニ」の形成
関東では既存勢力の集合地にそれぞれ四つの「クニ」が形成されたと考えられる。それはフツノミタマを奉じ、後に「扶桑国」となる「フサ国」であり、イツノミタマを奉じる「イワイ族」の「日高見国」であり、西進勢力「サ族」と合体し、「ザマ」を含む「サガミ国」であり、「タマ」を中心にまとまる「ホツマ国」である。

図5–12　関東の勢力図（出典：著者作図）

第六章

ヌシの時代・縄文渡来民時代（後期）
四〇〇〇～三〇〇〇年前

　　　　　　　竪穴住居、掘立柱建物、土偶 100 点以上　出土
3,500 年前　法垣遺跡（大分）九州で最初の集落遺跡、住居跡7 棟、掘立柱建物6 棟、屈葬人骨 11 体
3,500 年前（後期）　畠中遺跡（陸中・山田町）
人面付土器、石器、土偶、土製品　ヒスイ製石製品
3,500 年前（後期）を中心とする 7,000 年前（縄文前期）から中世の集落遺跡
面縄貝塚（伊仙町　徳之島南端部）　四つの貝塚遺跡分布
建物、炉、貝塚などの生活跡と埋葬跡
戦前の調査で、南九州や沖縄諸島と類似した四つの土器出土（面縄前庭式、面縄東洞式、面縄西洞式、兼久式に区分され、編年の基礎となる）
その後、石棺墓、第 2 貝塚から建物 8 棟、集石遺構 6 基、土坑 2 基
（　　）　西日本勢力の大移動（3）
（後期中葉）　加曽利 B 式土器移動　→　足摺岬へ　加曽利 BI 式　→　加治木へ
（後期中頃）　干迫遺跡（加治木町）　東日本系の「磨消縄文土器」出土
（　　）　「サ族」「シ族」など、九州への帰還加速
3,400 ～ 3,000 年前　「ダイズ栽培」有明海～九州全域に拡大・分布
（後期）　本野原遺跡（宮崎・田野町）径 100m の西日本の大規模な環状集落
竪穴住居、掘立柱建物が円形に配置、環状の外にも 100 棟の住居
中央に人頭大の配石遺構、掘立柱建物、住居跡、配石遺構、土坑
火山灰（Ah）を排土や盛り土して造成、道路も建設
東日本的集落で「サ族」帰還か、「サイツ（と）原」「サツ原」関連地名
（後期後半）　加曽利 B 式・安行式　→　近畿へ
（後期～晩期）　西ノ原貝塚（東京・北区）140m × 180m の大型貝塚　住居跡 34 棟、墓
小規模貝塚が弧状に分布　土器、石器、土偶　9 体の埋葬人骨
（　　）　渡来民第二波「ノヘ族」「ハウシベツ族」　北東北に進入
「ノヘ族」ノシロ—大湯—ヘライ（戸来）－三八地方へ進入　環状列石
「ハウシベツ族」雄物川から横手に進入
（　　）　北陸・東北系勢力の移動（4）
（後期末）　智頭枕田遺跡（鳥取）変形工字文（東北系）、浮線網状文（信州系）土器
住居跡、土坑群、突帯文土器、石棒、石鏃、磨製石斧出土。交流・移動
（後期末）　カリンバ 3 遺跡（北海道・恵庭市）土坑墓群 37 基、ベンガラ添付
西に頭屈曲葬、コハク・ヒスイ・滑石の玉出土、本州と交易
（　　）　「イザナギ」「イツ族」「サ族」と共に　九州に進出（帰還）
（後・晩期）　井野長割遺跡（佐倉市）中央窪地を囲む環状盛土、盛土下に住居跡
長軸 160m、径 80m の大規模盛土、台付・注口・香炉型土器、ヒスイ小玉
（　　）　タマに「ハヤヒ族」「イワイ族」「アキ族」など集結　周囲に「ヤマト」
3,000 年前　観音寺本馬遺跡（御所市）大集落と墓地群　屈葬人骨出土
（　　）　「アマテル」　近畿へ進出（古神社分布）
2,860 ～ 2,800 年前　「キビ・アワ・イネ」華北型農耕の流入（小畑）
（　　）　渡来民第三波「ムス族」島根半島に到来　西遼河流より日本語（？）を有して渡来　カミムスビを奉斎　九州に拡大
（　　）　「ハク族」石川・鶴来に進入　ハクサン信仰の発生
（　　）　「アマテル」「セオリツヒメ」鳥取・八頭に進出
（　　）　「スサノオ」「（タカミ）ムスビ族」　関東・高天原（日高見）に参上
（晩期前半）　亀ヶ岡式土器移動　→　近畿　→　九州・竹田市
（　　）　ニギハヤヒ　「出雲・国譲り」　ニギハヤヒ、北九州へ移動
（晩期中葉）　安行 3D 式土器移動　→　近畿　→　薩摩・上加世田へ
ニニギ　「九州・国譲り」　センダイに入る

〔この期のイベント〕西日本勢力の帰還　ヌシの時代　渡来民時代　後 期

4,200 ～ 3,000 年前　上宮田台遺跡（袖ヶ浦市）環状集落と遺物包含層
住居 80 棟、土坑 30 基、貝層 1 層　直径 100m の環状配置
遺物包含層から貝、獣骨、土器出土
（中期～後期）　長者ヶ平遺跡（大田原市）径 250m の半円形に遺物散在
外縁部から新潟系・南東北系・北関東系の土器出土。流通・交流示す
（　　　）　西日本勢力の帰還・移動が始まる（1）
（中期末～後期）　智頭枕田遺跡（鳥取・智頭町）東日本系の住居「炉」出土
竪穴住居 12 棟、掘立柱建物、配石遺構、西日本で最大規模
（後期初頭）　石神遺跡（川口市）住居周囲に径 120m の環状盛土、クリ材井形の水場
中央に埋カメ群、木製品、漆製品、ヒスイ玉・石剣・飾り弓出土
4,000 年前　三内丸山遺跡　消滅　「ア族」関東に南下　移動か
4,000 年前　三瓶山噴火　出雲周辺住民は移動か　「ヤツ族」の北九州ヤマへ移動
4,000 年前　「ズニ（アヅミ？）族」北米大陸に渡航（北米の学会指摘）
4,000 年前　加賀町 2 丁目遺跡（東京都）竪穴建物 25 棟、掘立柱建物、人骨 11 体出土
（後期～）　アヅサワ（小豆沢）貝塚（東京都）径 180m の環状貝塚
内湾性魚介類、獣骨多数　出土　「ア族」の南下地
（　　　）　西日本勢力（関東・近畿系）の移動（2）
（後期初頭）　中原遺跡（志布志町）　東日本系の「磨消縄文土器」出土
（後期前半）　堀之内ⅠⅡ式土器移動　関東　→　九州・阿高へ
福田ＫⅡ式（西日本）→　鹿児島へ
4,000 年前　中飯降遺跡（和歌山）西日本最大の大型住居
14m の円形住宅、16m × 14m の隅丸方形住居
4,000 ～ 3,500 年前　漆下遺跡（北秋田市）「阿仁マタギ」の山間部集落遺跡
掘立柱建物群、配石遺構群、配石土坑群、径 60 mに環状配置　104 棟
漆付き土器 80 個（赤漆塗土器、赤漆塗耳飾り、漆を貯蔵・精製した土器）
周辺に大湯環状列石、伊勢堂岱遺跡（環状列石の外周に環状掘立建物群）
4,000 ～ 3,500 年前　陸平貝塚（茨城）　大規模貝塚
4,000 ～ 2,500 年前　岩立遺跡（沖縄・具志川島）埋葬パターン様々の墓地遺跡
埋葬62 体　装飾品付埋葬、すぐ土葬、火葬、白骨化して火葬など
3,600 年前　風張Ｉ遺跡（八戸市）　合掌土偶　出土
（3,600 年前）　渡来民第一波　「アキ族」「わ族」到来　（前巻参照）
「アキ（アマ）族」　秋田―北上―鬼首―霊山
（新潟）―会津―福島―白河へ移動
「わ族」鳥海―仙台へ移動　海洋族「イ族」と合流「イワイ族」となる
（　　　）　「イワイ族」（イツノミタマ）を奉じて、仙台で「ヒタカミ」クニ形成
「イワイ族」「アマ（天）族」関東に南下
渡来民と合流で　三母音が七母音・五母音へ変化　連結語の形成
（　　）　「イワイ族」「アマ（天）族」関東諸族と合流
ツクバ・イワマで「日高見国」形成
3,500 年前　上境旭台貝塚（つくば市）　霞ヶ浦の貝塚と集落
多量の製塩土器、安行式深鉢土器が出土、
ミヤマトシジミ（90％）、スズキ、クロダイ、イノシシ、シカ、カモ、
オオヤマネコなどの骨
交易品の「オオツタノハ製の貝輪」出土、ミミヅク土偶
3,500 年前　神明貝塚（春日部市）160 × 140m の大型馬蹄形貝塚、集落遺跡
下総台地で同様な貝塚 50ヶ所（後期中葉～晩期前葉）
3,500 年前　近野遺跡（青森）人物線刻のある石器出土　三内丸山遺跡に近い時期

後期は、列島内の部族の統合化が進行する中、中期末から続く西日本勢力の大移動(帰還)があり、中頃には大陸からの「東夷族」が渡来してくる。縄文時代の渡来民の第一波である。また、終り頃には、第二波が続いてくる。そんな中、列島内の部族の動きをさぐる。

1 列島内の部族の動き

1.1 前代からの部族の動き

(1)八五〇〇〇～六〇〇〇〇年前(前期)

気候も安定し、堅果植物の発生やダイズ栽培も開始され、食料確保が安定化して、定住化が促進された。また、定住化で集落の主導権は女性の発言権が増大し、女系社会が形成され、玦状耳飾りが隆盛した。しかし、七三〇〇〇年前には、鬼界カルデラ火山が大噴火し、その後、瀬戸内海の貫流も進み、「サ族」や「シ族」などの西日本の人集団は、北西九州、東日本、南西諸島、朝鮮半島などに移動を余儀なくされる。

(2)六〇〇〇〇～四〇〇〇〇年前(中期)

前代の大移動は、東西日本の人集団の合流を生み、人集団の意識に大変化をもたらした。房総や相模に「サ」族」が東海を経由して移動して「フサ(ウ)族」となり、東海やシナノには「シ族」が、伊那谷～松本盆地や飛騨地方には西日本勢力が移動して人口が増加した。アズミ族、イズミ族、ホヅミ族、サツ(チ)族、ウツチ族、フサウ族、ミ(ツ)チ族、シナノ族などが活発に活動した。

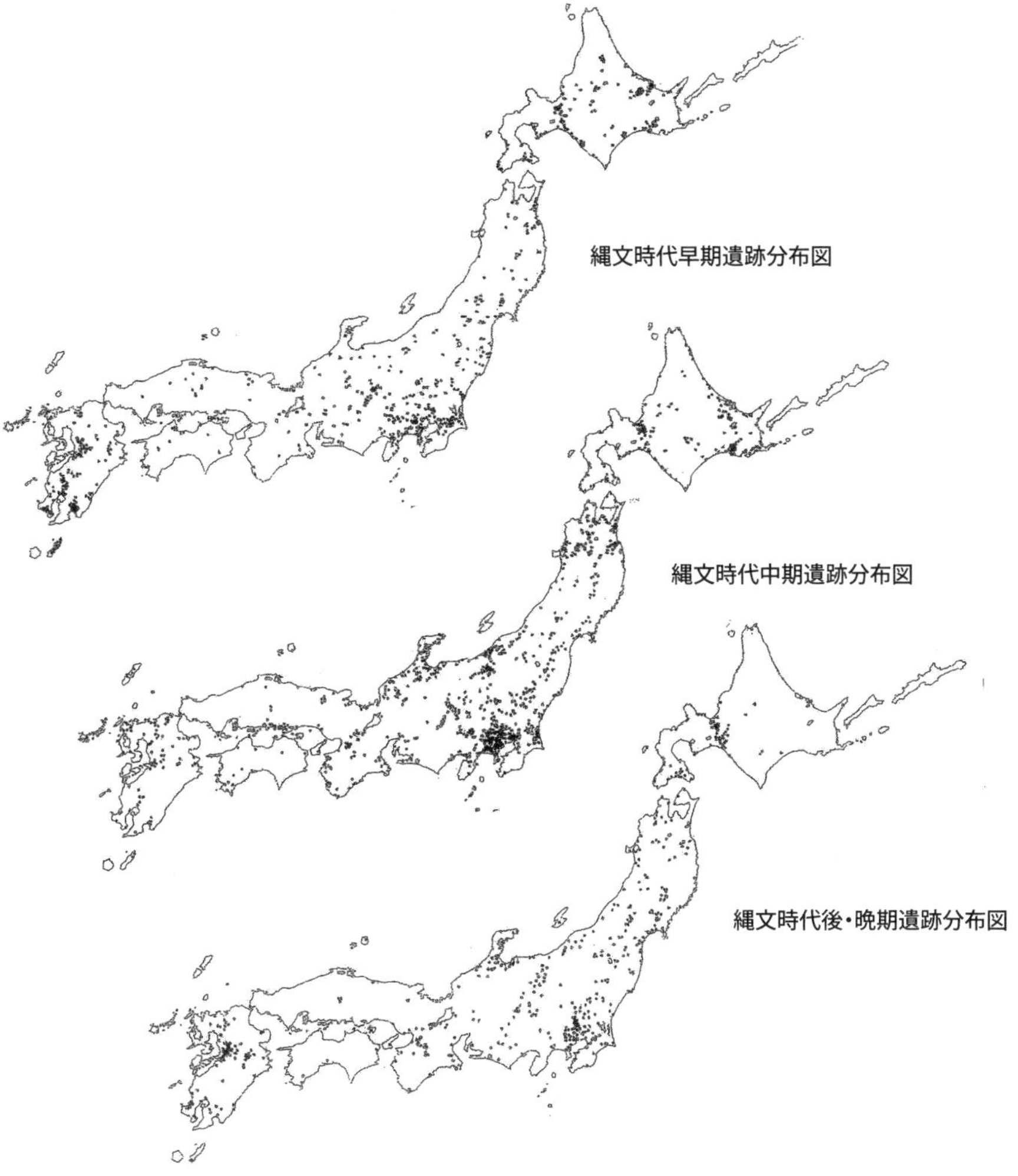

図6–1　早期、中期、後・晩期の遺跡分布
(出典：日本第四紀学会『図解日本の人類遺跡』より著者作成)

気候の安定は、食料確保の不安を払拭し、「土器文化」を開花させ、交易を念頭にした製塩、干し貝や干しサケの製造が盛んに行われた。五五〇〇年前の十和田火山噴火は、「ア族」の南下を惹起した。

（3）四〇〇〇年前～（後期）

中期末から後期になると、列島内では、「サ族」「シ族」など、西日本勢力の帰還・移動が本格化する。そして、初めての大陸からの大量の渡来民集団である「東夷族」の到来を迎えるのである。大陸では「殷」（三六〇〇～三〇六〇年前）の成立、滅亡をめぐって大混乱が発生していたのである。

1．2　列島内の主な部族の動向

以下、列島内の主な部族の詳細な動向を解明していくことになる。

（1）「フ（ホ）族」（三母音ではホ→フ）

①C3系の「フ族」は、富士山の南山麓に居住していた。（旧石器時代）
②「フ族」は拡大し、「フ（火）族」と「ヒ（日）族」に分離する。（草創期）
「フ（火）族」は、富士山の東・南山麓に
「ヒ（日）族」は、富士山の西山麓や甲府盆地に居住していた。
③南下してきた「ツ族」の一部と合流し、「フツ族」となり、富士山周辺山麓に展開する。ツ族の本流（ヤマヅミ系）は、三島に居住する。（早期）

④分離した「ヒ族」は、甲府盆地東縁（日川）に居住し、イズから移動して先住してきた「イ族」と合流して、ヒ（日）↓カ（日）イ族となる。（前期）後に、関東のヒタチ付近に移動して「（ハヤ）ヒ族」となる。

⑤七三〇〇年前、「フツ族」は、東進してきた「サ族」と合流し、関東・房総に移動し、「フサ（ウ）族」となる。（前期後半）

⑥「フツ族」は、富士山南麓から房総に至る範囲に「ホツマ」を形成する。（中期）房総を中心に部族が同心円的に集結して「クニ」らしき形態を造る。「ホツマ」は、「フツノミタマ」が主宰する。

⑦房総の「フサ族」は、南下してきた「イワイ族」「ハヤヒ族」と合流する。（後期）「フツヌシ」は鹿島に、「イワイヌシ」は香取に、「ハヤヒ族」「イワイ族」は、筑波に居住し、「イワマ」周辺に「日高見国」を造る。（後期）

⑧「ホ（フ）族」「ハヤヒ族」「ツミ族」は合流して「タマ」で王統を形成する（晩期）。やがて、西日本に進出・移動する。（晩期前半）

⑨房総に残存した「フサゥ族」は、後の「扶桑国」となる。（晩期後半）

1.「フ（ホ）族」の系譜

「フ族」の系譜は以下のとおりである。

「フ族」（富士山麓居住）→「フツ族」（三島）「ツ族」と合流→「フツノミタマ」（関東に移動）（祖神）→「フサ族」（房総へ）（「サ族」合流）→「フツヌシ」（鹿島・筑波へ）（ホツマ形成）→カツハヤヒと婚姻（タマに移動）（ニニギ誕生）

←「ヒ族」分離→「ヒ（カ）イ族」形成（甲府盆地）

→「ハヤヒ族」形成（ヒタチへ移動）→（筑波へ）

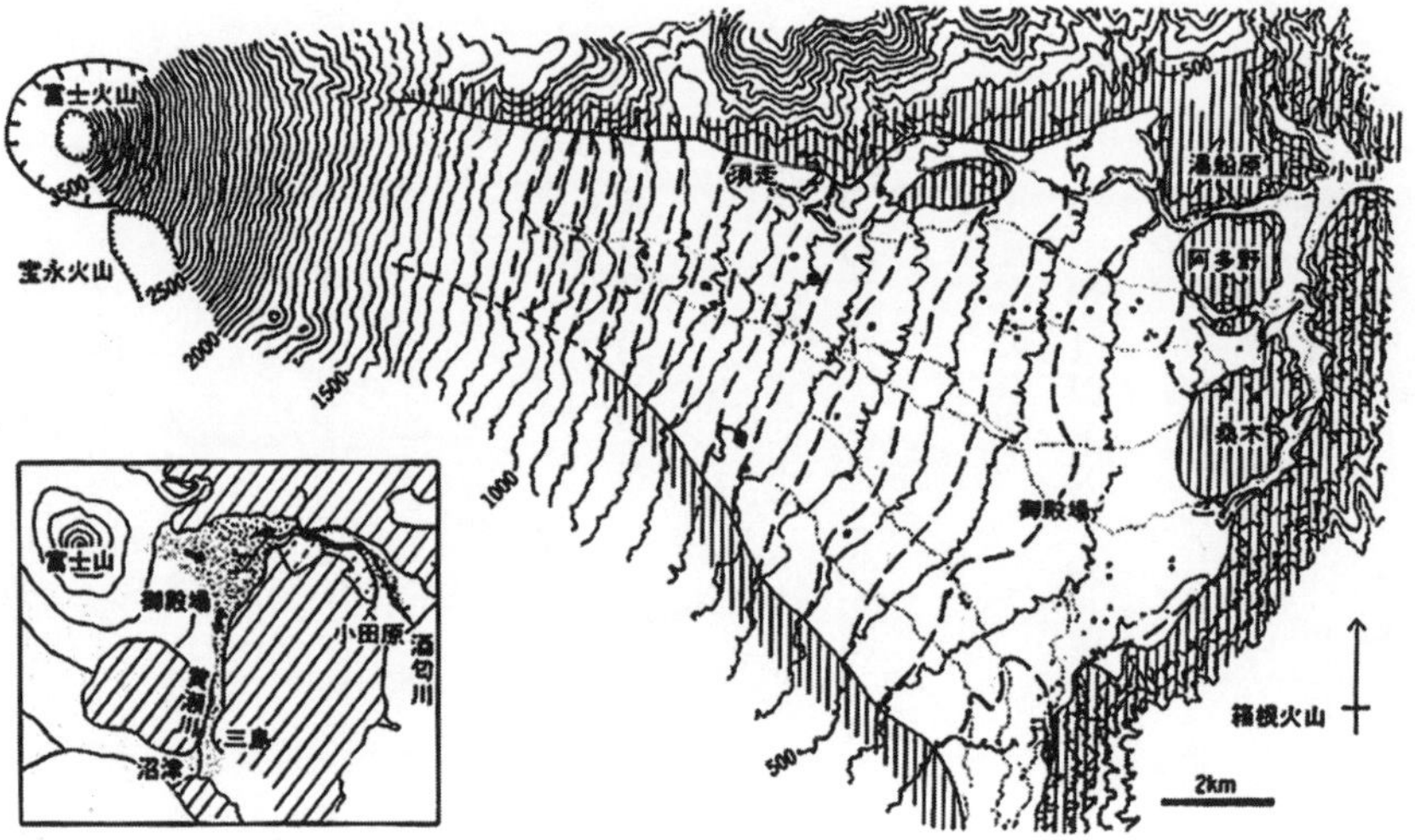

図6–2　御殿場岩屑なだれ(富士山崩壊)(出典:町田洋他『写真で見る火山の自然史』東京大学出版会)
縦縞模様の間の白く抜いた線上の部分に流下・堆積した。細い実線は現地形を示す等高線で、太い実線は堆積前の推定等高線。山麓にある黒点は流れ山。山頂部の大きな凹地は推定される崩壊跡。左下図の矢印が泥流の流下方向。

2. 解　説

「フ族」は、基本的に「ホノニニギ」に連なる部族で、五母音時代の「ホ」は三母音時代では「フ」である。「ツミ族」と合流して、「フツ族」(フツノミタマ)が形成されている。前期末には、西日本から移動してきた「サ族」と合流し、「フサ(総)」のクニを造っている。

3. 遺跡分布からの解明(図6—1参照)

「遺跡分布図」は、種々の列島人の生存地や移動などの特性を推定させる。

富士山周辺の遺跡分布をみると、周辺をぐるりと取り巻いて遺跡が濃厚に分布していることが示されている。古伝では、富士山周辺に「高天原があった」と主張されているが、事実かと思うほどで、縄文時代早期から後期まで分布が途切れることなく続いている。また、周辺は後代の「浅間神社」の分布圏で、「ホ族」あるいは「ホツマ」国の成立に連なる可能性を秘めている。

4．補足事項

・晩期の出来事であるが、二九〇〇年前に起こった「富士山の大崩壊（御殿場崩れ）」（図6—2参照）は、「フ族」の居住地域内であり、黄瀬川、酒匂川流域の住民に被害が発生したと推察される。これを期に周辺住民の移動も考える必要がある。この事件は、「宮下文書」にある「都の壊滅」伝承のことかもしれない。これを機に、前巻で主張した東日本勢力の西進が惹起した可能性もある。

（2）「ハヤヒ族」

①「ハヤヒ族」は、「フ（ホ）族」から分離したと推定する。「フ族」の居住する富士山麓の近傍に「ヒ（カ）イ族」や「ヒカワ」などの関連地名が残るほか、下記に示す『香取神宮神譜』にも「カグツチ」の系譜として記載されているからである。

②いつの時代か定かではないが、「フツ族」とともに関東に「ヒタチ」に移動している。

③「ヒタチ」では、周辺の地名より、『神譜』の「ミカハヤヒ（みか）」—「ヒハヤヒ」「タチハヤヒ」（ひたち）—「カツハヤヒ」（かつた）の系譜があり、カツハヤヒの子の「ニギハヤヒ」に連なっている。カツハヤヒ以前の系譜は、東北の「古四王神社」の祭神にも登場しており、南東北からの移動も指摘される。

④仙台の「ヒタカミ国」から南下した「イツ族」（イツノミタマ）、「イワイ族」と合流し、「イワマ」「カサマ」「イワオカ」を中心に、筑波に「日高見国」を造っている。（後期）この時代は、「タチハヤヒ」すなわち「アマテル（海照）大神」時代と推定される。正妃「アマテラス」の諱に「ツク（筑波）サカ（笠間）キ（鬼怒）」や「イツノミタマ」が含まれているからである。（後期）

⑤「タチハヤヒ」は、「アマテル大神」と考えられ「アマテラス」の夫君として、筑波の日高見国を主宰したと

推定される。アマテルの子の「カツハヤヒ」(オシオミミ)は、ハヤヒ族とホ族の娘たちを妃として、子の「ニギハヤヒ」と「ニニギ」兄弟を得ている。この時代、筑波から多摩への移動が想定される。(晩期)

1．ハヤヒ族の系譜

ハヤヒ族の系譜は、『香取神宮神譜』などによると、以下のとおりである。

ハヤヒ族→「カグツチ」(冨士山麓)(合流)→「イツノオバシリ」(仙台・ヒタカミ)(移動)→「ミカハヤヒ」(日立・みか)(南下)→「ヒハヤヒ」(ひたち)→「タチハヤヒ」(アマテル)→「カツハヤヒ」(勝田)(ホシオミミ)→「ニギハヤヒ」(筑波→多摩)

2．解　説

「ニギハヤヒ」の出自する部族で、古くから北方の「イツ族」「イ族」とイワキ～ヒタチ領域で合流し、「ハヤヒ族」を形成している。「ミカハヤヒ」「ヒハヤヒ」が「古四王神社」の祭神として、『常陸国風土記』に「タチハヤヒ」が、『記紀』に「カツハヤヒ」が現れている。「イワイ族」が形成される以後の「イツノミタマ」の系譜でもある。(前巻では、渡来系の血を引いているとも推定している)

3．補足事項

尾張族の祖「天之尾羽張命」は、別名を(伊都尾羽張命)という。後代、ニギハヤヒ系として「天」を冠しているが、別名は「イツ」を冠していて「イツ系」でもあることを示している。「アマ」は、また、上古では「天」ではなく「海」であることを示したが、尾張族は、「海部」にも通じる祖先神でもあるのである。

（3）「イ族」

①Ｃ３系の「イ族」は、後に津軽海峡族となる「ア族」とともに、シベリアより列島部に南下してきた（旧石器時代～草創期）

②日本海の形成とともに「ア族」と分離し、「イ族」は、太平洋岸を南下（早期）

③狩猟対象を沿岸漁業や貝類採取として、一時期「ヘイ（閉伊）」から、「イズ（伊頭）」を主な領域として活動する。

④日本海側から移動してきた「ツミ族」「ツチ族」と合流する。（早期～前期）

仙台・登米（とめ→ツミ）付近で合流し、また、地域内に「ツチザワ」「ツチハタ」地名や「タケミカヅチ」を祭る塩竈神社などもある。房総では「イスミ（夷隅）族」を形成している。甲斐では、「ヒ（カ）イ族」を形成している。

⑤松島付近（里浜遺跡）で大貝塚時代を作る。（中期）

十和田カルデラ噴火で南下してきた「ア族」と合流・南下して、「大木式土器文化圏」を拡大する。

⑥渡来してきた「わ族」と「イワイ族」を形成し（後期中頃）、仙台付近に「ヒタカミ国」を作る。「イツノミタマ（伊都御魂）」が存在している。（後期）

⑦「イワイ族」は沿岸に沿って南下し、「ハヤヒ族」と合流。同系「イスミ族」とも合流し、ツクバに「日高見国」を造る。「イワイヌシ」が香取神社に入る。

⑧「ハヤヒ族」「サ族」「アキ族」などと共に「タマ」に移動し、「ホツマ」を吸収して「オシオミミ（カツハヤヒ）」を王とする「クニ」を造る。（後期）

⑨「タマ」勢力は西進勢力の主力となり、「岩国」「伊予」「伊方」を経由し、「伊都国」に入る。（晩期）

1.「イ族」の系譜

「イ族」の系譜は、以下のとおりと考えられる。

「イ族」――→「イツ族」――――→「イワイ族」――→「イワイ族・ヒ族」――→「イワイ・ハヤヒ族」
（イツノミタマ）（イツノミタマ）（イワサク・イワツツ）（イワイヌシ）（カツハヤヒ）
（太平洋岸）（登米→築館付近）（仙台付近）――→（ヒタチに南下）――→（鹿島・岩間付近）
（「わ族」合流）（「ハヤヒ族」合流）（日高見国形成）

2. 遺跡分布からの解明（図6―1参照）

・太平洋岸（八戸～房総まで）の遺跡分布は、縄文時代の各代を通して連続分布しているが、石巻、宮古、八戸付近でも小規模ながら、濃淡を繰り返しながら継続分布しており、漁村が早期～晩期まで継続していることを示している。北部は、「イ族」、南部は「ヒ族」「フツ族」「フサ族」主体と推定される。

・縄文時代後期の遺跡分布では、仙台平野から東北道に沿って、濃厚な遺跡分布が記載されている。「ヒタカミ族」の支配・移動範囲と想定する。私論の「東日本勢力の西進」の初期段階の「イ族」や「ア族」の南下移動を示しているのではなかろうか。後述の「大木式土器文化圏」の拡大と対応している。

3. 考古学的資料からの解明

・図6―3は、仙台平野周辺住民の後・晩期の生業の状況を示したものである。生態系の異なる小地域にそれぞれ四つの集団が定着して、狩猟や漁労を行っていたとされている。『丘陵型』地域住民は、シカ・イノシシを狩猟し、「湖沼型」地域住民は、シカ・イノシシの狩猟のほか、淡水魚のフナ・ウナギを捕獲していた。

縄文時代早期の海岸線

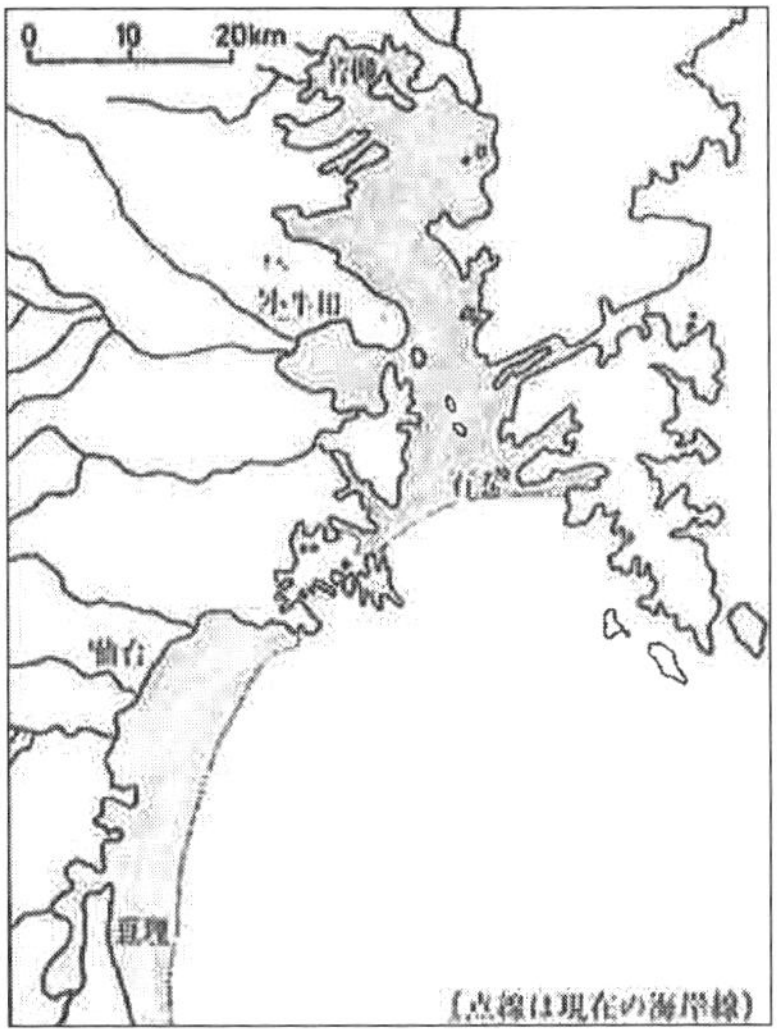

宮城・岩手県の仙台湾周辺の生業地図

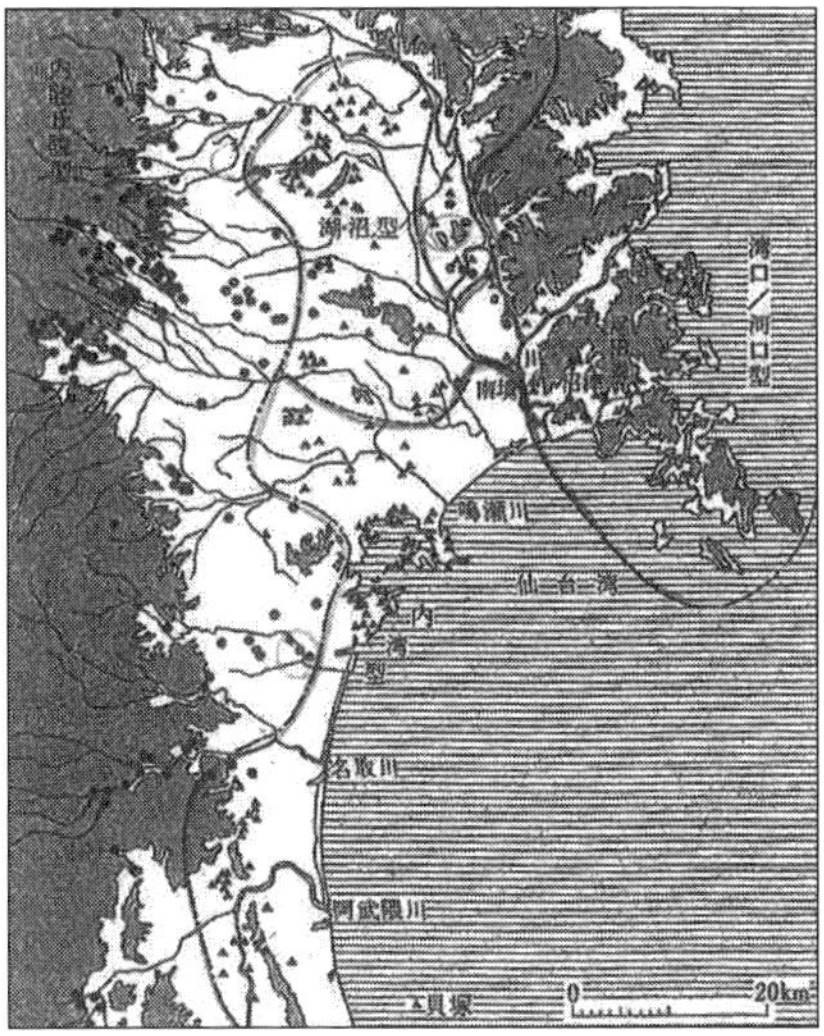

回転式離頭銛の分布と時代別分布変化

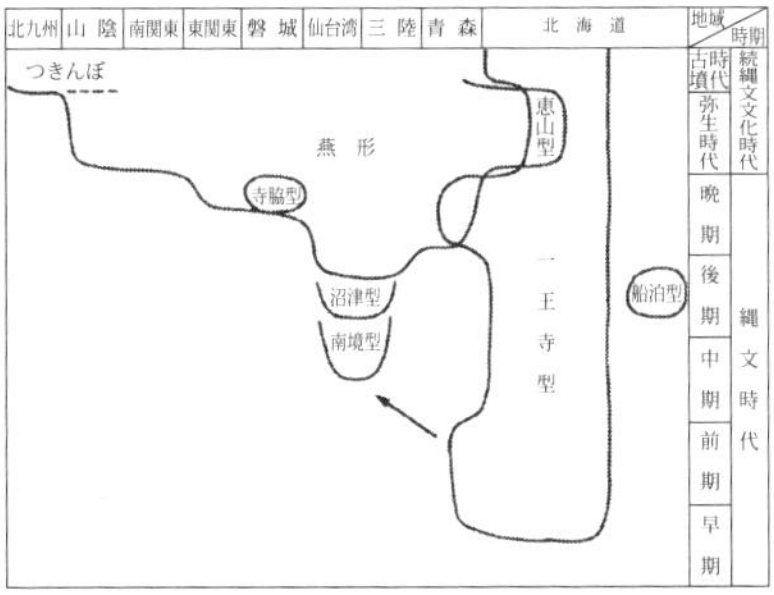

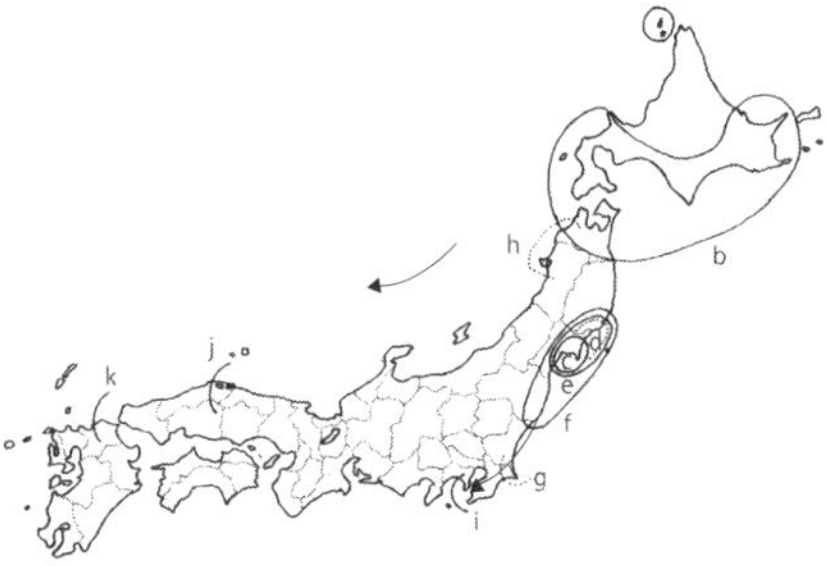

図6−3　「イ族の」生業地図と回転式離頭銛の西方展開

（出典：（上2点）日本第四紀学会『日本第四紀地図解説』／（下2点）渡辺誠『縄文時代の知識』東京美術）

仙台湾沿岸の縄文時代後・晩期、生態系の全く異なる小地域内に、それぞれいくつかの集団が定着して狩猟・漁撈活動を行い、また植物質食料を採集していた。丘陵地帯ではシカ・イノシシの狩猟、湖沼地帯ではシカ・イノシシ、ガン・カモ科鳥類などの狩猟やフナ・ウナギなどの淡水魚の捕獲が行われた。内湾部ではマダイ・クロダイ・スズキの漁撈を主とし、湾口・河口部では、シカ・イノシシ・カモ類の狩猟と並んでマグロ・カツオ・イルカの捕獲が盛んに行われた。図に示した遺跡の点はすべてが定住的集落を意味するものではなく、一時的な活動の際に残された遺跡も含まれている。ただし仙台湾東岸に３～４キロ離れて隣接する南境・沼津・尾田峯の３集落は同時併存した遺跡であるから、湾口・河口部は特別に生産力が高かったのであろう。

「内湾型」地域住民は、マダイ、クロダイ、スズキの漁労を、「湾口・河口型」地域住民は、シカ・イノシシ・カモ類の狩猟とマグロ、カツオ、イルカの漁労に従事していたとされている。これらの事実から、この時期は海岸には「イ族」が、湖沼周辺には「ツミ族」が、丘陵部には「イワイ族」が居住していたと推察される。

・「回転式離頭銛」（図6―3参照）は、前巻で指摘した沿岸漁労民の「イ族」の分布に対応する。北海道から、中期に漁法が移動しており、中期に松島周辺で隆盛する「貝塚」の形成時期に連なるものと推定される。「回転式離頭銛」の技術は、大型海獣や大型魚類に対応するものであるが、時代の進行とともに西日本に移動しており、「イ族」のその後の活動や移動を示している。この技術が、北海道南部から津軽海峡で発生し、南へ移動していることは、既述のように注目すべきものと判断される。

・前期末～中期初頭の「嘉倉遺跡」（宮城・築館町）では、竪穴住居八〇棟以上、掘立柱建物三〇棟以上、土坑一〇〇基以上を有する「大型住居の点在する大規模環状集落」が出土している。この地域には、「イツ沼」や「ツキ館」の関連地名もあり、「イツ族」領域に存在しているので、「イツノミタマ」の本拠地の可能性がある。南には、後代「わ族」と合流した「江合川」や「岩出」などの地名もある。

（4）「ア族」

①「ア族」は、津軽海峡周辺に居住した「海峡族」と想定した。前代からC３系の人集団でアムール河周辺水域の狩猟にも従事しており、魚群や海獣が多く生息する津軽海峡周辺に移住したと推定する。（旧石器時代～草創期）

②古くは大平山元遺跡に始まり、函館周辺の遺跡や三内丸山遺跡にも連なるものと推定され、列島の古い部族の一つと考えられる。（草創期～中期）

③考古学的には、早期前葉に「押型文土器（日計式）」、前期に「円筒下層式土器」、中期に「円筒上層式土器」が継続し、海峡を跨いで独自の文化圏を形成しているが、後期には、南東北の土器圏と合体している。

④関連地名として、本州側に「アオモリ」「アサムシ」「アジガサワ」「アカイシガワ」「アイダ」「アカクラダケ」などがあり、北海道側に「アッサワベ」「アツマ」「アビラ」「アカイガワ」などが散在している。隣接している「イ族」の関連地名も多く、「イカリガセキ」「イワキサン」「イワサキ」「イカワ」「イイダガワ」「イブリ」「イワナイ」などがあり、古くからの交流が指摘できる。

⑤後代には「ツ（ト）サミナト（湊）」、「ツガル（津軽）」、「ムツ（陸奥）」など、「ツミ族」の進入も推定される。「アヅミ族」はこの「ア族」との合流により形成された可能性が高い。「アヅミ族」も、対馬海峡を根拠とする海峡族と推定する。（前期）

⑥前期後半（五五〇〇年前）、十和田カルデラ火山の噴火により、本州側の一部「ア族」は、逃れて移動し、関東に南下したと推定される。（三内丸山遺跡の消滅）

⑦後期中頃には、鬼伝承に従えば、粗暴性のある「アキ族」進入により逃亡して、「ア族」は下北や北海道への避難の可能性がある。北海道の「アツマ」や「アビラ」地名があり、移動の可能性を残している。（後期）

⑧関東では、当時は海域が後退しつつあった東京湾岸に進入し、「アヅサワ」「アダチ」「アサクサ」「アサカ」「アカバネ」「アリハラ」「アラカワ」「アカサカ」などの「ア」地名を荒川周辺に多く残したと推定する。北海道の「アツマ」には、「マ（間）」の存在も推定され、大きな集落を形成していた可能性もある。「アヅサワ」は、荒川沿いの後期～晩期の大遺跡で、径一八〇ｍに及ぶ環状の貝塚が形成されており、獣類ほか淡水性～海水性の魚介類などが出土している。

⑨「ア族」の移動にもかかわらず、晩期には東日本に広く流布される「亀ケ岡土器」の発祥地となり、西日本

の弥生土器、「遠賀川系土器」に先行拡大した文化圏を形成している。
⑩「ア族」の本拠地「陸奥（ムツ）」の状況を示す。（図6―4参照）
・縄文時代の遺跡は、草創期の大平山元遺跡に始まり、三内丸山遺跡～晩期の亀ヶ岡遺跡まで綿々と人集団が確認される。海峡に近い下北半島にも多くの遺跡が存在している。
・貝塚は、三八地方で草創期～早期に始まり、中期に至って下北半島陸奥湾側や津軽半島西部などに拡大している。
・遺跡の集中部は、下北半島北部のほか、三八地方や津軽半島東部にあり、後代には十三湊もある。
・これらの遺跡の中で、中期の三内丸山遺跡は、大きくかつ都市計画を思わせるような管理集落を形成していたが、後期には急に衰退している。その原因は不明だが、十和田カルデラ火山の噴火の影響による周辺の生態系の大変化や後期の秋田への渡来民侵入による影響も考えられる。

（5）「ツミ族」
「ツミ族」は、族名が明確な列島の古族である。
①D2系の「ツミ族」は日本海湖沿岸に居住していた。（草創期）
C3系の「ヤ族」と合流し、「ヤツ族」を鳥取付近で形成
②列島の古族の中で、狩猟対象の変化に対応して「ヤマヅミ族」と「ワダツミ族」に分離している唯一の部族である。（草創期～早期）
③日本海形成に伴う生態系の変化に対応し、同系の「ツチ族」が移動。（早期前半）
日本海湖と同様な環境にある他の「淡水湖」に移動する。

貝塚の分布

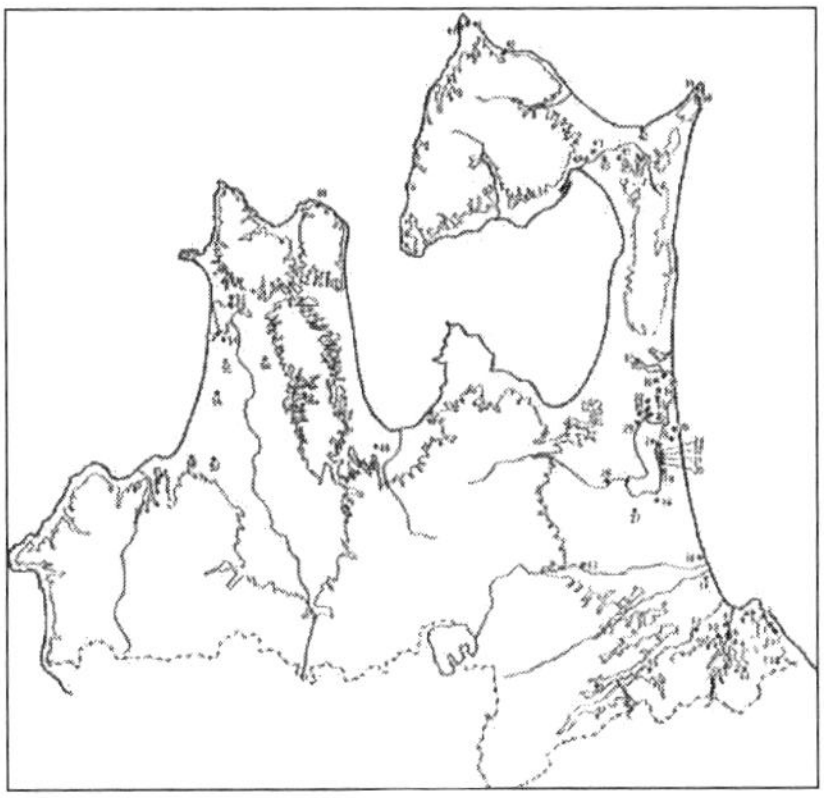

主な遺跡分布

十三湊の遺跡

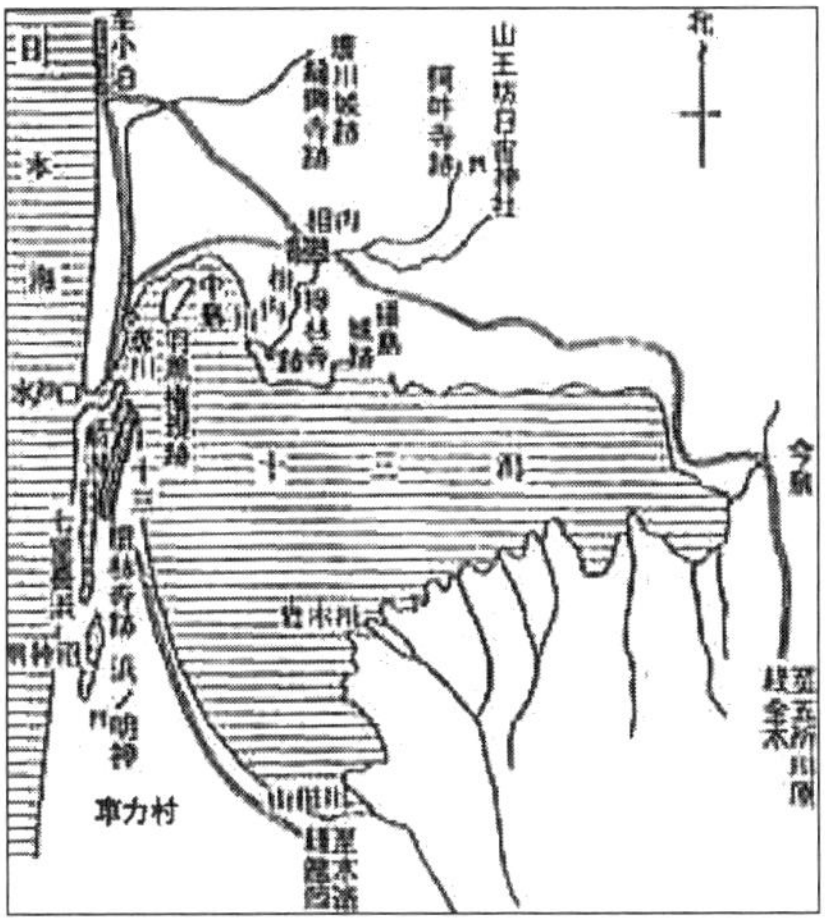

下北半島の遺跡分布

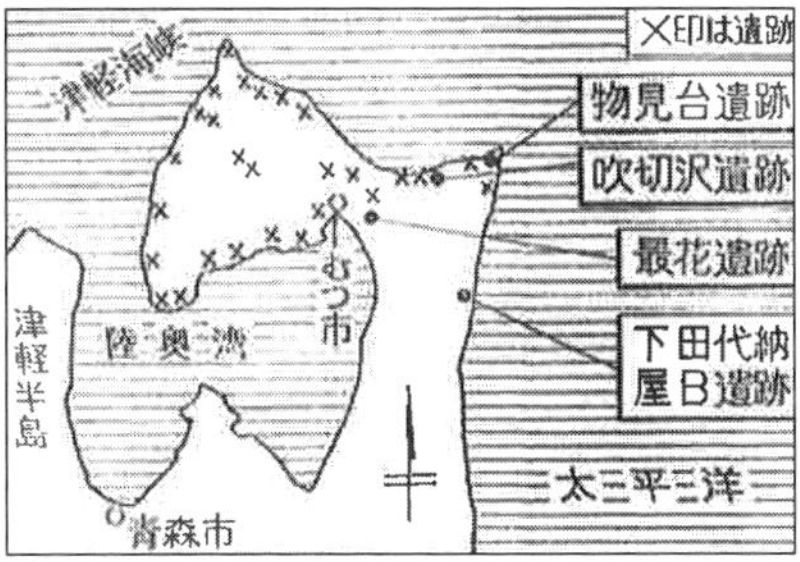

図6–4　「ア族」の展開

（出典：（上二点）八戸博物館『図録　青森県の貝塚』／（下二点）毎日新聞社『東北人』）

北九州↓有明海（湖）（熊本）へ移動「ウ族」と合流し、「ウツチ族」となる

ワカサ↓琵琶湖へ移動「ア（ハ）族」と合流し「アッチ族」となる

北上湖・仙台平野へ移動「イッチ族」「（タケ）ミカヅチ族」となる（後代に南下）

④さらに日本海形成に伴う気候変化（豪雪）で、「ツミ族」の大移動（早期後半）

日本海側↓仙台・登米（とめ↓ツミ）へ移動

日本海側→阿賀野川を東進し、会津、福島盆地へ移動（古神社分布）
日本海側→土浦・筑波へ移動　その後「フツ族」と合流
信濃川・釜無川を南下し富士山山麓・三島へ（古神社分布）
富士山麓の「フ（ホ）族」と合流し「フツ族」となり、房総へ移動
中国山地を南下し、ツヤマ、ツワノなど「ツ」地名に移動
瀬戸内海にツチイ、ツナへ移動
南九州へ「サ族」と合流し「サツマ族」「サツチ族」となる
⑤仙台の「ツミ族」「ツチ族」は、「イワイ族」と合流し、関東に南下（後期）（大木式土器圏の拡大）
⑥筑波・多摩で王統と合流する（後期〜晩期）
アマテラスは、イツノミタマを継承
ニニギの妻は、コノハナサクヤヒメ（ツミ系大山祇の娘）
スサノオの妻イナダヒメの父母は、アシナヅチ、テヅナヅチ（ツチ系）
スサノオの妻のカムオオイチヒメは、ツミ系大山祇の娘、子はオオトシ
出雲スサノオ系にコノハナチルヒメ（ツミ系大山祇の娘）
⑦関東・東海の「ツミ族」は、後期に「サ族」「シ族」とともに九州に移動
後代、三島の「オオヤマヅミ」神社は、摂津、大三島に移動

1．〔ツミ族の系譜〕全国に展開している。（図6－5参照）

「ツミ族」
- ツミ（登米）―イツ―イツノミタマ―イワイヌシ
- ツキ（三島）―オオヤマヅミ＝イコナヒメ
  - オオヤマヅミ―アダカアシツヒメ（ニニギ妻）
  - オオヤマヅミ―イワノヒメ（伊豆）
- （フ族合流）―フツ―フツノミタマ―フツヌシ
- ツクバ（筑波）
- ミツ―ミ（ツ）チ（丹波）―ミチヌシ
- ツミ（富来・富山）
- ヤヅ（野洲）（八頭）
- アヅミ（安曇）―トヨタマヒコ・トヨタマヒメ・タマヨリヒメ
- イズミ・イスミ・ウズミ・ホヅミ
- サツマ（薩摩）・サツチ・ツクミ・ツノ

「ツチ族」
- カグツチ―タケミカヅチ
- ツチウラ（土浦）・ツチキ（栃木）
- アツチ（安土）
- ツチ（出雲）―アシナツチ・テヅナツチ
- ウツチ（宇土）―ウカノミタマ―ウツシ

（九州移動ツミ族）
- カヤノヒコ（志布志・鹿屋）
- サツチ（志布志）―サツチ（天之狭土）
- サギリ（霧島）―サギリ（天之狭霧）

2．追加資料

『古事記』では、イザナギ・イザナミが両親とされ、以下の系譜を伝える。（上図九州）

大山積神
＝ 鹿屋野比売神（カヤノヒメ）

子
- 天之狭土神（国之狭土神）　サ・ツチ（サツマ系）
- 天之狭霧神（国之狭霧神）　サ・キリ（霧島系）　——　遠津待根神　（遠賀川系）
- 天之闇戸神（国之闇戸神）　ヤ・ミ・ツ（北九州系？）
- 大戸惑子神（大戸惑女神）　ツ・ワク・ウ（クマ系？）
- 娘　遠津神（遠賀川系）
　＝ 天日腹大科度美神（大国主神八世孫）
　　遠津山岬　多良斬神（タラシ神）

これらの記載は、大山積神が九州に至り、①「サ族」や「シ族」（カヤ）と合流し、②北九州（遠賀系）とも合流し、後に、③大国主系（「ウ族」）とも合流しており、「九州進出時代」の系統譜であると推定する。

3．その他の資料からの解明

① 藤田富士夫氏の資料（「古代の日本海文化」）によると、日本海沿いの「霊山」は、他の高山と同様に女神が祭られているという。山神は女性、富士山の木花咲耶媛は有名であるが、羽黒山には、豊玉彦の二女シナトリシマ姫（伯禽洲姫）で玉依姫と言われ、鳥海山には、豊玉彦の長女　豊玉姫が推定されている。東北にワダツミ系の姫たちが存在しているのを如何に理解するのかである。古の「ツ族」の日本海移動の存在を反映したものであろうと想定も可能だ。

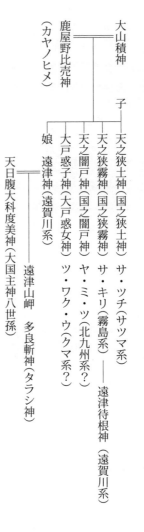

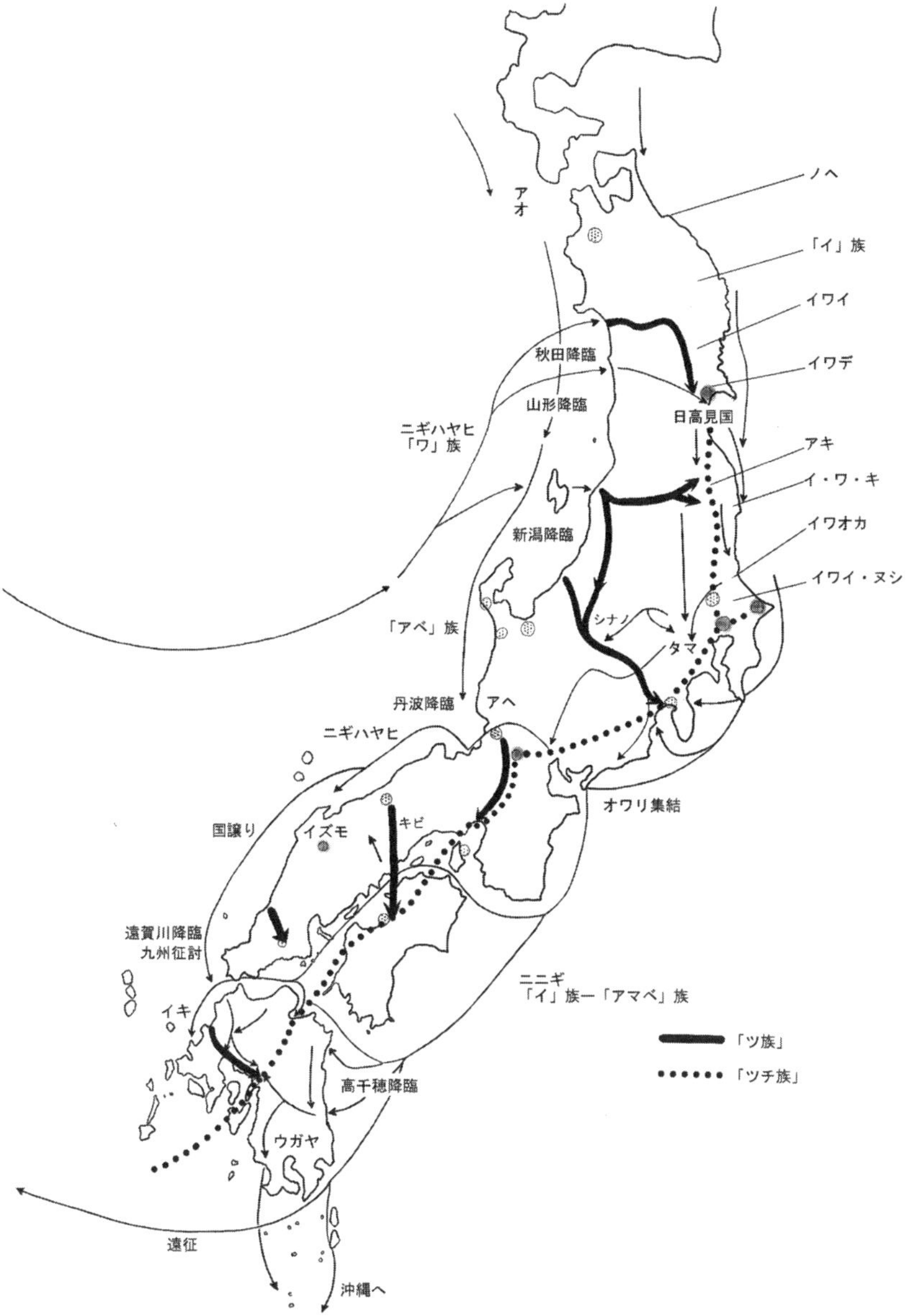

図6–5 「ツミ族」「ツチ族」の移動
(出典:内舘彬『「ヤマト」は縄文時代勢力が造った』ミヤオビパブリッシングより加筆)

②古神社の証言

・ヤマヅミ神社は、会津〜福島盆地に分布し、南下して静岡・三島に大社がある。ニギハヤヒの西進とともに、西日本に移動し、摂津や大三島に祭られている。コノハナサクヤヒメやイイノヒメにいた三島が古代の本拠地と推定。

・「穂高神社」は、「アヅミ族」が祭主となっていて、信州・安曇野にある。「アヅミ」は『古事記』では、（綿津見神の子、宇都志日金折命の子孫）、「新撰姓氏録」では、（綿津豊玉彦の子、穂高見命の後なり）とされており、「ワタツミ族」である。『記紀』では、出雲の国譲りに抗したタケミナカタが諏訪に閉じ込められた時、一緒に幽閉されたとされている。「海人」が山に居るのは、「ワダツミ」と「ヤマツミ」は同系であり、古い時代の日本海側からの移動の結果との推定も可能だ。

(6)「アハ族」

①「アハ族」はC1系人集団と推定。南西諸島より太平洋岸を北上。礫群石器伴う。（草創期）

②「栫ノ原石斧」を帯同し熊本に北上。「ウ族」と合流の可能性。（草創期）

③古大阪湾に侵入。アワ（阿波）、アナン（阿南）、アワジ（淡路）、アリマ（有間）、アカシ（明石）、アリタ（有田）、アマガサキ（尼崎）など湾岸に展開。

④東海のアマ（海部）、伊豆のアタミ（熱海）、アタガワ（熱川）、アジロ（網代）などを経て、房総のアワ（安房）に移動。（関連地名の分布）

⑤関東では、ハ（波）音地名で、チバ、ツクバ、ハヤマ、インバなどに拡大。

⑥「アマ族」を形成して、瀬戸内海などに展開か？（晩期〜弥生）

⑦阿波の古名は、食物の起源の伝承を有する「オオゲツヒメ」で、祖先神の可能性がある。後代、「天太玉命」を祖神とする「忌部氏」が居住し、阿波忌部（天日鷲命）、讃岐忌部（手置帆負命）、紀伊忌部（彦狭知命）に継承される。天太玉命の孫天富命は阿波忌部の一部を率いて東国安房に移動。

（7）「ウ族」

①「ウ族」はＣ３系の人集団と推定。古有明海湖周辺に居住（～草創期）
②「ツチ族」と合流し、南部に「ウツチ（宇土）」を形成（早期）
③「轟式」（早期）「曽畑式」（前期）「阿高式」（中期）「入来・鐘ケ崎式」（後期）など、九州特有の長期にわたる「土器文化圏」を創出する（前期～後期）
④「ウ」―「ウツチ」―「ウツシ」―「ウガヤ」と部族名を変化させて継続分布。「ウツシ」の時、「シ族」と合流、ウツシクニタマ（オオクニヌシ）時代（晩期）、「ウガヤ」の時、半島の倭人族「カヤ族」と合流（弥生時代）
⑤七一代とも五一代ともされる「ウガヤ王統譜」が存在している。女王の多い「女系譜」で、一七代にアキ（明）ヒメ、一八代にサツ（里）ヒメ、一九代にスクナヒコナ、二〇代にオオナムチ、二一代以降にニニギ系の名が「王統譜」に現れている。（『上書』より）

（8）「ミ族」

①日本海沿岸を「荒屋型彫器」を帯同して南下したＣ３系の人集団と推定する。
②主力は、ミハマ、ミカタのある若狭湾周辺に居住し、先住の「ツ族」と合流し、「ツミ族」を形成している。一部は、ミトヤ（三刀屋）で「ヤ族」とミト（水戸）で「ツ族」と合流している。（旧石器時代）

○鬼界カルデラ噴火で、若狭からミノ、ミマ、ミカワ、ミエに移動している。後代、丹波では「ミチヌシ」の系統を形成し、「天道日女命」がニギハヤヒを迎えている。

(9)「サ族」「シ族」(南九州勢力)

①C3系の人集団と推定(旧石器時代に列島に南下)
①栫ノ原石斧を帯同した「アハ族」と合流(草創期)
②南九州で壺形の「平栫式土器」、「塞ノ神式土器」の文化圏を創出(前期前半)「シ族」と分離する。
③鬼界カルデラ火山噴火で、北部九州、西日本、東日本、半島南部、南西諸島などに退避・拡散。
④東日本では、「サガミ」「ザマ」周辺に「サ族」が、「シズオカ」「シナノ」などに「シ族」が居住。
⑤「サ族」は、「フツ族」と合流して、房総に移動して「フサゥ族」となる。
⑥(後期)「イザナギ」とともに噴火の収まった九州「サツマ」「シブシ」に帰還。
⑦(晩期)「ニニギ」とともに、「サツマ」を造る。
⑧九州で、「ウツシ」「サシクニ」形成か。(晩期~弥生)
⑨後代、房総に残留した部族が「扶桑国」(梁書)を形成(晩期~弥生)

2 「クニ」は形成されたのか

2．1 「クニ」はどのように形成されたのか

（1）「マ」の形成の考古学的根拠

①この時期の考古学分野での指摘事項として、「土器文化の隆盛」のほか、前項でも示したが、径一〇〇～二〇〇mに及ぶ「環状集落」が、川口市、東京都、袖ケ浦市など、東日本各地で形成されている。集落の周辺は、貝塚であったり、開削して地形改変をした盛り土であったり、意識的に防衛的集落が作られている。中心には大型掘立柱建物がある。その分布は、東日本が主で、西日本では希である。

径一〇〇m（上宮田台遺跡）、径二〇〇m（長者ケ平遺跡）、径一二〇m（石神遺跡）

径一八〇m（小豆沢貝塚）、径一〇〇m（本野原遺跡）

長軸一六〇m、径八〇mの環状盛り土（井野長割遺跡）

これらの「環状集落」は、村落あるいは都市の形態を示すものではなかろうか。中央の大型掘立柱建物は、「本殿」であり、環状の取り囲む「盛り土」や「貝塚」は、境内や境外を示す「外壁」である。大きな規模となると、まさに中国的な「都市国家」「城壁都市」ではなかろうか。中央では祖先神を祭るので「神社」となったりして、「マ」はここから発展したものとの解釈も可能ではなかろうか。

②移動してきた人集団が新たな「マ」を造る。

後期の関東平野は、樹枝状に侵入していた浅海も後退し、徐々に谷間に平野が形成され、台地下の湧水を使って多くの人々が生活していたとされている。東京湾では、前期～中期の貝塚が多くなっているが、

中期には規模が大型化し、集落も周囲に形成されている。関東に移動した諸族は、山地側に居住したようであるが、遅れて移動してきた「ア族」はこの台地の先端部を居住地として、海との関わりで居住していたことが判明している。「小豆沢（アヅサワ）」は、その代表的集落で、集落を径一八〇mの環状に囲む貝塚にその残滓を残している。

③異なる住民の移動は、各地の集落を統合・拡大し、新たな「マ」を造る

・長者ヶ平遺跡（大田原市）で北陸、南東北、北関東の土器出土
・（四〇〇〇年前）三内丸山遺跡消滅　東北へ南下、北海道へ北上か
・三瓶火山噴火　周辺の住民移動　北九州などへ移動　「ヤマ」形成
・（後期）本野原遺跡（宮崎市）では、東日本系の環状集落形成
・上境旭台貝塚など、関東の内湾で「製塩土器」出土　他所へ拡大する
・大集落でヒスイ大珠の出土が多い　玉造技術集団が展開する

④異なる集団の統合して「マ」の拡大が進行している

・将監塚古井戸遺跡（本庄市）では、ふたつの環状集落が隣接して分布
・赤城山西山麓には、道訓前遺跡、三原田遺跡、諏訪上遺跡などが一km間隔で分布
・秋田では、南の大木式土器集団と北の円筒式土器集団が隣接して集落形成
・廃棄場のある谷を挟んでメガネ状に棲み分けた集落も存在する。

（2）後期前半に集落形態に急激な変化が発生している（埼玉周辺の考古学的状況）

埼玉周辺の考古学的状況は、図6－6のようにまとめられている。これによれば、

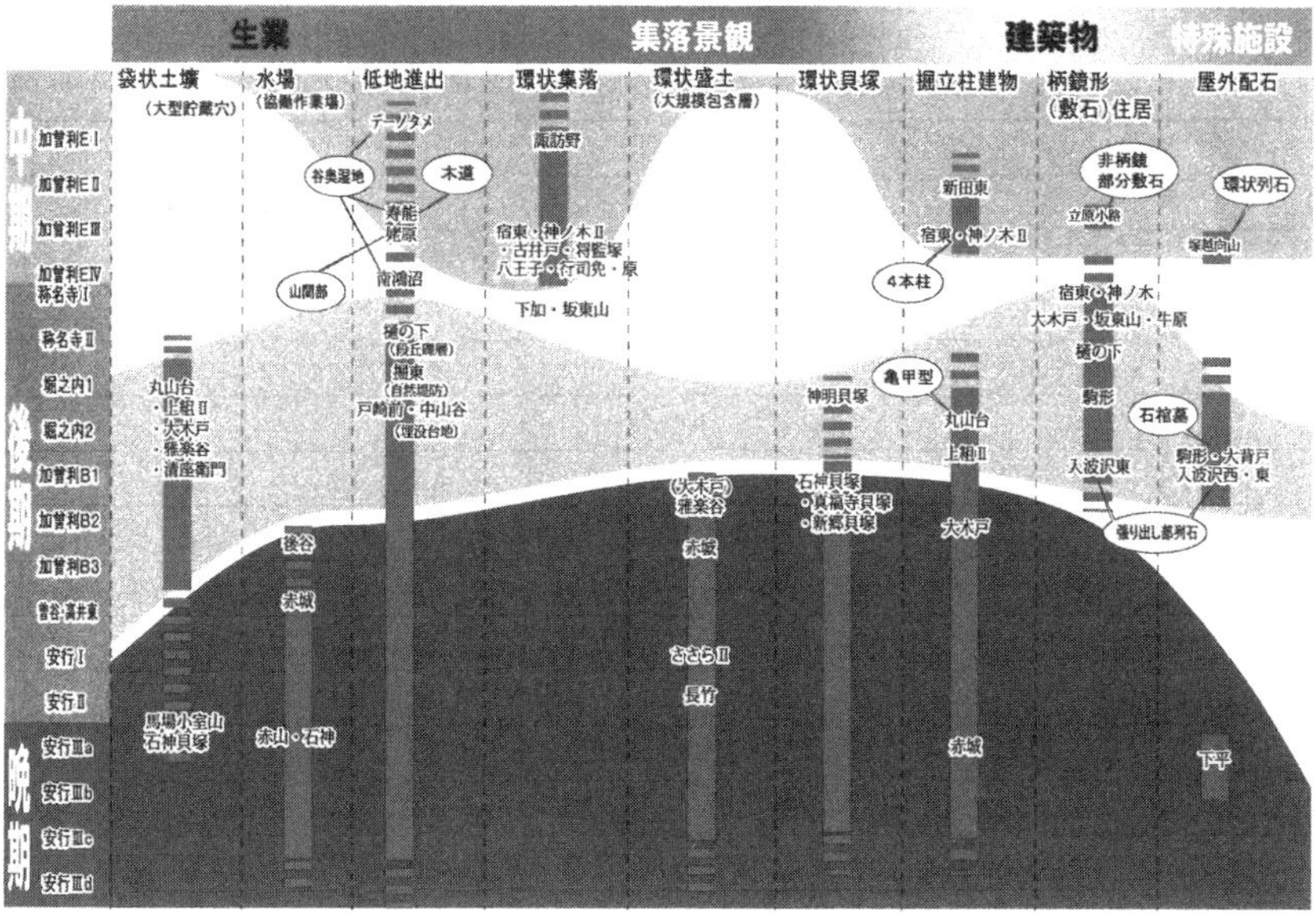

図6–6　埼玉周辺の考古学的状況
（出典：埋蔵文化財センター「縄文後晩期」公開セミナー資料より）

①縄文時代中期と後期の間には、「生業」「集落景観」「建築物」特殊施設」などの出現時期にタイムラグが生じていることが指摘されている。すなわち、「中期的なもの」として、「環状集落」「掘立柱建物」「野外配石」などは、存在が途切れて後代に連続していないとされている。

②また、「柄鏡形住居」や「石棺墓」などは、後期前半のみに出土し、前後に出土はなく、時代が限定されるとされている。

③そのほかの事項は、後期前半に発生し、以後継続して出土するとされている。自然的条件の強い「低地進出」は、時代を継続して出土が確認されている。

④関東での遺跡データをみると、「敷石製住居」「獣面付土器」「柄鏡形敷石住宅」「ヒスイ大珠」などが中期後葉～末に出土している。後期には、「四隅袖付炉」「配石墓」「敷石住宅」などの出土が報告され、上記の記載と対応している。

⑤防御施設とも言える「環状盛り土」「環状貝塚」

「掘立柱建物」が後期後半から急増している。後述する「東夷族」の渡来や移動民に対応した可能性がある。

これらの考古学的データを見る時、中期後半から後期前半に大きな社会的変化の存在が指摘される。それは、後述の「西日本勢力の帰還移動」と「縄文の渡来民」存在が関連している可能性が高いほか、「クニ」の成立も反映しているのではなかろうか。

これらの考古学的側面から考えると、広場を中心とする個別住居の集まる円形集落から、より大規模な環状集落へ、さらに環状集落の集合体へと発展していると解される。また、住民的には個別住宅を有する姻族・親族から同系族に拡大し、やがて数家系を含有する部族となり、さらに系統の異なる数部族(特定技術集団など)が連合体へと発展していったと推定することは十分可能である。

この大きな環状集落がこの期に成立し、「マ」と称されたと推定する。

2．2 「マ」の分布と集合

「マ」地名は全国に均一に分布しているわけではない。既述のとおり、関東を中心に岐阜までの東日本と、兵庫(タジマ、スマ)、徳島(ミマ)まで西日本に及ぶ。東北は、仙台以南に限られ、近畿以西では、九州に有名な「ヤマ」「ツマ」「クマ」「サツマ」の四区分があるが、領域が広く差異がある。関東地域に対して、後代に命名されたものと推察される。

これらの「マ」の分布は、何を示すのであろうか。その原因を探求すると、関東の状況にその萌芽がある。

関東にはヒタチに「イワマ」「カサマ」があり、多摩に「タマ」「ザマ」「イルマ」などがあり、領域境界と思われる箇所に「ヤマト」地名が存在し、外敵対応の気配がある。「ヤマト」地名のない単独の「マ」の分布（近畿など）と異なり、「ヤマト」地名を有する地域は、仙台、筑波、多摩、岐阜、会津、岩国などがあり、この差異は、形成時代の差異と推察される。

特に、関東の「マ」は、筑波から多摩への移動が想定される。前者の二族（イワイ族、ヒ族）に対し、後者は、（ヒ族、タチ族、サ族、アキ族、イ族）と多くの部族が周辺に結集しており、まさに多くの「マ」（多間）で、東西と南に「ヤマト」地名があり、北に「ヤマグチ」が存在している。性格が異なるもので、客観的には、前者が古く、後者が新しいと推定される。この集団の首長は「オシオミミ（カツハヤヒ）」と推定される。名前の「カツハヤヒ」（筑波周辺の勝田）と、子の「ホノニニギ」（「ホ族」）の居住する富士山麓の「オシ」（忍野）との関連が明示されていて、両域に跨がっているからである。

一方、西日本への展開については、大阪湾周辺の「アリマ」「スマ」「ミマ」「タジマ（タンバ）」は、「アハ族」（阿波）が関連する「マ」であり、周辺には「ヤマト」地名はない。単独集落の存在を示して古く、やや「タジマ」は広いので、後代の命名と推定される。また、「タジマ」は、古神社の存在から、「アマテル」と正妃「セオリツヒメが」進出（行幸と主張）したと主張されており、その時命名された可能性もある。

岩国は、「イワイ族」を中心に、前面（西）に「ヤマト」地名、後面（東）に「サイ・キ族」があるので、東日本勢力の西進時の滞在地であろう。九州の「マ」は、東日本勢力の西進後の国造りによるものであろう。

仙台や会津の「ヤマト」地名の分布は、関東地域に先駆ける古い存在で、前者が「イワイ族」、後者は「アマ（天族）」の存在が関連している。特に会津には、「イザナギ・イザナミ」を祭神とする「伊佐須美神社」があるので、この時代の本拠地の可能性もある。「天族」の福島・仙台への進出前の拠点と考えられる。

仙台周辺には、西に「シカマ」、南に「ヤマト」地名があり、「ツミ（とめ・登米）」付近は、「ツミ族」や「イワイ族」の本拠地であり、「ヒタカミ国」があったとの伝承も有していて、さらに古い時代のものであろう。

2．3 「クニ」は何処に形成されたのか

「クニ」の形成について、その視点での考古学的データはないので、「クニ」の存在には迫れない。そこで地名的に探った部族の集結状態などから、その存在を探ってみる。

(1)「クニ」の存在は、部族の集合状態で判断できる。成立の古い順に

①既述の香取神社・フサを中心とする「ハ行」「タ行」「カ行」などの同心円的な部族配置は、明瞭な統率範囲を示している。「フ(ホ)族」「(ハヤ)ヒ族」「サ族」を主体部族としている。「フツノミタマ」を奉じている。「クニ」の成立はやや古いか。「ホツマ」と推定される。特に「ヤマト」を含まない。

②「登米」周辺　「ツミ(とめ)」を中心に、南に「ヤマト」北に「イワイ」などがある。「ヒタカミ国」(「イワ族」と「ツミ族」の連合国)と推定する。この部族は、「イツノミタマ」を奉じている。

③「ツクバ」付近　「イワマ」「イワオカ」を中心に、北に「カサマ」西に「ツクバ」東に「ヒタチ」が存在している。「イワ族」「ヒ族」「ツミ族」の集合地域である。『記紀』に示された関東の「日高見国」は、ここと推定される。

④「タチカワ」「クニタチ」付近　「タマ」を中心に、東に「ヒガシヤマト」、西側に「ヒノ」「アキカワ」「アキシマ」、南に「イナギ」「ザマ」「サガミヤマト」西方に「ヒカワ」「カイヤマト」「ツル」「オオツキ」北には「ヤマグチ」がある。「タチ族(ヒ族系?)」「アキ族」「サ族」「イ族」「ツミ族」などの集結地点である。後代の「西

進」の根拠地か。

（2）領域の境界付近は、「ヤマト」地名がある。外敵の方向に位置していることが多い。時代は中期～弥生時代か

①猪苗代・会津盆地の西に「山都」がある。古神社の分布から、猪苗代付近に「ツミ族」の一時的本拠地であったと推定され、その領域の関連地名か。
②「登米」周辺の南に「ヤマト」がある。主族は「イワイ族」
③「ツクバ」付近の西に「ヤマト」がある。主族は「イワイ族」「ヒ族」
④「タマ」を中心に、東に「東大和」、西に「甲斐大和」、南に「相模大和」がある。主族は「タチ族」あるいは「ヒ族」
⑤「岩国」の南、周防に大和がある。後代の西進時の本隊「イワイ族」
⑥三次盆地の南北に「ヤマト」がある。東西には「ミワ」がある。後代の征討地か。
⑦「邪馬台国」（卑弥呼時代）の南に「山門」がある。
⑧嘉瀬川の平野出口に、「佐賀大和」がある。台与時代の「邪馬台国」の入り口

（3）古大阪湾周辺に「アハ（阿波）族」の「クニ」の可能性

四国に「アハ」「アナン」「アワジ」、兵庫・大阪に「アカシ」「アリマ」「アマガサキ」、紀州に「アリタ」　など大阪湾を囲んで分布していて、『クニ』の可能性がある。瀬戸内海の貫流以前（前期末以前）に到来し形成したと推定。同系族の一部は、続いて房総の安房へ移動。

（4）その他の「クニ」の可能性地区

「ウ族」中心　〔ウッチ（宇土）〕（熊本周辺）「ウツシ国形成」。（周辺に「ウ」地名が多い）

「サ族」　九州火山噴火時に、相模に移動し、関東の諸族と合流し「サ族」は「シ族」とともに九州帰還後、「サシクニ（刺国）」形成か。

「ミ族」　ミノ、ミマ、北方に「ヤマト」長良川周辺に居住　「ミカワ国」形成か。若狭・鳥浜遺跡のあるミカタ、ミハマから一部が移動か。

「ヤ族」　ヤツ族中心　山陰地域・近畿に分散居住か　「ヤ」地名多し。三瓶火山噴火で、九州の「ヤマ国」に移動・形成か。

考古学的資料は、前期末から散見される「環状集落」の発生と「大集落」の存在があるが、集団は各地で環状の大広場を有する「マ」を形成し、これが後代拡大・統合して、径一〇〇～二〇〇mの大きな環状集落（クニ）になっていると推定される。

これらの検討から、人集団の集合の結果の「マ」の形成を経て、「マ」の集合から「クニ」が形成されたと推定できる。香取周辺を中心とする同心円的な部族の集合と部族名の命名は、部族の統括を目指すものとして位置づけることができ、明瞭な「クニ」の成立を示す根拠の一つとなり得ると推察される。

また、タマ地区の集合は、「クニ」の形成あるいは西進族の集結と位置づけることもできる。「ヒ（タチ）族」（ニギハヤヒ族）が主流で、西進族の「アキ族」、「イワ族」、「サ族」（復帰族）、「ク（ケノ）族」「むさし族（連合族）」などが含まれるからである。一方、また「ヤマト」地名を周辺に有するからであり、西進後の西日本でも、周辺守護体制としての「ヤマト」機能が生かされているのである。タマ周辺は古史にいう「ホツマ（のクニ）」かもしれない。

2．4 「クニ」の統治は、存在したのか

この当時の「クニ」の統治は、どのような形で存在したのであろうか

（1）統治は確認できるのか

統治体制の萌芽は、縄文時代から綿々として継承されている「ウ」族の統治体制の中にも現われている。いわゆる「女系統治」（前述）である。ヤマトの支配確立以後にも、その痕跡は認められ、ヤマトに敵対する各地の勢力の首長はいずれも「女王」である。（『記紀』）

後述する女性たちの活躍を留意すると、「女系社会」が後代まで色濃く残ることや「ヤマト」にアマテラス、「イズモ」にカミムスビ、「ウツシ」に女系王統など、各地の始祖神を俯瞰すると、この時代は女系から男系への変化の過渡期でもあり、「王―王妃―子」への王位継承が存在していたとの推定も可能である。

後代では、ニギハヤヒ、ニニギ、オオクニヌシなど、各地で子孫を残すが、在地勢力の女性が主導権を把握して、クニグニを主導したと考えることもできる。

これらの事情を勘案すると、縄文時代の各地方のクニグニを統治していたのは、女系統治である可能性が生まれる。沖縄では、実に一四世紀のグスク時代に至る間も、神権を女性とする、この統治体制が継続していたのである。神々は今も神女が司祭している。

一方、吉本隆明氏は、『全南島論』（作品社　二〇一六）において、沖縄について次のように主張している。沖縄諸島が本州の影響を受ける前は、（兄（弟）と姉（妹）を始祖とする伝承が古宇利島など各所にあり、共同体的クニの存在を示す原始的な統治体制を有していたと主張している。その形態は、列島ではアマテラスースサノオ体系に反映しているとしている。大陸的（半島的）な男王支配の時代以前に、列島のクニグニに広く、兄妹統治が存在していたのではないかとも主張している。

この姉弟統治は、その後の「邪馬台国」の卑弥呼の統治にも継承されている。

(2) 誰が統治していたのか

「クニ」に「王」は存在していたのであろうか。「王」は、晩期以降と推定されるので、これより以前には「ミタマ」「ヌシ」「カミ」が使用されていたと推定される。古族に「イツノミタマ」「フツノミタマ」「ウカノミタマ」の尊称が残り、「イワイヌシ」「フツヌシ」「ミチヌシ」「オオクニヌシ」「コトシロヌシ」等が残っているからである。それらは「祖先神」に対する尊称とは解されるが、生前は何と称されていたのであろうか。これらが関東への進出以前に使用されていたとすると、中期末～後期前半まで「ミタマ」使用が遡るかもしれない。

後期の時代には、「主（ヌシ）」が使用されたのではあるまいか。東日本には、「フツヌシ」「イワイヌシ」「ミナカヌシ」がおり、西日本には、「オオクニヌシ」「コトシロヌシ」「ミチヌシ」などが存在している。ほぼ同時代と思われるが、東日本でその使用が早く、西日本が後代と推察される。「ヌシ」の名称は、「イワイヌシ」が「イ族」と渡来民「ワ族」の合流を示していて、国内族同士の合流である「イツ」「フツ」時代の「ミタマ」より後のことであり、時代の経過と共に「ミタマ」―「ヌシ」―「カミ」・「ミコト」の推移で統治者の尊称が使用されたと考えられる。

一方、沖縄では、グスク時代まで三母音も守られ、「大主（ウフシュ）」が使用されている（嘉陽地区上城遺跡）し、沖縄・名護市安和や奄美ではグスク時代に「世之主」の名称も残っているので、使用時代はあまり限定されないのかもしれない。しかし、「王」の使用に先行しているので、「ヌシ」と称された可能性が高い。もちろん、「女王」の可能性も残存していると推察される。

（3）「クニ」の王権のカリスマ性の発生と継承

王権のカリスマ性は、どのように発生し、継承されたのであろうか。情報の少ない中で考察してみる。王権が、「イワイ族」にあるとして考察すると、

・伝承の中にある「鬼退治」をまず挙げることができないだろうか。粗暴性のある「アキ族」が列島に初めて渡来してきた時、その粗暴な「鬼退治」に先陣したのが、「イ族」と遅れて渡来してきた「わ族」の可能性についでは、後述するが、その結果が、「古四王神社」の創建に結びついていたとすると、「イワイ族」への尊敬と賞賛は、カリスマ性へと連結した可能性がある。列島の古族の「イ族」は、「ツミ族」と合流しており、大衆が納得する存在でもあるのであり、さらに渡来族の「わ族」の新鮮性も加味され、「イワイ族」は、王権「イツノミタマ」を取得する資格を獲得したのではなかろうか。

・また、後期における大木式土器圏の分布の拡大や、「大珠」の出土などで示される、共通する考古学的資料の存在は、「イワイ族」の王権の成立・拡大とその「象徴」を示すものではなかろうか。筑波周辺に集結した「イワイ族」の周辺には、南の霞ヶ浦湖岸に「玉造」や「玉里」など「大珠」に関すると推定される地名が残存していて、玉造技術も帯同・継承されている。そう後代では「神器」となる「玉」にも継承される事項なのである。

・加えて、関東で合流した「フツ族」や「ハヤヒ族」は、「武力」や「日読み・月読み」技術を有しており、これら諸族と合流することで、「イワイ族」は、「暦」制定の特権や更なる武力強化を獲得し、より一層の高みへと前進したものと推定される。
・前巻で記述した晩期の「東日本勢力の西進」では、西日本勢力も傘下に収め、一歩高い「王権」を確立したのではなかろうか。

3　西日本勢力の帰還

3・1　移動の根拠

前代に東日本に退避した西日本勢力の「サ族」「シ族」などが、西日本や九州に移動しているが、その移動契機は何であろうか。故郷への帰還希望のほか、南方からの「焼畑農耕」「カンボジア系語彙」などを帯同した、渡来勢力の到来に対応したものではなかろうか。以下、検討する。

(1) 後期の土器移動

前期末〜中期前半に発生した西日本から東日本への土器移動は、後期になって逆の流れが発生している。鬼界カルデラ火山の噴火で東日本へ移動した西日本勢力が「西日本への帰還」を開始したものと解される。

後期初頭　磨消縄文土器（東日本系）　→　志布志町　出土

後期前半　堀之内ⅠⅡ式土器（千葉）　↓　九州・阿高へ
後期　堀之内式土器　↓　愛知へ
福田KⅡ式土器（倉敷）　↓　鹿児島、種子島へ
後期中葉　加曽利B式土器（関東）　↓　足摺岬
加曽利BⅠ式土器　↓　薩摩・加治木へ
後期後半　加曽利B式土器　↓　近畿へ
安行式土器　↓　近畿へ
晩期前半　亀ヶ岡式土器　↓　近畿　↓　九州・竹田市へ
晩期中葉　安行3D式土器　↓　近畿　↓　薩摩・上加世田へ

図6－7に鹿児島県の土器移動図を示す（「日本の古代遺跡（鹿児島）」より）。

これによれば、北九州からサツマへの「鐘ヶ崎式土器」の移動と、関西からの「福田KⅡ式土器」の移動が指摘されている。

（2）文化の創造とその普及

これらの人集団の移動には、前巻に示したように、後期の九州へ東日本特有の「文化の創造とその普及」として、「配石遺構」「打製の土道具」「石棒」「石錘」「黒色磨研土器」「抜歯の普及」のほか、「石刀」「石剣」を帯同して移動している（図6－8『図解日本の人類遺跡』日本第四紀学会編 参照）。

また、「ダイズの栽培」も、四三〇〇～三六〇〇年前に西日本へ移動し、順次、九州全域に及んだと主張さ

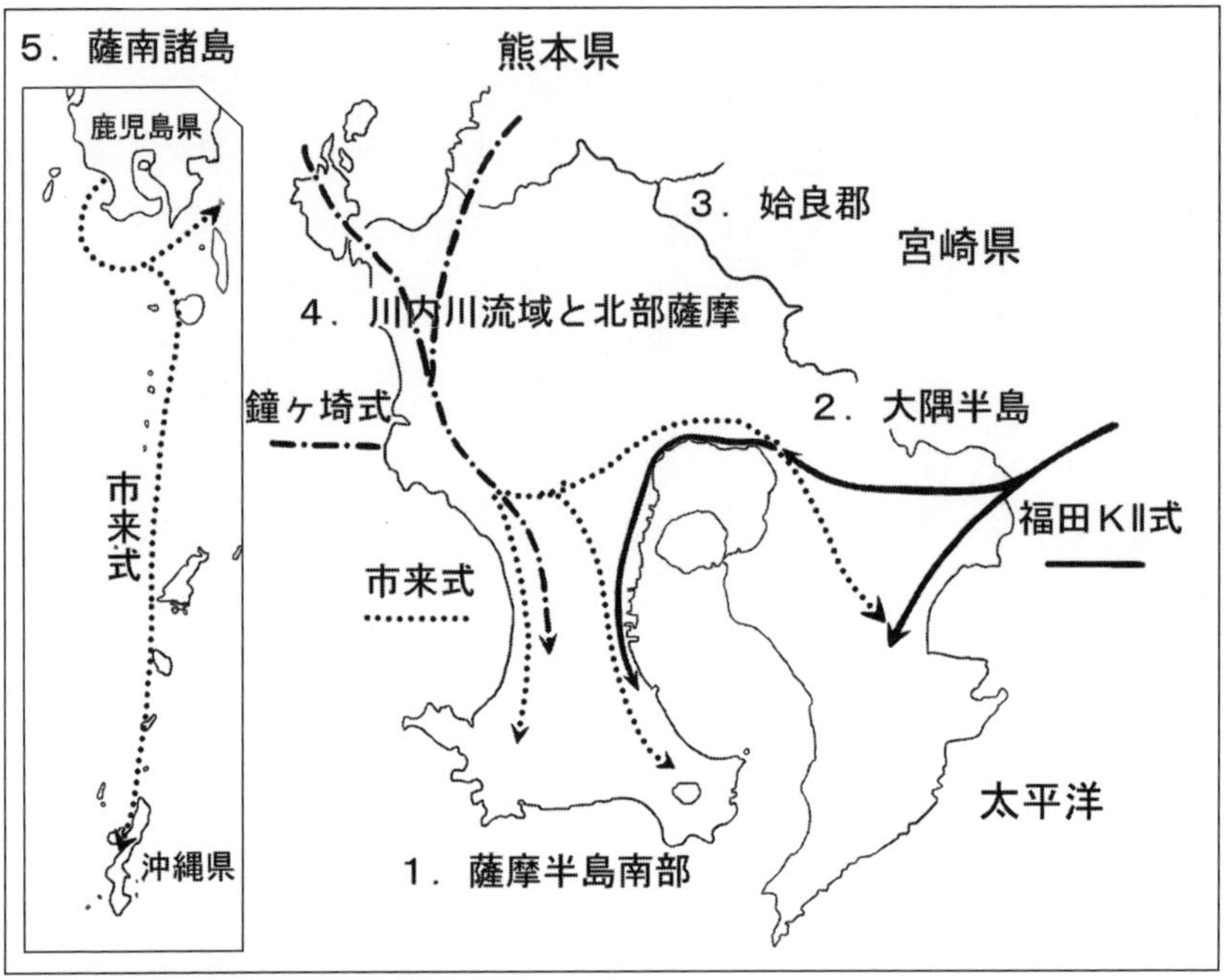

図6–7　鹿児島県内の土器移動（出典：『日本の古代遺跡（鹿児島県）』に加筆）

れている（小畑氏）。

「ダイズ栽培」が後期前半（四三〇〇～三六〇〇年前）に西日本に伝播している。後期後半（三六〇〇～三四〇〇年前）に有明海周辺に拡大している。（図6−9参照）

「ダイズ栽培」が晩期（三四〇〇～三〇〇〇年前）には、九州全域に展開している。

前巻では、これらの事実を「ニギハヤヒ・ニニギの西進」の根拠としたが、二人の西進は、西日本勢力の帰還・移動の最終段階なのであり、実はそれ以前から西日本勢力の帰還は、すでに開始されていたということである。これらの西日本勢力の主力は、「サ族」および「シ族」と推定される。

また、後期には、東日本から九州への文化移動として、（磨消縄文）（加曽利式）土器や野生のイモや球根・根菜類を掘る道具である石鍬、石皿、磨石などが、福岡県の石町遺跡（石上町）

や下吉田遺跡（小倉市）に入り、晩期にかけて盛行している。

（3）遺跡からの情報

渡来民の登場前後の状況を示す遺跡がある。鳥取県智頭町の「智頭枕田遺跡」である。この遺跡は、縄文時代早期、前期末、中期末〜後期、晩期の出土物が継続して出土しているが、東日本勢力の進出の可能性が指摘されている。

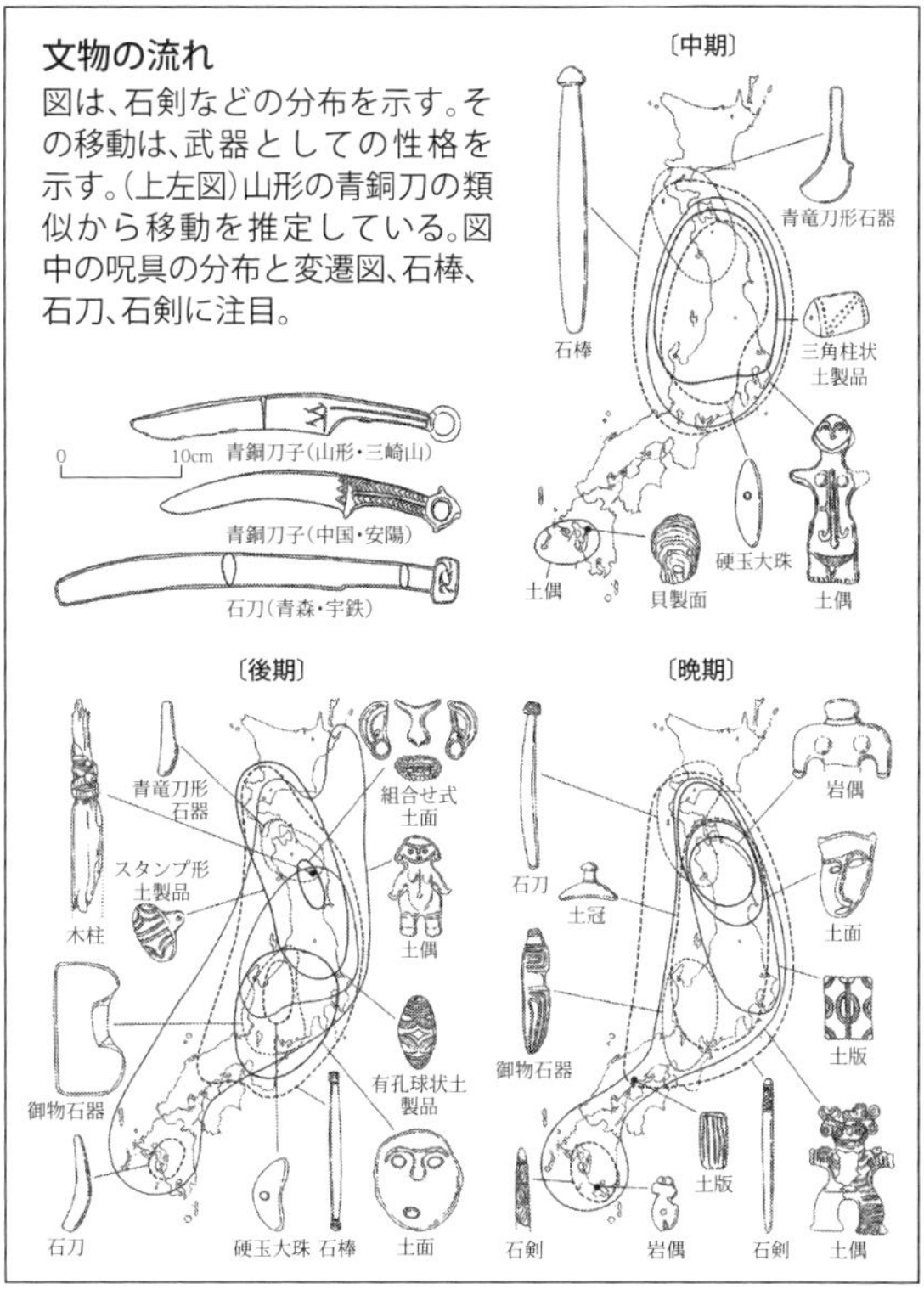

文物の流れ
図は、石剣などの分布を示す。その移動は、武器としての性格を示す。（上左図）山形の青銅刀の類似から移動を推定している。図中の呪具の分布と変遷図、石棒、石刀、石剣に注目。

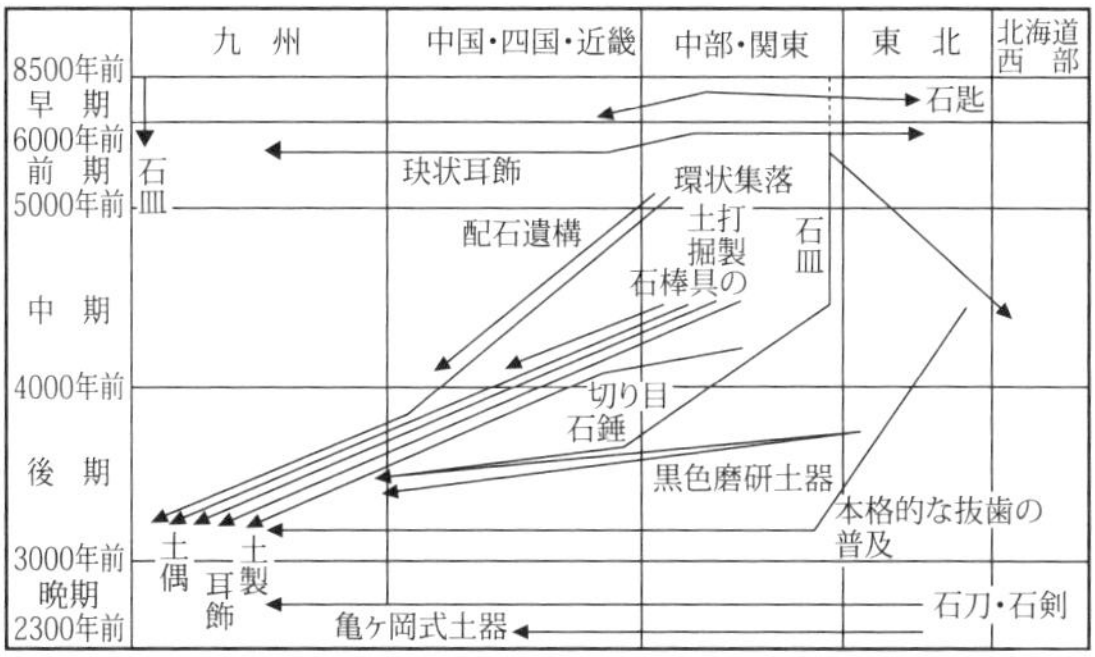

出土物とその移動

「文化の創造とその普及」として、東日本から、西日本への出土物の伝播が示されている。縄文文化の西日本への普及（移動）を示す。

図6–8　出土物とその移動

（出典：日本第四紀学会『図解　日本の人類遺跡』東京大学出版会）

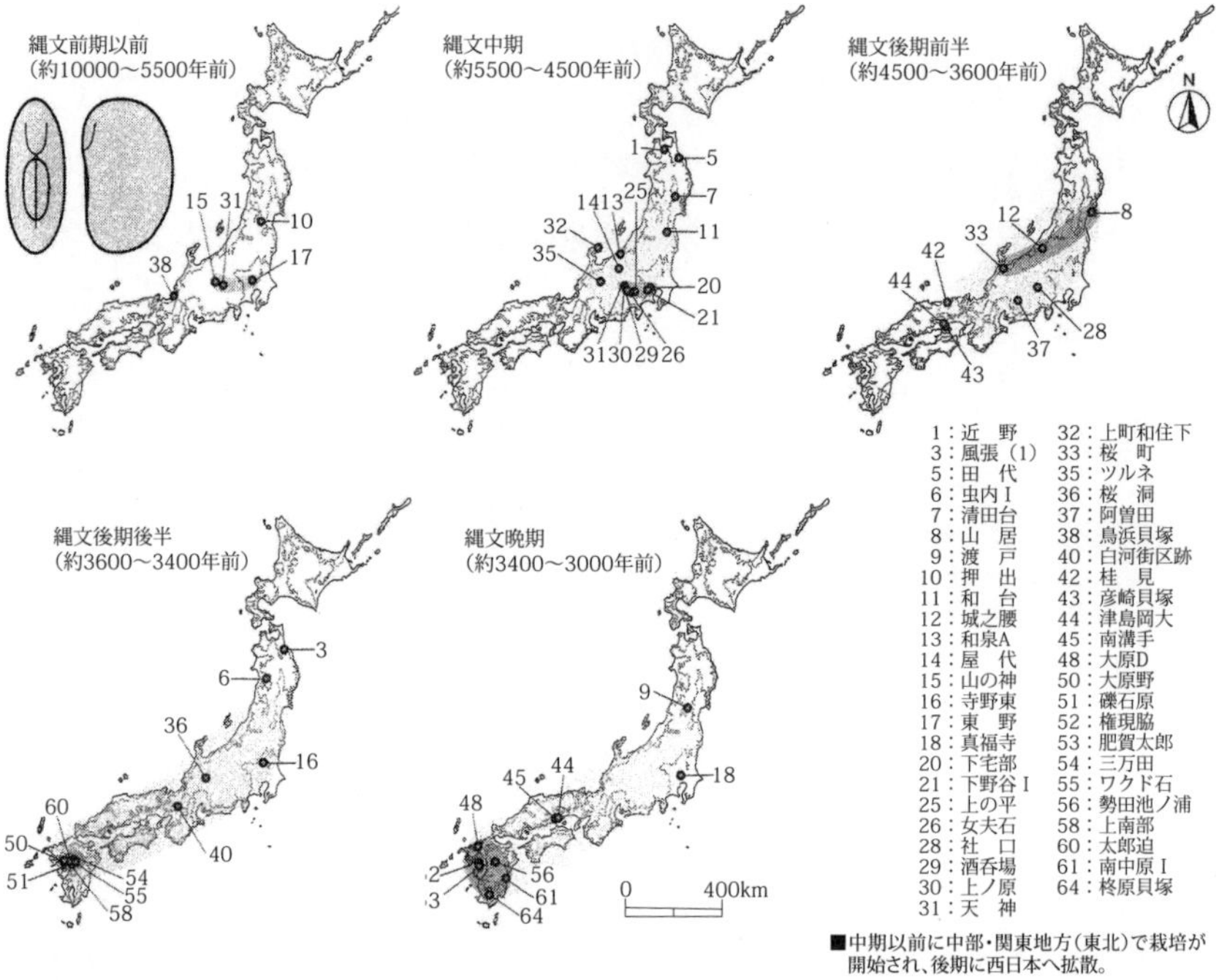

■中期以前に中部・関東地方（東北）で栽培が開始され、後期に西日本へ拡散。

図6–9　ダイズ栽培の起源と拡散（西進）（出典：工藤雄一郎『縄文人の植物利用』新泉社）

中期末~後期初頭に、竪穴住居一二棟、掘立柱建物、配石遺構、土坑群が出土していて九州を除く西日本最大規模の集落とされている。そんな中で住居の「炉」の形態が、中期には近畿地方に定着しているが、東日本的要素が強いと指摘されている。

時期的に東日本からの西日本勢力の帰還あるいは東日本勢力の浸透を推定させる。

さらに後期になると、住居跡、土坑群、突帯文土器が出土しているが、信州北陸系の「浮線網状文土器」や東北系の「変形工字文土器」が出土しているほか、武器と推定される「石棒」「石鏃」「磨製石斧」が揃って出土している。中央地方との交流を示すとされているが、アマテル・セオリツヒメを祭神とする古社の多い地域でもあり、西日本勢力の帰還・移動を示している可能性が高いと推定される。

（4）西日本勢力の移動先の状況

宮崎県の遺跡には、多くの東日本系の出土物が報告されている。

後期前半
四五〇〇年前　遺跡数の激増、大規模集落が出現していることを指摘している
平畑遺跡（宮崎市）海の網漁の両端切欠石錘、磨製石斧が出土
丸野第二遺跡（田野町）円形・方形住居跡二六棟　径三〇mの中央広場
「内帯」「外帯」棲み分けの東日本起源の環状集落
三幸ケ野第二遺跡（串間市）　径七〇m広場の周囲に四二棟の集落
本野原遺跡　径一〇〇mの典型的環状集落　大規模な土木工事を実施（前述）
後期後半　東日本の磨消縄文土器の影響（貝殻文土器）
門川南町遺跡（東臼杵郡）　瀬戸内系の福田KⅡ式土器　東日本文化の名残
陣内遺跡（西臼杵郡）　土掘具（扁平打製石斧）、穂摘器（打製石鎌）
後期～晩期
学頭遺跡（宮崎市）　糸魚川産　ヒスイ

宮崎県田野町の縄文時代後期の「本野原遺跡」では、西日本最大規模の「環状集落」が出土している。径一〇〇mの環状配置で、竪穴住居、掘立柱建物、大小様々な土坑群が検出されている。環状の外でも一〇〇棟の竪穴住居、大型掘立柱建物、道路遺構などが出土している。この遺跡では鬼界カルデラ火山灰を削って整地している。環状集落は、東日本で一般的な集落形態であり、西日本では他に福岡の「アミダ遺跡」、熊本県の「中堂遺跡」の二カ所が確認されているのみである。

周辺に「サイツバル(西都原)」「サツ(ど)原」など、「サ族」関連地名があることを考慮すれば、「サ族」の東日本からの帰還地ではなかろうか。「イツ」や「ツ族」が随行しているからであり、また、「ダイズ栽培」の九州拡大とも対応している。

鹿児島県では、この時期、在地性の濃い「指宿式土器」や「市来式土器」が用いられていたが、後期初頭に中原遺跡(志布志町)に、中頃には干迫遺跡(加治木町)に、東日本系の「磨消縄文土器」が出土していて、東日本勢力の到来を示している。さらに晩期になると、地域的土器は姿を消し、「磨消縄文土器」が主流となっている。

3.2　西日本勢力の移動と歴史への登場

前項の事実に従えば、後期前半から、東日本(関東)から西日本(特に九州)への土器や「ダイズ栽培」技術の移動が始まっている。

①(1)に示した土器移動は、関東から近畿、九州への移動が顕著であり、後期前半から開始されている。足摺岬での出土は、九州への道筋である。

②九州の遺跡分布では、後期の遺跡数の急増が指摘されており、また、北九州〜サツマへの土器移動から、西日本勢力の帰還は否めない事実と推察される。

③帰還後、「サ族」と「シ族」は、南九州に「サシクニ」を形成したと推定する。「サシ」地名は、国内ではほとんど見かけない地名であり、関東の「ム・サシ」に集結した「サシ族」が九州に移動したと考えられるからである。また、関東では「ム」を冠しているので、その移動は、渡来民の「ムスビ族」を同伴した、「ニ

ニギの西進」時期に繰り下がるかもしれない。

④ナカ族の移動。奈良・生駒郡に「シナガツヒコ（級長津彦）命」（先代旧事紀）を祭る名神大社の龍田神社がある。創建は崇神代とも天武代（六七五年）ともいわれるが、祭神は「天御柱国御柱神」で「風神」ともされている。その出自は、「シナガ」の音から、「シ族」と「ナカ族」の系列に属し、「ナガノ」からの西日本への帰還勢力の一つと推定される。「ナカ」族は、「ナガオカ」→「ナカツ」→「ナカノ（中野）」→「ナガノ（長野）」と関連地名が続いて信州への移動が確認され、その後「シ族」と合流して「シナガ族」となったと解される。シナノでの合流は、祖先神「天御柱国御柱神」の存在が、後代、諏訪神社の「御柱」神事に継承されていると考えることで証明もできる。巨木信仰はまた、北陸の巨木文化の流れである。「シナガツヒコ」の系列は、「ナガノ」から近畿に西進したと推定される。

これらの移動を示す事実は、他に存在するのであろうか。実は「神話の世界」にその移動の事実が示されているのである。

①「イザナギ」は列島を創造したとされる神であるが、その創造は、「オノロコ島」に始まり、「姫島」「二名島（対馬）」など、九州の島々の創造から始まっているし、諸々の神を創造した「みそぎ」の場所は九州・日向なのである。「イ・ザ・ナギ」の名称そのものも「イ族」や「サ族」の名称を冠したものであり、イザナギの創造は、実は「九州の国造り」を示したものと推察される。

②「スサノオ」は、子の「オオトシ」とともに、出雲から九州に進出しており（古神社分布）、東日本からの帰還勢力を伴っていた可能性がある。

③「アマテル」は、妃「セオリツヒメ」を伴って、鳥取・八頭に行幸したと古神社分布から証明されており、

西海の島々には「アマテル神社」も存在し、東日本勢力が西日本に進出したことを示している。ここにも西日本の帰還勢力を伴っていた可能性がある。神話の中にも、「サ族」「シ族」など西日本勢力の帰還・移動→神話のイザナギ・スサノオ・アマテルへの同伴移動→ニギハヤヒ・ニニギの移動が歴史的事実として存在しているのである。

4 縄文渡来民の登場

(1)縄文時代の渡来民の解明

縄文時代中にも大陸からの渡来民は存在した。詳細な解明が必要である。列島には、外来系の文化・遺構が存在している。(後期は⑥以下である)

①一一五〇〇年前以前、チベット系タミール語(大野晋説)　ツミ族・D2系?

②七〇〇〇年前頃、(北系)平底式土器文化の伝播　摩周カルデラ噴火　道東族移動

③六五〇〇年前頃、玦状耳飾り・玉文化の伝播(早期～前期)江南系・O3系?
オーストロネシア系言語?(言語系)　江南系・O3系?

④五〇〇〇年前頃(?)照葉樹林焼畑農耕　江南系・O3系?
カンボジア語(南方神話)の伝播　江南系・O3 系?

⑤中期　火焔土器製作族の到来(?)　北九州からナカ族の国内移動と推定

⑥後期中頃　(契丹古伝)　アキ族渡来　東夷族　O3系　「アキ族」
『契丹古伝』は「阿基(アキ)族」の渡来を伝える。

⑦三六〇〇年前以降、青銅器（殷）の伝播　「わ族」の渡来　Ｏ３系
　王権神話、降臨神話（シュメール系・チュルク系神話）帯同？
　「わ族」　東夷族、殷の統一の過程で渡来
⑧後期後半
　（遺跡分布）より推定　「ハク族」「ノへ族」「ハウシベツ族」
　「ハク族」　加賀（鶴来）に到来　半島より移動の「パク族」　白山信仰を帯同？
　「ハウシベツ族」オロチ、ウデへ、ニブフ族など沿海州族か（古社や遺跡分布から推定）
　横手盆地に進入・居住
　「ノへ族」　ノシロ（能代）から移動か　十和田東山麓の「ヘライ（戸来）」から三八平野へ
　ストーンサークル、遮光土偶など特異な文化を帯同
⑨二八六〇～二八〇〇年頃、外来作物（キビ、アワ、イネ）の伝播（小畑弘己説）
　「ムスビ族」（出雲）への渡来　イズ・「ム」は「ムスビ族」と判断
　西遼河流域から日本語（？）を帯同しての流入
⑩二四七三年前頃　水田稲作の伝播　呉系集団　江南系　Ｏ２系
これらのうち、後期の渡来民は、以下のとおりである。

（2）東夷族の出自の解明（前巻も参照）

これまで得られた種々のデータを統合すると、次のような流れが推定される。

東夷族は、Ｙ染色体遺伝子でＯ３系の人集団に属し、ミトコンドリアの系統図では西アジア系の遺伝子を有する人集団であると言われている。東夷族は、また、列島には、縄文時代後期に、大挙して渡来してきた

と推定され、先住していたD2系の「ツミ族」「ツチ族」やC3系の「ア・イ・ウ・サ・ヤ・ホ族」などと合流・合体したと推定される。

第一波は、後期後半に、「アキ族」が秋田か新潟に、「わ族」が鳥海山周辺に渡来してきた。その後、太平洋側に移動して、「アマ族」、「イワイ族」となり、関東に南下している。

第二波は、「イズ・ム（ス）」族が、「いず・も」（五母音時代）、三母音時代では「イズ・ム（ス）」に渡来してきた。島根に上陸後、島根半島に「カミ・ムスビ」系部族を、九州の佐賀を中心に「タカミ・ムスビ」系部族が進出した。ムスビは、その意味から「ムス」と「ヒ」に分割されるとされるが（溝口説）、東夷族の「アシ・ムス」族の出自である可能性のあることを示している。西遼河流域より渡来した「日本語(?)」帯同集団との指摘もある。

さらに遅れて、第三波として、「殷王朝」に参画していた、「ワニ族」、「サカ族」も晩期に到来している。（前巻参照）

これらの部族の移動時期は、「殷王朝」の成立期（三六〇〇年前）、滅亡期（三〇六〇年前）前後で、大陸の戦乱と混乱を、その契機にしていると推察される。

これらの推論の根拠は、大陸古代の「アシムス族」（契丹古伝）の存在と列島への到来、「王権神話」や「降臨神話」などが、東夷族・西アジア系神話と共通する部分を有すること（大林説）、遼東半島付近の漢代の住民のミトコンドリア遺伝子の系統図が、西アジア系の出自を示していること（前述）などの一致を基本としている。また、既述のように三母音時代の到来であれば「イズ・ムス」であり、意味不明な「イズモ」地名の由来を解決できる。

列島内の考古学的根拠は、これらの視点で出土品が総括されていないので明確ではないが、東北の「青銅製刀子」「復式炉」や「大珠」などの重用が関連する可能性がある。現在は、局部的データしか存在していないが、今後の詳細な検討が必要である。

先住民の「出雲神話」と「記紀神話」が別物であることも、住民の差を示し、渡来の根拠の一つになり得るかもしれない。

縄文時代中期までの世界と後期の世界では、対外意識や統治意識に大きな変化があり、クニ意識が明瞭であり、縄文時代の渡来民の存在にその起源を有するものと推察される。

4．1　第一波「アキ族」「わ族」の解明

（1）アキ族

①「アキ（阿基）族」の出自
「アキ（阿基）族」は、『契丹古伝』に記載され、列島に渡来してきたとされる古い部族である。同系部族（東夷族）は、三六〇〇年前「殷王朝」を建国している。列島では、『先代旧事本紀』（「国造本紀」）に、「天湯津彦」を始祖とする一族が佐渡から福島平野（石背や石代など）の地域の国造になっており、また、「天」を冠しているので、新潟から侵入した「アキ（阿基）族」と推定した（前巻参照）。しかし、その後の移動が不鮮明なので、考察した結果、新たに次のようにその解釈を変更したい。
②「アキ（阿基）族」の到来地と移動
「アキ族」の到来地は、素直に「アキ・キタ」と解釈し、秋田（古代ではアギタ）に上陸したと考えた。渡来の当初は、殷族同様に、食料を略奪したり、粗暴性に富み従属しない周辺住民を殺戮したと推定する。大陸

の東夷の「殷王朝」の異族を生け贄とする風潮や粗暴性は、渡来時の「アキ族」にも残存していたのでなかろうか。渡来後の食料難は大陸では略奪が通常の対応であり、上陸地周辺の集落では略奪が横行したと推定する。三内丸山遺跡の消滅や「ア族」の南下移動は、自発的なものではなく、渡来民「アキ族」の周辺略奪の結果ではあるまいか。そう見ると北海道にも「ア族」の逃亡痕跡があり、「アツマ（厚真）」や「アビラ（安平）」など「ア」地名が散在している。

この名残が秋田の「ナマハゲ」ではなかろうか。東北では「鬼伝説」はあまり多くないので、この伝承は特異である。他の北方系の渡来民とも想定できるが、到来が小規模なので特定しにくい。縄文時代の住民にはかなりの強烈な脅威として認識された可能性がある。さらに伝承をたどると、鬼伝説は、雄物川上流から脊梁山地を越えて、岩手の北上（来た・カミ）の「鬼剣舞」に連なる。鬼はカミ扱いになっている。「アキ族」は続いて南下し、「イ族」領域に達した時点で先住部族の抵抗に遭い、遅れて渡来してきた「わ族」と「イ族」「ア族」の連合軍に、「鬼首」周辺で主族は討伐されたと推定される。「鬼首」は、最上川から仙台平野に至る峠道にあり、後代の部族の合流から、両族の共同作業と推定する。「アキ族」の残存した和親派は、福島の「霊山《りょうぜん》」（呉音センを有する大陸系地名）に逃げ込んだと推定する。

これらの推定は、喜んだ鬼領域の住民が「古四王神社」を造って感謝・感激し、また、「アキ族」には協同する部族もなく、長らく「独立神」を保持せざるを得なかったとの根拠で推察することもできる。

その後、「アキ族」は「霊山」を根拠とし、佐渡から福島平野（石背や石代など）の地域の国造になったと推定する。

「天湯津彦」を始祖とする「天族」は白河に降臨し（伝承）、やがて南下して「キヌ（鬼怒）」に至ったとの推定も可能である。そして、いわきの「イワ族」や関東の「ハヤヒ族」「ヒ（ホ）族」と合流し、「キヌ（三母音時代）」

から「ケノ（五母音時代）」を経て多摩の「アキシマ」「アキカワ」周辺に移動し居住した。やがてニギハヤヒ・ニニギを主とする「東日本勢力の西進」に参加して、中国地方の「安芸」や国東半島の「安岐」に進出・移動したと推定する。弥生時代の渡来民時代には、「原ヤマト」の防衛に参加して、芸予諸島を封鎖し、四国の防御のため土佐「安芸」にも布陣している。

③　神譜からの検討（図6−14参照）

実は『先代旧事本紀』（「国造本紀」）には、「独立神の系譜」の中で「アキ族」の渡来後の経緯が記されている。始祖神は、「ミナカヌシ」とされているが、フツヌシやイワイヌシと同時代（ヌシの時代）の出自であることを示唆しているが、神名はナカ族のもので借用である。

独立天神一世は、「八下（ヤクダリ）尊」で、「八（ヤ）」の地名のある地域に到来・下船したことを示し、列島では、鳥取・八頭あるいは秋田・八郎潟であると推定する。秋田には「八竜」「八橋」地名や前述の伝承もあり、後者が渡来地の可能性が高い。

天神二世は「三降（ミクダリ）尊」で、三ケ所への降臨あるいは三回の降臨・移動をした神と推定する。秋田〜新潟へ、新潟〜白河へ、秋田〜北上〜鬼首〜霊山へ、さらに天湯津彦の時代に白河に降臨している。秋田を逃れて南下した一族もあり、新潟には、「三条」「三島」「三面」など、関連した数字地名も多い。

天神三世は、「合（あい）尊」で、それまでの独立神が他族との合流を始めたことを示している。白河では、海岸線を南下する「イワイ族」と合流し、関連地名の「いわき」がある。山を越えて「キヌ（鬼怒）族」と称されている。

天神四世は、「八百日（ヤオヒ）尊」で、筑波の日高見国の「ヒ族」と合流したと推定する。そのほか、多くの部族が合流していて「八百（ヤオ）」と表現されている。

天神五世は、「八十萬魂尊」で、さらに西関東・南関東の多くの部族と「タマ」で合流したことを示し、筑波・日高見国から多摩に移動した時代を示していると推定する。晩期の西進直前の時代ではなかろうか。

独立天神の神譜は、以上のように、渡来以降の「アキ族（天族）」の移動経路や状況を明瞭に示したものと判断できる。

④「アキ族」の系譜からの解明

〔「アキ族」の系譜〕（『先代旧事本紀』）（「国造本紀」）

ヤクダリ（八下尊）――ミクダリ（三降尊）――アイ（合尊）――ヤオヒ（八百日尊）――ヤソマンタマ（八十萬魂尊）
（秋田・新潟）　（福島）　（白河）　（筑波）　（タマ）

└（　　）――オモイカネ命――チチブヒコ
（秩父）　（秩父）

〔国造本紀〕

天湯津彦命―（5世）―8世クシイマ―10世クマナオ（陸奥信夫）―11世シオイノミジナオ―12世オオアラキナオ
（久志伊麻）（陸奥信夫）　（塩伊乃自直）（陸奥白河）　（大荒木直）（佐渡）

（5世）――5世アキハヤタマ
（阿岐速玉）
（広島・阿岐）

8世クシイマ――シクマヒコ（思）
――トヨシマヒコ（石城伊具）
――アシヒコ（陸奥染羽）
――ヒトネ（安積）

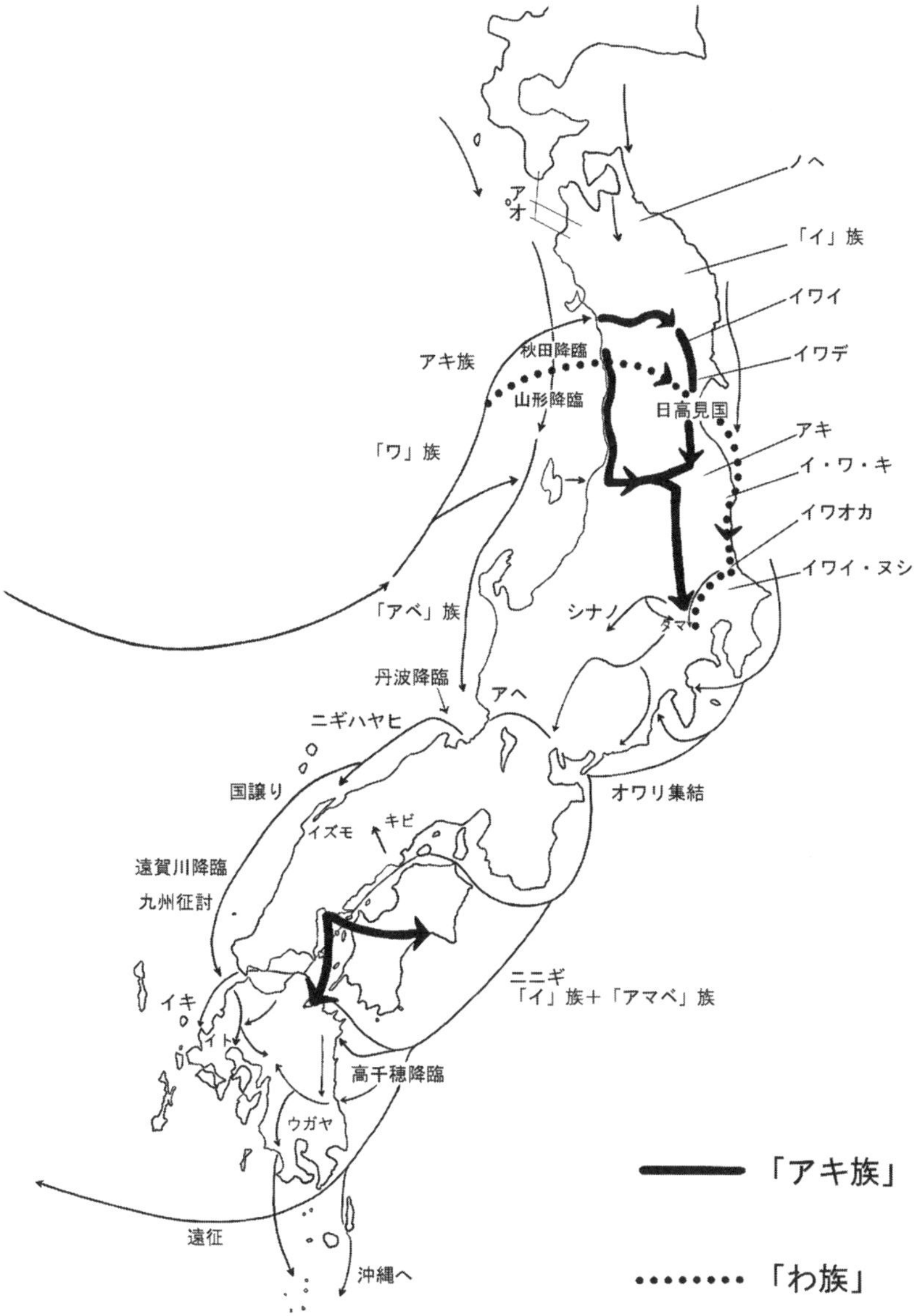

図6−10 「アキ族」「わ族」の移動 東日本勢力の大移動 西進ルートの推定
(出典：内舘彬『ヤマト』は縄文時代勢力が造った』ミヤオビパブリッシング より加筆)
オワリに終結し、２隊に分かれて西進する。ニギハヤヒは、出雲から遠賀川へ。ニニギは、瀬戸内海から高千穂へ。

「アキ族」の活動の経緯は、『先代旧事本紀』から上記の系譜を抽出することができる。渡来以来の経緯は前述したが、右の系譜から、その後の経緯は、左の「国造本紀」の系譜から抽出される。左の系譜では、「天湯津彦」を始祖として、福島（陸奥・信夫）周辺を根拠地として、世代の移行により、石城伊具や安積、さらに白河への動きが見え、最終的に佐渡や広島阿岐への展開が示されており、私論の展開はこの動きを根拠としている。

では、「天湯津彦」と右の系譜とはどこで結び付くのか。福島進出以前なので、独立天神一～三代の間であろうことは推定可能である。また、「天思兼命」が子孫であれば、十代以後に秩父国造となっていることから、関東への進出も確認できる。「天思兼命」は、「天岩戸神話」では、アマテラスと同時代である。

（2）わ族

①「わ族」は、前巻にも詳述したが、大陸から鳥海山付近に上陸した。「殷」系の青銅製刀子の出土や「出羽（いでわ）」地名を根拠としている。

②脊梁山脈を越えて、仙台平野で「イ族」と合流し、「イワイ族」を形成し、「ヒタカミ国」を造っている。「岩出」「江合川」など関連地名があり、また、「わ族」が本来「漁労民」を含んでいること、前述の鬼首の協同作戦実施などで、比較的容易に先住族と合流できたと推定される。

③関連地名の連続から、やがて関東に南下している。「イ族」「イツ族」「ハヤヒ族」は南下の行程で合流しており、ヒタチの（ツクバ）に到達している。「イワイヌシ」は香取神宮に入り、「日高見国」が成立している。

④やがて、列島の王統の主勢力となる。（後述、わ族の系譜は図7―1参照）

⑤その動きを考古学的資料によって探ってみよう。

・「青銅製の刀子」の類似品の分布

山形には、前巻で示したように、殷系の「青銅製の刀子」が出土しているが、その刀子に形が類似した「石製の刀子」が山形から白河に分布しているとされている。部族の移動も想定されるが、石材が不明なので、今後の課題とする。

私論では、これは、「わ族」が関連したものと解釈しているが、この視点を欠くと「石刀」の発生と分布は説明できないと思われる。石刀製作の動機は、利便性と未知の世界への憧れであると推定される。

・「硬玉（大珠）」の分布からの解明（図6―11参照）「硬玉」の生産地は富山県だが、主として信州・関東に集中して分布していることから、信濃川・千曲川から山を越して、関東にもたらされたと推定される。

その時代が中期～後期とされているので、人口の多い関東に交易品として持ち込まれたのであろうか。関東では、石岡、鹿島、多摩に多く、また、福島・岩城にも多いことが注目される。しかもこれらが、「大珠」なので、「わ族」と関連している可能性もある。なぜなら、中国大陸では、硬玉製の「鉞」は権威の象徴とされているからである。

また、仙台平野、津軽海峡、札幌低地帯にも分布しており、縄文時代中期には、すでに広範囲に移動可能な状況も示しているが、「ア族」など権威を求める勢力がほかにも存在していたと類推もできる。

一方、九州でも同様で、「ウ族」の分布地と合致しているので、上記の指摘（権威の象徴）が的外れでないことを示唆しているのではなかろうか。

・「復式炉」の分布は、南北に連なる東北道沿いに分布し、福島に中心があるように見える。日本海側には少なく、主として太平洋側に展開しているように見える。これは何を示すのであろうか。突然、福島に現われたと思えず、既述の「古四王神社」勢力が東に移動したような印象があり、やはり「わ族」が持ち込

図6–11　渡来民系人集団の使用と考えられる出土物

(上)複式炉の分布

(出典：渡辺誠『縄文時代の知識』東京美術)

(下)大珠の分布

(出典：日本第四紀学会『日本の人類遺跡』)

硬玉と琥珀製品の分布。硬玉製大珠は全国で250件発見されている。これらは中期から後期にわたり、新潟県糸魚川付近の山間や海岸部に産出する硬玉を使用している。北海道から近畿に見られるが、特に北陸、中部、関東に濃密に分布する。原産地付近には玉作り遺跡が顕著である。硬玉は長崎県雪ノ浦にも産出するが、その分布はよくわかっていない。また琥珀は千葉県銚子、岩手県久慈などで産出し、各地に製品が供給された。

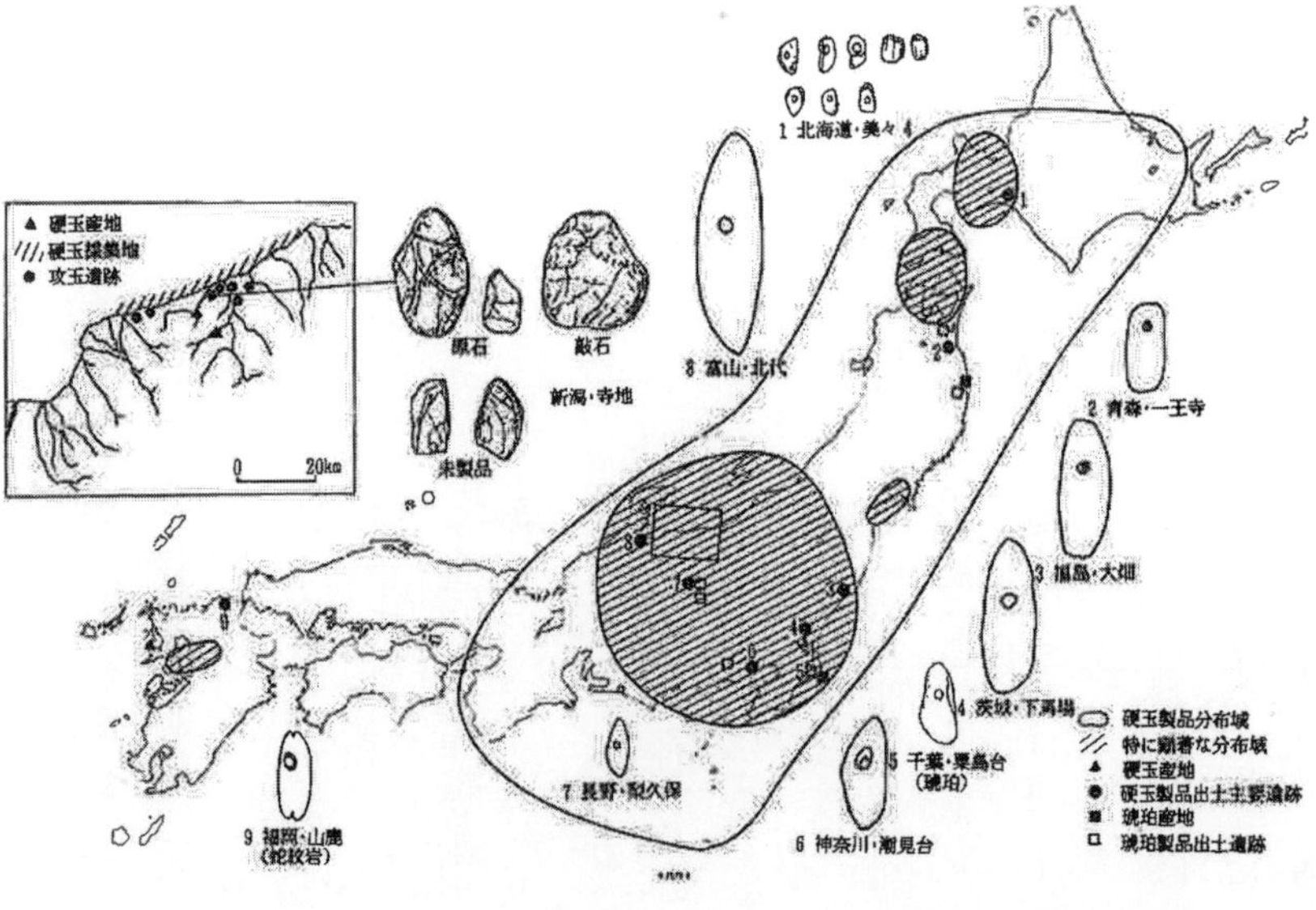

んだものではなかろうか。分布からは、主として先行する「アキ族」の進入範囲を示すものとも推定することができる。さらに「復式炉」の分布に付随する、他のデータに注目する必要がある。

4．2　第二波　その他の部族の到来

(1)北陸への渡来民(「ハク族」)の検討

「越州」の中に、「加賀」がそのほぼ中央に位置しているが、「越中」ではない。

その地域の特異点として、
① 地形的には、東側に「邑知潟」があって、能登半島は「能登島」となっている。
② 縄文時代には能登半島には、イルカ狩猟の「真脇遺跡」があり、また、大きな木柱のサークルが発見されていて、「巨木文化」がある。
③ 能登半島には三母音で読めば、ツミ族関連の「(ト→ツ)ギ」(富来)もある。
④ 「紀」の「国生み神話」に「越」は登場しているが、「加賀」はない。当然後代の命名だ。
これらのことから、能登や加賀は、古い時代から「ツミ族」の日本海移動の中継点で集結地域であったことが判断できる　。

一方、後代の加賀地方に「つるぎ」(鶴来)を中心に、白山信仰の拠点があり、信仰集団の存在を指摘できる。

この事実から、「ツミ族」のあとに、「ハク族」(貊族)系が渡来してきたものと推定する。

ワイ、パク族は、もしかしたら山形へは「わ族(ワイ)」、加賀へは「ハク族」(ハクサン族)が渡来したのか。

「わ族」は前項の解明通りとして、「ハク族」は半島北部の白頭山を望む集団で、(白山信仰)の存在から白山神

社本宮のある鶴来（ツルキ）に渡来とも推定される。「ハクサン」は大陸の白頭山に対峙させたものか。

これらの異族の存在により「加賀」は、他の「越」のクニグニと異なる地域として形成され、特異な「新保・新崎土器」も使用されて、「ツミ族」の多い南北の「越州」とは別の性格の領域となっていると推察する。

（2）北東北の状況

北東北でも異変が発生している。次の状況が指摘できる。

・前期から継続していた三内丸山遺跡が、中期末に突然、途絶している。

まず、この原因として、十和田カルデラ火山の噴火が考えられるが、縄文時代では、八六〇〇年前（南部浮石）、六五〇〇年前大噴火（中掫火山灰）、五五〇〇年前（八戸火砕流）の三回噴火している。しかし、遺跡は火山の裏側（西側）で降灰は少なく、影響は薄いと推察される。

他の原因として、外部勢力の進入がある。秋田への「アキ族」の侵入があり、大陸での「粗暴性」を残存していればその可能性も高い（ナマハゲ伝承がある）。

前巻で指摘したように、その主な原因は、東日本勢力の西進に参画した部族の南下移動である。津軽半島の勢力は晩期に「亀ケ岡文化」を隆盛しているし、中期末から「御所野遺跡」では、六〇〇棟の竪穴住居が出土しているし、周辺地域ではこの時期大きな変化が見られないことである。前述したように、縄文時代後期の遺跡分布では、仙台平野から東北道に沿って、濃厚な遺跡分布が記載されており、「大木式土器圏」の拡大もあるので、南下移動が真実ではなかろうか。

・中期～晩期に秋田・横手付近に、ハウシベツ族が侵入している。（遺跡分布からこの変化は、後期に北東北勢力が南下していることから、北方からの部族の進出が考えられる。この存在根拠は、後期～晩期の横手盆地の遺跡分布とハウシベツ神社の存在しかないが、今後資料が整うだろう。
・青森東部の三八上北地方に「ノヘ族（仮称）」が進入し、一戸～九戸・野辺地に展開している。この地区には、後期から晩期に「遮光器土偶」が隆盛している。
この変化は、五五〇〇年前に噴火した十和田カルデラ火山（八戸火砕流）で壊滅したこの地域に、新たに進出した勢力があったということだが、「ノヘ族」の進入であり、後とも関連があるかもしれない。
・ノシロ～ヘライ（十和田東山麓の戸来）～大湯～八戸には、中期末～後期のストーンサークル、外来性遺物、「遮光器土偶」が分布している。
この地域には、前述したように、大湯に後期の「ストーンサークル」の遺跡があり、十和田高原の「戸来（ヘライ）」を経て、「ノヘ国」（後期・遮光器土偶出土）至るルートである。

これらの変化に渡来部族が関連している可能性がある。

①ノヘ族
〈遺跡分布からの解明〉（図6―12参照）
縄文時代前期の遺跡分布図には、縄文時代前期（九〇〇〇～五〇〇〇年前）に秋田・米代川～大湯～八戸に至る遺跡分布が記載されている。
前述したが、前期には八六〇〇年前や五五〇〇年前頃に、十和田火山が噴火しており、八戸火砕流で八戸は壊滅し、その後に「別族」が侵入したと推定できる。とすると五五〇〇～五〇〇〇年前頃の移動か。
この地域には、大湯に「ストーンサークル」の遺跡（後期）があり、十和田高原の「戸来（ヘライ）」を経て、

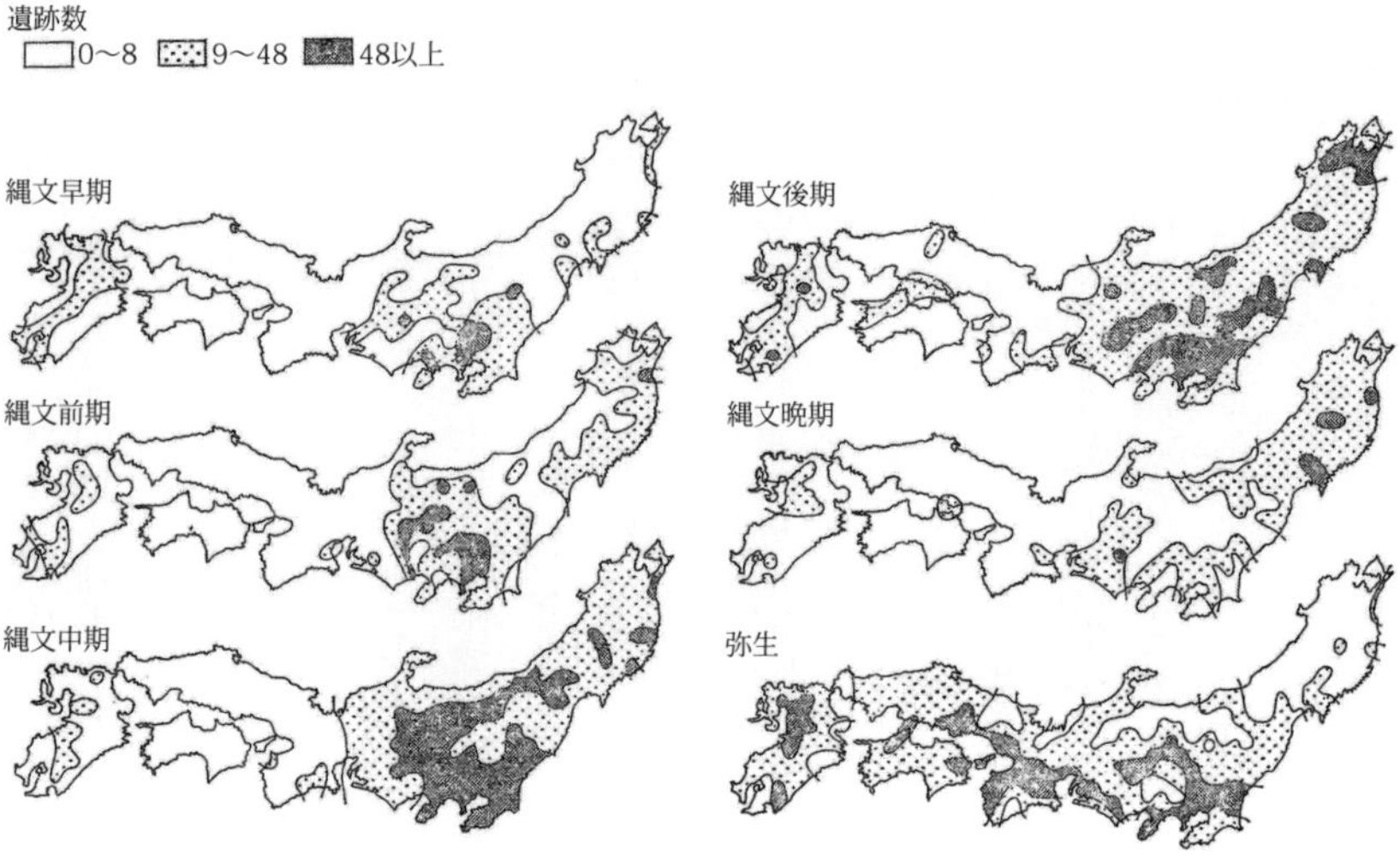

図6–12　縄文時代早期から弥生時代までの遺跡数分布
（出典：内舘彬『「ヤマト」は縄文時代勢力が造った』ミヤオビパブリッシング）

「ノへ国」（後期・遮光器土偶出土）至るルートである。これらは、図にある縄文後期の考古学的出土物の濃密帯に対応しており、「ノへ族」の可能性が高い。

「ノへ族」は特異な部族名にみえるが、「アべ族」「イ（ン）べ（忌部）族」「ウべ族」などの一音族との合流の存在を考えれば、それほど特異な名ではなく、「ノ」を冠しただけである。他に「カべ」「オカべ」など、五母音時代の地名も混在しているので、やはり渡来民時代以降の存在なのであろうか。「ノ」を冠する地名は、「ノト（能登）」「ノマ（野間）」「ノザキ（野崎）」などもあり、出自は不明だが、地方の小部族として存在していたのであろうか。

② ハウシべツ族

〔遺跡分布からの解明〕

秋田・横手盆地付近に、縄文時代中期〜晩期まで、遺跡の濃厚分布が記載されている。これも特異な分布で、横手盆地には「ハウシべツ（波宇志別）神社」などが分布しているので、北方からの渡来民で到来してきた「ハウシべツ族（仮称）」と推定される。また、周辺の遺跡分布が変化しているのに、晩期〜弥生時代まで変動はなく、継続して居住しているとも判断されるので、「ア族」などの周辺族とは異質の部族で、晩期の東日本勢力の西進には同行しなかったものと推察される。「古四王神社」の分布範囲内にあるが、遺跡の分布範囲は狭く一致せず、別の部族と推察される。

③ 九州への江南からの到来

前項に「照葉樹林帯」の「焼畑」農耕民の到来を指摘した（図6―13参照）。おそらく、江南から九州への到来と推定されるが、地名的な証拠も、出土物の証拠も見いだせていない。「焼き畑」農耕は、九州はじめ西日本に存在しているし、他に南方系神話やカンボジア系語彙の指摘も存在しているが、人集団の動きが不明である。強いて言えば、時代は不明だが、南西諸島からの到来があるかもしれない。古くは「アハ族」の到来以来、「栫ノ原石斧」や「曽畑式土器」、「市来式土器」の流通が古くから続いて存在しているからである。弥生時代の「貝製品」の移動のみが強調・注目されているが、実はより太い流通路が南西諸島と九州間に存在して、大陸からの移動民も頻繁に存在していたのではなかろうか。

長崎県や佐賀県周辺には、モギ、ツキ、イキ、シジキ、コシキ、ハイキ、イキツキ、ソノキ、タク、タカギなど、末尾に「来（ク、キ）」の音を伴う、人集団の到来を示す地名が多い。何故であろうか。この付近に、対馬渓流に乗って様々な人集団が南方から到来してきていた結果ではなかろうか。人集団の詳細は定かではなく、すべてが海外の人集団ではなかろうが、これらの中に、「焼畑農耕」や「カンボジア語彙」を帯同した人集団が存在していたのではないかと推定する。今後の検討課題である。

〔言語学からの主張〕

崎山 理氏によれば、「日本語は、北方からのツングース諸語と、南方からのオーストロネシア語族の混合に

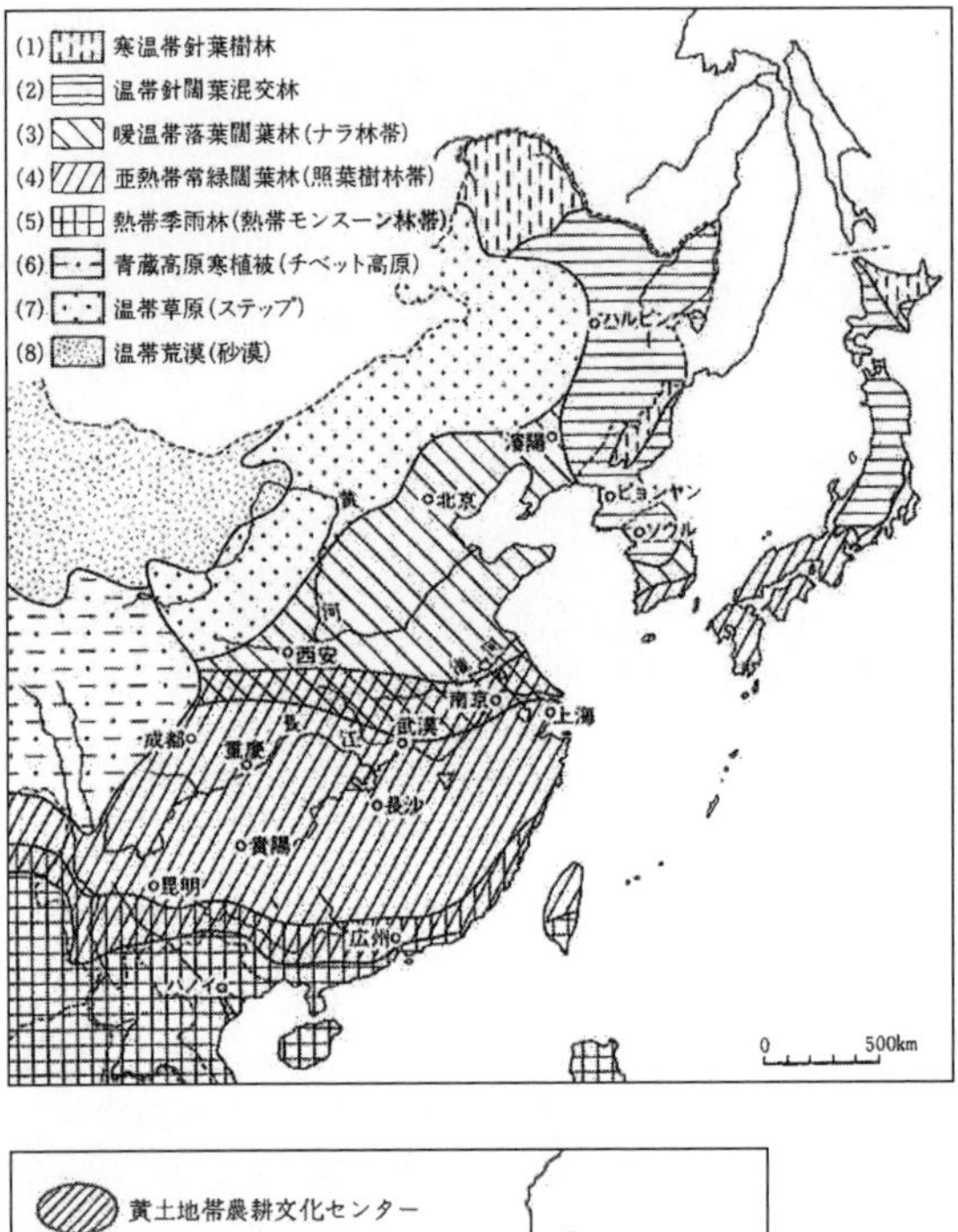

東アジアの植生概要

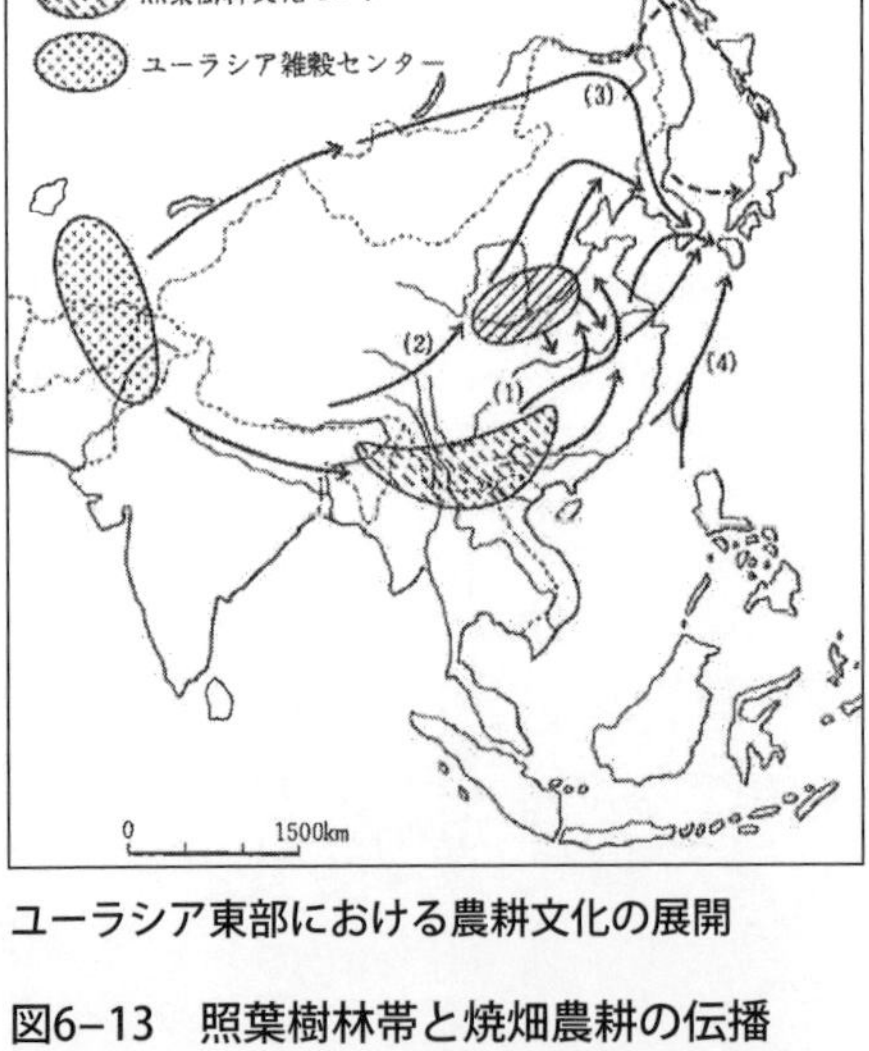

ユーラシア東部における農耕文化の展開

1. 常緑広葉樹林
(5) 熱帯モンスーン林帯
焼畑（根栽文化）↓水田稲作
(4) 照葉樹林帯
焼畑（照葉樹林文化）↓水田稲作

東アジアの自然と農耕

図6–13　照葉樹林帯と焼畑農耕の伝播
(出典：大林太良「東アジアの農耕文化の種類と展開」)

より形成された」とし、その混合時期は、縄文時代後期（四〇〇〇〜三〇〇〇年前）と主張している。具体的にどの部族や人集団がもたらしたものかは主張されていないが、南方からの流入は存在しているようだ。

上記の「照葉樹林帯」の焼き畑農耕民の到来とは矛盾しないが、「到来関連地名」のほか、列島での明確な根拠は見いだしていない。渡来民のように一挙に大量に到来したのではなく、南西諸島経由で徐々に伝播してきた可能性もある。九州の曽畑式土器、市来式土器の沖縄への移動・交流が存在するが、到来時期がうまくマッチする時期とは言いがたい。この間の逆方向の流れも存在したかもしれない。

4．3　渡来民は何をもたらしたのか

縄文の渡来民が何をもたらしたのかは、出土物では明瞭ではないが、次の変化を指摘できる。

① 列島では、渡来以前は三母音時代であったが、渡来後に五母音〜七母音に変化していることを指摘できる。その変化は、各種部族の交流で、言葉の多様性が生じて発生したためと推定される。

② そんな中、アルタイ語の特徴とされる「主語―述語」の語順は維持され、縄文文化の急な変化もなく、縄文人は、度重なる渡来民の到来に伴う状況変化に、自己の独自性を失うことなく対応している。自然変化への対応技術が生かされていると推察される。出羽、出雲、出水など、逆転した語順はそのまま残存している。

③ この時期の渡来民は、「殷」の建国時代の争乱を体験しているので、「王権神話」や「降臨神話」を帯同していた可能性が高い。渡来民の東夷族との合流により、縄文時代人は、さらに社会的意識を向上させて一歩前進した。渡来を契機に「クニ」形成意識が高まり、各所の「マ」が統合され、部族融合化の動きが進行

しているからである。各種の神話は、その融合の「旗印」になった可能性がある。東北から沖縄まで、列島各所で「降臨神話」が発生している。

④各種の神話は、後期中頭に最初に到来した「アキ族」「わ族」のものであろう。列島の各部族を統合し、以後の渡来民に対抗しているからである。

⑤祖先神としての神々の系譜として、後代の『古事記』では「独立神」と「共立神」の二元論が主張されている。列島では、各所で諸部族が形成されているため、「共立神」として合同する必要があり、独立神は単独部族のものであり、統合した神の成立は、強力な統一王統が成立するかなり後代にならないと発生しないと推測される。このため、列島内の諸部族は、「共立神」を奉斎して行動したと推定され、「独立神」は単独部族のもので、渡来民のものであろうが、列島では勢力が大きかった、あるいは協同部族のいなかった「天族」(アキ族)が最後まで維持していたが、最終的には、列島内の神々はイザナミ・アマテラスに統合されることとなっている。縄文時代は、いまだ「共立神」の時代であったと推定される。

⑥渡来民は、在存部族に合流した部族(わ族、ムスビ族)、しばらく合流できなかった部族(アキ族)、討伐された部族(晩期の徐福系部族、加羅系部族など)、独自の領域に留まった部族(ハク族、ノヘ族、ハウシベツ族など)に区分できる。

⑦列島の主要部族との関連も注視すべきであるが渡来民は、その存在を主張すべく他族の系譜へ侵入・挿入が頻繁に発生している。

5　神譜からの検討

祖先神の系譜は、『先代旧事本紀』によると、「共立神」と「独立神」の二系統の系譜が示されている。前者は、イワレヒコに連なる系譜であり、後者は、「天族」に連なる系譜である。両者は、「イザナギ」で合流しているので、その経過を解明してみる。（図6―14参照）

「共立神」は、列島の古族「フ族」「イ族」「ツミ族」を主体にし、「ハヤヒ族」や後期に到来してきた渡来民「わ族」が合流して形成された、統合族の神々である。

「独立神」を奉ずる「天族」は、私論では、大陸の東夷に出自する部族（「アキ族」）で、後期に秋田に上陸し、仙台・福島平野に南下した部族で、後代には佐渡〜福島に至る地域の「天湯津彦」を始祖とする国造を排出している（『先代旧事本紀』「国造本紀」）。

5．1　『古事記』などの神々の実在性の検討

『古事記』の中で「別天神」や「神世七代」とされる神々は、実在していたのだろうか。「別天神」の「高御産巣日神」「神産巣日神」は、渡来民の神々であり、これを除外すると、「ウマシアシカビヒコジ神」から以下が国内出自と推定される。

「三母音」の方法を使用して、部族名を示す先頭の「オン（音）」を探ってみると、「共立神」の神名は「ウマ」（熊本）、「ツク（とこ）タチ」（筑波・常陸）「とよ」（豊）「ウヒ」「ツヌ」「ウフ（オオ）」（出雲）「ウム（おも）」（青森）「イザナギ」となり、部族が居住していた地名が推定できるものが多い。一系神ではなく共立神なので、各地の祖

先代旧事本紀の神々の系譜

天譲日天狭霧国禅月国狭霧尊
↓
1代共生天神　可美葦牙彦舅尊—天御中主尊
↓
2代共生天神　国常立尊—豊国主尊
↓
3代夫婦天神　角杙尊—活杙尊
↓
4代夫婦天神　泥土煮尊—沙土煮尊
↓
5代夫婦天神　大苫彦尊—大苫邊尊
↓
6代夫婦天神　青橿城根尊—吾屋橿城根尊
↓
7代夫婦天神　伊奘諾尊—伊奘冉尊
↓
天照大御神　月読尊　素戔鳴尊

（天御中主尊 →）
独立天神1世　天八下尊
⇩
独立天神2世　天三下尊
⇩
独立天神3世　天合尊
⇩
独立天神4世　天八百日尊
⇩
独立天神5世　天八十萬魂尊
⇩
独立天神6世　高皇産霊尊　神皇産霊尊
⇩
天思兼命　天太玉命

古事記の神々の系譜

別天神
天之御中主神
↓
高御産巣日神
↓
神産巣日神
↓
宇摩志阿斯訶備比古遅神
↓
天之常立神
↓
神世七代
国之常立神
↓
豊雲野神
↓
宇比地邇神—須比智邇神
↓
角杙神—活杙神
↓
意富斗能地神—大斗乃弁神
↓
於母陀流神—阿夜訶志古泥神
↓
伊邪那岐神—伊邪那美神

日本書記の神々の系譜

(可美葦牙彦舅尊)
↓
国常立尊
↓
国狭槌尊
↓
豊斟渟尊
↓
埿土煮尊—沙土煮尊
↓
大戸之道尊—大苫辺尊
↓
両足尊—惶根尊
↓
伊奘諾尊—伊奘冉尊

図6–14　神々の系譜(著者抽出)
神々の系譜を示す。先代旧事本紀では、「共立神」と「独立神」の２系列が示されており、古事記で両者が混在化するが、日本書紀では渡来系が除外され「共立神」に統一されている。

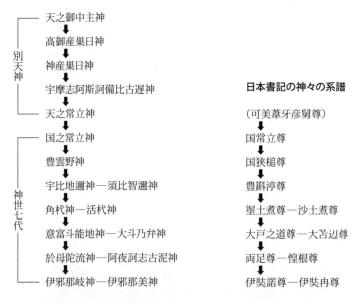

先神を連結したものと推察される。すなわち、「ウ族」「ツ族」「タ（ツ）チ族」「ヤ族」「イ族」などである。『日本書紀』ではこれに「サ族」「ツチ族」が加わる。また、『先代旧事本紀』では、同様に「ウ」－「ツク」－「ツヌ」－「ツチ」－「ウフ（オオ）」－「アオ」－「イサ」の順となっていて、ここでも列島の古族を集合させた形となっている。

これらの事項を勘案すると、国内地名や部族名と関連していることから、『古事記』や『先代旧事本紀』に記載された「共立神」の神々は、祖先神として実在した神々と推察される。

一方、『先代旧事本紀』の「天系」では、「アキ族」の中で解明したように、部族渡来後の移動経緯を反映した神々であった。本名ではないが、後で「共立神」の系譜にならって作成した可能性がある。別天神六世が「天」の付かない「高皇産霊尊」「神皇産霊尊」となっていることから、この神を奉ずる部族が挿入した可能性が高い。「アキ族（天族）」は後期中頃、「ムスビ族」は晩期前半の渡来民であり、挿入して合体させている。その後は、「天思兼命」「天太玉命」になっている。これらの事情を加味しても、「神々の系譜」は、各部族の祖先神を列挙したものであり、実在性は高いと判断される。

5．2　『記紀』の神話や古伝は、現実の歴史に登場できるのか

図の『先代旧事本紀』、『古事記』、『日本書紀』の神々を見ると、『先代旧事本紀』では、「共立神」の流れと「独立神」の流れがあったが、『古事記』では徐々に単純化され、『日本書紀』では簡易化されている。渡来系である「独立神」の系統が省かれているのである。この流れを見るとき、「イザナギ」が「人の世」の先陣を切るのは、『記紀』の編集者が「共立神」から「単独神」へと、実在性を重視する方向へ改訂しているのであり、これが『記紀』の編集当時の認識と判断されるので、より現実性が高まっているのである。

これらの解明から、神世時代を含めて、「神々の系譜」は、「列島の歴史」に登場する資格を十分獲得していると言えるのではなかろうか。

この視点に立つと、「イザナギ」を神の世と人の世の境界としたのは、仙台や関東で「クニ（日高見国・ホツマ）」が成立した時期であり、「ミタマ」「ヌシ」と称される、日本的「王」が誕生した時期としたのではあるまいか。「イザナギ」の子の「アマテラス」は、（ツクサカキ）（イツノミタマ）と称されているからであり、支配領域と部族が明確で、歴史的位置に立脚できるからである。

それぞれの神が歴史に合致するかは後に詳述するが、基本的に神が「祖先神」とすると、その生きていた時代は歴史の中にあり、各神々の活動履歴や関連事象を集積すれば、歴史的位置が自ずと浮上してくるものと推察される。神々を記載している古伝もまた、他の事象と一致することで、歴史的事実として整合が可能であると判断されるのである。

〈神世七代の系譜〉（出自部族の推定）

「ハヤヒ族」「フ族」「イツ・フツノミタマ」――「ツク（とこ）タチ」「常立」（領域）
「ミ族」「ツチ族」―「ミ（ツ）チ」「サヅチ」――「ミチヌシ」「ミカヅチ」
「ウ族」　「ウ」―「ウツシ」―「ウマシアシカビヒコ」（ウガヤ王統）
「ア族」　「ア」―「アツチ」―「アオカシコネ」
　　　　　―「アツミ」―「アヤシカシコネ」
「ヤ族」　「ヤ」―「ヤツ」――「ウフ（おお）トノジ」（意富）
「ツ族」　「ツ」―「ツミ」――――「ツノ」――
　　　　　―「ツウ」――「ツユ（とよ）」―「トヨクンヌ」（トヨに来た人）
「イ族」　「イ」―「イツ」――「イツノミタマ」―「イザナギ」

これらの神々の出現順位は、何を示すのであろうか。実はこれは、古来からの部族の尊称の順位に対応し、「ヒ」「フ」「ミ（サ）」「ユ（よ）」「イ」「ム」「ナ（ア）」「ヤ」「ク（コ）ウ」「ツ（ト）」で、古くからの数字の語源となった語順でもあるのである。

第七章

東日本勢力の西進時代(晩期)
三〇〇〇年前〜

(晩期)	柏木川遺跡（恵庭市）手形・足形土製品、土坑墓500基、把手付双口土器
(晩期)	是川中居遺跡（八戸）亀ヶ岡文化代表遺跡、多様な土器・漆製品出土
(晩期終り)	青田遺跡（新潟・加治川町）掘立建物22棟、木柱根260基、川漁「ウケ」
2,500年前	初代イワレヒコ　大和に東遷　「ヤマト」建国　正妃イスケヨリヒメ
	「欠史八代」時代始まる　2代ヌナカワミミ、タギシミミより王権獲得
2,500年前	北小松遺跡（宮城）丘陵上に集落　掘立柱建物、長楕円墓29基、犬3体
	丘陵下の沖積地　石棒、骨角器、木製品　出土
(弥生時代)	（大陸・半島から渡来民の急増）
2,473年前	「呉系集団（キ族）」、武装して鹿児島、長崎、大山に到来　鉄器帯同
	九州勢力は「キクチ（菊池）」で合流
(2,400年前)	（中国・「戦国時代」始まる）
2,332年前	「越」滅亡　「越系倭人」半島南部や北陸に到来
(2,221年前)	（「秦」中国統一）
2,210年前	秦の「徐福集団」　鹿児島・市来経由で佐賀に侵入　2回到来
	7代フトニ、「キ族」の吉備への南下統制　「吉備族」形成
(2,201年前)	（「前漢」成立）
2,000年前	半島から「倭人」（加羅族）到来、北九州に「早良族（平群族）」
	阿蘇周辺に、扶余系集団（陜父）到来　多羅系到来

〔この期のイベント〕東日本勢力の西進時代 晩 期

4,200 ～2,600 年前 上宮田台遺跡(袖ケ浦市)径100m の環状集落
4,000 年前 住居80 棟、土坑30 基、貝塚1 ヶ所
2,800 年前 集落中央を窪地状に造成 住居20 棟、土坑20 基
晩期の包含層から土器、イノシシ形土偶、石剣、玉類、獣骨片
3,400 ～3,000 年前 「ダイズ栽培」有明海周辺～九州全域に拡大・分布
(後 期) 「サ族」「イツ族」と九州へ帰還移動 サイツ原、サツ原へ(本野原遺跡)
(後 期) 石町遺跡(福岡・築上郡)、下吉田遺跡(小倉区)東日本系「石鍬」出土
晩期に盛行 「シ族」も南九州と北九州へ帰還
( ) 西日本勢力の帰還・移動続く 九州の遺跡急増
(後期後半) イザナギ 近畿へ移動 加曽利B 式・安行式土器移動 → 近畿
(後期末) 智頭枕田遺跡(鳥取) 変形工字文(東北系)浮線網状文(信州系)出土
(3,050 年前) (中国・「殷」滅亡・「周」成立)
3,000 年前 大森勝山遺跡(青森)径49m ×39m の大型環状列石(後期末)
集落と墓地群 整地して70 基以上の列石 周辺に石組炉、土器埋葬遺構
3,000 年前 観音寺本馬遺跡(御所市)大集落と墓地群
全16 基の土坑墓のうち、6 基から屈葬人骨
全14 基の土器棺墓のうち、1 基から4 歳の幼児人骨 出土
3,000 年前 保美貝塚群(渥美半島)環状集骨墓(再葬墓)多数出土
北陸に多い径7m の円柱木柱列 内に土偶や石剣
吉胡貝塚(同上) 362 体の埋葬人骨 ハマグリ、シジミ、サル、キツネ、マグロ
伊川津貝塚(同上)190 体以上の埋葬人骨、叉状研歯の頭蓋骨 出土
(晩期前半) 亀ヶ岡式土器移動 → 近畿 → 九州・竹田市へ
( ) 「イザナギ」「サ族」と九州(サイ・来)(佐伯)上陸、東北九州に展開
( ) 日高見国で「アマテラス」、出雲で「スサノオ」誕生
2,900 年前 富士山大崩落 御殿場の「ホ(フ)族」多摩へ移動
(晩期前半) 向様田AD 遺跡(秋田・森吉町) 土坑墓を含む大規模な配石遺構群
東西に径13m の環状配石、周囲に土坑墓、石棒・石剣・玉出土
( ) 「ワニ族」渡来 西九州から瀬戸内海へ移動
2,860 ～2,800 年前 「キビ・アワ・イネ」華北型農耕の流入
( ) 「ムスビ族」が出雲に渡来 西遼河流域の人集団「日本語」(?)を帯同して渡来
( ) 「スサノオ」と「(タカミ)ムスビ族」 関東ヒタカミ(高天原)に参上
( ) 「アマテル」「セオリツヒメ」 鳥取・八頭、西海に進出(古神社分布)
(2,780 年前) (中国・「春秋時代」始まる)
( ) 「スサノオ」「オオトシ」 出雲・中九州を制圧(古神社多数)
( ) 「オオクニヌシ」「スセリヒメ」 九州・出雲を継承
2,700 年前 ニギハヤヒ・ニニギの西進開始
(晩期中葉) 宮田遺跡(福島市)掘立柱建物が環状に配列、石刀・石剣伴う
(晩期中葉) 安行3D 式土器移動 → 近畿 → 薩摩・加世田へ
( ) ニギハヤヒ、「出雲・国譲り」 北九州へ進出
( ) ニニギ、「九州・国譲り」 川内を拠点に南西諸島に進出
2,600 年前 ニギハヤヒ 大和に「原ヤマト」建国 ウマシマチが継承

晩期では、『記紀』に登場する神々の活躍とニギハヤヒ・ニニギに引率された東日本勢力の西進について記載する。三〇〇〇年前~弥生時代の開始までの期間である。

後半の状況については、前巻『「ヤマト」は縄文時代勢力が造った』を参照されたい。

1　神々の登場

1.1　神々の登場の必須条件

『記紀』などに登場する神々の歴史についてはこれまで「神話」とされ、学会では歴史的事実と認定されてはいないが、「古伝」やこれまでの諸氏の研究成果や指摘との整合性から、神話にも事実が含まれていることが判明し、そのいくつかは歴史的事実と評価されてもよい状況が生まれている。

まず、祖先神とされる神々が存在したとの証明は、如何になすべきであろうか。その存在証明の必須条件は、①誰が、②何時、③何処にいたのかを明瞭にすることではあるまいか。さらに、④どんな歴史的背景から誕生したかを明らかにすると、「神話」の神々は、歴史に登場できるのではなかろうか。

①神話における『記紀』の基本的方針（神々の位置づけ）
「神話」の土台となる『記紀』の主張を考えると、『日本書紀』の神譜では、渡来民系の祖先神（別天神）は排除され、国内部族の「共立神」から「統一神」として「イザナギ」が誕生して継承されたとされている。（図6―14参照）

『日本書紀』の「神譜」では、共立神の最初に「クニ」を冠する主筋の「トコタチ神」が記され、「クニ」の成立や「（トコ）ツク（バ）」や「タチ（マ）」など、日高見国との関連が明示され、その最後に「イザナギ」は位している。この神譜の主張が、『日本書紀』の基本方針を明確に示している。

『書紀』では、祖先神「イザナギ」は、関東に初めて「クニ」が造られた時点（日高見時代）から登場し、「クニ」の歴史が設定された。この「クニ」（関東・日高見）を神々の高天原とし、それ以前は「神代（共立神時代）」とした。神代とされた共立神は、前項で示したが、各地で種々の歴史的事実を形成しているであろう各族の祖先神である。『記紀』は、これらの神々の位置づけを確定させている。

②イザナギ誕生の歴史的背景

前章までに述べたように、後期後半〜晩期の神々の登場には、それ以前の諸条件の成立が必須であった。それは、考古学的には円形集落から環状集落（「マ」）への発展があり、「マ」の成立から「マ」の集合による「クニ」の成立であり、また、人集団については、旧来の国内部族の合流集団による「ミタマ」時代から、渡来民「わ族」「アキ族」をも統合した「イワイ族」の成立による「ヌシ」時代への発展である。

「ヌシ」の時代は、東北の「イツノミタマ」を奉じる「イツ族」が、建国意識の高い「わ族」と合流して「イワイ族」となり、「わ族」に先導された「イワイ族」の南下で始まった。南下移動の過程で、「アキ族」「ハヤヒ族」との統合も誕生させて、利根川の北岸に達し、さらに南岸の「フサ族」とも合流して、「ツクサカキ（ツクバ）」に「イワイヌシ」の主宰する「日高見」を建国したと判断する。この「イワイ族」を引率し、「日高見国」を主宰したのが「イワイヌシ」で、その系譜上から「イザナギ」の原形と考える。

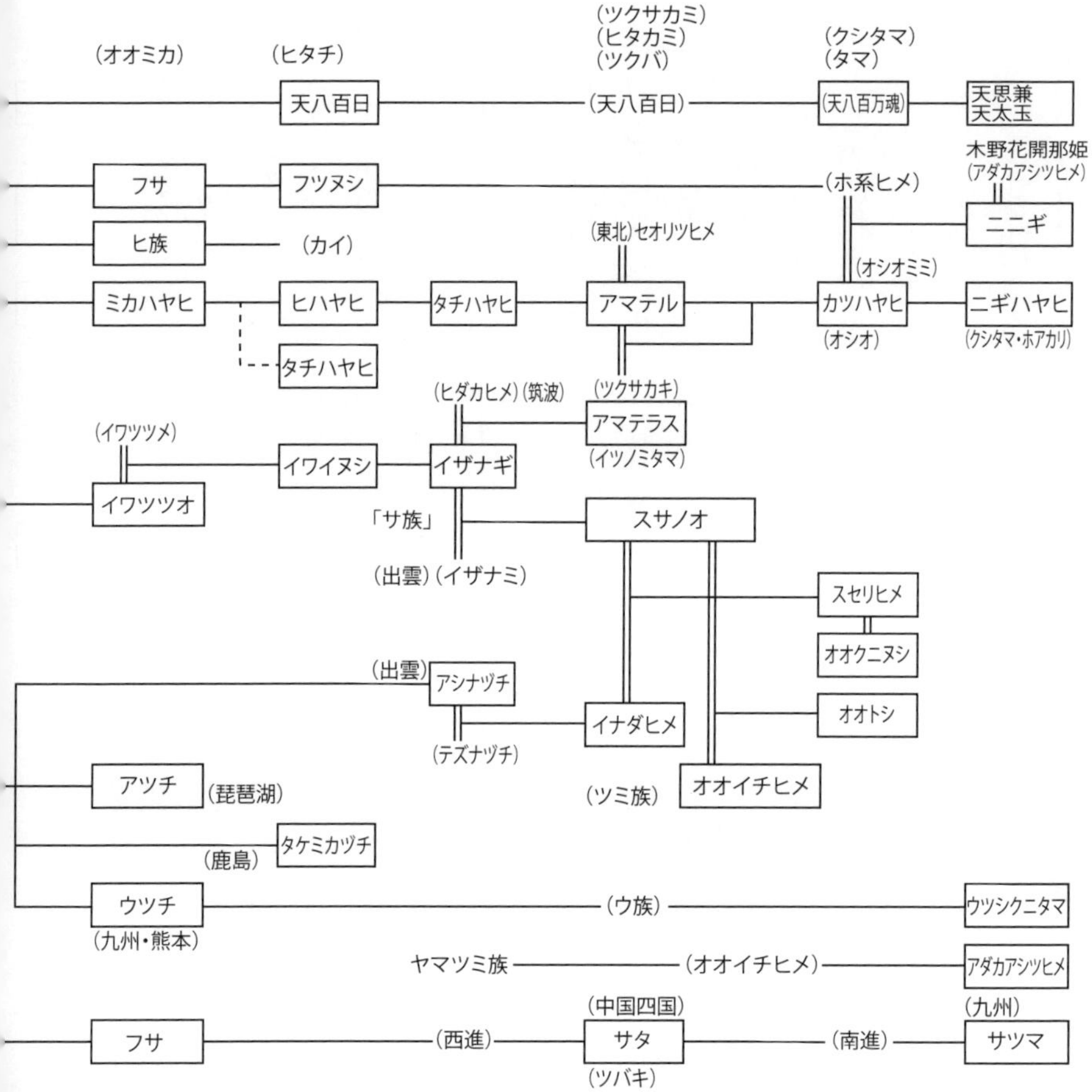

③イザナギは、イワイヌシである

イザナギの出自は、神々の系譜上は、共立神の子孫で名前から「イ族」と推定されるが（図6—14参照）、「イ族」の系譜をたどると存在していない。しかし、その活躍が不鮮明な「イワイヌシ」とは、年代的な整合性が高くなっている（図7—1参照）。

イザナギはまた、その名称から「イ族」と「サ族」との関連出自が推定されるが、その両族の接点は、利根川を挟んで、北部の「イツ系」と南部の「フサ系」の存在している香取神

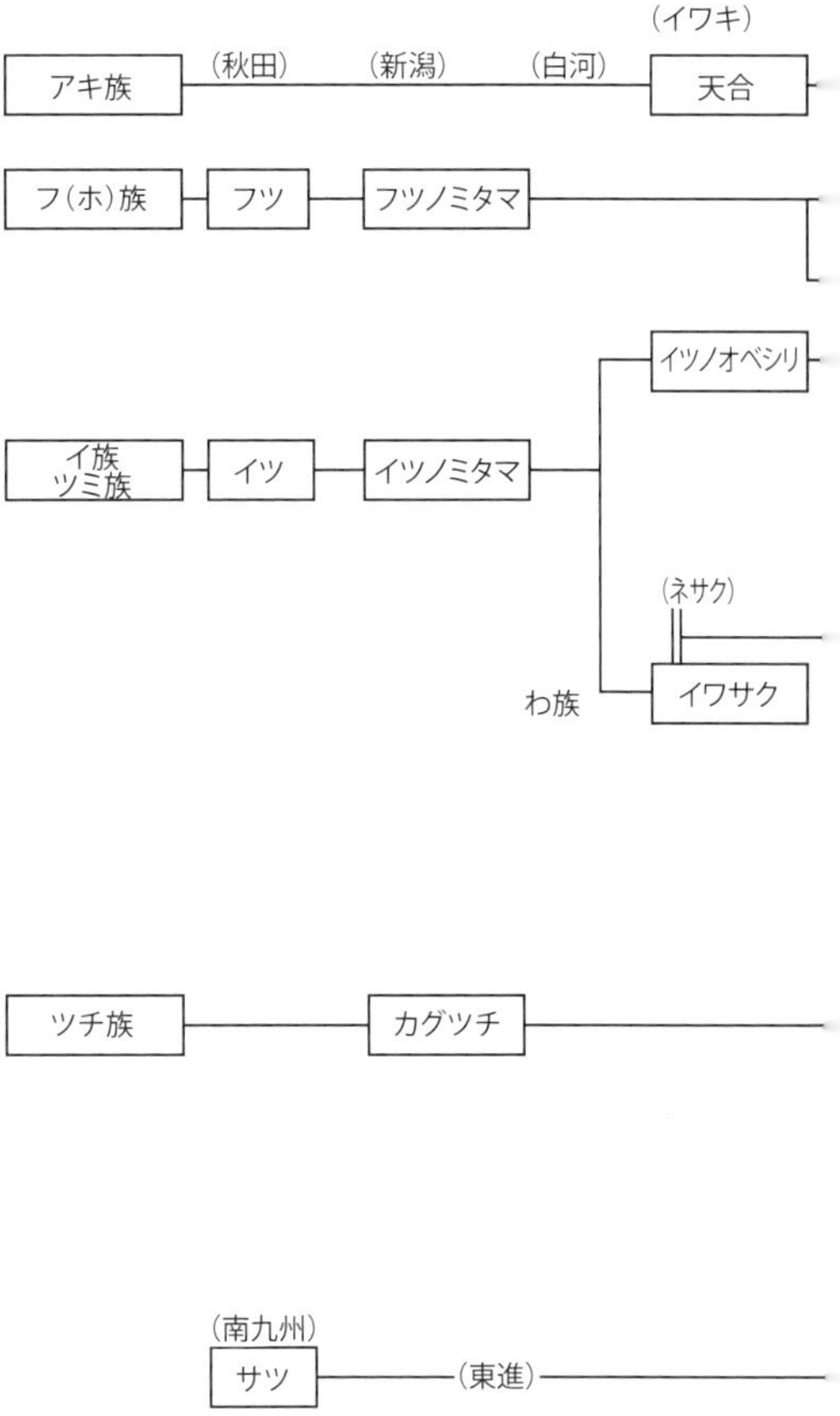

図7–1　神々の系譜

宮周辺が、その可能性が高いことも上記の推定を可能にしている。

④ イザナギは何処にいたか

イザナギがイワイヌシとすると、イザナギは、香取神宮周辺に居住していたこととなる。また、イザナギの娘「コウヒメ（アマテラス）」の諱「ツクサカキ」からツクバ周辺（日高見）での居住も考えられる。

また、娘の「アマテラス」は、「イツノミタマ」で「イ族」系であり、夫君の「アマテル（大神）」は、系譜上（図7―1参照）からハヤヒ族の「タチハヤヒ（海照）」と推定されるほか、子の「カツハヤヒ」の名前からも「ハヤヒ系」であることが考えられ、さらに、二人の子の「カツハヤヒ」が、ツクバとヒタチの間の勝田の地名を冠していることからも、イザナギの出自がツクバ周辺と推察できる。

子等の系譜からも「イザナギ」の関東南部との関連が表出するのである。

「イワイヌシ」と南の「フサ族」との合流で、また、西日本への帰還勢力の「サ族」との同行で、「イザナギ」と称されたと推定する。

『記紀』は、その出自をぼかしているが、イザナギはイワイヌシの可能性が高い。

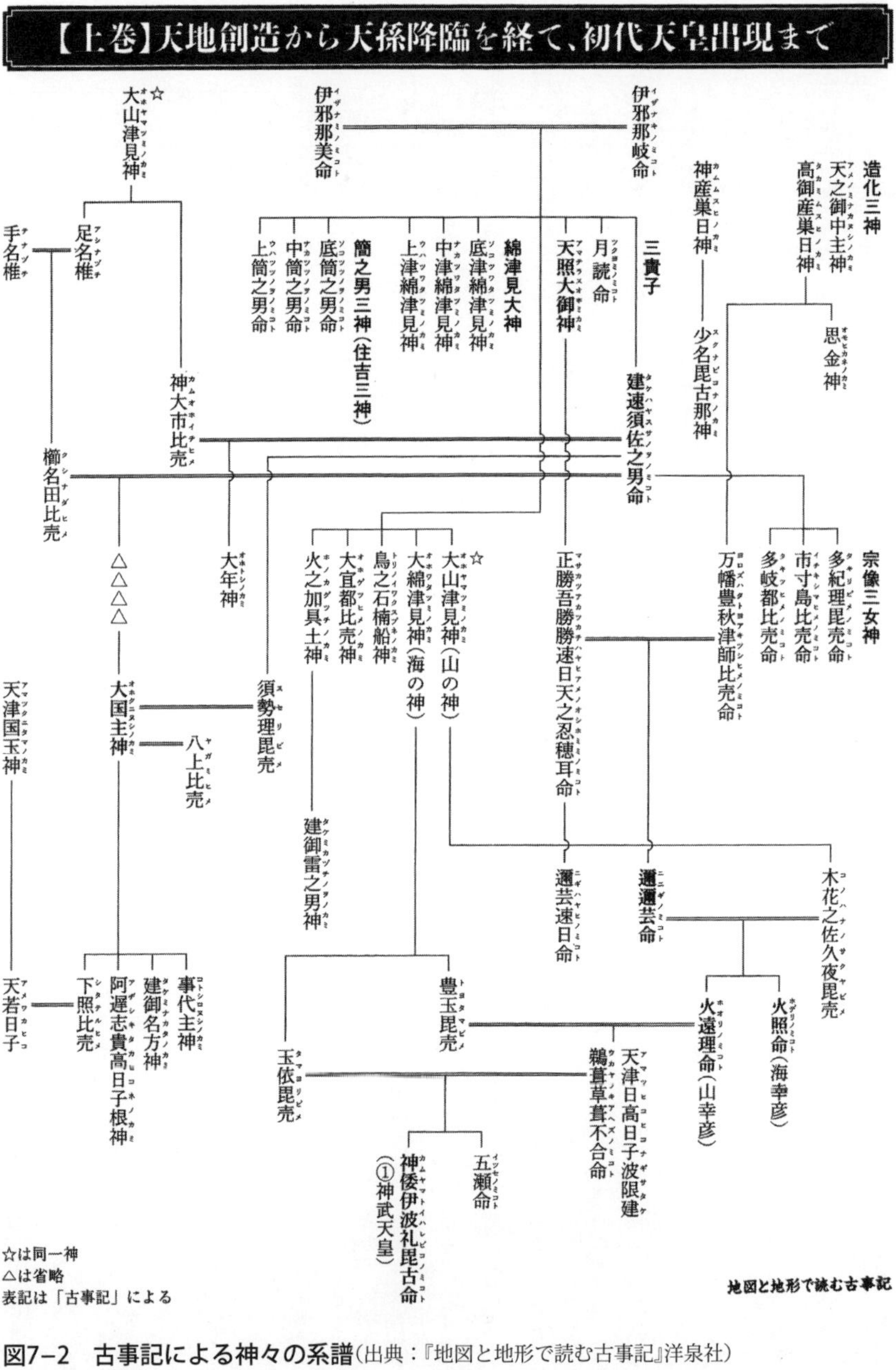

図7–2　古事記による神々の系譜（出典：『地図と地形で読む古事記』洋泉社）

神々の土台は、このように「ツクサカキ」（高天原）を中心に成立したと考えられる。この高天原を基点として、「サ族」とともに、さらに西日本への移動を開始している。

1．2　神々の存在根拠

神々の設定は、歴史的事実を反映している部分が多い。

①神話で登場する「高天原」は、多くの神々が集い、降臨の指令を与えているので、「クニ」の存在や「ヌシ」の存在が推定される。これは、関東・日高見周辺の記憶であり、「イワイヌシ」の存在が反映している。アマテラスはここで生まれ、スサノオは西日本からここに参上した。

②「イザナギ」や「アマテル大神」の活躍（「みそぎ」や「クニ生み」）は、九州や西日本を舞台にしており、「サ族」「シ族」などの西日本勢力の歴史的な九州への帰還・移動の事実を反映している。「イザナギ」は、「イツ族」「サ族」を率いて「サイ・キ」から、東九州の「サイツ原」や「サツ（チ）原」に進出し、西日本や九州に広く展開している。西海の島々には「アマテル（阿麻氐留）大神」を祭神とする古社が点在していて、これまた実在性のあることを示している。

③「天岩戸」の神話に登場する、（天思兼命）が秩父神社に、（天太玉命）が安房神社に、（天手力男命）が戸隠神社に、（天ウズメ命）の娘が伊勢などの猿田彦神社にそれぞれ存在し、また、「岩戸」となる溶岩洞窟や鍾乳洞も多く、神話の素材は、関東各地にも散在している。

④出雲神話のスサノオの「オロチ退治」は、二八六〇～二八〇〇年前の「キビ・アワ・イネ」などを帯同して渡来してきた「ムスビ族」の到来に対応している可能性がある。

スサノオの「高天原への参上」には、このムスビ族（タカミムスビ）が帯同し、タカミムスビは、関東でアマテラスを一時期補佐している（降臨指令などがある）。狭山周辺にはスサノオを祭神とする神社が多く、タカミムスビを祭神とする神社も東大和市や熊谷市に存在し、スサノオの高天原参上の痕跡は皆無ではない。

⑤ 前巻で主張した「ニギハヤヒ・ニニギの西進」以前に、イザナギやアマテル神も西進していて、「孫や子」の西進は、最初ではないのである。何度か西進し、支配をかためていたことになりそうである。その時期は、最後の西進（二七〇〇年前）以前と推定され二八〇〇年前頃ではなかろうか。

⑥『記紀』（八世紀成立）は、明白な祖先神として、関東の「アマテラス（コウヒメ）」を「イザナギ」の正統な後継者として設定した。これにより、夫君の「アマテル（海照）」（実はタチハヤヒ）は影が薄くなり、その妃の「セオリツヒメ」も共に、祭神を変更されて近畿の神社から消された。しかし、八世紀まで残存していた前代の記憶や各地の古神社などの記録はなかなか消えず、近畿以外ではアマテルとセオリツヒメの存在は種々の形でそのまま継承され残存している。

2 第三波 出雲への渡来民（「ムスビ族」）の解明

神々に「ムスビ」系（大伴氏など）が多いが、その出自が不明であった。溝口睦子氏（『アマテラスの誕生』岩波書店 二〇〇九）によれば、「ムスビ」は、「ムス（産む）」と「ヒ（日）」に分割されると言う。とすれば、『契丹古伝』の中に東夷（東大神族）の「アシムス（阿辰伝須）」族が列島に存在していたという記述があり、珍しい語彙の「ムス」は、この名に出自するものではなかろうか。ムスビ系部族が、東夷族の一部であれば、皇統にも無関係ではなく、同系としての存在の可能性がある。ムスビ系は、西日本に多いので、出雲以外に、渡来地は、九州にも存在するかもしれない。

五母音時代の「イズ・モ」は、三母音時代では「イズ・ム」であり、ムスビ系の渡来を伝えている可能性が高くなるのも一つの根拠となろう。

①最近の情報

最近、東夷族のことを示す新しい情報を獲得した。

「日本語の起源は、中国北東部、西遼河流域のキビ・アワ農耕民」（毎日新聞二〇二一・一一・一三）

ドイツのマックス・ブランク人類史科学研究所を中心とする、日本、韓国、中国、ロシア、米国の言語学・考古学・人類学者からなる研究者チームは、九八言語の農業語彙や古人骨のＤＮＡや考古学データを用いて、「トランス・ユーラシア語」（日本語、韓国語、モンゴル語、ツングース語、トルコ語など）の起源を研究し、日本語の起源は、九〇〇〇年前（縄文時代早期）に中国北東部の西遼河流域に住んでいたキビ・アワ農耕民であると発表した。

日本列島には、三〇〇〇年前に「日琉語族」として水田耕作を伴って朝鮮半島から九州に到達した。列島では、新たに入ってきた言語が、縄文人の言語に置き換わり、古い言語は、アイヌ語となって孤立して残ったという。

また、沖縄へは、一一世紀に始まるグスク時代に、九州から多くの本土日本人が農耕と琉球語を持って移住し、それ以前の言語に置き換わった。

発信地がまさに「東夷族」の分布地であり、列島への到来が三〇〇〇年前頃であり、「東夷族」の渡来を、言語学的な視点から根拠づける情報である。しかし、渡来地が九州とされるのは間違いであり、水田耕作技術を帯同したとすると、二八六〇年頃、出雲に渡来した「ムスビ族」の可能性が高い。また、この頃には、縄文言語は、すでにほぼ確立していたと考えられるので、「縄文人の言語に置き換わり」も間違いで、影響はあったものの、在来言語に飲み込まれたのが真実と推察される。

上述の「日本語の起源」説によれば、三〇〇〇年前頃、列島にキビ・アワ農耕民の渡来を伝えており、「ムスビ族」の渡来時期と対応している。「キビ・アワ農耕」拡大の報告もない。

② 系譜からの検討

『先代旧事本紀』(「国造本紀」)から、「ムスビ族」の系譜の国造を抽出すると、以下のとおりであり、始祖神として「神皇産霊尊」「高魂尊」「神魂尊」の三人がいる。

「神皇産霊尊」の子孫は、子神のほか、「スクナヒコナ」も抽出されているが、系譜ではさらに、阿波と淡路の国造が後裔とされている。阿波と淡路は「アハ族」の領域だが、後代、国造として出雲から進出したのであろうか。「出雲の国譲り」で「天穂日」が出雲に入っているので、島根半島の一族とともに移されたのであろうか。かなり後代の国造なので、定かではない。

「タカミムスビ」系と考えられる後二者は、備前、吉備、伊予久米、天草の国造となっていて、出雲から四国・九州への移動が示されている。一方、「高魂尊」系は、宇佐や津島の国造となっていて、むしろ渡来時の経由地に居住した後裔の気配がある。「タカミムスビ」の関東への参上は、一時的なものか、あるいは存在しなかったのであろうか、情報収集が必要である。

〔ムスビ族の系譜〕

「神皇産霊尊」――9世千波足尼（阿波）
　　　　　　　　　9世知足尼（淡路）

「高魂尊」――2世ウサツヒコ（宇佐）――5世タケヤミミ（津島）

「神魂尊」（出雲）――7世イサマクネ（備前邑久）
　├10世ミハハ命（阿部）
　│　├15世タケシママツ（天草）
　│　└15世伊予主（伊予久米）
　└10世明石彦（吉備中央）

③ 神話からの検討

「ムスビ族」については、神話では「ニニギ」などの降臨時などに、「アマテラス」とともに高天原の指令者として「タカミムスビ」が登場している。神々の系譜や後代の渡来部族の国内部族の系譜への侵入・合流事例が多い事を考慮すると、また、その登場に真実を含むと考えると、次のような展開が想定される。

・「イザナギ」の出雲出現で、「スサノオ」が誕生している。
・「スサノオ」の成人におよび、「スサノオ」は「ムスビ族」とともに、「高天原」と考えられる関東の「日高見国」に参上した。
・「タカミムスビ」は、「タカミ」を借用していることから、関東に残留し、その後の政治に参画した。
・「アマテル」は西征で不在が多く、正妃「アマテラス」を支える形で、「タカミムスビ」は、「日高見（クニ）」の政治を一時司ったと推定される。

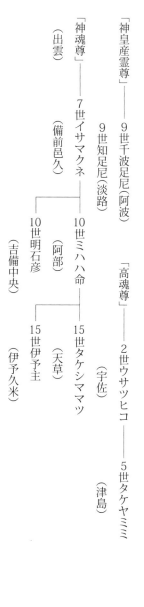

・「ニニギ」の西進時に、「タカミムスビ」は九州に同行し、九州の「ムスビ族」を主導した。

などと、推定することは可能だろうか。かくて「タカミムスビ」「カミムスビ」は、「天」系の系譜「独立天神六世」に侵入していることが判明する（六・五章）

一方、「出雲神話」と「記紀神話」の相違は有名であり、在地民と渡来民の存在を反映しているとも考えられる。

④ 資料による検討

『風土記の世界』（三浦佑之　岩波書店　二〇一六）によれば、『出雲国風土記』の出雲の祖神「カムムスビ」の御子神の分布を抽出している。

加賀の郷　キサカヒメ（命）　法吉の郷　ウムカヒメ（命）
宇賀の郷　アヤトヒメ（命）　朝山の郷　マタマツクタマノムラヒメ（命）
生馬の郷　ヤヒロホコナガヨリヒコ（命）　楯縫の郷　アメノミトリ
漆地の郷　アマツキヒサカミタカヒコ（コモマクラシツチ）

御子神の分布は、嶋根郡、楯縫郡、出雲郡、神門郡の四群であり、これは島根半島をすっぽり覆う範囲であり、その中心には、佐太大神が鎮座している。また、カムムスビの系譜として、「母―娘（女）」の母系的な系譜や「土着の女首長の存在」を指摘している。神々の実在は確かなものと推察される。

3　神々の出自と活躍

（1）イザナギは実在したか（実在の証明）

イザナギは、実在したのであろうか。以下、実在の根拠を探る。

①子の「三貴子」を実子と認めれば、親のイザナギの実在性は確定する。

②出自は定かか

・子のアマテラスが「イツノミタマ」を冠しているので、「イツ系」に出自する。

・「イザナギ」の名から、「イ族」や「サ族」との関連出自の可能性が指摘でき、また「共立神」の系列に「イ族」がなく、最後に「イザナギ」があるので、系譜的には「イ族」と「サ族」に出自していることがわかる。（6―4参照）

③育ったのは

・子のアマテラスの諱が「ツクサカキ」であり、「ツク（バ）」「カサ（マ）」「キ（ヌ）」を含むことから、関東出自と判断される

・「ホツマツタエ」では、娘のアマテラスの「日高見」での養育の記載があり、「日高見国」周辺の可能性が高い。

・関東では、筑波山神社や多摩、相模の「クマ（ノ）神社」の祭神となり、常陸や石岡の古社などでも祭られており、ヒタカミ周辺での存在の痕跡は皆無ではない。

・子の「ツキヨミ」は、月山（山形）や群馬などに祭られている。（古神社）

・神器のうち、「玉」は東日本で流布しているものであり、「降臨神話」や「王権神話」を有する北方系部族の

東夷族が東日本に渡来していることも傍証になろう。

これらの事実を勘案すると、「アマテラス」の親の「イザナギ」は、東日本出自と断定される。列島の国々を創造したとされる「イザナギ」は、東日本で「アマテラス」をもうけた後、出雲に至り「イザナミ」と婚姻して「スサノオ」が生まれている。淡路島で崩御したとされ、神社が創建されている。「スサノオ」は出雲から西日本で活躍することとなる

④ イザナギの活躍

・すべてを創造する始祖神となっている。（西日本や九州の創造神）
・国の創造神とされていて、鬼界カルデラ火山噴火後の西日本や九州の創造を念頭にしたものと推察される。
・「クニづくり」や「みそぎ」は、九州で行われ、「クニ」を造り、すべての神々を創造したとされている。（『記紀』）
・『記紀』の神話では、九州の「オノロコ島」に降臨し、イザナミのいる「出雲」、禊ぎをした「日向」など西日本や東九州での活躍が主体である。
・九州への帰還勢力の「サ族」や「シ族」の帰還時期と重複している。
・考古学的には、九州遺跡の急増期や東日本系遺物（環状集落、石鍬、磨消縄文器など）の東九州・日向の出土が存在している。
・地名的に「サイツ（ト）原」「サツ（チ）原」「サイキ（来）」などが、東九州に存在し、「イツ系」や「サ族」の移

動・進出が想定できる。
・岡山東部に、那岐山、奈義などの「イザナギ」の関連地名がある。
・出雲で「イザナミ」と婚姻し、スサノオが誕生している。
・「みそぎ」で誕生した三姉弟に、（太陽）（月）（海）を統治させている。（『記紀』）
・東の会津には「イサス（ツ）ミ神社」があり、祭神となっており、西の淡路島で死去したとされ、「イザナギ神社」がある。（古神社記録）

⑤　考古学的根拠や関連地名など

これらの事項を勘案すると、考古学が指摘する宮崎・本野原遺跡の状況が無視できない重みを有している。すなわち、東日本特有の環状集落を形成し、周辺に「サイツ（と）原」「サツ（チ）原」など、「サ族」「イ族」「ツ族」関連地名を伴っているからである。「イザナギ」は、九州に帰還する「サ族」「シ族」とともに、「イツ族」として同行したのではあるまいか。

また、後期には、東日本特有の「磨消縄文土器」や「石鍬」などが福岡県・筑上郡石町遺跡にも流入し、晩期に盛行しているとされている。古遠賀湾の入り口にある山鹿貝塚では、東日本系の大珠や貝輪をつけた人骨も出土している。（『福岡県の歴史』　山川出版社　二〇一〇）

鹿児島県にも、「磨消縄文土器」が中原遺跡（志布志町）、干迫遺跡（加治木町）で出土し、東日本勢力の到来を示している。晩期には、上加世田遺跡で集落跡に隣接する集会場的遺構があり、配石遺構や炉跡のほか、勾玉、ヒスイ原石、玉造り用の砥石などが出土し、東日本系の文化を想起させる。（『鹿児島県の歴史』山川出版社　二〇一一）

これらの考古学的事実は、後期からの九州の遺跡の急増にも対応し、鬼界カルデラ火山噴火後に再生した九州の「イザナギ」による「クニ造り神話」を反映していると解釈できる。「神話」が「おのろこ（能古）島」から始まるのも示唆的である。

これらの考古学データや地名データを加味すると、「イザナギ」は、「サイツ（と）原」付近に上陸し、「サ族」はサツマに戻り、「イツ」系は、「サイ・キ（佐伯）」や「ツク（上郡）」付近に上陸して、北九州を遠賀川から「イツ（伊都）」に至った可能性もある。鹿児島には、「イサ（伊佐）」「イサク（伊作）」「サシ（村）」などの関連地名がある。

（2）アマテラスの活躍

①アマテラスの出自（アマテラスは、実在した女神か（女王説の主張））

アマテラスは、一般的には「女神」とされているが、『記紀』にその明瞭な記載がないため、実在する古神社の調査や古伝の一部では「男神」と主張されて混乱している。しかし、アマテラスの諱は、実在した明確な女性であることを示している。

アマテラスの諱は、「ツクサカキ（撞賢木）イツノミタマ（厳都御魂）アマサカル（天疎）コウ（ムカイ）ツヒメ（向津媛）尊」とされているが、これから事実を探らざるをえない。

「ツクサカキ」は、部族名（あるいは地名）の「ツク（バ）族」（筑波）、「サ族」「カ（ヒ）族」（笠間）、「キ（ヌ）族」（鬼怒）と考えられ、関東北部の支配領域を示す名である。また、「イツノミタマ」は、東北・仙台周辺に存した「イ族」「ツミ族」（後代の「イワイ族」）の祖先神で、この系譜に出自を有することを示している。「アマサカル」が解明しにくいが「天（アメ）族」系でないことを示していて、「アマ」は、「天」ではなく「海」（「イ族系」）のことと推察する。最後の「コウ（ムカイ）ツヒメ（向津媛）」が名前で、「ホツマツタヱ」でも「（ホノ）コウヒメ」とされていて、「ホ族」との関連も示唆されている。「アマテラス」は、疑いなく女性である。

子のオシオミミは、（カツハヤヒ）の名もあり、「ハヤヒ族」と「ホ族」（オシノ）との関連があり、やはり関東の出自である。

こう解すると、「アマテラス」は、関東出自の「日高見国」の（イツノミタマ）を冠する女王であることが判明する。

②アマテラスの活躍

・諱の「イツノミタマ」より、「イツ族」系の系譜と考える。

・同「ツク（筑波）」「サカ（笠間）」「キ（鬼怒）」より関東出自と推定される。

・「アマサカル」より「天族」系ではなく、「アマ」は「海族」（イ族系）と推定する。

・少女期は、筑波の日高見国で養育された（「ホツマツタヱ」）。

・「アマテラス」は、「日高見国」の女王（正妃）、「アマテル」は王と推定する。

・子に「カツハヤヒ（オシオミミ）」が誕生している。系譜より夫の「アマテル（海照）」はハヤヒ系であり、（タチハヤヒ）の可能性がある。

・日高見時代に「スサノオ」「タカミムスビ」の高天原参上があり、アマテラスの一時期退避（岩戸隠れ）が発生している。

・夫君「アマテル」は、八頭地方に妃「セオリツヒメ」と遠征している（古神社から）。「アマ（海）」を冠する部族、「アマベ（海部）」族が東海〜瀬戸内海に存在し、活躍しているが、伊勢に「アマテル」を祭る神社もあったとされ、同族の可能性がある。

・後代、ミマキイリヒコにより「アマテラス」は、宮外に出されたが、『記紀』により再評価され、元伊勢を経由して伊勢神宮に納まる。

これらの事象から「アマテラス」の存在をみると、「アマテラス」は高天原をから移動していないので、ヒダカ、タマ、ホツマ、アヅマなど富士山・関東を含む地域を「高天原」と想定して、神話の基礎とした可能性を否定できない。西進して活動したのは男王の「アマテル神」と推定する。千葉・茨城の古字名に「高天原」も存在する。

子の「(カツハヤヒ)オシオミミ」は、関東に出自し、ハヤヒ族系の「ニギハヤヒ」とホ族系の「ニニギ」が生まれている。その婚姻の系譜から筑波の「日高見国」から「多摩(ホツマ)」に移動したとも推定される。

③女性(神)とすると、夫と子は?

夫君はハヤヒ系「アマテル(海照)大神」、子は「カツハヤヒ(オシオミミ)」で、孫が「天照国照天火明櫛玉ニギハヤヒ命」である。夫君や孫に「アマテル」名を含むため、「コウヒメ」が(アマテラス)とされた時点で「海照・天照」の混在が始まったと推定する。このため、近畿以外では、残存したアマテル(海照)は新しく設定された「アマテラス(天照)」と考えられ、男神と誤解される原因ともなった。

「アマテル大神」は、「日高見国」で出自し、イワイ族のセオリツヒメを正妃としたとされ、鳥取の「古神社調査結果」では共に八頭地方に到来したとされている。また、鳥取ほか西日本の玄界灘の島々に「アマテル」を祭神とする神社もあり、東から西への全国的活躍も指摘できるので、男王の「アマテル大神」は実在していたと推定できる。

「アマテル大神」は、「ホツマツタエ（秀真伝）」によると、一二人の妃がおり、オオクニヌシも四～五人（越・出雲・ウガヤなど）の妃を有している。王統のニギハヤヒは三人（丹波・出雲・大和）、ニニギは三人（駿東・ウガヤ・沖縄）など、一夫多妻は当然の時代であった。「アマテラス」と「セオリツヒメ」は、「アマテル」の正妃と妃と考えられる。

④「アマテラス」を取り巻く状況

「アマテラス」を取り巻く状況については、その子供達の存在から探ることができる。

『記紀』や「国造本紀」などの記載によると、スサノオとの「ウケイ」で誕生されたとされているが、アマテラスには五人の子がある。

(1)オシオミミ（カツハヤヒ）継承者（勝田→多摩・忍野）子がニギハヤヒ・ニニギ

(2)アメノホヒ（天穂日）国譲りの後、出雲へ

(3)アマツヒコネ（天津日子根）（子孫は、凡河内、茨木・山城、馬木田国造となる）

(4)イクツヒコネ（活津日子根）（イツ系・近畿在住？）

(5)クマノクスヒ（所在不明、クマ（群馬？　九州出自？）

アマテラスの子とはいえ、ハヤヒ系、海系（あるいは天系）、イツ系、クマノ系があり、いろいろの出自を有している。夫君のアマテル大神の遠征中の子供達も含むと考えなければ、説明が付かない。アマテラスがイツ系なので、夫婦の直系の子は(1)と(4)、天系も海系とすると、海系の父の子は、アメの(2)とアマの(3)が該当する。しかし、(2)は「ホ族」「ヒ族」系なので関東でもいいが、(3)は近畿が本拠地で関東の気配はない。(5)は、九州系かと推定される。関東以外の母親は不明であるが、アマテラスは、近畿や九州に出かけたので

あろうか。近畿には、アマテルの妃の「セオリツヒメ」が古神社の祭神となっており、アマテラスの妹とされる「ワカヒメ」も神社の祭神になっているが、(3)の母は、妃の「セオリツヒメ」しかいない。九州の日向は、「日向三代」の本拠地であるが、判断根拠となる他の資料がなく、「クマ」は、関東のクマであろうか。イザナギの祭神となっている関東の「熊野神社」が関連する可能性をわずかに有している。

(3)スサノオの活躍

①スサノオの出自

出雲は、既述のように「イズ・ム(ス)」と解釈すると、出自不明な「スサノオ」が解明できる。すなわち、出雲に渡来してきたのは、「ムスビ族」で、スサノオは、『記紀』の示すように国内出自であることが明確となる。(前巻コラムの誤りは修正する)

これにより、スサノオの様々な伝承が固定される。

『記紀』では、スサノオの出自をイザナギとイザナミの子としている。その名は、島根・熊野神社の祭神として、「イザナギノヒマナコ」「タケハヤスサノオノミコト」。諱は、「カムロギ・クマノオオカミ・クシミケヌミコト」としていて、名前から出自は探れない。

②スサノオの活躍

(1)「スサノオ」は、出雲で「イザナミ」を母として誕生した。

(2)関東の日高見国(高天原)に参上、関東の義兄アマテルの部族の支援も受けて、西日本制圧に活躍したと考えることもできる。(『記紀』)

（3）スサノオは、アマテラスの異母弟であり、出雲では「ツチ族」のアシナヅチの娘のイナダヒメと婚姻している。（系譜より）
（4）「スサノオ」は、母「イザナミ」のいる出雲を中心に活躍し、出自部族（「イ・サ」族）のほか、妻のイナダヒメの出自部族のツチ族と出雲を制圧。（オロチ退治）
（5）出雲を治め、九州に進出し、宗像の娘（三姉妹）を得ている。鳥取の「ヤ（ツ）族」の範囲から北九州「ヤマ」や「ウ族」を支配している。（系譜より）
（6）九州へはもう一人の妃である神大市比売（ツミ族）の子の「大歳命」とともに遠征したとされている。（九州では古神社が多い）
（7）海峡族の「ヤ（ツ）族」「アヅミ族」とともに、半島にも往来していた。スサノオの子供たちは、半島から の技術を帯同して、紀州や祖父の故郷の関東に移動し、相模に居住している。
（8）スサノオの娘のスセリヒメにオオクニヌシを迎え、出雲から北九州の支配を継承させている。オオクニヌシは、支配範囲をさらに、北陸、瀬戸内、日向に拡大した。
（9）オオクニヌシは、出雲をニギハヤヒに、九州をニニギに「国譲り」する。

③　神話との関連
「オロチ退治」の神話は、対岸の島根半島に侵入した「ムスビ族」や北方から到来する「オロチ族」への対応と解することもできる。（6―2章参照）
神話ではスサノオは、「高天原に帰還」しているが、その後追放されて、出雲で活躍したとされており、これらの中に真実が含まれていると推定する。

関東では「ムサシ」の狭山丘陵周辺に、八坂神社、八雲神社、出雲神社、氷川神社とスサノオを祭神とする神社が多数存在する。スサノオの関東参上の時の根拠地の可能性もある。その目的は、アマテルとの協同作戦のためと推定される。

④ 考古学との整合性

「スサノオ」の活躍の時代は、西日本勢力の帰還・移動の最終期に相当し、「サ族」「シ族」とともに北九州から薩摩への「鐘ヶ崎式土器」の移動に対応しているようにも見える。また、二八六〇～二八〇〇年前「キビ・アワ・イネなどの華北型農耕の流入」がムスビ族の渡来期にも対応し、「スサノオ」は、関東の高天原(日高見国)へムスビ族を率いて参上したと推定した。その整合性は、やや薄いが検討には値すると考える。

⑤『新撰姓氏録』によれば、スサノオ・オオクニヌシ・ワダツミは、「地神」となっていて、アマテラスの弟なのに別扱いになっている。何故であろうか。

考えられる理由の一つが、古伝にも記載がある「スサノオ王朝」の存在である。

その支配領域は、九州・西日本と推定されるが、さらに関東に及ぶほど広かったのであろうか。スサノオが関東に参上した形跡は上述したが、皆無ではないからである。しかし、スサノオを継承したオオクニヌシの「国譲り」は、出雲・九州と考えられるので、関東までは及んでおらず、西日本に限定されるものと推定される。

スサノオは、東の日高見国の「アマテラス」と対立した時期があり、継承した「オオクニヌシ」は、ニギハヤヒ・ニニギ時代に征討されているので、「地神」に格下げされた可能性がある。とすると、後代の「ウガヤ(クマソ)」などの「ヤマト」への反発もプライドと伝統の存在の故かもしれない。

（4）オオクニヌシ

「オオクニヌシ」は、「因幡の白ウサギ」「ヤガミヒメとの婚姻」「スセリヒメへの婿入り」などの「神話」に登場している。「オオクニヌシ」の出自は、明瞭ではないが、その系譜（『記紀』）から南九州の「サシクニ」の出自と推定される。また、八上ヒメとの婚姻から「意宇のヌシ」も具体的である。

「スサノオ」の娘のスセリヒメと婚姻し、出雲や九州を「娘婿」として継承し、ヌナカワヒメと婚姻して北陸に進出して領域を拡大している。さらに瀬戸内海では、伊和神社や琴平神宮の祭神となっており、その名は「ヤマト」にも及んでいる。しかし、「ヤマト」の「大物主」は別神で、西日本での名声から「オオクニヌシ」との混同が発生している。以下にその系譜を抽出して示す。

〔オオクニヌシの系譜〕

（北陸）オキツクシ井 ―― ヘツクシ井 ―― ヌナカワヒメ
　　ヌナカワヒメ ＝ オオクニヌシ ―― ミホススミ（珠洲など）
　　　　　　　　　　　　　　　 ―― タケミナカタ（諏訪）
アメノフユギヌ（サシクニワカヒメと婚姻）―― オオクニヌシ（ウツシクニタマ）
（九州）サシクニ大神 ―― サシクニワカヒメ
（出雲）スサノオ ―― スセリヒメ ＝ オオクニヌシ
（オウノスクネ系）―― ヤガミヒメ（出雲・意宇）＝ オオクニヌシ ―― （出雲系）
（ウ・ウツチ系）―― ウツシヒメ（熊本）＝ オオクニヌシ

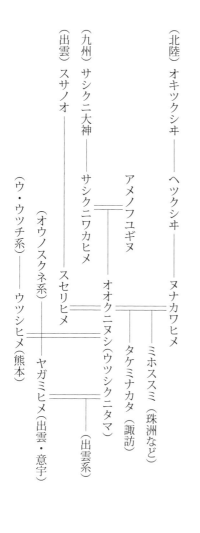

「サシクニ」は、南九州に「サ・シ族」により形成された「クニ」と推定され、「ワカヒメ」は「サシクニ大神」の娘である（『記紀』）。

「オオクニヌシ」は、異母兄弟の「スクナヒコ」との協同のほか、「ウガヤ朝」にも入婿して、二〇代の男王となっており、「ウツシクニタマ（宇都志国玉）」と称されている。また、「スクナヒコ」は、その前の一九代の王となっている。

渡来民の「カムムスビ」は、御祖（みおや）と言われる母神的存在で、スクナヒコナの母とされている。また、「オオクニヌシ（オオナムチ）」の母ともされるが、「オオクニヌシ」の実の母はサシクニワカヒメである。二人は兄弟とされているので、異母兄弟であろう。「スクナヒコ」は、海を渡ってきたとされているので、伝承と一致する系譜でもある。

これらの断片を繋ぎ合わせると、西日本の「王」としての「オオクニヌシ」の活躍が表出してくるのである。出自が東日本ではないので、後代、「国譲り」を強いられて、「地神」とされ、津軽に流されて、岩木山神社の祭神になっている。

(5) 大　神

さらに西日本には、「大神」が存在している。島根・出雲に「佐多大神」、播磨に「伊和大神」、近畿を中心に「豊受大神」、九州に「綿津見大神」「刺国大神」、沖縄に「真志喜大神」（サキマ家）などである。

これらの大神は、各地の勢力の中心を構成していると推定されるものの、その存在の詳細は不明である。しかし、西日本に存在していること、「大神」と大を冠して他の神々と差別化していることから、イザナギ西進後（「サ」「シ」族の帰還後）の地方の新たな統治者と解することも可能ではなかろうか。

（6）「クニ」を支えた「部族」の神々

この時期、「ヌシ」や「カミ（ミコト）」の周辺には、どんな部族が存在していたのであろうか。『記紀』の系譜から拾い出してみると、

①「天の岩戸」で登場しているのは、「イシコリドメ命」（作鏡連等之祖）、「タマオヤ命」（玉祖連等之祖）、「フトタマ命」（忌部連等之祖）、「天思兼命」、「天手力男命」、「アメノウズメ命」（猿女君等之祖）、「サルタヒコ命」などである。

②「国譲り」には、「タケミカヅチ」や「アメノワカヒコ」などが登場している。

③「ニギハヤヒ」の九州から「ヤマト」への移動には、軍団として五部人と三将が随身したと言われ、「アマツマラ」（物部造等之祖）、「アマツユソ」（笠縫部等之祖）、「アマツアカラ」（為奈部等之祖）、「オオロ」（十市部等之祖）、「アマツアカボシ」（筑紫弦田物部等之祖）が五部人として列挙されている。

④「ニニギ」の降臨には、「天児屋根命」（中臣連等之祖）、「天忍日命」（大伴連等之祖）、「天津久米命」（久米直等之祖）などが渡来系と推定される部族が随身している。

これらの存在から考えても、「クニ」を支えるために、多くの部下が「ヌシ」や「カミ」の周辺に参集していたことが判明する。大伴氏などの渡来系の部族も参集している。

4　神話・古伝の中の女性の活躍

前期から続く「女系社会」の存在は、以後継続し、神話や古伝の中で女性たちの大活躍が記載されている。

（1）古史古伝の中の女性

（1）『記紀』の中の女王の出現
　女性が統卒　共に遠征に帯同、女軍の存在
女王に入婿（ヤマト王統・ウガヤ王統など）
欠史八代時代までは、女王権あり　王妃執政
欠史時代は、女王執政時代　ニギハヤヒ系の女性統治
神社の祭神となるもの多し

（2）「邪馬台国」のヒミコ・トヨの擁立
　ニギハヤヒ系（オワリ・ホアカリ系）の「血筋」で王となる
邪馬台国・ヒミコから神功皇后に連なる

（3）歴代王統譜の中の女性たち
　天皇になった女性たち　　神功、推古、持統、聖徳

（2）縄文時代は、女性の時代

この時代の各地に活躍する女性を挙げれば、列挙にいとまがない。

〔神話時代〕

・イザナミ　　　　　　　　　　　　イザナギの妻

・アメノ　ウズメ　　　　　　　　　サルメノキミ　トヨウケヒメ　オオゲツヒメ

（1）アマテラス　　　　　　　　　関東・日高見国の女王（イツノミタマ系）アマテルの正妃

コウツヒメ（向津ヒメ）　　　　　『ホツマツタエ』では（ホノコ　穂乃子）媛

（2）ワカヒメ（神）（稚日女）　紀州・丹生都比売神社祭神　　アマテラスの妹

（3）セオリツヒメ（瀬織津媛）（三母音　シウリ（イ）ツヒメ）　アマテルの妃

伊勢神宮に天照大神とともに、その荒魂として一緒に祭られる。

広田神社では主祭神であった。宇奈己名和気神社（郡山市）小野神社（多摩・府中市）六甲比売神社（神戸市）などで祭られる。

岩手・東海・近畿・丹波・鳥取で祭神となる神社多し

（4）イナダヒメ（稲田媛命）　　　　　　　　　　　スサノオの妻

（5）宗像三女神（イチキシマヒメ、タゴリヒメ、タギツヒメ）　スサノオの娘

（6）スセリヒメ・ヌナカワヒメ・タギリヒメ・ヤガミヒメ　　オオクニヌシの妻

（7）サテヨリヒメ（丹波）・ミチヌシミコト（出雲）・ミカシヤヒメ（正妃）（大和）　ニギハヤヒの妻

（8）アタカアシツヒメ（阿高葦津媛命）（木花咲耶媛）　ヤマヅミ系　ニニギの妻

阿高葦津媛命は、（あだか）は（愛鷹）を示す。富士山（阿祖山）の周辺には浅間神社があり、「ホ族」と推定される「アダカ（アシツヒメ）」を祭る。

（9）イワノヒメ（伊波野媛）　　三島・ヤマヅミの娘　　（ニニギ時代）

(10)イコナヒメ(伊古奈比咩)　伊古奈比咩神社(伊豆・下田)　大山祇命の妻
(11)トヨタマヒメ・タマヨリヒメ(九州)　ワダツミ系　ニニギ系
(12)アマミク(沖縄の祖神)　ニニギ系の娘
(13)アビラツヒメ(吾平津媛)・イスケヨリヒメ(ミトシヒメ)　イワレヒコの妻
(14)アサイヒメ(浅井姫命)　竹生島・都久夫須麻神社祭神
(15)ククリヒメ(菊理媛命)は　白山領域の先住民の祭神の可能性が高い。
イザナギとイザナミの黄泉比良坂の対話に登場する(『書紀』の一書)
「ホツマツタエ」では、天照大神の叔母で養育係である。(白山神社祭神)
(16)フタジヒメ(布多遅比売)　野洲国造家(建部神社)、フタジイリヒメ、
オトタチバナヒメ、オオキビタケヒメ、ククマモリヒメ　ヤマトタケル妻
(17)ヒミコ　・トヨ　オワリ・ホアカリ系　邪馬台国女王
(18)シワヒメ(志波姫)　(岩切)志波津彦神社　シワツヒコ妻
(19)カムハタヒメ、スメミマ(『常陸国風土記』)
(20)タマタラシヒメトヨイナメ(玉帯比売豊稲女)(『播磨国風土記』)
(21)カムカシヒメ(神夏磯媛)、ヤメツヒメ(八女津媛)、ハヤツヒメ(速津媛)(『記紀』)
(22)ハヤキツヒメ(速来津媛)(『肥前国風土記』)
(23)アガツヒメ(吾娥津媛命)(『古事記』に猿田彦神女)
(24)シラヤマヒメ(白山比咩)　白山比咩神社祭神　「菊理媛命」を合祀
白山比咩は、石川県鶴来市にある神社の祭神で、白山連峰に奥宮を有している。

「白山」は、朝鮮半島北方の「白頭山」を、「鶴来」はなにやら渡来民の進入地を連想させる。神社の中宮は、「佐良」にあり、半島「ラ族」の存在を想起させる。半島北部の白頭山の見える地域に居住していた部族が到来し、同様な地名を命名したものと推測する。

(25)王統（欠史八代以来）の正妃　ニギハヤヒ系のヒメたち
(26)ウガヤ王統の女王たち　アキヒメ（一七代）、サトヒメ（一八代）など
(27)タブラツヒメ（田油津媛）　クマソヒメ　ウガヤヒメ
(28)オキナガタラシヒメ（神功皇后）

これらの女性たちの婚姻は、どのようなものであったのであろうか。後の平安時代の「通婚」や「入婿」などに移行する以前であり、「政略婚」は、後代であろうから、既述した農耕の始まりの、「女性の定住化と男性の活動性の時代」の継続する中、自由な恋愛的結婚も存在したであろうし、乱婚時代も経過したであろうし、この時代の結婚はいかなる形か、それらに肉薄する説に遭遇していない。しかし、それにも関わらず、女性の活躍は素晴らしく、目覚ましいものがある。

5　晩期の歴史

前項の縄文時代最後の諸事項を勘案すると、晩期には、次のように歴史が表出する。

(1)関東には東日本勢力を統率する「ヒタカミ」(クニ)が筑波にあり、多摩に移動しつつあった。

〔根拠〕・イワマを中心として、「マ」「ヤマト」が分布。
・多摩に各部族が参集して関連地名があり、周囲に「ヤマト」が分布している。
・古伝に「ホツマ」「アヅマ」など「クニ」の形成を示す記載がある。
・「イザナギ」「アマテル」の正妃は、縄文の慣習から、「ヒタカミ」に存した。

(2)九州には中九州勢力を統率する「ウツチ」(クニ)があった。

〔根拠〕・長期にわたる土器文化圏の存在　・神話や「ウツシクニ」の存在など。
・関連地名の「ウ」地名の多量分布

(3)「イザナギ」は、関東・「ヒタカミ」(クニ)より西日本勢力の移動に合わせて、近畿から九州に進出した。その西日本勢力は、「サ族」「シ族」を主体として、九州に帰還・移動が続いた。

〔根拠〕・「サイ・キ」に上陸し、東九州や北九州に移動した(鐘ケ崎土器の移動)
・日向に「サイツ原」「サツ原」など、「イ族」「ツ族」「サ族」の関連地名がある。
・東九州の本野原遺跡(宮崎)に東日本特有の環状集落がある。関連地名の「ツキ(都城)」も近い。

・加曽利B式土器が足摺岬へ、加曽利B1式が薩摩・加治木や市来に移動している。福田Ⅱ式が鹿児島・種子島に展開している。

（4）「アマテル」も西海や北九州に遠征した。

〔根拠〕・「アマテル」（ハヤヒ系）は、ヒタカミで養育された「コウヒメ」（アマテラス）と婚姻し、「（カツハヤヒ）オシオミミ」が誕生した。
・西海の島々に「アマテル神社」がある。
・石町遺跡（福岡県・築（ツク）上郡）から東日本系「石鍬」が出土。
・鳥取・八頭の古社で妃の「セオリツヒメ」とともに祭神となっている。
また、東海の「アマベ族」も瀬戸内海に移動しているが、これらの動きは、「イザナギ」や「アマテル」の西進に関するものである。

（5）「サ族」「シ族」は南九州に「サシクニ」を形成した。

・「サツマ」「シブシ」「クシ」「イサク」などの関連地名が形成されている。

（6）「スサノオ」が関東の「ヒタカミ」に「ムスビ族」とともに参上した。

〔根拠〕・「記紀神話」がスサノオの高天原への登場を伝える。
・狭山丘陵にスサノオを祭神とする八坂神社、八雲神社、出雲神社、氷川神社が乱立している。
・「タカミムスビ」が「ヒ」を消して、高天原に登場している。以後「アマテラス」とともに高天原から指令を発している。（『記紀』）

（7）「スサノオ」が出雲に帰還し、ツミ族系の「カミイチヒメ」の子の「オオトシ」とともに、中九州の「ウツチ」（クニ）を制圧し、「ウツシ」（クニ）を造る。

〔根拠〕・ツチ系の「イナダヒメ」と出雲で婚姻（『記紀』）
・北・中九州に「大歳神社」多数。

（8）「オオクニヌシ」に継承された「ウツシ（クニ）」は、北陸・瀬戸内海など、逆に東方に進出した。

〔根拠〕・スサノオの娘「スセリヒメ」と婚姻して継承。
・「ウガヤ系譜」二〇代に男王「オオナムチ」登場
・北陸の「ヌナカワヒメ」と婚姻し、「タケミナカタ」「ミホススミ」が誕生。
・琴平神社、伊和神社など中国地方に進出。

（9）「オオクニヌシ」の東日本進出に対応して、「ニギハヤヒ」「ニニギ」による東日本勢力の西進が開始される。（前巻参照）

〔根拠〕・考古学的な、各種文化的な要素が九州に移動している。
・亀ヶ岡式土器が、近畿経由で九州・竹田へ、安行3D式が薩摩・加世田へそれぞれ移動している。
ニギハヤヒ・ニニギの「西進」の契機を、前巻では渡来民の増加に対応したものと推定したが、東日本勢力の内的な要因として、中期前半に東日本（東海・相模・信濃など）に移動してきた「サ族」や

「シ族」の帰郷移動が主導した可能性がある。

後代に「サツマ」や「串間」「志布志」が形成されているからであり、長野を先陣として急激な人口減少が発生して、「シ族」の移動も推定されるからである。

また、二九〇〇年前富士山で大崩壊が発生し、御殿場から三島に土石流が流下して、流域が壊滅している。この地域は「ホ族」の領域であり、西進の起因を発生させた可能性もある。

(10)「オオクニヌシ」の「国譲り」の後、「ニギハヤヒ」が「原ヤマト」建国。
「ニニギ」は、薩摩・川内から南西諸島に進出。（前巻参照）
〔根拠〕
・降臨伝承や九州地名の近畿移動など
・沖縄に「アマミク」伝説。今帰仁に到来を示す古社分布

あとがき

今回も達成できなかったが一歩前進したので、ここで私の夢を語ろうと思う。

私は、地質屋(地質技術者)であり、五億年前から一万年前までの「地球」を科学的に捉えようという分野に存在している。この分野の先人達(例えば湊正雄氏など)の考えを引き継いで、地質学と歴史を合体させることが私の夢であった。活断層、地震、火山噴火などは、私達の分野の中にあり、すでに、それぞれの研究者が日々その解明に努力しており、先に進んでいる。

人類の歴史(人類史)もまた、「地球」上に存在するものとして、地質学の分野に含まれると解釈しているのである。人類学は、古生物学から生物学となり、人類学と連なるのであり、歴史は現在まで綿々として連続しているのである。

本書の解析は、「奇抜な発想」とされるだろう。それでも、考古学的出土物を、視点を変えてみる有効性が存在していると考える。「わからないこと」と決めつける発想から出発するのではなく、「わかろうとする」視点から出発しようではないかという発想である。

これからの出土物も、この仮説の視点での検討が必要であることを指摘する。

縄文時代勢力の均質性は、人集団の「移動」により形成されたものであり、その特性は、「自然変化」と大陸からの「渡来民からの啓発」で育成されたものであると主張したいのである。私の仮説を論破、破壊する新たな仮説の登場を期待する。

この書は、二〇一九年末に始まった「コロナ事件」の最中に主として発想されている。不要不出の状況の中で、何ができるのかを考えた末に、行動が深化している。高齢ゆえ、コロナ感染を恐れて、沖縄の名護市でじっとしていた成果であり、支えてくれた、離れて暮らす家族や㈱アスティークプランニングの諸氏に深く感謝したい。

二〇二三年四月なお生き長らえて、さらに深化させるべく情報の収集に努めているが、コロナを突破できず、現地調査で検証できないのは、この仮説の最大の欠点である。

これまで、データを提供して頂いた、多方面の皆々様のご協力に深く感謝いたします。

わたしもようやく任務を果たして、安らかに暮らして行けると思います。

二〇二四年七月

沖縄・名護にて

内舘　彬

出典一覧（順不同）

1．『日本人　はるかな旅』NHKスペシャル「日本人」プロジェクト編
1巻（二〇〇一）「ルーツを明かす「DNAの世界」斉藤成也、「極寒のシベリア」木村英明、「マンモスの時代」河村晋也
2巻（二〇〇一）「石斧のひろがり」小田静夫、「貝文土器の時代」新東晃一
5巻　「日本列島の自然環境と人」樋泉岳二、「ムラに住む時間の蓄積」山田昌久
2．岡村道雄『縄文の列島文化』（山川出版社　二〇一八）
3．小畑弘巳『タネをまく縄文人―最新科学が覆す農耕の起源』（吉川弘文館　二〇一五）
4．文化庁編『発掘された日本列島』（朝日新聞出版　二〇〇〇～二〇一〇、二〇一二、二〇一三、二〇一四、二〇一五、二〇一七、二〇一八）
5．塩谷順耳・富樫泰時・熊田亮介・渡辺英夫・古内龍夫編『秋田県の歴史』（山川出版社　二〇一〇）
田中圭一・阿部洋輔・桑原正史・金子 達・中村義隆・本間恂一『新潟県の歴史』（山川出版社　二〇〇九）
高澤裕一・河村好光・東四柳史明・本康宏史・橋本哲哉編『石川県の歴史』（山川出版社　二〇一三）
川添昭二・武末純一・岡藤良敬・西谷正浩・梶原良則・折田悦郎『福岡県の歴史』（山川出版社　二〇一〇）
内藤正中・日置粂左ヱ門・真田廣幸 編『鳥取県の歴史』（山川出版社　二〇一五）
松田之利・筧 敏生・所 史隆・黒田隆志・上村惠宏・谷口和人編『岐阜県の歴史』（山川出版社　二〇一二）
横山昭男・伊藤清郎・渡辺 信・誉田慶信 編『山形県の歴史』（山川出版社　二〇一二）
石井 進・宇野俊一 編『千葉県の歴史』（山川出版社　二〇〇五）
田代 脩・塩野 博・重田正夫・森田 武編『埼玉県の歴史』（山川出版社　二〇一〇）
神崎彰利・大貫英明・福島金治・西川武臣編『神奈川県の歴史』（山川出版社　二〇一三）
竹内 誠・古泉 弘・池上裕子・加藤 貴・藤野 敦編『東京都の歴史』（山川出版社　二〇一二）
西垣晴次・山本隆志・丑木幸男編『群馬県の歴史』（山川出版社　二〇一三）
長谷川伸三・今井雅晴・佐々木寛司・秋山高志・糸賀茂男編『茨城県の歴史』（山川出版社　二〇一〇）

豊田寛三・飯沼賢司・末廣利人・後藤宗俊編『大分県の歴史』（山川出版社　二〇一一）
坂上康俊・福島金治・大賀郁夫・西川 誠・長津宗重編『宮崎県の歴史』（山川出版社　二〇一五）
原口 泉・永山修一・日隈正守・松尾千歳・皆村武一 編『鹿児島県の歴史』（山川出版社　二〇一一）
6.『東北アジアから見た縄文文化』
7.藤村東男『縄文土器の知識（Ⅱ）』（東京美術　二〇〇〇）
8.吉田敦彦・古川のり子『日本の神話伝説』（青土社　一九九六）
9.安本美典『「倭人語」の解読―卑弥呼が使った言葉を推理する 推理』（勉誠出版　二〇〇三）
10.森 浩一編『日本の古代遺跡』シリーズ（保育社　一九八八）
11.戸部民夫『日本神話の神々―そのルーツとご利益』（三修社　二〇〇三）
12.地学団体研究会仙台支部編『新版　仙台の地学』（東北教育図書　一九七四）
13.クボタ『アーバンクボタ No.11 特集「第四紀」』（一九七五年）『アーバンクボタ No.16 特集「淀川と大阪・河内平野」』（一九七八年）
14.溝口睦子『アマテラスの誕生―古代王権の源流を探る』（岩波書店　二〇〇三）
15.三浦佑之『風土記の世界』（岩波書店　二〇一六）
16.福田友之『青森県の貝塚―骨角器と動物食料』（北方新社　二〇一二）
17.日本第四紀学会［ほか］編『図解・日本の人類遺跡』（東京大学出版会　一九九二）
18.大坪庄吾『東京の貝塚と古墳を歩く』（大月書店　一九九五）
19.戸矢 学『ツクヨミ　秘された神』（河出書房新社　二〇一四）
20.土橋 寛『日本語に探る古代信仰―フェティシズムから神道まで』（中央公論新社　一九九〇）
21.瀬川拓郎『縄文の思想』（講談社　二〇一七）
22.四柳嘉章『漆の文化史』（岩波書店　二〇〇九）
23.藤田富士夫『古代の日本海文化―海人文化の伝統と交流』（中央公論新社　一九九〇）
24.ダニエル・E・リバーマン、塩原通緒 訳『人体600万年史―科学が明かす進化・健康・疾病（上・下）』（早川書房　二〇一七）
25.金 関恕 監修、早川和子 画『よみがえる日本の古代―旧石器～奈良時代の日本がわかる復元画古代史』（小学館　二〇〇七）
26.安本美典『日本民族の誕生―環日本海古民族と長江流域文化の融合』（勉誠出版　二〇一三）
27.工藤雄一郎・国立歴史民俗博物館 編『ここまでわかった！　縄文人の植物利用』（新泉社　二〇一五）

28. 竹岡俊樹『旧石器時代人の歴史―アフリカから日本列島へ』（講談社　二〇一一）
29. 岡村道雄『日本旧石器時代史』（雄山閣出版　一九九九）
30. 篠田謙一『日本人になった祖先たち―DNAから解明するその多元的構造』（NHK出版　二〇〇七）
31. 朝日新聞福岡総局 編『海が語る古代交流』（葦書房　一九九〇）
32. 勅使河原彰『縄文時代を知るための110問題』（新泉社　二〇二一）
33. 八木浩司・井口 隆『図説　空から見る日本の地すべり　山体崩壊』（朝倉書店　二〇二二）
34. 井口直司『縄文土器ガイドブック』（新泉社　二〇一二）
35. 勅使河原彰『縄文時代ガイドブック』（新泉社　二〇一三）
36. 御所野縄文博物館編『世界から見た北の縄文―御所野遺跡と北海道・北東北の縄文遺跡群』（新泉社　二〇一八）
37. 渡辺 誠『縄文時代の知識』（東京美術　一九八三）
38. 貝塚爽平『東京の自然史』（紀伊国屋書店　一九七六）
39. 藤尾慎一郎『弥生時代の歴史』（講談社　二〇一五）
40. 金子辰男 他『縄文土器名宝展』（山梨県考古博物館　二〇一一）
41. 寺沢 薫『王権誕生』（講談社　二〇〇八
42. 『月刊地球　18』（海洋出版　一九八〇）
43. 西村三郎『日本海の成立―生物地理学からのアプローチ』（築地書館　一九七四）
44. 篠田謙一『新版　日本人になった祖先たち―DNAが解明する多元的構造』（NHK出版　二〇一九）
45. 稲田孝司 他『岩波講座日本考古学6　変化と画期』（岩波書店　一九八六）
46. 崎谷 満『DNA・考古・言語の学際研究が示す新・日本列島史：日本人集団・日本語の成立史』（勉成出版　二〇一〇）
47. 佐々木高明・大林太良『日本文化の源流：北からの道南からの道』（小学館　一九九一）
48. 湊 正雄『変動する海水面』（東海大学出版会　一九八〇）
49. 吉本隆明『全南島論』（作品社　二〇一六）
50. 洋泉社ムック『地図と地形で読む古事記』（洋泉社　二〇一八）
51. 町田 洋・白尾元理『写真で見る火山の自然史』（東京大学出版会　一九九八）
52. 国立歴史民俗博物館 編『縄文はいつから!?　1万5千年前になにがおこったのか』（歴史民俗博物館振興会　二〇〇九）

53. 東北農政局「日本の地下水」(一九八二)
54. 日本第四紀学会「日本の火山地図」
55. 町田 洋・小島圭二編『新版 日本の自然〈8〉 自然の猛威』(岩波書店 一九九六)
56. 『島根県古代出雲歴史博物館 展示ガイド』(ハーベスト出版 二〇一〇)
57. 日本第四紀学会編『日本第四紀地図解説』(東京大学出版会 一九八七)
58. 毎日新聞社編『東北人』(一九七六)
59. 埼玉県埋蔵文化財調査事務所「縄文後晩期」(二〇一四)
60. 大林太良「東アジア農耕文化の種類と展開」
61. 崎山 理編『日本語の形成』(三省堂 一九九〇)

〔著者紹介〕
内舘 彬（うちだて あきら）
1944年 岩手県宮古市生まれ。
盛岡一高を経て、北海道大学理学部地質学鉱物学科卒業。
建設コンサルタントに入社し、ダムなどの地質調査・解析を担当し全国を回る。
在職中は、建設コンサルタント協会技術委員会ダム発電専門委員会、土質専門委員会委員、日本応用地質学会理事を歴任。技術士（応用理学）で個人事業主。
現在、名護市の㈱アスティークプランニングに勤務。
〈著作〉
『「ヤマト」は縄文時代勢力が造った』（ミヤオビパブリッシング　2017）
『「ヤマト」は渡来民勢力といかに対峙したのか』（ミヤオビパブリッシング　2019）
『土木地質の秘伝99』（共著）
『フィールドの達人』（〃）

縄文時代勢力の形成

2024年7月29日 第1刷発行
訳　者　内舘　彬
発行者　宮下玄覇
発行所　MPミヤオビパブリッシング
〒160-0008
東京都新宿区四谷三栄町11-4
電話(03)3355-5555
発売元　株式会社宮帯出版社
〒602-8157
京都市上京区小山町908-27
電話(075)366-6600
http://www.miyaobi.com/publishing/
振替口座 00960-7-279886
印刷所　モリモト印刷株式会社

ISBN978-4-8016-0317-2 C0021